A ESCOLA NÃO É UMA EMPRESA

CHRISTIAN LAVAL

A ESCOLA NÃO É UMA EMPRESA

O NEOLIBERALISMO EM ATAQUE AO ENSINO PÚBLICO

Tradução de Mariana Echalar

Título original: *L'école n'est pas une entreprise: le néo-libéralisme à l'assaut de l'enseignement public*

Direção editorial Ivana Jinkings
Edição André Albert
Assistência editorial Carolina Mercês
Tradução Mariana Echalar
Preparação Camila Ribeiro
Revisão Sílvia Balderama Nara
Coordenação de produção Juliana Brandt
Assistência de produção Livia Viganó
Capa Heleni Andrade
sobre fotografias do Stedelijk Museum Zutphen (capa)
e de Jorge Pereira (quarta capa)
Diagramação Antonio Kehl

Equipe de apoio:
Clarissa Bongiovanni, Débora Rodrigues, Dharla Soares, Elaine Ramos, Frederico Indiani, Heleni Andrade, Higor Alves, Isabella Marcatti, Ivam Oliveira, Joanes Sales, Kim Doria, Luciana Capelli, Marina Valeriano, Marlene Baptista, Maurício Barbosa, Raí Alves, Talita Lima, Thais Rimkus, Tulio Candiotto

CIP-BRASIL. CATALOGAÇÃO NA PUBLICAÇÃO
SINDICATO NACIONAL DOS EDITORES DE LIVROS, RJ

L426e
Laval, Christian
A escola não é uma empresa : o neoliberalismo em ataque ao ensino público / Christian Laval ; tradução Mariana Echalar. - 1. ed. - São Paulo : Boitempo, 2019.
(Estado de sítio)

Tradução de: L'école n'est pas une entreprise
Inclui bibliografia
ISBN 978-85-7559-711-8

1. Educação e Estado - França - 1970-. 2. Educação e globalização. 3. Neoliberalismo. 4. Educação - Aspectos econômicos - França - 1970-. I. Echalar, Mariana. II. Título. III. Série.

19-59107 CDD: 379.44
CDU: 37.014(44)

Vanessa Mafra Xavier Salgado - Bibliotecária - CRB-7/6644

1ª edição: 2004 (Editora Planta)
2ª edição, revista e ampliada: setembro de 2019
4ª reimpressão: junho de 2025

BOITEMPO
Jinkings Editores Associados Ltda.
Rua Pereira Leite, 373
05442-000 São Paulo SP
Tel.: (11) 3875-7250 / 3875-7285
editor@boitempoeditorial.com.br | boitempoeditorial.com.br
blogdaboitempo.com.br | youtube.com/tvboitempo

SUMÁRIO

NOTA DA TRADUÇÃO

Nesta obra, adotamos a nomenclatura do sistema escolar brasileiro para simplificar as correspondências entre os níveis de ensino na França e no Brasil. Assim, *préscolaire*, *élémentaire*, *collège* e *lycée* foram traduzidos, respectivamente, por educação infantil, ensino fundamental 1, ensino fundamental 2 e ensino médio. *École primaire* foi traduzido por educação infantil e ensino fundamental 1, e *école secondaire*, por ensino fundamental 2 e médio.

PREFÁCIO À SEGUNDA EDIÇÃO BRASILEIRA

Este livro tem história. Foi publicado pela primeira vez na França, em 2003. E foi recebido com grande satisfação por muitos leitores, porque finalmente lhes proporcionava um quadro global de análise para compreender transformações parciais, localizadas, em geral insidiosas e discretas, que eram vistas com muita dor por professores, alunos e pais, mas não possuíam uma caracterização sociológica e política clara. No início dos anos 2000, era importante mostrar a coerência, o caráter sistêmico e o significado histórico dessas transformações. Era preciso dizer que o que estava acontecendo tinha um nome, seguia um conceito: o *neoliberalismo escolar*. Apesar das ressalvas no início, especialmente da parte dos principais sindicatos de professores, esta análise foi encampada por uma parte ampla do mundo docente e contribuiu para que certas mudanças por que outros países estavam passando fossem objeto de uma poderosa contestação.

É uma grande e, talvez, rara felicidade para um autor constatar que um livro pode contribuir para a conscientização e ter um efeito político de longo prazo. A introdução do financiamento por publicidade ou patrocínio de atividades escolares permaneceu restrita, e ainda hoje na França há uma forte resistência ao aumento das taxas de matrícula nas universidades. Isso não significa que essa última transformação não acabará acontecendo: os sucessivos governos continuam a favorecer as universidades particulares, a atribuir estatutos derrogatórios a algumas universidades públicas e, ainda, como foi decidido no fim de 2018, a aumentar consideravelmente as taxas de matrícula para os estudantes estrangeiros.

A resistência já era visível no momento em que este livro estava sendo escrito. Vinha de uma estratégia "incremental", pensada como tal pelos promotores do neoliberalismo escolar: consiste em mudar o funcionamento do sistema educacional por meio de medidas isoladas, que atingem zonas específicas do sistema, de modo que só adquirem sentido quando são relacionadas umas com as outras. Se *A escola não é uma empresa* pôde servir de alerta e contribuir com certo peso na luta em defesa da escola pública e democrática na França, foi porque ousou fazer um diagnóstico de conjunto a partir de medidas e mudanças que até aquele momento não haviam sido interligadas umas às outras.

Um quadro global e um saber engajado

O trabalho do sociólogo não consiste apenas em fazer análises empíricas pontuais em campos muito específicos, ou microcampos, segundo certa tendência hiperempiricista e às vezes abertamente antiteórica que infelizmente se tem observado nessa disciplina, mas construir a partir de pesquisas empíricas um arcabouço de inteligibilidade que permita a compreensão de um fenômeno global ou, como dizia Marcel Mauss, *um fato social total.*

Em meu trabalho com a sociologia da educação, fui muito influenciado por dois autores cuja memória pretendo homenagear. Eles demonstraram em seus trabalhos que realizar uma obra científica no campo das ciências sociais pressupõe um ponto de vista crítico, que ela deve ser guiada pela consciência viva de que o sociólogo tem uma função imperiosa de alertar o público. Era assim que Charles Wright Mills concebia o verdadeiro trabalho teórico, que, para ele, era fruto de uma "imaginação sociológica" capaz de estabelecer o elo entre experiências parciais e locais, ou até mesmo "pessoais", como ele dizia, e o quadro geral que dá sentido a essas experiências. E é essa relação entre uma experiência e um quadro que não só produz um conhecimento novo, mas também cria as condições para uma possível mudança da situação.

Com seu próprio exemplo, Pierre Bourdieu mostrou a uma geração inteira de sociólogos que o saber era necessariamente "engajado", que a separação entre "neutralidade" e "perspectiva" era um engodo. Só vê as coisas quem não se deixa cegar pela falsa evidência de sua "naturalidade". Em outras palavras, o necessário trabalho de objetivação pressupõe o desejo profundo de mudar as coisas, isto é, transformar as condições em que os seres sociais são obrigados a viver.

Esses dois autores aprenderam muito bem a lição de Max Weber, que sustentava que a ciência social só avança quando questiona a ortodoxia existente em certo momento no campo científico. O progresso do pensamento pressupõe sempre a refutação da opinião dominante (*doxa*), a condição radical do pensamento é a "tomada de partido". Bourdieu comparava o sociólogo ao meteorologista. Não existe certeza na meteorologia, mas há elementos conhecidos suficientes para se fazer previsões com um alto grau de probabilidade. Hoje poderíamos comparar a tarefa do sociólogo com a do climatologista. Da mesma forma que este reúne, a partir de suas observações sobre as mudanças climáticas, as provas da causa humana do aquecimento global, o que é notoriamente a maior ameaça para o futuro da humanidade, o sociólogo pode prever e, portanto, contribuir para prevenir, a partir de suas observações sobre as mudanças sociais, os riscos de desagregação, anomia e fascismo que ameaçam as sociedades de todo o mundo. E, entre a degradação do clima em todo o planeta e o rompimento do laço social que leva a fenômenos políticos monstruosos, há evidentemente mais do que uma simples relação.

O reconhecimento do neoliberalismo no campo escolar

Da minha parte, atribuo à introdução do *neoliberalismo* uma grande responsabilidade na degradação mundial das condições de vida e trabalho, mas também na deterioração das instituições educacionais, universitárias e científicas. "Tudo está interligado": o que interessa acima de tudo compreender em sociologia é a lógica de transformação das sociedades, o que Pierre Dardot e eu, em *A nova razão do mundo*, chamamos de *lógica normativa de conjunto*. E essa norma neoliberal, quando se estende muito além do campo econômico *stricto sensu*, é acima de tudo a *racionalidade do capital* transformada em lei social geral. Se não temos isso em mente, simplesmente não compreendemos a transformação mundial das sociedades e suas instituições.

É fato que, quando trabalhei com o neoliberalismo escolar, eu não tinha todos os instrumentos teóricos que posteriormente desenvolvi com Pierre Dardot. Não conhecia os cursos sobre o neoliberalismo que Michel Foucault ministrou no Collège de France, cursos que só foram publicados um ano após a publicação de *A escola não é uma empresa*, e que nos serviram de apoio para propormos uma nova teoria do neoliberalismo contemporâneo. No entanto, relendo o livro sobre a escola, acredito que não devo rejeitar as principais análises feitas ali. Retrospectivamente, tenho a impressão de que mostrei algumas das dimensões fundamentais do neoliberalismo, em especial a transformação do Estado pelas políticas neoliberais e a importância decisiva do conceito operacional de "capital humano".

Evidentemente, analisar sob a perspectiva do neoliberalismo as transformações do sistema educacional francês e, mais amplamente, do mundial causou surpresa na época e foi motivo de polêmica na França. Hoje, dezesseis anos depois, essa caracterização está validada pelos fatos e é amplamente reconhecida no meio acadêmico, mas é interessante compreendermos a natureza dessa negativa a aceitar o diagnóstico.

Negações múltiplas

Houve, em primeiro lugar, a negação dos partidários das "reformas" nas escolas e universidades, que enxergam a política reformista apenas como um esforço de "modernização" para melhorar a "eficiência" da escola, e cuja resistência ainda perdura. Negam qualquer caráter ideológico e político nessa estratégia, apresentam-se como técnicos ou especialistas – "nem de esquerda nem de direita" – que se preocupam exclusivamente com o "desempenho". Em resumo, o poder tecnocrático se recusou como sempre a reconhecer que as medidas tomadas eram coerentes e estavam relacionadas com as transformações do sistema econômico e político dominante. O neoliberalismo, tal como é aplicado, não se apresenta como uma doutrina e menos ainda como uma ideologia. E os que trabalham como seus agentes nem sempre o aplicam conscientemente como um programa político ou teoria. Eles se julgam "realistas" ou "pragmáticos". Em outras palavras, aceitam obedecer à injunção maior do neoliberalismo que é a adaptação ao jogo da concorrência generalizada, e isso do topo à base da hierarquia de responsabilidades do sistema educacional.

A resistência mais interessante e mais surpreendente para mim foi a de um certo número de sociólogos, historiadores e pedagogos da esquerda intelectual que simplesmente negou a possibilidade de uma virada neoliberal nas políticas públicas de educação. Esses pesquisadores, em posição dominante e em geral muito próximos do poder burocrático, político e midiático, agarraram-se o mais que puderam, e contra toda lógica racional, à ideia de que o campo educacional continuava o mesmo, isto é, polarizado entre o campo tradicionalista, conservador e elitista dos "republicanos" e o campo modernista e igualitário dos "democratas". Em resumo, tivemos um belo exemplo de inércia geracional no campo intelectual: sociólogos, historiadores e pedagogos "democratas", que até aquele momento acusavam a escola – com muitos argumentos válidos – de ser uma "escola de classe, uma "escola burguesa" ou uma "escola capitalista", não quiseram admitir que as mudanças que começavam a ser implantadas na "gestão" das escolas, a criação de mercados locais de educação, a aplicação de lógicas econômicas à pedagogia etc., eram características de uma forma escolar nova, a escola neoliberal. Em outras palavras, a caracterização da virada neoliberal criou uma nova clivagem no campo acadêmico: os chamados "democratas" acusavam meu trabalho e outros similares de defender o *statu quo* e, consequentemente, de ter posições reacionárias.

Faço questão de dizer que escaparam dessa cegueira os sociólogos mais afastados do poder de Estado, quer os mais próximos do marxismo, quer os mais próximos da sociologia crítica bourdieusiana. A questão toda era mostrar que a nova escola neoliberal não era *menos* desigualitária, mas, ao contrário, *muito mais* desigualitária que a forma elitista clássica, na medida em que permitia a intervenção muito mais direta na escola e na universidade dos princípios desigualitários da economia capitalista e da sociedade de classes. Se nos anos 1960 Bourdieu e seus discípulos mostraram que a escola era "reprodutora", pela transmissão de uma cultura sacralizada que se pretendia separada da sociedade profana dos interesses econômicos e sociais, hoje devemos mostrar que a submissão muito mais direta do sistema educacional a esses interesses teve o efeito não de diminuir os mecanismos de reprodução escolar, mas de dobrá-los e fortalecê-los.

Outra forma de resistência veio do "nacionalismo metodológico" da sociologia da educação. De modo geral, estava claro para mim que desde as décadas de 1980 e 1990 as ciências sociais estavam atrasadas em relação à globalização capitalista e, no que nos diz respeito, na análise dos dispositivos, instituições e mecanismos impostos por uma mesma lógica normativa em todo o mundo. E, de fato, não foi simples para muitos especialistas da questão escolar sair do quadro nacional em que encerravam seus trabalhos e tomar consciência de que existia um quadro mundial de políticas educacionais, centros de poder supranacionais, lugares de elaboração de conceitos e políticas fora dos ministérios e das universidades habitualmente frequentados por eles. Mais uma vez, essa limitação nacional da perspectiva não era má-fé pessoal, ou não era apenas má-fé, mas estava ligada ao fato de que a "questão escolar", em virtude da construção nacional das instituições e do próprio fato de as ciências sociais serem limitadas pelo "nacionalismo metodológico", parecia depender de práticas, proposições e políticas nacionais.

Os trabalhos que conduzi a partir dos anos 1990 no campo escolar pretendiam deliberadamente compreender as transformações nacionais, ou mesmo as locais (as próprias escolas), dentro de um quadro de transformações mais globais, as quais nos permitiam entender que tínhamos realmente entrado num novo mundo.

É notório que esse novo mundo neoliberal generaliza a concorrência das economias, mas o que é menos conhecido é que ele também generaliza a concorrência entre todas as sociedades e todos os setores da sociedade. Os assalariados, as leis trabalhistas, os sistemas fiscais, as instituições são similares e recebem injunções de organismos financeiros e econômicos internacionais que agora têm legitimidade em matéria de políticas públicas. Isso exigiu uma mudança de olhar sobre as políticas educacionais e o desenvolvimento de uma abordagem comparativa que leva em consideração o deslocamento do poder simbólico e político para os novos centros de produção do discurso legítimo sobre a escola. Falar de uma *nova ordem educacional mundial* não quer dizer que estamos lidando com um sistema educacional mundial perfeitamente homogêneo, mas que as transformações dos sistemas nacionais seguem todos na mesma direção, ainda que as condições iniciais não sejam as mesmas[1].

O Brasil na vanguarda da escola neoliberal

Essa abordagem mundial talvez explique por que este livro conquistou públicos muito além das fronteiras francesas, apesar das condições nacionais diferentes. Não há dúvida de que o sistema educacional brasileiro tem suas particularidades, e que não teria nenhum sentido querer transpor para o Brasil as análises do que vem acontecendo na Europa, no Japão ou nos Estados Unidos. A taxa de admissão nas universidades é inferior no Brasil e o grau de desigualdade entre estudantes de origens sociais diferentes é superior, apesar das medidas tomadas pelos governos Lula para ampliar mais igualitariamente o ensino por meio de um sistema de cotas sociais e raciais. O mesmo acontece em todos os níveis no ensino privado, que é muito mais disseminado no Brasil do que na França. Sob certos aspectos, o sistema

[1] Ver Christian Laval e Louis Weber (orgs.), *Le Nouvel Ordre éducatif mondial* (Paris, Syllepse, 2002). Disponível em: <http://institut.fsu.fr/IMG/pdf/Le_nouvel_ordre_educatif_mondial.pdf>.

educacional brasileiro já é muito mais "neoliberalizado" do que o sistema francês e muitos outros sistemas educacionais europeus[2]. Podemos dizer até que o Brasil chegou antes do que outros países ao estágio do "capitalismo escolar e universitário", caracterizado pela intervenção direta e maciça do capital no ensino. Constatamos esse fato pela expansão de empresas gigantes, como a holding Kroton, que, pelo que sei, possui mais de 1,5 milhão de estudantes e quase 40 mil assalariados, e está presente em quase todos os setores do ensino, tanto de base como preparatório e profissionalizante. De modo geral, o crescimento notável do ensino superior privado no Brasil nos últimos vinte anos, sob a dominação de grandes oligopólios cotados em bolsa (Kroton, Estácio, Anhanguera etc.), faz do país um caso único no mundo. E a orientação do atual governo ameaça acelerar ainda mais essa dominação capitalista na escola e na universidade, especialmente pelo desenvolvimento de um ensino privado a distância.

Admito que é paradoxal expor ao leitor brasileiro a invenção neoliberal da escola e da universidade na França, um país que comparativamente parece ser uma ilha de preservação do ensino *público*. No entanto, sempre há algo a aprender com a situação de outros países. Por exemplo, num país como a França, o capitalismo escolar e universitário, tal como o defini acima, ainda se limita ao setor das chamadas "grandes escolas" de comércio, administração e engenharia, embora esse setor esteja crescendo. Mas outro fenômeno ameaça o setor público escolar na França: a "mercadização" do ensino em todos os níveis, isto é, a concorrência generalizada não somente entre escolas privadas e escolas públicas, mas também entre escolas públicas. Nesse caso, o principal fator não é a intervenção direta do capital, mas a introdução da competição entre os "consumidores de escola", uma competição que supostamente trará mais eficiência. O neoliberalismo escolar resultou, na verdade, numa verdadeira guerra entre classes para entrar nas "boas escolas" de um sistema escolar e universitário cada vez mais hierarquizado e desigualitário. É por esse motivo que a análise não pode se restringir ao fenômeno econômico de mercantilização da escola, mas estender-se à lógica social de

2 Ver os trabalhos de Valdemar Sguissardi, por exemplo, "Reforma universitária no Brasil 1995-2005: precária trajetória, incerto futuro", *Educação & Sociedade*, v. 27, n. 96, 2006, p. 1021-56; "La Troisième Mission de l'enseignement supérieur: définitions, contextes, enjeux", Universidade de Strasbourg, seminário internacional, 5-7 abr. 2017.

"mercadorização" da escola pública, que está ligada à luta generalizada das classes sociais dentro do mercado escolar e universitário. Portanto, não basta "defender" o setor público, pois este último foi profundamente transformado pela construção de um sistema hierarquizado do qual ele é apenas uma parte. É preciso lutar contra as dinâmicas desigualitárias que destroem as bases mesmas da escola pública. E, por outro lado, não se deve esquecer que esse sistema hierarquizado não é nacional, mas mundial. Resistência local e contramedidas são necessárias, especialmente as que visam mais igualdade entre os estudantes, mas o que aparece cada mais vez mais claramente é que a lógica de conjunto do neoliberalismo só pode ser combatida em um terreno mundial. Por isso é importante criar, recriar ou, em todo caso, intensificar o intercâmbio entre professores e entre pesquisadores para compreendermos melhor o que está acontecendo em cada país, identificarmos as características da nova ordem educacional mundial, coordenarmos as lutas e as resistências em nível internacional e, sobretudo, redefinirmos em escala mundial um modelo alternativo de uma escola democrática, igualitária e realmente ao abrigo dos interesses econômicos e das ameaças políticas que põem em risco a liberdade dos professores e dos pesquisadores no Brasil e no resto do mundo.

INTRODUÇÃO

A escola passa por uma crise crônica, cujo quadro clínico é regularmente apresentado por uma literatura abundante. Trata-se de uma crise de legitimidade, sem dúvida. Desde as críticas sociológicas e políticas que revelaram a face oculta da escola – seleção social, submissão dos cérebros à ordem estabelecida – até as críticas liberais que a atacaram por sua ineficácia diante do desemprego e da inovação, a escola deixou de ser respaldada pela grande narrativa progressista da escola republicana, que hoje, suspeita-se, não passa de um mito sem utilidade. Na cultura de mercado, a emancipação pelo conhecimento – velha herança do Iluminismo – é vista como uma ideia obsoleta. Ligada a uma transformação que vai muito além do quadro institucional, essa crise assume múltiplas formas. Os professores exercem uma profissão que perdeu muito de seus benefícios simbólicos e de suas relativas vantagens materiais. A massificação escolar não conduziu ao grande amálgama social e ao reinado da meritocracia harmoniosa, muito pelo contrário. As dificuldades enfrentadas por um grande número de estabelecimentos escolares com forte apelo popular foram agravadas por políticas liberais que acentuaram a marginalização de partes importantes da população e aprofundaram as desigualdades que afetam de múltiplas formas o funcionamento da escola. Quanto à relação educacional, grandes transformações sociais e culturais o tornaram mais difícil: com o fim progressivo da reprodução direta, dentro da família, dos ofícios e dos postos de trabalho, até a influência cada vez mais decisiva da mídia na socialização das crianças e dos adolescentes, passando pela incerteza cada vez maior em relação à validade dos princípios normativos herdados, assistimos a um profundo questionamento das relações de transmissão intergeracional.

O discurso mais corrente defende que o conjunto dessas tendências e desses sintomas exige uma "reforma" da escola – termo guarda-chuva e fórmula mágica que em geral faz as vezes de reflexão. Mas "reforma" para construir que tipo de escola e escola para que tipo de sociedade? Hoje, as propostas mais estereotipadas sobre a "reforma" já não são uma etapa no caminho da transformação social, mas um elemento imposto com a única e restrita preocupação administrativa de tapar buraco, ou então como objeto de um estranho culto à "inovação" pela "inovação", dissociada de qualquer implicação política clara. No entanto, temos de tentar ir além das críticas à improvisação inovadora e à reforma incessante e nos perguntar: na série de medidas e contramedidas que afetam a ordem escolar, nos relatórios oficiais que estabelecem os diagnósticos da crise, na opinião dos administradores e dos governantes, não haveria determinada ideia de escola, um novo modelo de educação que, conscientemente ou não, os atuais promotores da reforma tendem a traduzir em fatos, fazendo certa ideologia parecer fatalidade e transformando certa concepção em uma realidade que para eles é "inescapável"? O que temos aqui é que uma das principais transformações que atingiram o campo da educação nas últimas décadas – mas encontramos essa mudança também em outros campos sociais – é a *monopolização* progressiva do discurso e da dinâmica reformadora pela ideologia neoliberal.

O viés neoliberal da escola

O primeiro objetivo desta obra é trazer à luz a nova ordem escolar que tende a impor-se com as reformas sucessivas e os discursos dominantes, para revelar a lógica subentendida nas profundas mudanças que têm ocorrido no ensino. Sem dúvida, alguns dos elementos desse novo modelo já são conhecidos e, graças a trabalhos cada vez mais numerosos, vemos mais claramente as tendências sociais, culturais, políticas e econômicas que estão modificando o sistema escolar[1]. Ainda não conseguimos, porém, ver com

[1] Ver em particular os trabalhos pioneiros de Nico Hirtt, *Tableau noir: résister à la privatisation de l'enseignement* (com Gérard De Sélys, Bruxelas, EPO, 1998); *Les Nouveaux Maîtres de l'école* (Bruxelas, EPO-VO, 2000); e *L'École prostituée* (Bruxelas, Labor, 2001). Ver também as obras de Yves Careil, *De l'école publique à l'école libérale, sociologie d'un changement* (Rennes, Presses Universitaires de Rennes, 1998) e *École libérale, école inégale* (Paris, Nouveaux Regards/Syllepse, 2002).

nitidez o quadro geral, com suas coerências e incoerências. É o que tentamos fazer aqui, juntando as peças do quebra-cabeça. Para ficar apenas em algumas das figuras do discurso dominante, devemos nos perguntar que relação têm entre si as imagens da criança-rei, da empresa divinizada, do gestor educacional, do estabelecimento descentralizado, do pedagogo não diretivo, do avaliador científico e da família consumidora. Essas relações são pouco visíveis à primeira vista. A construção dessas figuras, suas lógicas e seus argumentos são diversos. Entretanto, quando algumas das principais evoluções dos últimos vinte anos são postas em relação, quer se trate da lógica gerencial, do consumerismo escolar ou das pedagogias inspiradas no individualismo, e ligadas às transformações econômicas e culturais que atingiram as sociedades de mercado, é possível ver por que e como a instituição escolar vem se amoldando cada vez mais ao conceito – do qual queremos mostrar a configuração geral – de *escola neoliberal*.

Escola neoliberal é a designação de certo modelo escolar que considera a educação um bem essencialmente privado, cujo valor é acima de tudo econômico. Não é a sociedade que garante o direito à cultura a seus membros; são os indivíduos que devem capitalizar recursos privados cujo rendimento futuro será garantido pela sociedade. Essa privatização é um fenômeno que atinge tanto o sentido do saber e as instituições que supostamente transmitem os valores e os conhecimentos quanto o próprio vínculo social. À afirmação da plena autonomia dos indivíduos sem amarras, salvo as que eles próprios reconhecem por vontade própria, correspondem instituições que parecem não ter outra razão de ser que não seja servir a interesses particulares[2]. Essa concepção instrumental e liberal, como se presume, está associada a uma transformação muito mais geral das sociedades e das economias capitalistas.

---

[2] A concepção dominante da educação tem duas dimensões: ela é ao mesmo tempo utilitarista na ideia que confere ao saber e liberal no modo de organização da escola. Se a escola é um instrumento do bem-estar econômico, é porque o conhecimento é visto como uma *ferramenta* que serve a um interesse individual ou a uma soma de interesses individuais. A instituição escolar parece existir apenas para fornecer às empresas o *capital humano* de que elas necessitam. De maneira complementar, contudo, ela é liberal pelo lugar que ocupa no *mercado* do ensino. Se o conhecimento é acima de tudo, ou fundamentalmente, um recurso privado, que gera rendas mais elevadas e propicia posições sociais mais vantajosas, deduz-se facilmente que a relação educacional deve ser regida por uma relação de tipo comercial ou ao menos imitar o modelo do mercado.

Mais precisamente, duas tendências se mesclaram para fazer da escola uma importante aposta da civilização e um espaço de grandes tensões.

Em primeiro lugar, a acumulação do capital depende cada vez mais da capacidade de inovação e da formação de mão de obra, portanto, de estruturas de elaboração, canalização e difusão de saberes ainda largamente a cargo dos Estados nacionais. Se a eficiência econômica pressupõe um domínio científico crescente e um aumento do nível cultural da mão de obra, ao mesmo tempo, e em razão da própria expansão da lógica de acumulação, o custo permitido pelo orçamento público deve ser minimizado por uma reorganização interna ou por uma transferência do ônus para as famílias. Acima de tudo, o gasto com a educação deve ser "rentável" para as empresas usuárias do "capital humano".

A globalização da economia fortalece e altera o rumo dessa primeira tendência. A educação – da mesma forma que a estabilidade política, a liberdade de circulação financeira, o sistema fiscal favorável às empresas, a fragilidade do direito social e dos sindicatos e o preço das matérias-primas – tornou-se um "fator de atração" de capitais cuja importância vem crescendo nas estratégias "globais" das empresas e nas políticas de adequação dos governos. Por isso, tornou-se, entre outras coisas, um "indicador de competitividade" do sistema econômico e social[3]. As reformas liberais na educação são, portanto, duplamente orientadas pelo papel crescente do saber na atividade econômica e pelas restrições impostas pela competição sistemática entre as economias. As reformas que levam mundialmente à descentralização, à padronização de métodos e conteúdos, à nova "gestão" das escolas e à "profissionalização" dos docentes são fundamentalmente "*competitivity-centred*"[4]. A escola, que tinha como centro de gravidade não só o valor profissional, mas também o valor social, cultural e político do saber – valor, aliás, que era interpretado de forma muito diferente, conforme as correntes políticas e ideológicas –, hoje é orientada, pelas reformas em curso, para os propósitos de competitividade prevalecentes na economia globalizada. Devemos avaliar muito bem a ruptura que isso provoca. Na concepção republicana, a escola era o lugar onde as

[3] Ver Annie Vinokur, "Mondialisation du capital et reconfiguration des systèmes éducatifs des espaces dominés", *Informations et Commentaires*, n. 118, jan.-mar. 2002.

[4] Martin Carnoy, *Mondialisation et réforme de l'éducation: ce que les planificateurs doivent savoir* (Paris, Unesco, 1999) [ed. bras.: *Mundialização e reforma na educação: o que os planejadores devem saber*, trad. Guilherme João de Freitas Teixeira, 2. ed., Brasília, Unesco, 2003].

tendências dispersivas e anômicas das sociedades ocidentais, cada vez mais marcadas pela especialização profissional e pela divergência dos interesses particulares, deveriam ser contrabalançadas. Ela se destinava, acima de tudo, à formação do cidadão – mais que à satisfação do usuário, do cliente ou do consumidor. O que acontece quando essa escola é cada vez mais contestada pelas diferentes formas da privatização e se limita a produzir "capital humano" para manter a competitividade das economias regionais e nacionais?

A concepção de educação que inspira as reformas atuais está longe de ser exclusivamente francesa, e, quando se trata de educação, ainda temos forte tendência a considerar apenas os debates que ocorrem na França. Ainda que tenha incorporado aspectos nacionais, ela surgiu em grande parte da onda neoliberal que se entranhou profundamente nas políticas e nas representações dos países ocidentais a partir dos anos 1980. É preciso associar a "literatura cinzenta", composta de centenas de relatórios oficiais e artigos especializados, à abundante produção das organizações internacionais, "guardiãs da ortodoxia", se quisermos entender como a "reforma escolar" na França participa da nova ordem educacional mundial. Essa mutação da escola não é fruto de uma espécie de complô, mas de uma construção muito eficaz, na medida em que não é possível identificar facilmente uma ou várias instâncias responsáveis por ela, o processo é difuso, tem múltiplas plataformas nacionais e internacionais cuja ligação não é clara à primeira vista, utiliza em geral vias técnicas e se apresenta com frequência com as melhores intenções "éticas". As organizações internacionais (Organização Mundial do Comércio – OMC, Organização para Cooperação e Desenvolvimento Econômico – OCDE, Banco Mundial, Fundo Monetário Internacional – FMI, Comissão Europeia) contribuem para essa construção, transformando "constatações", "avaliações" e "comparações" em oportunidades para produzir um discurso global que tira sua força justamente de sua dimensão planetária. Nesse plano, as organizações internacionais, além de sua força financeira, tendem a representar cada vez mais um papel de centralização política e normatização simbólica. Ainda que trocas entre sistemas escolares não sejam novidade, nunca esteve tão claro que um modelo homogêneo pode tornar-se o horizonte comum dos sistemas de ensino nacionais, e sua força impositiva vem justamente de seu caráter globalizado[5].

[5] Ver Christian Laval e Louis Weber (orgs.), *Le Nouvel Ordre éducatif mondial, OMC, Banque Mondiale, OCDE, Commission européenne* (Paris, Nouveaux Regards/Syllepse, 2002).

A escola neoliberal é ainda uma tendência, não uma realidade consumada. No entanto, mesmo que se trate de previsão, essa hipótese é necessária para a análise das transformações que vêm acontecendo. Ela nos permite trazer à luz e relacionar mudanças e políticas concretas, deduzir o sentido de práticas e políticas *a priori* díspares. "A hipótese antecipa. Prolonga a tendência fundamental do presente", dizia Henri Lefebvre[6]. Desenhar o novo modelo da escola não significa, contudo, que hoje, e especialmente na França, a doutrina liberal tenha triunfado em definitivo na escola. Esse modelo, ao menos quando apresentado *explicitamente*, é recusado por muitos refratários à nova ideologia, tanto na França como no resto do mundo.

Por outro lado, seria muito fácil pensar que todas as dificuldades da escola se devem à aplicação de reformas de inspiração liberal. Para ficarmos apenas nos fenômenos principais, o aumento do número de alunos no ensino fundamental, no médio e no superior é uma tendência de longa data em nossas sociedades. Ainda que se possa dizer que hoje ela conduz a uma massificação mal pensada, mal preparada e escassamente financiada, isso não é consequência de uma doutrina preestabelecida que visa resultados pré-programados. A escassez de recursos, a falta de docentes, a superlotação das classes, embora revelem uma lógica de empobrecimento dos serviços públicos, também se devem a uma velha tradição das elites econômicas e políticas, que, quando se trata da educação das crianças das classes populares, são generosas nos discursos e mesquinhas nos recursos financeiros. Marc Bloch, ao se voltar às lições da derrota de 1940, já observava isso[7]. Quanto à centralização burocrática que caracteriza a administração pública francesa, há muito tempo ela produz um espírito de casta, preserva o menosprezo das esferas superiores por uma base considerada incapaz ou imóvel, o autoritarismo do chefe, o fetichismo da regulação e, no geral, uma irritação generalizada do funcionalismo e dos cidadãos que pode tornar bastante sedutoras certas soluções liberais extremas. Enfim, e talvez sobretudo, a escola comporta uma grande contradição, longamente exposta por inúmeros autores, entre as aspirações igualitárias condizentes com o imaginário de nossas sociedades

---

6 Henri Lefebvre, *La Révolution urbaine* (Paris, Gallimard, 1970), p. 11 [ed. bras.: *A revolução urbana*, trad. Sérgio Martins, 3. reimp., Belo Horizonte, Editora da UFMG, 2008].

7 Marc Bloch, *L'Étrange Défaite* (Paris, Gallimard, 1990), p. 256-7 [ed. bras.: *A estranha derrota*, trad. Eliana Aguiar, Rio de Janeiro, Zahar, 2011].

e a divisão social em classes, uma contradição que de certo modo acelera a imposição da concepção liberal da escola, a qual declara superá-la e na realidade a agrava. A força do novo modelo e a razão por que ele vem se impondo está no fato de que o neoliberalismo se apresenta à escola, e ao restante da sociedade, como *solução* ideal e universal para todas as contradições e disfuncionalidades, mas na verdade é um remédio que alimenta o mal que deveria curar. Com a imposição do modelo liberal, a questão da escola não é apenas o que denominamos um "problema social": ela tende a se tornar uma questão de civilização. Numa sociedade com um poder de produção extraordinário, o acesso universal à cultura escrita, letrada, técnica e científica por intermédio da educação pública e das instituições culturais é uma utopia realizável. No entanto, ao menos duas razões inter-relacionadas impedem que o possível se realize. A primeira está ligada à primazia da acumulação do capital sobre qualquer outra ambição consciente da sociedade. Tornar realidade o direito universal à cultura pressupõe um amplo financiamento público – baseado em impostos ou cotizações sociais – que iria de encontro às políticas liberais de diminuição dos tributos obrigatórios, uma diminuição que visa aumentar o gasto privado e alargar a esfera do mercado em detrimento da esfera pública. Nesse contexto, o direito à educação só pode degringolar em uma demanda social paga, que se dirigirá cada vez mais, e de forma muito iníqua, para uma educação privada. A segunda razão está ligada à pressão das solicitações do mercado e das distrações audiovisuais, que aprisionam o desejo subjetivo na jaula do interesse privado e do consumo. O gozo da mercadoria se torna a forma social dominante do prazer dos sentidos e do espírito. Exceto quando contam com uma célula familiar protetora, os jovens são facilmente desviados da satisfação intelectual pela "socialização-atomização" mercantil e, por isso, é mais difícil que adiram à cultura transmitida pela escola. Na sociedade de mercado, o consumo vem à frente da instrução.

Mutação ou destruição da escola?

Nosso objetivo é refutar a oposição falaciosa entre imobilistas e reformistas. Também pretendemos evitar as teses alarmistas e catastrofistas, que são às vezes necessárias, mas desmobilizam quando parecem significar que, sem a boa e velha escola republicana, "estamos perdidos". A escola coloca questões complexas, que não podem ser reduzidas a clivagens simplistas ou diagnósticos precipitados, sobretudo quando levam a uma precipitada conclusão de morte clínica. Se envolve o sentido da vida pessoal e coletiva, se une passado e futuro e mistura gerações, a educação pública também é um campo de forças, um confronto de grupos e interesses, uma luta constante de lógicas e representações. As relações de força não são nem inerentes nem inevitáveis. A questão que gostaríamos de abordar nesta obra diz respeito ao conteúdo e à dinâmica do modelo escolar que vem se impondo nas sociedades de mercado. Seria isso uma adequação mais estrita da escola à economia capitalista e à sociedade liberal, adequação essa que ameaça cada vez mais a autonomia da instituição escolar, mas não a destrói, ou um movimento mais decidido na direção da liquidação da escola como tal?

Essa última tese foi proposta por Gilles Deleuze em uma frase memorável: "Tentam nos fazer acreditar que é uma reforma da escola, mas é na realidade uma liquidação"[8]. Segundo Deleuze, estamos saindo das sociedades de confinamento e "recomeço" analisadas por Michel Foucault, nas quais o indivíduo passa sucessivamente por uma série de instituições descontínuas (família-escola-fábrica-hospital), e estamos entrando em sociedades de controle total e permanente, nas quais "nada nunca acaba", sobretudo o controle contínuo que garante flexibilidade e disponibilidade ilimitada dos dominados. Como veremos, a análise das transformações recentes da escola fornece argumentos sólidos à tese da *desescolarização*, cujo reverso é uma *pedagogização* generalizada das relações sociais. Afinal, não entramos na tal "aprendizagem ao longo da vida", expressão oficialmente aceita que aponta a dilatação da relação pedagógica? O desenvolvimento das tecnologias de informação e a individualização da relação com os saberes não são sinal de um declínio inevitável da forma escolar? O universo dos conhecimentos e o dos bens e serviços parecem se confundir, a ponto de cada vez mais pessoas não verem a razão de ser da autonomia dos campos do saber ou o significado intelectual e político da separação entre o mundo da escola e o das empresas. Com a universalização da inter-relação mercantil dos indivíduos, parece ter chegado a hora da ruína das formas institucionais que acompanharam a construção dos espaços públicos e dos Estados-nação.

---

[8] Gilles Deleuze, entrevista com Toni Negri, *Futur Antérieur*, n. 1, 1990, reproduzido em *Pourparlers* (Paris, Minuit, 1990), p. 237 [ed. bras.: *Conversações (1972-1990)*, trad. Peter Pál Pelbart, 3. ed., São Paulo, Editora 34, 2013].

A despeito desses importantes sinais, devemos interrogar os limites dessa evolução por suas próprias consequências. Embora a tese do declínio irreversível da instituição escolar corresponda a certas tendências, não seria ela ilusória e excessiva, em comparação com os imperativos funcionais da economia capitalista e das exigências da ordem social? Se ainda não chegamos ao ponto da eliminação súbita da forma escolar como tal, estamos presenciando uma mutação da instituição escolar que podemos associar a três tendências: desinstitucionalização, desvalorização e desintegração. Essas tendências são indissociáveis das que tendem à recomposição em um novo modelo de escola.

Desinstitucionalização? A adequabilidade às demandas e a fluidez das respostas que se esperam dessa escola, concebida agora como produtora de serviços, conduzem à *liquefação* progressiva da "instituição" como forma social caracterizada pela estabilidade e pela autonomia relativa. Esse viés está diretamente ligado ao modelo da escola como "empresa educadora", administrada conforme os princípios da nova gestão e submetida à obrigação de apresentar resultados e inovações. A instituição é instada a se transformar em uma "organização flexível".

Desvalorização? Embora, mais do que nunca, o discurso oficial reconheça a educação como fator essencial de progresso, não podemos senão constatar a erosão dos fundamentos e finalidades de uma instituição que até pouco tempo atrás se dedicava à transmissão da cultura e à reprodução dos referenciais sociais e simbólicos da sociedade. Os objetivos "clássicos" de emancipação política e desenvolvimento pessoal que eram confiados à instituição escolar foram substituídos pelos imperativos prioritários da eficiência produtiva e da inserção profissional. Presenciamos, no campo da escola, a transmutação progressiva de todos os valores em mero valor econômico.

Desintegração? A introdução de mecanismos de mercado no funcionamento da escola por intermédio da promoção da "escolha da família", isto é, de uma concepção consumidora da autonomia individual, leva à desintegração da instituição escolar. As diferentes formas de consumo do ensino reproduzem as desigualdades sociais de maneira descentralizada e "suave", a partir de lógicas novas que não têm muito a ver com a "escola única". O novo modelo de escola funciona a partir da "diversidade", da "diferenciação", em função de seu público e das "demandas".

Essas tendências que conduzem a um novo modelo escolar não se esgotaram, e as contradições que elas apresentam não se manifestaram inteiramente.

Sem mencionar a resistência de professores e usuários, a escola, ao menos no momento atual, destaca-se pela *hibridação*, uma curiosa mescla de aspectos específicos do mercado ("atendimento ao cliente", espírito "empreendedor", financiamento privado) e modos de ordem e comando característicos dos sistemas burocráticos mais restritivos. De um lado, essa escola híbrida é progressivamente submetida à lógica econômica da competitividade, aplicada diretamente ao sistema de controle social a fim de aumentar o nível de produtividade da população ativa. Por esse lado, a escola que vem se desenhando é cada vez mais parecida com uma empresa "a serviço de interesses muito diversos e de uma clientela ampla", para usarmos a expressão da OCDE, o que a leva a se diversificar de acordo com o mercado local e as "demandas sociais". De outro lado, ela aparece como uma supermáquina social dirigida de cima por um "centro organizador" diretivo e poderoso, que, por sua vez, é comandado por estruturas internacionais e intergovernamentais que definem de maneira uniforme os "critérios de comparação", as "boas práticas" gerenciais e pedagógicas, os "conteúdos apropriados" correspondentes às competências exigidas pelo universo econômico. A escola francesa, nesse aspecto, é um bom exemplo do híbrido de mercado e burocracia que alguns enxergam como uma evolução "moderna" da instituição.

Para analisar as transformações da escola francesa em sua lógica de conjunto, tentamos, tanto quanto possível, ir além das separações de abordagens, métodos e disciplinas: o curto prazo deve ser relativizado pela longa história, porque o que acontece hoje na escola tem raízes profundas; a dimensão nacional, que não pode ser eliminada da questão do ensino, deve ser relativizada por comparações necessárias; a função econômica da escola, cada vez mais importante no contexto do novo capitalismo, deve ser associada às transformações sociais, políticas e culturais; as determinações econômicas e sociais externas são relacionadas às evoluções internas de natureza organizacional, sociológica ou pedagógica da instituição escolar; e as construções ideológicas devem ser sempre relacionadas às experiências dos indivíduos nas sociedades de mercado em construção. Não é preciso dizer que cada um desses aspectos mereceria desenvolvimentos mais longos, o que não se torna possível em um livro geral como este. Aqui tentamos articular três grandes tendências, às quais correspondem as três partes deste livro: o cerco à escola no novo capitalismo; a introdução das lógicas de mercado no campo da educação; e as novas formas de poder gerencial na escola francesa. Em outros termos, na nova ordem educacional que vem se delineando, o sistema educacional serve à competitividade econômica, é estruturado como um mercado e deve ser gerido como uma empresa.

Por último, como somos acusados de conservadorismo, se não aderimos aos dogmas modernistas com todo o entusiasmo necessário, e de liquidadores da escola republicana, se acreditamos que certas transformações são indispensáveis para defender a vocação emancipadora da escola e tornar mais igualitário o acesso à cultura, repetimos que a chantagem com a modernidade ou a acusação de traição não deveriam interferir nos debates e nas análises sobre a escola. Se nos parece indispensável que a escola mude e, em certos aspectos, que mude *radicalmente*, nos parece igualmente necessário distinguir com cuidado entre duas lógicas de transformação. A primeira tenta destruir o que se encontrava no princípio da educação pública, a apropriação por todos das formas simbólicas e dos conhecimentos necessários ao raciocínio e ao juízo, e promove em seu lugar aprendizagens servis às empresas e voltadas para a satisfação do interesse privado. E, mais que tudo, em nome da "igualdade de oportunidades", instaura-se uma lógica mercantil que consolida ou até mesmo aumenta as desigualdades existentes. Foi por esse caminho que enveredamos. A segunda lógica é uma transformação diferente, completamente inversa, que visa melhorar, para o maior número de pessoas, as condições de assimilação e aquisição dos conhecimentos indispensáveis à vida profissional e também, de forma muito mais ampla, a uma vida intelectual, estética e social tão rica e variada quanto possível, de acordo com os ideais – que a esquerda defendeu por muito tempo antes de esquecê-los – da *escola emancipadora*. Ideais que serão traídos se a escola for apenas a antessala de uma vida econômica e profissional nada igualitária. É essa ambição de universalização da cultura que preside nossa análise do modelo neoliberal da escola. É inútil dizer que essa crítica, embora seja um pré-requisito, não substitui a construção de uma educação universal digna desse nome, obra coletiva única.

I
A PRODUÇÃO DE "CAPITAL HUMANO" A SERVIÇO DA EMPRESA

1
NOVO CAPITALISMO E EDUCAÇÃO

É previsível que a educação seja cada vez menos um ambiente fechado, distinto do ambiente profissional como outro ambiente fechado, e que ambos desapareçam em nome de uma trágica formação continuada, de um controle permanente sobre o operário colegial ou o executivo universitário.

Gilles Deleuze, *Pourparlers*, Paris, Minuit, 1990

O novo modelo escolar e educacional que tende a se impor se baseia, em primeiro lugar, em uma sujeição mais direta da escola à razão econômica. Está ligado a um economicismo aparentemente simplista, cujo principal axioma é que as instituições em geral e a escola em particular só têm sentido com base no serviço que devem prestar às empresas e à economia. O "homem flexível" e o "trabalhador autônomo" são as referências do novo ideal pedagógico.

Uma dupla transformação tende a redefinir a articulação entre escola e economia em um sentido radicalmente utilitarista: de um lado, a forte concorrência dentro de um espaço econômico globalizado; de outro, o papel cada vez mais determinante da qualificação e do conhecimento na concepção, na produção e na venda de bens e serviços. As organizações internacionais de ideologia liberal, nesse aspecto acompanhadas da maioria dos governos dos países desenvolvidos (que incentivaram essa concepção de escola), transformaram a competitividade no axioma dominante dos sistemas educacionais: "Competitividade econômica é também competitividade do sistema educacional"[1]. A questão estratégica da "massa cinzenta" ou dos

---

[1] Haut Comité Éducation Économie, *Éducation-économie: quel système éducatif pour la société de l'an 2000?* (Paris, La Documentation Française, 1988), p. 8. O relatório acrescenta que "hoje um dos elementos fundamentais da competitividade econômica de um país é constituído pelo nível educacional de sua população, pelo estoque de

"recursos humanos" se tornou cada vez mais importante na competição entre as empresas transnacionais e entre as economias nacionais. Pelo que dizem os especialistas internacionais convocados pela OCDE, estamos entrando em um novo modelo educacional. Um desses especialistas, James W. Guthrie, apresenta da seguinte maneira as principais características desse novo modelo:

> A inteligência, valorizada agora pela educação, ou seja, "*o capital humano*", está rapidamente se tornando um recurso econômico primordial, e pode ser que esse "imperativo" aos poucos dê lugar a um modelo educacional internacional. Os países-membros da OCDE esperam que seus sistemas educacionais e os diversos programas de formação profissionalizante contribuam em peso para o crescimento econômico, e estão realizando reformas para que isso aconteça.[2]

Não poderíamos explicitar melhor o sentido dessa evolução. O controle direto e mais estrito da formação fundamental e profissionalizante é um dos grandes objetivos dos meios econômicos. Essa formação não somente vai determinar o nível de eficácia econômica e o dinamismo da inovação como vai fornecer um mercado muito promissor às empresas. A educação não dá apenas uma contribuição fundamental à economia, não é apenas um *input* em uma função de produção, mas é entendida como fator cujas condições de produção devem se submeter plenamente à lógica econômica. Por essa razão, é considerada uma atividade com custo e retorno, cujo produto se assemelha a uma mercadoria. Como dizia com seu costumeiro *à-propos* o ex-ministro francês da Educação Claude Allègre, o ensino é "o grande mercado do próximo século".

O caráter fundamental da nova ordem educacional está ligado à perda progressiva de autonomia da escola, acompanhada de uma valorização da empresa, que é elevada a ideal normativo. Nessa "parceria" generalizada, a própria empresa se torna "qualificadora" e "envolvida no aprendizado" e acaba se confundindo com a instituição escolar em "estruturas de aprendizagem flexíveis"[3]. O *Livro branco* da Comissão das Comunidades Europeias resume bem essa tendência:

---

conhecimentos que ela acumula, mais que pela posse de matérias-primas minerais ou agrícolas, e muito mais até que pelos baixos salários pagos à mão de obra".

[2] James W. Guthrie, "L'évolution des politiques économiques et son incidence sur l'évaluation des systèmes éducatifs", em *Évaluer et réformer les systèmes éducatifs* (Paris, OCDE, 1996), p. 70.

[3] Ver Manuel Castells e Martin Carnoy, *Une flexibilité durable* (Paris, OCDE, 1997), p. 37-8.

> Há consenso entre os Estados-membros sobre a necessidade de maior envolvimento do setor privado nos sistemas de educação e/ou formação profissional e na formulação das políticas de educação e formação para atender às necessidades do mercado e das circunstâncias locais, por exemplo, sob a forma de incentivo à colaboração das empresas com o sistema de educação e formação e à incorporação da formação continuada nos planos estratégicos das empresas.[4]

Momentos da escola

As mutações do capitalismo permitem explicar, ao menos em parte, a natureza das reformas em curso. O nascimento e o desenvolvimento de um aparelho de educação e instrução separado da família e do ambiente de trabalho constituem uma das grandes transformações no Ocidente. Essa tendência faz parte de uma mudança de conjunto dessas sociedades, marcada pela autonomização das diferentes ordens (religião, política, economia e pensamento). Essa "desincrustação" (*disembeddedness*) geral das esferas sociais, segundo o termo de Karl Polanyi, é acompanhada da racionalização delas[5]. Embora o desenvolvimento de uma instituição especialmente destinada à difusão do saber tenha tido como razão primeira não a formação de mão de obra, e sim a construção de burocracias políticas e religiosas, o que implicava estender a cultura escrita a ministrantes diretos, assim como a muitos dos que mantinham relações de comunicação com elas, ele será cada vez mais incentivado e orientado, a partir dos primórdios da Revolução Industrial, pela demanda da indústria e da administração pública no que diz respeito à qualificação[6].

---

[4] Commission des Communautés Européennes, *Croissance, compétitivité, emploi, les défis et les pistes pour entrer dans le XXIe siècle* (Luxemburgo, Office des Publications Officielles des Communautés Européennes, Bulletin des Communautés Européennes, suplemento 6/93, 1993), p. 122.

[5] Ver Karl Polanyi, *La Grande Transformation* (Paris, Gallimard, 1988) [ed. bras.: *A grande transformação*, trad. Fanny Wrobel, 2. ed., Rio de Janeiro, Elsevier, 2012]. Ver também Max Weber, "Préface", em *L'Éthique protestante et l'esprit du capitalisme* (1904) (Paris, Flammarion, 2000, col. "Champs") [ed. bras.: *A ética protestante e o espírito do capitalismo*, trad. José Marcos Mariani de Macedo, São Paulo, Companhia das Letras, 2016].

[6] Ver Louis Fontvieille, "Croissance et transformation du système éducatif et de formation en France aux XIXe et XXe siècles", em Jean-Jacques Paul, *Administrer, gérer, évaluer les systèmes éducatifs* (Paris, ESF, 1999).

Na França essa mudança ficou algo encoberta pela preponderância de longa data das finalidades culturais e políticas da escola, o que explica o fato de ela durante muito tempo ter sido considerada um fundamento da identidade nacional e um pilar da ordem republicana. Sabemos que o Estado se definiu a partir de um momento, em primeiro lugar, como um educador da Nação em luta contra a Igreja para assegurar sua hegemonia simbólica e ideológica, e que, para realizar essa grande obra, não hesitou em copiar o adversário tanto no plano organizacional como no plano pedagógico[7]. Contudo, por meio de uma combinação sutil, e dependendo da esfera e da época, a escola sempre teve laços mais ou menos diretos com o universo do trabalho. O próprio crescimento da escolarização dependeu em larga medida dos recursos advindos do desenvolvimento econômico, com algumas defasagens mais ou menos significativas entre as fases de forte crescimento econômico e o aumento da escolarização[8]. Em suas formas e seus materiais, em sua moral e suas feições pedagógicas, o sistema escolar soube abrir espaço, na sociedade industrial, para os valores do trabalho e para a orientação profissional diferenciada dos estudantes. A partir da segunda metade do século XIX, em paralelo ao ensino secundário clássico, surgiram carreiras, departamentos e estabelecimentos cuja missão era elevar o nível profissional da mão de obra e fornecer executivos à indústria e ao comércio. Contudo, apesar de essa via profissionalizante ter avançado entre as duas grandes guerras, a lógica dominante da escola continuou a ser durante muito tempo a que Bernard Charlot classificou de "político-cultural"[9].

Na esteira desse autor, podemos distinguir três períodos históricos: um período em que a principal função da escola era integrar o indivíduo moral, política e linguisticamente à Nação; um período em que o imperativo industrial nacional ditou as finalidades da instituição; e o período atual, em que a sociedade de mercado determina mais diretamente as transformações da escola. No entanto, a evolução da escola não pode ser vista como um movimento linear. Desde o século XVI, afirmou-se uma concepção utilitarista

---

[7] Ver o exemplo das escolas normais, estudado por Christian Nique, *L'Impossible Gouvernement des esprits* (Paris, Nathan, 1991).

[8] Ver Louis Fontvieille, "Croissance et transformation du système éducatif et de formation en France aux XIXe et XXe siècles", cit.

[9] Bernard Charlot, *L'École en mutation* (Paris, Payot, 1987) e *L'École et le territoire, nouveaux espaces, nouveaux enjeux* (Paris, Armand Colin, 1994), p. 27-48.

da educação que alimentou continuamente a crítica aos sistemas escolares estabelecidos. Com o surgimento de uma sociedade menos religiosa e mais técnica e científica, menos tradicional e mais produtiva, as formas e os conteúdos escolares herdados do passado foram contestados pouco a pouco. O próprio saber passou por uma grande transformação quando começou a ser visto como ferramenta capaz de "resolver problemas"[10]. Foi sem dúvida Francis Bacon que, na aurora do século XVII, formulou de maneira mais clara a virada utilitarista que demorará séculos para se concluir: "*Knowledge is power*", saber é poder. O indivíduo deseja saber para melhorar seu destino, e isso desde suas primeiras experiências de infância. O homem em busca de felicidade aumenta a capacidade de suas faculdades aprimorando seu saber. A "grande rebelião baconiana" contra a escolástica, segundo a expressão de Spencer[11], concebia o saber como um estoque, como um capital acumulado cuja função é aumentar a capacidade humana de dominação da natureza a fim de fazê-la servir melhor a seu bem-estar. Essa é a grande proposição moderna, e nunca é demais enfatizar sua importância. *Nec plus ultra* da representação que farão de si mesmas as novas classes ativas da indústria – burguesia e proletariado –, ela é a base comum do liberalismo e do socialismo. A partir da "revelação" do trabalho e da felicidade terrena, a crítica utilitarista atacará as formas e os conteúdos pedagógicos da civilização cristã e da cultura clássica do humanismo, denunciará o distanciamento do saber escolar em relação à prática, seu isolamento em relação à vida cotidiana, a abstração dos conhecimentos. Esses defeitos demonstrariam a natureza essencialmente aristocrática e ornamental do conhecimento transmitido até então. Ao contrário, os critérios da eficiência na produção e no comércio responderiam às exigências democráticas e populares: para seu bem-estar, o povo necessita de conhecimentos ligados à prática. Os demais, inúteis para ele, não são valorizados.

O neoliberalismo atual não veio para transformar a escola de uma hora para outra. Desde bem cedo, muitos autores se dedicaram a definir e construir uma escola que coincidisse ponto por ponto com o "espírito do capitalismo". A mutação presente é apenas a atualização, numa fase mais

---

[10] Michel Freitag, *Le Naufrage de l'université* (Paris, La Découverte/Mauss, 1995), p. 38-9.

[11] Herbert Spencer, *De l'éducation intellectuelle, morale et physique* (1861) (Marabout, Marabout Université, 1974), p. 74 [ed. port.: *Educação: intellectual, moral e physica*, trad. Emygdio D'Oliveira, Porto, Chardron, 1927].

madura da sociedade de mercado, de uma tendência ativa há muito tempo. Basta reler os clássicos para se dar conta. Por exemplo, em Spencer, um dos principais teóricos utilitaristas da educação em meados do século XIX[12], encontramos argumentos a favor de uma educação para a "vida completa" que foram desenvolvidos muito antes dele por Benjamin Franklin, Rousseau e vários outros. "O que é mais negligenciado em nossas escolas é justamente aquilo de que mais necessitamos na vida"[13], diz Spencer. E, entre essas necessidades, as mais importantes são as relacionadas às profissões e aos negócios. Também encontramos o que Adam Smith já ressaltara quando pretendeu introduzir uma dimensão mercantil nas relações entre indivíduos e estabelecimentos de ensino: se queremos que as escolas ensinem coisas úteis, elas devem obedecer à demanda, e não ao conformismo da corporação ou ao capricho dos superiores. O mercado é o melhor estímulo para o zelo dos chefes, pois permite que seus interesses se confundam com seus deveres[14].

Uma escola a serviço da economia

Essas concepções utilitaristas e liberais se impõem em etapas. Após a Segunda Guerra Mundial, houve um período de forte crescimento econômico caracterizado pela exigência de mão de obra por uma indústria de alto desempenho e pelo aumento expressivo de efetivos escolarizados em todos os níveis, salvo no fundamental 1: ensino infantil, fundamental 2, médio e superior. A época do grande compromisso do *welfare state* assistiu ao crescimento extensivo do sistema escolar entre 1946 e 1973, no qual imperava a lógica quantitativa, tanto no número de alunos como nos investimentos. Esse período foi marcado pela aspiração à igualdade de condições e pela orientação mais clara e direta do aparelho escolar pelo sistema produtivo. Os anos 1960 e 1970 foram dominados pela obsessão de fornecer trabalhadores qualificados em número suficiente à indústria francesa e de formar futuros consumidores capazes de utilizar os produtos mais complexos fabricados pelo sistema industrial. Outros fatores, em particular os de natureza ideológica,

---

[12] Idem.

[13] Ibidem, p. 31.

[14] Adam Smith, *Recherches sur la nature et les causes de la richesse des nations* (Paris, Garnier Flammarion, 1991), livro V, v. II, cap. 1, seção 3 [ed. bras.: *A riqueza das nações*, trad. Luiz João Baraúna, São Paulo, Nova Cultural, 1996].

tiveram grande influência, a começar pela crença progressista na identidade entre crescimento econômico, democracia política e progresso social, expressa, por exemplo, pelo Plano Langevin-Wallon, principal referência da esquerda política e sindical no pós-guerra[15].

Além disso, a partir dos anos 1960, o Estado adota categorias de análise e ferramentas de gestão para regular e adequar os "fluxos de mão de obra". Essa "industrialização da formação" requer não apenas investimentos financeiros, mas também "investimentos simbólicos", isto é, criação de formas institucionais e classificações para estruturar a relação salarial: diplomas e qualificações, níveis de formação e medidas de orientação dos alunos, por exemplo. A partir do IV Plano (1960-1965) surgiram as primeiras tentativas de planejamento coordenado de mão de obra e ensino, prolongadas e ampliadas pelo V Plano (1965-1970). A ideia principal era determinar com mais precisão, por extrapolação das tendências observadas, um ajuste ótimo entre mão de obra e necessidades da economia. A análise da relação "educação formal-emprego" devia determinar a estrutura e o tamanho ótimo do sistema educacional em função das necessidades das empresas[16].

Esse período é marcado por uma crítica de inspiração tecnocrática ao chamado ensino tradicional ou clássico que encontramos nos relatórios do plano e em certos meios sindicais e patronais, a qual muitas vezes se confunde com uma crítica política e sociológica de um sistema não igualitário. Ela aparece também em organizações internacionais e, em particular, em trabalhos da OCDE que hoje são considerados pioneiros. A obra *Indústria do ensino*, de Lê Thành Khôi, resume essa argumentação no início dos anos 1970[17]. O autor constata que hoje em dia o ensino, que em várias etapas se tornou uma verdadeira indústria de massa, só pode ser descrito sistematicamente com a ajuda de categorias econômicas. Essa interpretação do ensino distingue três funções na educação moderna: formação de mão de obra qualificada; mudança cultural que suplanta o que é herdado; e formação de cidadãos

---

[15] Guy Brucy e Françoise Ropé, *Suffit-il de scolariser?* (Paris, L'Atelier, 2000), p. 24.

[16] Ver Lucie Tanguy et al., *L'Introuvable relation formation-emploi* (Paris, La Documentation Française, 1986).

[17] Lê Thành Khôi, *L'Industrie de l'enseignement* (Paris, Minuit, 1973) [ed. port.: *Indústria do ensino*, Porto, Civilização, 1970]. O livro é notável e premonitório em todos os aspectos. A leitura mostra que a maioria dos temas que a OCDE ou a Comissão Europeia desenvolveram desde então já se encontravam em germe nessa literatura modernizadora de trinta anos atrás.

responsáveis[18]. Para o autor, essa mutação marca o fim do humanismo clássico, baseado no altruísmo e na livre atividade humana. A primeira função é imposta pelo crescimento econômico e pelo desenvolvimento do bem-estar. A escola, que não é mais a única fonte de saber, deve "aprender a aprender" para que a criança seja capaz de ordenar e fazer a triagem da informação confusa, lacunar e tendenciosa da cultura comercializada de massa. Essa primeira educação escolar é apenas o prelúdio de uma educação permanente, uma formação no dia a dia, associada a reciclagens periódicas – a cada três ou cinco anos, conforme a área –, "a fim de que o produtor ponha seus conhecimentos em dia e se adapte a uma tecnologia em movimento"[19]. Além disso, a universidade deve gerar conhecimentos novos, e não se contentar em transmitir o que herda das gerações passadas. Dessa exigência, o autor conclui que a escola e a universidade devem se tornar quase empresas, com um funcionamento calcado no modelo das companhias privadas e com a obrigação de alcançar máximo "desempenho". O autor ressalta ainda o "rendimento do ensino" como variável importante – garantida pelas novas tecnologias – e o imperativo de adequação do ensino à "modernidade" para evitar o desperdício e a perda de tempo: "a escola não é nada se não preparar para a vida", diz o autor, desenterrando sem querer o utilitarismo de Spencer[20]. Certamente não é uma referência à privatização nem à rentabilidade em sentido propriamente mercantil. O papel da oferta de ensino como serviço público parece ser preponderante para ele, pois espera que o Estado contribua para a modernização da sociedade e para a eficiência global da economia. Contudo, convém chamarmos a atenção para o fato de que esse discurso modernizador é historicamente uma maneira de redefinir o sistema de ensino, contra o humanismo tradicional, como uma máquina produtiva subordinada a modos de raciocínio e abordagem que podem ser aplicados a outros setores da produção. Muitos progressistas não viram dificuldade em aderir a esse discurso, pois parecia ir ao encontro dos promissores avanços da ciência e do "desenvolvimento das forças produtivas".

Apesar das críticas, durante muito tempo houve certa acomodação entre a missão cultural e política da escola e o novo imperativo econômico, o que fez muitos acreditarem que, no futuro, a mão visível do Estado seria capaz de unir

[18] Ibidem, p. 110.

[19] Ibidem, p. 115.

[20] Ibidem, p. 178.

harmoniosamente os progressos do espírito e o desenvolvimento da produção, desde que centrasse menos os estudos nas humanidades antigas e abandonasse a ilusão a respeito do altruísmo da cultura. No entanto, esse grande acordo histórico, que pretendia combinar o desenvolvimento econômico da nação com a idealização de uma burocracia francesa "educadora do espírito", serviu de preparação para a contestação neoliberal dos anos 1980 e 1990.

Por uma escola neoliberal

As reformas impostas à educação serão cada vez mais guiadas pela preocupação com a competição econômica entre os sistemas sociais e educativos e pela adequação às condições sociais e subjetivas da mobilização econômica geral. O objetivo das "reformas orientadas para a competitividade" (*competitiveness-driven reforms*) é, portanto, melhorar a produtividade econômica ao melhorar a "qualidade do trabalho"[21]. A padronização de objetivos e controles, a descentralização, a mutação da "gestão educacional" e a formação de professores são reformas "focadas na produtividade" (*productivity-centred*). No entanto, a escola neoliberal também pretende melhorar a qualidade da força de trabalho em seu conjunto sem aumentar impostos e, na medida do possível, reduzindo o gasto público. Daí as campanhas e as políticas, implantadas na mesma época tanto nacional como mundialmente e em todos os níveis da atividade educacional, para diversificar o financiamento do sistema educacional (clamando muito mais abertamente pelo gasto privado), administrar mais "eficazmente" a escola (como fazem as empresas), reduzir a cultura ensinada na escola às competências indispensáveis para a empregabilidade dos assalariados, promover a lógica de mercado na escola e a competição entre famílias e estudantes pelo "bem escasso" (e, consequentemente, caro) da educação.

A partir dos anos 1980, surge uma concepção ao mesmo tempo mais individualista e mais mercadológica da escola. Essa nova fase corresponde à desestruturação da sociedade industrial que os economistas chamam de "fordista" e de seu padrão característico de emprego. Após a virada de 180° do governo socialista, o Estado francês deixa que as lógicas de mercado ajam mais abertamente, tenta reduzir seu próprio raio de ação e adota o modelo

[21] Martin Carnoy, *Mondialisation et réforme de l'éducation*, cit., p. 37.

da empresa privada. Na administração escolar, a tendência também é de descentralização, diversificação, gerenciamento moderno e "gestão por demanda". Nesse período, o imperativo de eficiência imposto à escola começa a se tornar preponderante, primeiro para controlar custos, depois por uma questão de concorrência entre países e entre empresas e, por fim, por razões propriamente ideológicas: a escola é vista cada vez mais como apenas mais uma empresa, obrigada a acompanhar a evolução econômica e a obedecer às exigências do mercado. A retórica gerencial dos responsáveis pelo mundo político e pela alta administração escolar se torna cada vez mais invasiva. O "Estado regulador", segundo a expressão proposta por Bernard Charlot, tende não só a delegar aos escalões inferiores e a serviços descentralizados a ação cotidiana racionalizada de acordo com as regras da gestão dita "participativa" e segundo o esquema de contratualidade entre níveis e tipos de administração, mas também a generalizar "parcerias" entre "atores" de todos os tipos. Esse Estado, guiado pelos novos princípios da ação pública, define as grandes perspectivas e avalia *a posteriori* os resultados dessa gestão mais autônoma com o auxílio de um instrumental estatístico rigoroso, que permite o "comando" das unidades locais e periféricas. A descentralização do sistema escolar foi pensada e desenvolvida segundo esse mesmo esquema[22].

Afora a desculpa dos inúmeros e cada vez mais patentes defeitos do aparelho burocrático hipertrofiado e massificado no longo período do Estado desenvolvimentista, cresceu a pressão por introduzir mecanismos de mercado e métodos de gestão inspirados na lógica empresarial, em nome da eficiência e da democracia. Na prática, a política de territorialização abriu caminho para uma *desregulação* escolar que, supostamente, deveria atender às novas necessidades sociais, versão *soft* da mão invisível dos liberais:

> A doutrina dominante inverte a proposta anterior: na educação como em outros domínios, a questão não é mais corrigir as imperfeições do mercado por meio da intervenção do Estado, mas remediar as falhas do Estado pela promoção de um mercado supostamente autorregulador, isto é, estabelecer a superioridade ética da agregação das preferências individuais por processos mercadológicos sobre a deliberação como modo de elaboração das escolhas sociais.[23]

---

[22] Ver Bernard Charlot e Jacky Beillerot (orgs.), *La Construction des politiques d'éducation et de formation* (Paris, PUF, 1995), p. 79.

[23] Annie Vinokur, "Pourquoi une économie de l'éducation?", em Jean-Jacques Paul, *Administrer, gérer, évaluer les systèmes éducatifs*, cit., p. 316.

O papel tutelar do Estado educador é contestado quando a "escolha das famílias" é reconhecida e incentivada pela dessetorização dos estabelecimentos escolares, por seu ranqueamento e por todas as formas de responsabilizar o indivíduo. O modelo do mercado tende a se impor, ao menos como referência ideológica, e de maneira muito eufemística quando a esquerda envereda por esse caminho. A instituição escolar, nesse novo contexto, deve produzir uma oferta que vise à satisfação de uma demanda de consumidores bem informados. No fim dos anos 1990, a fria constatação se impõe: "A ofensiva neoliberal na escola é um processo já avançado"[24].

Essa mutação deve ser situada no contexto mais geral das transformações do capitalismo a partir dos anos 1980: globalização do comércio, financeirização das economias, desobrigação do Estado, privatização das empresas públicas e transformação dos serviços públicos em quase empresas, ampliação dos processos de mercadorização ao lazer e à cultura, mobilização geral dos assalariados numa "guerra econômica" generalizada, contestação das proteções dos assalariados e disciplinarização pelo medo do desemprego. Muito mais que uma "crise" passageira, o que presenciamos é uma mutação do capitalismo. O que está em jogo é o enfraquecimento de tudo que serve de contrapeso ao poder do capital e tudo que institucionalmente, juridicamente e culturalmente limita sua expansão social[25]. Todas as instituições, além da economia, foram afetadas por essa mutação, inclusive a instituição da subjetividade humana: o neoliberalismo visa a eliminação de toda "rigidez", inclusive a psíquica, em nome da adaptação às situações mais variadas com que o indivíduo depara no trabalho e na vida. Mais que nunca a economia ocupa o centro da vida individual e coletiva, os únicos valores sociais legítimos são a eficiência produtiva, a mobilidade intelectual, mental e afetiva, e o sucesso pessoal. Isso não pode deixar incólume o sistema normativo da sociedade e seu sistema de educação.

A escola "flexível"

As transformações da organização do trabalho, em parte reais e em parte idealizadas no discurso oficial, explicam em grande medida o tipo

---

[24] Yves Careil, "Le néo-libéralisme dans l'école: un processus déjà bien engagé", *Nouveaux Regards*, n. 6, jun. 1999.

[25] Ver Michel Vakaloulis, *Le Capitalisme postmoderne: éléments pour une critique sociologique* (Paris, PUF, 2001).

de mutação escolar que as forças econômicas e políticas dominantes exigem. A referência ideal da escola passou a ser o "trabalhador flexível", de acordo com os cânones da nova representação da gestão. O empregador não espera mais do assalariado uma obediência passiva a instruções precisas: ele quer que o assalariado utilize as novas tecnologias, compreenda melhor o sistema de produção ou comercialização no qual sua função está inserida, deseja que ele seja capaz de enfrentar as incertezas e demonstre liberdade, iniciativa e autonomia. Em resumo, o empregador quer que, em vez de obedecer cegamente às ordens superiores, o assalariado seja capaz de discernir e analisar para impor a si mesmo uma conduta eficiente, *como se* esta última fosse ditada pelas exigências do próprio real. A autonomia que se espera do assalariado, que consiste em ele se dar ordens e se "autodisciplinar", não acontece sem um certo saber. Em outros termos, o assalariado tem de integrar num universo mais complexo os modos de fazer e os conhecimentos necessários ao tratamento dos problemas, segundo as fórmulas em vigor. Por isso autodisciplina e autoaprendizagem andam de mãos dadas. A hierarquia burocrática e o taylorismo de tipo clássico tendem a desaparecer diante do autocontrole generalizado. A nova "regulação" no trabalho reside em uma maior margem de ação da periferia e em um controle baseado no cumprimento de metas. Paralelamente, e em conformidade com a doutrina do capital humano, o trabalhador tem de se armar de conhecimentos e competências durante toda a vida e não pode mais se definir por um emprego estável ou um estatuto específico: "Na era da informação, o trabalhador não se define mais em termos de emprego, mas em termos de aprendizado acumulado e aptidão para aplicar esse aprendizado em situações diversas dentro e fora do local de trabalho tradicional"[26]. A diretriz é a "empregabilidade" individual.

Embora isso nunca seja dito claramente, é a essa representação do trabalho e da nova subjetividade esperada dos "jovens" que a escola deveria adaptar a si mesma e aos futuros assalariados. A Comissão das Comunidades Europeias destaca:

> A implantação de sistemas de formação mais abertos e flexíveis e o desenvolvimento das capacidades de adaptação dos indivíduos serão cada vez mais necessários às empresas – para que explorem melhor as inovações tecnológicas desenvolvidas ou adquiridas por elas – e aos próprios indivíduos – que em

[26] Martin Carnoy e Manuel Castells, *Une flexibilité durable*, cit., p. 39.

grande parte correm o risco de mudar quatro ou cinco vezes de atividade profissional ao longo da vida.[27]

Como dizem os especialistas da OCDE, "os empregadores exigem dos trabalhadores que eles sejam não apenas qualificados, mas também mais maleáveis e 'aptos a se capacitar'"[28]. Para produzir assalariados adaptáveis, a escola, que vem antes do trabalho, deveria ser uma organização flexível, em inovação constante, que atenda tanto aos desejos mais diferenciados e variáveis das empresas como às necessidades diversas dos indivíduos. A Comissão Europeia apresenta essa maior flexibilidade da escola como uma "questão central"[29]. Não é mais uma questão de elevar os níveis de competência dos assalariados: é preciso que toda educação recebida tenda a levar mais em conta o "destinatário do serviço", ou seja, a empresa. Em uma sociedade cada vez mais marcada pela instabilidade das posições, sejam elas profissionais, sociais ou familiares, o sistema educacional deve preparar os alunos para um cenário de *incerteza* crescente. A pedagogia "não diretiva" e "estruturada de modo flexível", o uso das novas tecnologias, o amplo "cardápio" oferecido aos estudantes e o hábito do "controle contínuo" são pensados como uma propedêutica para a "gestão de cenários de incertezas" que o jovem trabalhador vai encontrar ao concluir os estudos. Enquanto às vezes as formações profissionalizantes especificamente adaptadas a determinados empregos são declaradas anacrônicas – porque os assalariados terão de mudar de empresa com mais frequência e realizar tarefas diferentes em cada empresa –, são inúmeros os textos segundo os quais o ensino deve armar os estudantes com "competências de organização, comunicação, adaptabilidade, trabalho em equipe, resolução de problemas em contextos de incerteza". A principal *competência*, a metacompetência, consistiria em "aprender a aprender" para enfrentar a incerteza alçada a exigência permanente da existência humana e da vida profissional.

---

[27] Comissão das Comunidades Europeias, *Croissance, compétitivité, emploi*, cit., p. 124.

[28] OCDE, *Du bien-être des nations, le rôle du capital humain et social* (Paris, OCDE, 2001), p. 30.

[29] Comissão Europeia, *Livre blanc: enseigner et apprendre, vers la société cognitive* (Luxemburgo, Serviço das Publicações da União Europeia, 1995), p. 44-5.

Decomposição do vínculo entre diploma e emprego

Por trás desses discursos batidos, delineiam-se transformações importantes. O período dito "fordista" do capitalismo assegurou a implantação de um conjunto de instituições e procedimentos de proteção social baseada no reconhecimento de direitos e estatutos, o que proporcionou relativa estabilidade aos assalariados, regulando não apenas o consumo, a evolução salarial e a carreira, mas também o próprio curso da vida. Essa institucionalização da classe assalariada, segundo muitos economistas e sociólogos, possibilitou a integração da classe trabalhadora, garantindo-lhe recursos suficientes para consumir o que as empresas taylorizadas produziam em série e a baixo custo. Nesse período, muito mais indivíduos puderam prever um progresso social não apenas para eles mesmos, mas também para seus filhos, graças aos estudos destes. A escola, parte integrante do "compromisso fordista" e da "sociedade salarial"[30], diplomou pessoas dotadas de direitos reconhecidos por convenções coletivas e contribuiu para o estabelecimento de estatutos nos quais elas podiam se apoiar para vender sua força de trabalho. Ainda que a relação entre diploma e emprego nunca tenha sido geral e unívoca, o diploma dava em larga medida o fundamento da hierarquia interna da classe assalariada, especialmente nas funções públicas, mas também se caracterizava por estar ligado a uma esfera escolar que, por sua relativa autonomia, tinha força simbólica bastante para torná-lo relativamente independente das relações de força imediatas do mundo profissional. Isso valia em particular para os diplomas técnicos e profissionalizantes, que permitiam aos assalariados não depender diretamente das exigências caprichosas e arbitrárias dos empregadores. A relação entre um "bom diploma" e uma "boa profissão" aparecia como uma relação necessária em uma sociedade de estatutos. Se o ensino técnico foi objeto de relativo desprezo, sobretudo em razão da divisão social e técnica do trabalho, ele foi um vetor de reconhecimento das qualificações e proporcionou a muitas pessoas um sentimento de dignidade pessoal e utilidade social, ou seja, condições para uma ação coletiva constante.

---

[30] Robert Castel, *Les Métamorphoses de la question sociale: une chronique du salariat* (Paris, Fayard, 1995) [ed. bras.: *As metamorfoses da questão social: uma crônica do salário*, trad. Iraci D. Poleti, 12. ed., Petrópolis, Vozes, 2015].

O período neoliberal do capitalismo tende a mudar o vínculo entre diploma e valor pessoal reconhecido socialmente, tornando-o mais frouxo e impreciso. Numa época em que se declara que o saber é um "produto perecível" e as competências, objeto de uma "destruição criativa" permanente, o título escolar e universitário tende a perder força simbólica. No momento em que finalmente se propaga, o saber é cada vez mais considerado uma fonte de rigidez que já não corresponde aos novos imperativos de adaptabilidade permanente e reatividade imediata da empresa. Evidentemente, essa contestação deve ser imputada às transformações do trabalho. A classe assalariada foi atomizada em estatutos múltiplos, subestatutos e sem-estatutos. A identidade no trabalho – e pelo trabalho – se fragilizou com o desemprego em massa e a crescente instabilidade de empregos e postos de trabalho da qual os assalariados são vítimas. A insegurança afeta não apenas a posse de um emprego, mas também o conteúdo da profissão, a natureza das tarefas, a participação na empresa, as qualificações do indivíduo dentro de uma organização de trabalho mais "fluida". O enfraquecimento do valor simbólico dos diplomas, a implantação de práticas de avaliação das competências mais próximas das situações profissionais e a influência das empresas sobre a determinação dos conteúdos da formação participam desse processo quase ontológico de instauração da insegurança nos trabalhadores, cujo alcance foi mostrado por alguns estudos sobre a desqualificação social[31]. Em resumo, o valor social dos indivíduos corre o risco de depender cada vez mais das competências pessoais que o mercado de trabalho sancionará da forma menos institucional, menos "formal" possível. O trabalho se iguala cada vez mais a uma mercadoria como qualquer outra, perdendo ao mesmo tempo sua dimensão coletiva e suas formas jurídicas.

A tendência atual à desinstitucionalização da relação entre diploma, qualificação e profissão está ligada a esse enfraquecimento das posições dos assalariados, que encontram cada vez menos *segurança* nas instituições e referências estáveis em relação ao que eles valem e ao que eles são, e que, por isso, são responsabilizados por sua má sorte. A transformação do mercado de trabalho de fato acentuou a vulnerabilidade das pessoas com diplomas secundários, das quais se exige experiência profissional ou, ao menos, que "se ponham à prova" em uma multiplicidade de estágios e empregos precários. Relatórios oficiais reforçam a ideia de que os diplomas

---

[31] Ver, por exemplo, Serge Paugam, *Le Salarié de la précarité* (Paris, PUF, 2000).

universitários valem somente durante alguns anos após sua obtenção, o que apenas sublinha a distância cada vez maior entre o valor jurídico e o valor social do título[32]. Atribuiu-se um papel ambíguo à escola e à universidade que consiste em manter, por intermédio de diplomas de curta validade, a precarização do valor escolar e profissional dos indivíduos.

Uma coerência muito relativa

Parece tornar-se necessariamente cada vez maior a contradição entre a aquisição do saber pelas novas gerações, que exige estabilidade, garantia do valor do que se aprende, respeito à cultura comum e construção da personalidade, e as necessidades econômicas, que são particulares e inconstantes. Enquanto a "profissão" para a qual a escola preparava permitiu projetar um futuro relativamente estável e a realização de uma "função" social em um conjunto inteligível, a profissionalização (parcial) dos estudos não tinha os efeitos destruidores que pode ter quando a vida futura sugere apenas a ameaça de deslocalização de uma fábrica ou o descaminho de saltar de emprego em emprego. O capitalismo "flexível" e "revolucionário" mina a confiança no longo prazo, ignora os compromissos, a preocupação com o patrimônio cultural e o sentido do sacrifício pelo outro. Como associar o nomadismo inerente a esse descaminho profissional prometido aos futuros assalariados e a filiação confiante a uma cultura e a valores determinados? Obviamente, é fácil esperar da escola que ela "inculque nos alunos as noções de autonomia, rápida adaptação a mudanças e mobilidade", mas não vemos muito bem como ela poderia fazer isso em uma esfera social e cultural a caminho da desintegração. É no íntimo da subjetividade que se instala a contradição expressa por todos os sintomas associados a essa perda do futuro.

Os especialistas em educação da OCDE sentiram que estava em questão a própria estabilidade das sociedades ocidentais, ameaçadas não apenas pela crise financeira, mas também pelos efeitos nocivos da "perda de referências"

[32] O relatório Attali afirma que "nenhum diploma terá legitimidade permanente". Ver Jacques Attali, *Pour un modèle européen d'enseignement supérieur* (Paris, MEN, 1998), p. 19.

das novas gerações, da "crise do vínculo social"[33]. Se a conscientização é louvável, embora tardia, não conseguimos ver como a escola sozinha poderia resolver a "degradação do ambiente social", isto é, as desigualdades, a insegurança social, a crescente anomia, a delinquência etc. Não conseguimos ver, sobretudo, como uma escola com o mesmo motor da sociedade de mercado poderia impedir o efeito de dissolução causado pelo curso atual do neoliberalismo.

---

[33] Ver OCDE, *Du bien-être des nations*, cit., em particular cap. 3, "Le rôle du capital social", p. 45 e seg.

2
O CONHECIMENTO COMO FATOR DE PRODUÇÃO

As sociedades de mercado se caracterizam pela sujeição de todas as atividades à lógica de valorização do capital, considerada evidente, inevitável, imperativa, da qual nenhum ser racional pode esquivar-se. Sob essa perspectiva, teríamos de refletir sobre as visões premonitórias de Nietzsche em *Schopenhauer educador** e nas conferências *Sobre o futuro de nossos estabelecimentos de ensino*. Especialmente nestas últimas, Nietzsche interroga o sentido real das grandes tiradas sobre a "necessidade de cultura" na época moderna. A cultura clássica, reservada a poucos, está em ruínas, constata o filósofo. Hoje, por "cultura universal", entende-se uma cultura muito diferente daquela que as universidades ou os estabelecimentos de ensino secundário se propunham a dar aos alunos e que visava formar espíritos intelectualmente preparados e equipados para os pensamentos mais elevados. A nova cultura, que hoje seria chamada de cultura de massa, não se propõe mais a reproduzir e preservar o esforço dos grandes gênios das gerações passadas. Ela está subordinada a fins muito específicos: o fim econômico, o fim político, o fim científico. A primeira subordinação, para Nietzsche, tem de longe o efeito mais importante: embora conduza à "extensão" e à "expansão" da cultura, tem o objetivo de aumentar a riqueza pessoal e coletiva. Esse é "um dos mais preciosos dogmas da economia política nos tempos presentes"[1], como comprovam os textos de

---

* Trad. Antônio Carlos Braga e Ciro Mioranza, São Paulo, Escala, 2008. (N. E.)

[1] Friedrich Nietzsche, "Sur l'avenir de nos établissements d'enseignement", em *Oeuvres philosophiques complètes: écrits posthumes 1870-1873* (Paris, Gallimard, 1975), p. 94 [ed. bras.: "Sobre o futuro de nossos estabelecimentos de ensino", em *Escritos sobre educação*, trad. Noéli Correia de Melo Sobrinho, Rio de Janeiro/São Paulo, Editora PUC-Rio/Loyola, 2003].

James Mill ou de John Stuart Mill sobre a educação. A democratização da cultura é guiada cada vez mais pela eficiência econômica e impede qualquer forma de cultura "que favoreça o solitário, que proponha objetivos além do dinheiro e do lucro, que demande muito tempo"[2], acrescenta Nietzsche. A cultura tem de ser rápida, econômica, custar pouco esforço e proporcionar muito dinheiro. Mais pessoas são chamadas ao saber, mas esse saber deve ser útil e servir ao bem-estar.

> A verdadeira tarefa da cultura seria criar homens tão correntes quanto possível, mais ou menos no sentido que se fala de "moeda corrente". Quanto mais homens correntes houvesse, mais feliz seria o povo; e o propósito das instituições de ensino contemporâneas não poderia ser outro senão fazer cada um progredir até o ponto em que sua natureza o chamasse a ser "corrente", a formar cada um de modo que da medida de seu conhecimento e saber se tirasse a maior medida possível de felicidade e proveito.[3]

Em uma fórmula, Nietzsche observa de maneira muito lúcida até que ponto a lógica da eficiência vem se apropriando do domínio cultural e escolar. Esse diagnóstico sobre a evolução do ensino pode ser estendido: não é uma espécie de malthusianismo generalizado, visando a diminuição do nível cultural, que nos ameaça, mas um duplo movimento de difusão social e instrumentalização da cultura por interesses econômicos privados.

Essas transformações, que afetam o lugar e a natureza dos conhecimentos, são fundamentais para o futuro da educação. O saber não é mais um bem que se adquire para fazer parte de uma essência universal do humano, como no antigo modelo escolar – que, diga-se de passagem, reservava esse bem supremo a poucos –, mas um investimento mais ou menos rentável para indivíduos com dotes materiais e intelectuais desiguais. Os valores que constituíam o mundo escolar foram substituídos por novos critérios operacionais: eficiência, mobilidade, interesse. O sentido da escola muda: ela é não mais um lugar de assimilação e convívio com grandes narrativas onde se moldam caracteres estáveis para situações sociais bem definidas, mas um local de formação de caracteres adaptáveis às variações existenciais e profissionais em incessante movimento.

---

[2] Idem.

[3] Idem.

Educação ampla, cultura útil

Após os eventos de 1968, Michel Crozier, em seu livro *A sociedade bloqueada*, elogiou a mudança de significado da cultura, "que não é mais um luxo inútil, reservado a uma minoria de aristocratas privilegiados e a uns poucos inventores marginais". Ela se tornou "um instrumento fundamental de ação num mundo racionalizado, que só pode ser dominado pelo uso de modos de raciocínio que necessitam de um aprendizado cultural"[4]. De modo geral, o utilitarismo que caracteriza o "espírito do capitalismo" não é *contra* o saber em geral ou o saber para o maior número de pessoas: ele vê o saber como uma ferramenta a serviço da eficiência do trabalho. Hoje, num momento em que o capitalismo "fundamentado no saber", "cognitivo", "informacional", pressupõe um aumento do nível de conhecimento da população, isso é mais válido que nunca. A organização patronal European Round Table (ERT)[5], por exemplo, lembra que são necessários grandes investimentos financeiros e humanos em educação, e destaca que o futuro econômico e social da Europa depende disso. O já mencionado especialista da OCDE James Guthrie ressalta:

> Antigamente, um país devia sua influência em grande parte às riquezas que podia extrair do solo, mas hoje essa força está cada vez mais subordinada às riquezas da mente. [...] Considera-se cada vez mais a inteligência humana – quando desenvolvida pela educação e aliada a competências muito especializadas – o recurso econômico primordial de uma nação, do qual ela precisa maciçamente.[6]

É sob essa perspectiva que se coloca a *Lifelong Learning Strategy:* "A população da Europa deve ser envolvida em um processo de aprendizagem ao longo de toda a vida. A integração crescente do conhecimento no ambiente industrial transforma os trabalhadores em 'trabalhadores cognitivos' (*knowledge workers*)"[7]. Essa posição se baseia em um argumento muito difundido.

---

[4] Michel Crozier, *La Société bloquée* (Paris, Le Seuil, 1970, reed. Points/Le Seuil, 1995), p. 149-50 [ed. bras.: *A sociedade bloqueada*, trad. Maria Lúcia Álvares Maciel, Brasília, Editora UnB, 1983].

[5] A ERT (ou Mesa-Redonda Europeia dos Industriais), criada em 1985 por cerca de quarenta grandes empresários europeus, é um dos principais *think tanks* que inspiram os relatórios da Comissão Europeia, especialmente no tema da educação.

[6] James W. Guthrie, "L'évolution des politiques économiques et son incidence sur l'évaluation des systèmes éducatifs", cit., p. 71.

[7] ERT, *Investing in Knowledge: The Integration of Technology in European Education* (Bruxelas, ERT, 1997), p. 6.

A vida profissional, mesmo nos níveis subordinados, para não falar da vida social como um todo, pressupõe uma capacidade intelectual e um domínio simbólico, ainda que elementar, elementos que apenas uma escolaridade relativamente longa da grande massa juvenil pode garantir.

Evidentemente, alguns meios patronais ou políticos continuam a sustentar e praticar, em nome das restrições orçamentárias das políticas liberais ou dos riscos de desclassificação social, um malthusianismo educacional que visa reduzir o esforço de escolarização[8]. No entanto, muitos "decisores" defendem um *aumento* desse esforço, *desde que* este se concentre nas habilidades e nos saberes úteis, que supostamente mais adequados aos jovens das classes populares e que atendem às necessidades das empresas. Há aqui, portanto, uma dupla reivindicação: de um lado, a favor de um investimento maciço na educação e, de outro, a favor de uma redução dos conhecimentos que são considerados chatos e inúteis por não ter ligação clara com uma prática ou um "interesse"[9]. Nesse aspecto, as autoridades políticas e econômicas que desejam combinar educação de massa com escolha mais restrita de conteúdos em função de sua utilidade econômica e social têm o apoio de certos reformistas pedagógicos bastante imprudentes que, em nome da democratização, consideram que as crianças do povo não podem *a priori* receber a cultura da elite. É isso que faz o caráter muitas vezes equívoco das noções de "democratização", "cultura de base" ou "cultura comum", as quais podem ser interpretadas de maneiras muito diferentes segundo os objetivos políticos e os valores que lhes servem de referência e, por isso, exigem elaborações mais profundas[10].

---

8 Sobre esse ponto, ver Jean-Pierre Terrail (org.), *La Scolarisation de la France: critique de l'état des lieux* (Paris, La Dispute, 1997), p. 230.

9 Michel Crozier e Bruno Tilliette sugerem que "se alivie a complexidade que esmaga os indivíduos, o que pede uma redução da massa de conhecimentos a ser absorvidos, quando a escola tende a multiplicá-los continuamente". Ver Michel Crozier e Bruno Tilliette, *Quand la France s'ouvrira* (Paris, Fayard, 2000), p. 145.

10 Sobre esse tema, ver os trabalhos da associação Defender e Transformar a Escola para Todo Mundo, bem como a obra publicada pelo Instituto de Pesquisas da Federação Sindical Unitária (FSU): Hélène Romian (org.), *Pour une culture commune* (Paris, Hachette, 2000).

A era do "capital humano"

Hoje, o centro de gravidade da doutrina dominante na educação se encontra nas teorias do *capital humano*. Estas últimas, por mais que sejam enviesadas ideologicamente, traduzem uma tendência muito real do capitalismo contemporâneo de mobilizar saberes em número cada vez maior, sob o duplo aspecto de fator de produção e mercadoria. Os economistas designam como capital humano "o estoque de conhecimentos economicamente valorizáveis e incorporados nos indivíduos"[11]. Trata-se, em primeiro lugar, de qualificações adquiridas dentro do sistema de ensino ou por experiência profissional. Mais amplamente, essa noção pode englobar os vários trunfos que o indivíduo pode fazer valer no mercado e vender aos empregadores como fonte potencial de valor: aparência física, boa educação, maneira de ser e pensar ou estado de saúde, por exemplo. Assim, segundo a OCDE, o capital humano reúne "os conhecimentos, as qualificações, as competências e as características individuais que facilitam a criação do bem-estar pessoal, social e econômico"[12]. Embora não seja inteiramente original, a concepção de capital humano faz um enorme sucesso nos organismos internacionais e entre governos ocidentais, não só porque propõe uma estratégia de "crescimento duradouro", como dizem seus promotores, mas porque oferece uma justificativa econômica às despesas com educação, a única válida para os "decisores" de hoje. Além disso, como veremos adiante, essa noção tem a vantagem de traduzir o enfraquecimento do vínculo entre diploma e emprego e justificar a maior seletividade dos empregadores em um período em que a inflação de títulos tende a fazer crescer a importância dos componentes "informais", sobretudo a origem social, na análise da "empregabilidade" dos assalariados.

Para compreender o sucesso dessa noção, temos de partir de algumas considerações gerais. Os trabalhos do economista estadunidense Edward F. Denison mostraram, nos anos 1960, que o crescimento econômico estava ligado não apenas ao aumento quantitativo dos fatores de produção (capital e trabalho), mas também à qualidade da mão de obra, qualidade que, pode-se imaginar, em parte dependia da educação[13]. Levando em conta essa relação,

---

[11] Ver Dominique Guellec e Pierre Ralle, *Les Nouvelles Théories de la croissance* (Paris, La Découverte, 1995, col. "Repères"), p. 52.

[12] OCDE, *Du bien-être des nations*, cit., p. 18.

[13] Edward F. Denison, *Why Growth Rates Differ? Postwar Experience in Nine Western Countries* (Washington D.C., Brookings Institution, 1967). Ver Éric Delamotte, *Une introduction à la pensée économique en éducation* (Paris, PUF, 1998), p. 99.

não se podia esperar a continuidade do crescimento apenas a partir de investimentos físicos ou do aumento de volume da mão de obra: era preciso "investir" em um novo tipo de capital[14]. A noção de capital humano, apesar de não ser a revolução da teoria econômica prevalecente que alguns viram nela, permitiu que o olhar que se tinha sobre a despesa com educação passasse de consumo para investimento. A nova noção se difundiu através de canais múltiplos e por interesses diversos, a ponto de partidos de esquerda e sindicatos recuperarem esse raciocínio nos anos 1970 em razão da legitimidade que ele parecia dar aos esforços do Estado na questão do ensino público.

No entanto, essa metáfora do "capital humano" leva a uma visão muito empobrecida dos resultados do "investimento no saber", considerado, na essência, uma fonte de ganho de produtividade. O perigo de se simplificar é particularmente visível na versão ultraliberal dessa teoria, defendida por outro economista estadunidense, Gary Becker. Para Becker, o capital humano é um bem privado que proporciona um retorno ao indivíduo que o detém. Essa concepção estritamente individualista é condizente com os pressupostos da teoria liberal ortodoxa: o indivíduo possui recursos próprios que ele tenta incrementar ao longo da vida para aumentar sua produtividade, sua renda e suas vantagens sociais. Entende-se, portanto, que não existe nenhum altruísmo na aquisição desse capital humano. Tal concepção pressupõe que a "escolha da profissão" é unidimensional: a única coisa que interessa é a renda que a profissão escolhida proporcionará. Ela deixa de lado todas as representações do futuro ligadas às condições presentes, aos valores transmitidos e às oportunidades apresentadas, e esquece que a relação de um indivíduo com a vida ativa é uma relação que envolve tanto uma história pessoal e coletiva como as relações entre as classes sociais, os sexos e os grupos etários[15]. Na concepção utilitarista da escolha profissional, tudo é comandado pelo esforço racional para adquirir uma renda suplementar, e o próprio esforço é determinado pela taxa de retorno esperada do investimento. O financiamento

---

[14] Edward F. Denison, *Why Growth Rates Differ?*, cit., p. 83. Ver também Denis Clerc, "La Théorie du capital humain", *Alternatives Économiques,* mar. 1993, e Élisabeth Chatel, *Comment évaluer l'éducation? Pour une théorie de l'action éducative* (Lausanne/Paris, Delachaux et Niestlé, 2001). Para uma visão de conjunto dos trabalhos sobre esse domínio, ver OCDE, *Du bien-être des nations*, cit., p. 30 e seg.

[15] Para uma análise das representações que estruturam a busca de emprego, ver Francis Vergne, *De l'école à l'emploi, attentes et représentations* (Paris, Nouveaux Regards/Syllepse, 2001).

deve depender do ganho esperado, dos usos e do grau de generalidade das competências adquiridas. Se o gasto com educação é destinado em primeiro lugar à formação de um capital humano, a questão que se coloca é saber quem deve pagar, quem deve definir os conteúdos, quem deve ser o mestre de obras dessa formação. Dependendo do ganho esperado, o financiamento deve ser dividido entre o Estado, a empresa e o indivíduo. O Estado não pode se desinteressar da educação porque há "externalidades positivas", isto é, efeitos benéficos para toda a coletividade. Contudo, se o Estado deve assumir uma parte dos gastos com educação, ele também deve criar condições para que os indivíduos façam escolhas racionais e assumam os custos que legitimamente cabem a eles. Embora os poderes públicos devam assegurar a educação inicial, dada a grande rentabilidade social dos investimentos nela, eles também devem recorrer ao financiamento privado, proveniente tanto das famílias como das empresas, em especial em um período marcado pela "intensificação das restrições orçamentárias"[16]. Diversificar as fontes de financiamento aparece como o único caminho racional, porque transfere para as famílias parte crescente das despesas, na proporção das vantagens privadas que elas obtêm com a educação. Quando a OCDE e o Banco Mundial propõem um financiamento diversificado ou um "cofinanciamento" da educação, é a essa lógica do "retorno educacional" que estão se referindo.

As implicações sociais dessa diversificação do financiamento estão longe de ser insignificantes. A análise do tipo custos/benefícios supostamente explica as diferenças de investimento na educação. Os estudantes mais inteligentes têm interesse em continuar os estudos, porque o investimento é muito rentável nesse caso, ao passo que os menos inteligentes têm interesse em abandonar os estudos e iniciar o mais rápido possível a vida profissional. A teoria do capital humano, contrariando certas pretensões à "equidade" da OCDE ou do Banco Mundial, não tem nada de igualitária. Ao contrário, Gary Becker legitima as desigualdades escolares pelo cálculo racional do indivíduo: os alunos mais inteligentes aprendem rápido e, por um custo limitado, acumulam um capital muito rentável, enquanto os menos inteligentes penam para conseguir um diploma cujo custo não será compensado por um retorno futuro[17]. É essa lógica que vemos em ação no mercado da formação continuada, promovida a modelo da educação de base e cujo efeito mais certo é a produção de desigualdades

[16] OCDE, *Analyse des politiques d'éducation* (Paris, OCDE, 1997), p. 24.

[17] Ver Denis Clerc, "La Théorie du capital humain", cit.

entre os que se beneficiam mais (os executivos) e os que se beneficiam menos (os assalariados que executam). Desse ponto de vista, a estreita articulação entre escola e empresa não é necessariamente a mais democrática.

Essas concepções ultrautilitaristas da educação têm hoje grande influência sobre as representações dominantes. Não é infundado o receio de que apenas contribuam para reforçar o ensino em velocidades diferentes que já conhecemos, no qual os alunos mais "rentáveis" recebem mais investimentos que os destinados aos que têm "desempenho pior". Ainda que uma vasta literatura empírica mostre que a correlação entre investimento na formação educacional e nível de remuneração está longe de ser tão direta quanto dizem os economistas liberais – temos de acrescentar múltiplas variáveis para interpretar as relações observadas, em particular a tendência dos empregadores a contratar pessoal superqualificado –, o essencial continua: a concepção da educação como investimento produtivo em vista de um retorno individual faz enorme sucesso e tem ampla difusão. Por intermédio das organizações econômicas e financeiras internacionais, essa concepção é hoje o fundamento ideológico da *nova ordem educacional mundial*[18].

Capitalismo e produção de conhecimento

As teorias modernas do capital humano, da "economia do conhecimento" ou da "nova economia" não descobriram o papel cada vez maior da ciência na produção, um papel que já fora notado por Adam Smith e analisado por Marx. Desde o primeiro capítulo de *A riqueza das nações*, Smith descreve o caráter positivo e acumulativo dos efeitos da divisão do trabalho sobre o progresso técnico e destaca:

> Um grande número [de descobertas] é devido à indústria dos construtores de máquinas, a partir do momento que essa indústria se tornou objeto de uma profissão específica, e algumas à habilidade dos chamados acadêmicos ou teóricos, cuja profissão é não fazer nada, mas observar tudo e que, por essa razão, se encontram frequentemente em condições de combinar as forças das coisas mais distantes e mais desiguais.[19]

---

[18] Sobre esse ponto, ver os trabalhos do Instituto de Pesquisas da Federação Sindical Unitária e, em particular, Christian Laval e Louis Weber (orgs.), *Le Nouvel Ordre éducatif mondial*, cit.

[19] Adam Smith, *Recherches sur la nature et les causes de la richesse des nations*, cit., I, cap. 1, p. 77.

Smith faz nessa obra uma exposição resumida de uma evolução muito mais complexa: desde muito tempo atrás a divisão social do trabalho permitiu a grupos humanos desenvolver suas capacidades intelectuais sem as amarras das obrigações da produção material, a distância (relativa) do trabalho diretamente produtivo. Na sociedade como um todo, a principal diferença entre os grupos sociais repousava sobre essa divisão entre o trabalho intelectual e o trabalho material, condição primeira para uma acumulação ampliada dos conhecimentos ligados ao trabalho social. No século XX, essa tendência à "capitalização do saber" se acentuou visivelmente.

A essa primeira divisão geral entre trabalho intelectual e manual somou-se uma segunda. No próprio processo de produção, os "conhecimentos vivos", incorporados nos trabalhadores, foram captados e substituídos por saberes formalizados, que se impõem como fonte de instrução e norma externa aos atos profissionais, saberes que se tornaram atributos de certas categorias de assalariados. O taylorismo, nesse sentido, é apenas um momento de uma longa evolução. O desenvolvimento da ciência em um dos polos da sociedade e a capitalização dos saberes técnicos na esfera da produção conjugaram seus efeitos para transformar "a ciência" em um estoque de conhecimentos úteis à produção, incorporados nas ferramentas, nos códigos e nos programas[20]. Essa articulação entre atividades intelectuais e atividades produtivas não é recente. Já fora destacada por Marx nos *Grundrisse* e, mais tarde, em *O capital*, quando enfatizava a sujeição das ciências à lógica da acumulação de capital: "A invenção torna-se então um negócio e a aplicação da ciência à própria produção imediata, um critério que a determina e solicita"*. O conceito marxista de "forças produtivas", nascido do conceito de "faculdades produtivas" que encontramos nos economistas do século XVIII e em Saint-Simon, abrange não apenas as ferramentas e a organização do trabalho, mas também o "nível de habilidade médio do operário" e o "desenvolvimento da ciência e suas possibilidades de aplicação tecnológica".

O crescimento da pesquisa nos países capitalistas desenvolvidos é testemunha desse lugar cada vez mais decisivo dos conhecimentos dados como componentes fundamentais do sucesso econômico. O conjunto de

---

[20] Ver Dominique Foray, *L'Économie de la connaissance* (Paris, La Découverte, 2000, col. "Repères"), p. 46 e seg.

* Karl Marx, *Grundrisse* (trad. Nélio Schneider, São Paulo/Rio de Janeiro, Boitempo/Editora da UFRJ, 2011), p. 587. (N. E.)

gastos com pesquisa e desenvolvimento (P&D) nos 29 países da OCDE representa mais de 470 bilhões de euros, ou seja, cerca de um terço do PIB francês, e sofre um incremento absoluto muito forte a partir dos anos 1980 (quase 75% de alta entre 1981 e 1996). A concentração também é nítida: a OCDE realiza quase 90% dos gastos com P&D no mundo, tendo na liderança os Estados Unidos, cujas despesas representam mais de 40% do total da OCDE. Esses dados conduzem certos teóricos a pensar que entramos em uma economia baseada no conhecimento. Como sabemos, essa ideia se tornou um *slogan* encarregado de resumir as doutrinas e as estratégias políticas e econômicas dos países da OCDE. Para alguns, estamos diante de uma economia nova, baseada em leis muito diferentes da antiga, na medida em que o conhecimento é um fator de produção cujos rendimentos são crescentes, ao contrário do que acontece com os fatores "físicos" do capital e do trabalho: a utilização de uma unidade suplementar de informação, longe de diminuir a produtividade marginal dessa unidade, tende a aumentar em razão do caráter acumulativo do conhecimento[21]. Essas teorias e representações indicam a tendência: se a acumulação de conhecimentos tem um papel cada vez maior na produção, a ciência será cada vez mais estritamente submetida às exigências da valorização do capital.

Essa subordinação dos saberes à economia, já bastante visível na segunda metade do século XIX, desde então só cresceu com a multiplicação de laboratórios e centros de pesquisa em empresas gigantes, com as múltiplas aproximações entre pesquisa pública e pesquisa privada, com o aumento considerável dos investimentos em P&D e patentes[22]. O exemplo do Instituto de Tecnologia de Massachusetts (MIT), apontado com frequência como modelo, mostra até que ponto a pesquisa aplicada comandada pela indústria pode dominar a produção de saberes. O desenvolvimento das biotecnologias, das atividades espaciais e das pesquisas no campo da informação e da comunicação revela em maior escala essa interpenetração crescente dos setores produtivos e das instituições universitárias. Ao mesmo tempo, a produção de conhecimentos se tornou uma atividade mercantil específica pelas formas jurídicas de sua apropriação privada (patentes, direitos autorais) e uma importante fonte de lucros para as empresas que os implementam.

---

[21] Ver Dominique Guellec, *L'Économie de l'innovation* (Paris, La Découverte, 1999, col. "Repères"), e Dominique Guellec e Pierre Ralle, *Les Nouvelles Théories de la croissance*, cit.

[22] Dominique Foray, *L'Économie de la connaissance*, cit., p. 20-1.

Uma das características do capitalismo moderno é exatamente a organização sistemática da pesquisa sobre uma base capitalista, com o objetivo de extrair rendas tecnológicas para as empresas. O número de empregos no setor da produção de conhecimentos vem crescendo nitidamente mais rápido que a média dos outros setores; os conhecimentos científicos e a inovação tecnológica estão sofrendo uma aceleração considerável; ao mesmo tempo, verifica-se uma obsolescência cada vez mais rápida dos equipamentos, em especial no campo da informática, em um processo de "destruição criativa" que parece estar tomando embalo[23]. Essa situação, em que "todas as ciências estão presas ao serviço do capital", como diz Marx, parece exigir um aumento contínuo da mão de obra qualificada e altamente qualificada, fenômeno que pode ser visto como uma das razões da massificação escolar que as escolas secundárias e as universidades sofreram a partir dos anos 1950 nos países capitalistas desenvolvidos.

As novas fábricas do saber

É com essa mesma lógica que podemos entender melhor o crescimento das "universidades de empresa" a partir dos anos 1950 nos Estados Unidos e mais recentemente na Europa. Segundo estudos sobre o tema, existem cerca de trinta dessas universidades na França, geralmente subordinadas a um grande grupo corporativo. Se a falta de perspectivas de conjunto torna difícil prever sua evolução, podemos ao menos destacar que, em certos casos, elas tendem a se distinguir dos centros de formação para executivos de "grande potencial" e a se tornar locais de formação capazes de atrair estudantes de fora e de fato oferecer diplomas[24]. De modo mais geral, um novo campo de acumulação de capital surge com a transformação das universidades em fábricas de saber eficiente. A produção de conhecimentos e o próprio saber são moldados pelo "capitalismo universitário"[25]. Na verdade, toda a cadeia de produção de conhecimentos tende a se transformar de acordo com os imperativos de valorização do capital, como mostra o exemplo da América

[23] Ibidem, p. 31.

[24] Ver, em tom muito apologético, Annick Renaud-Coulon, *Universités d'entreprise: vers une mondialisation de l'intelligence* (Paris, Village Mondial, 2002).

[25] Ver David F. Noble, *Digital Diploma Mills*, Part I: "The Automation of Higher Education", out. 1997. Disponível em: <www.jstor.org/stable/779110 >.

do Norte. No início dos anos 1970, com a importância que adquiriram as "indústrias da inteligência" e a valorização do capital humano dado como uma variável estratégica na competição econômica, a pesquisa universitária foi a primeira a se transformar em uma produção de bens sujeitos ao regime de direitos de propriedade e comercializáveis no mercado. Licenciamentos e pedidos de patente se tornaram atividades comuns, gerando rendas que são apropriadas pela instituição, pelos pesquisadores e também pelos parceiros do setor privado. No decorrer dos anos 1980, os sucessivos governos dos Estados Unidos e do Canadá concederam benefícios fiscais ao financiamento privado da pesquisa universitária e permitiram que os laboratórios se apropriassem legalmente dos resultados de trabalhos financiados com recursos públicos. Em 1980, a Lei Bayh-Dole foi a primeira a autorizar as universidades a patentear e vender invenções financiadas pelo governo (antes da adoção dessa lei, essas patentes eram revertidas ao governo federal), o que beneficiou as universidades com aportes cada vez maiores de recursos provenientes de empresas privadas. Essa lei, que foi decisiva para a expansão da comercialização da pesquisa, estreitou as relações entre as universidades e as empresas privadas. A intenção inicial era recuperar a produtividade e enfrentar o "desafio japonês" ou, mais amplamente, asiático[26]. Embora num primeiro momento se tratasse de vender ideias novas geradas pela pesquisa, essa lei provocou uma reviravolta nas relações entre empresas e universidades. Os laboratórios se transformaram pouco a pouco em "centros de resultados" integrados a uma instituição universitária que, por sua vez, se transformou em um local de acumulação de capital. As universidades criaram filiais privadas incumbidas de comercializar patentes e realizar investimentos financeiros. As redes e as "parcerias" com a indústria se multiplicaram, na maior parte das vezes na forma de subvenções mais ou menos disfarçadas. Os riscos e os custos continuaram largamente socializados, mas os lucros foram privatizados. Essa política levou a um profundo desequilíbrio em prejuízo das atividades pedagógicas, que foram reduzidas a um mínimo. Muitos pesquisadores se desinteressaram do ensino, menos rentável que a pesquisa comercializada; os departamentos mais distantes das atividades rentáveis viram seus recursos minguarem, os salários diminuírem e o número de alunos por disciplina aumentar.

---

[26] Desde então o Japão tomou medidas similares, alterando a legislação para conceder aos pesquisadores do setor público a metade dos direitos de patente sobre suas invenções.

Diretorias de empresas e reitorias desenvolveram colaborações e compartilharam uma concepção redutora da missão da universidade a serviço da atividade econômica. O acordo entre a Universidade da Califórnia (Berkeley) e a farmacêutica suíça Novartis, assinado em novembro de 1998, ilustra particularmente bem esse fenômeno. Nos termos do acordo, a Novartis repassava 25 bilhões de dólares ao Departamento de Microbiologia da universidade, ou seja, um terço de seu orçamento, e em contrapartida a universidade concedia à Novartis o direito de se apropriar de mais de um terço das descobertas de seus pesquisadores, além do direito de negociar as patentes derivadas dessas descobertas[27]. Esse tipo de acordo não é raro, depois que a receita dos estados americanos estagnou e foi preciso fazer cortes significativos no orçamento da educação. Se, por exemplo, o estado da Califórnia era responsável por 50% do orçamento total de Berkeley em meados dos anos 1980, em 1997 ele não contribuía com mais que 34%. Embora o financiamento público nos Estados Unidos ainda seja considerável, a pesquisa universitária é cada vez mais financiada por doações privadas.

A busca por lucro não afetou apenas a pesquisa. Nos anos 1990, o crescimento das "redes" e a possibilidade de vender cursos *on-line* a empresas e particulares surgiram como uma oportunidade de "rentabilizar" o ensino. A instituição inteira, inclusive suas atividades fundamentais, está se tornando um local de valorização do capital. As condições de trabalho e o estatuto dos professores e pesquisadores foram afetados. Professores e pesquisadores estão perdendo a posição de pequenos produtores independentes – comparáveis muitas vezes a profissionais liberais ou artesãos – para se tornarem trabalhadores industriais submetidos a uma disciplina, a uma intensificação do trabalho, a restrições e controles intensificados por parte das reitorias e das direções de institutos que estão reduzindo consideravelmente sua autonomia. Essa evolução transforma uma minoria de professores e administradores em capitalistas com recursos financeiros institucionais e cognitivos suficientes para pôr para trabalhar estudantes e "colegas" com menos títulos, poder e dinheiro em troca de promessas de cargos e remunerações simbólicas e materiais. Pelo que se vê das primeiras experiências na América do Norte com o *e-learning* mercantilizado, em muitos casos a disponibilização de cursos *on-line* aumenta a carga de trabalho dos professores e impõe normas

---

[27] Eyal Press e Jennifer Washburn, "The Kept University", *The Atlantic Monthly*, mar. 2000.

pedagógicas sob a forma de "produtos" pedagógicos cada vez mais feitos sob medida. Os "produtos" pedagógicos comercializados escapam ao controle dos produtores e podem circular sob o controle exclusivo da diretoria, como mercadorias certificadas pela instituição universitária.

A introdução dos valores de mercado no funcionamento das universidades tem sérias consequências. Os doadores exigem sua marca em móveis e paredes, rebatizam prédios e financiam cátedras em troca de denominações que deixem clara a origem dos fundos. O exemplo mais caricatural dessa hibridação entre universidade e empresa privada é dado por Ibrahim Warde. Ele descreve da seguinte maneira a nova *business school* da Universidade da Califórnia:

> A família Haas (herdeira da fabricante de jeans Levi Strauss), que fez a maior doação, conseguiu que a *business school* fosse batizada com seu nome. Grandes empresas financiaram cátedras. A diretora do estabelecimento, Laura D'Andrea Tyson, ex-conselheira econômica de Clinton, tem o título, por exemplo, de "Bank of America Dean of Haas" [Reitora da Haas do Bank of America].[28]

Essa prática de doação de cátedras é muito difundida entre empresas que tentam mudar ou melhorar sua imagem social. Eyal Press e Jennifer Washburn, em uma pesquisa sobre as universidades estadunidenses, indicam, por exemplo, que a Freeport McMoRan, uma companhia mineradora questionada por sua má conduta ambiental na Indonésia, criou uma cátedra dedicada ao meio ambiente na Universidade de Tulane. A mistura de gêneros prejudica a ciência, alimenta a cultura do sigilo, introduz a lógica do lucro imediato no "cérebro" de pesquisadores e universitários: "Os reitores, cujo papel se parece atualmente com o do caixeiro-viajante, são avaliados sobretudo por sua capacidade de levantar fundos"[29]. Os centros universitários servem de cobertura aos interesses privados, dando caução e certificação "científica" às operações comerciais e ao *lobby*. Professores e pesquisadores atuam como porta-vozes desses interesses, inclusive nas mais prestigiosas revistas científicas. Em alguns casos, os fundos doados pelo setor privado limitam claramente a liberdade de pensamento e a reflexão crítica. Ibrahim Warde relata que a Nike "suspendeu recentemente sua colaboração

---

[28] Ibrahim Warde, "L'Université américaine vampirisée par les marchands", *Le Monde Diplomatique*, mar. 2001.

[29] Eyal Press e Jennifer Washburn, "The Kept University", cit.

financeira com três universidades (Michigan, Oregon e Brown), sob o pretexto de que estudantes dessas universidades haviam criticado algumas práticas da empresa em países pobres, em particular o uso de trabalho infantil"[30]. Noam Chomsky cita o caso de um estudante de ciências da computação do MIT que se recusou a responder a uma questão de prova, embora soubesse a resposta, porque um de seus professores estava envolvido em uma pesquisa para a indústria e o fez prometer sigilo sobre o assunto[31]. A conclusão é fácil: o valor mercantil das pesquisas leva a melhor sobre sua força de verdade, por menos validade que o termo tenha na nova configuração; dito de outro modo, a verdade, sustentáculo da atividade teórica até o presente, está sendo "desconstruída" pelo mercado. Para alguns observadores estadunidenses, a "disciplina pelo dinheiro" que vem se impondo no mundo universitário, ao delegar ao mercado a tarefa de dividir recursos e retribuições, introduz ameaças muito sérias ao pensamento e à vida intelectual, tão perigosas quanto as do macarthismo[32]. O receio é que, com as prerrogativas dadas ao setor privado, a lógica de apropriação privada dos conhecimentos vá diretamente de encontro à ética que norteia a pesquisa intelectual, baseada na rivalidade, mas também na livre circulação de ideias e crítica aberta aos trabalhos passados ou em andamento.

Um modelo que se alastra

Essa política de hibridação institucional e subordinação efetiva é incentivada por todos os defensores do liberalismo econômico. A OCDE, em nome da importância da inovação "schumpeteriana" para o crescimento econômico, convida os Estados a eliminar qualquer obstáculo à cooperação entre universidades e empresas para favorecer a inovação:

> A inovação não depende apenas do bom desempenho das empresas, das universidades, dos institutos de pesquisa e das autoridades reguladoras. Hoje ela é tributária da cooperação entre eles. [...] Assim, convém eliminar os obstáculos à cooperação e à constituição de redes e promover a colaboração entre universidades, instituições públicas de pesquisa e empresas. Em muitos

---

[30] Ibrahim Warde, "L'Université américaine vampirisée par les marchands", cit., p. 21.

[31] Noam Chomsky, "Assaulting Solidarity, Privatizing Education", maio 2000. Disponível em: <https://chomsky.info/letters>.

[32] David Harvey, "University, Inc.", *The Atlantic Monthly*, out. 1998.

países da OCDE, os pesquisadores das universidades não são incentivados a realizar pesquisas que poderiam ser objeto de aplicação comercial nem a cooperar com as empresas. Os Estados Unidos foram um dos primeiros países a tomar medidas nesse terreno.[33]

A aceleração da comercialização da pesquisa pública pode ser vista em todos os países capitalistas desenvolvidos. É favorecida pelo fortalecimento do papel da propriedade intelectual, em particular no campo das ciências biológicas e da informática, campos cada vez mais submetidos à ampliação do uso de patentes. Maurice Cassier e Jean-Paul Gaudillière escrevem:

> Os anos 1990 foram marcados pela difusão das práticas de apropriação na área da pesquisa genômica, em um contexto de estreitamento de laços entre ciência, medicina e mercado. Mais de mil pedidos de patentes sobre pedaços de genes foram apresentados até agora. Os contratos de pesquisa entre os laboratórios farmacêuticos e os laboratórios públicos, cheios de cláusulas de confidencialidade e exclusividade, multiplicaram-se.[34]

Essa tendência é intensificada por leis que facilitam a apropriação e a transferência comercial dos conhecimentos, segundo o modelo da Lei Bayh-Dole. Ela está ligada sobretudo à evolução das práticas e das instituições. Os canais que permitem a interpenetração da pesquisa e da empresa se multiplicaram, em particular na forma de instituições de pesquisa que se situam na interseção dos setores público e privado e que produzem ao mesmo tempo bens públicos e privados[35]. Em muitos países ocidentais, o aporte de recursos públicos a um laboratório chega a ser condicionado pela assinatura de contratos com uma ou várias empresas privadas.

A lógica do lucro entrou intensamente em uma universidade francesa globalmente subfinanciada. Na França, o hábito do eufemismo nos levou a falar de "parceria", "realismo", "eficácia" e "inovação". Entretanto, não é difícil identificar o liberalismo mimético nesse campo; aliás, a imitação do

---

[33] Jean Guinet e Dirk Pilat, "Faut-il promouvoir l'innovation?", *L'Observateur de l'OCDE*, out. 1999, p. 69.

[34] Maurice Cassier e Jean-Paul Gaudillière, "Droit et appropriation dans le domaine des biotechnologies, quelques remarques sur l'évolution récente des pratiques", *Réseaux*, n. 88-9, 1998. Ver também Brigitte Chamak, "Conséquences des brevets sur les séquences génomiques: le cas des brevets sur les tests de prédisposition au cancer du sein", *Nouveaux Regards*, n. 15, 2001.

[35] Ver Jean-Loup Motchane, "Génoplante ou la privatisation des laboratoires publics", *Le Monde Diplomatique*, set. 1999.

modelo universitário estadunidense é claramente confessada pelas principais autoridades[36]. Claude Allègre declarou: "A cultura norte-americana é uma cultura de mobilidade e de assumir riscos, o que a cultura francesa não é. Nós não somos descendentes dos que atravessaram o Atlântico; nós somos descendentes dos que ficaram do lado de cá"[37]. Segundo o relatório de Jacques Attali, as universidades devem ser cada vez mais uma sobreposição de empresas, laboratórios e serviços de financiamento capitalista. Elas poderão "abrigar empresas que estão nascendo, das quais poderão assumir, se quiserem, uma parte do capital"[38]. Com um artifício retórico clássico, o relatório Attali tenta delimitar a mercadorização que ameaçaria a universidade francesa, mas toma um rumo que no fim a prepara:

> Se queremos evitar que empresas de dimensões globais decidam suprir por seus próprios meios suas necessidades de formação, muito mais do que fazem hoje, as universidades terão de contribuir para a criação e o desenvolvimento de empresas. Para isso, terão de valorizar a pesquisa, obter patentes, organizar empresas dentro delas mesmas.[39]

Os próprios professores poderão se tornar empreendedores e misturar na mais perfeita legalidade as funções de ensino, pesquisa e gestão: "O estatuto dos professores deverá ser revisado para lhes permitir mais mobilidade e, em particular, a participação na criação de empresas inovadoras, baseadas no resultado de suas pesquisas, sem que eles tenham necessariamente de abandonar o estatuto de funcionários públicos", diz o mesmo relatório. Essa visão resultou numa série de incentivos que levou a uma comercialização cada vez maior dos resultados científicos. A lei sobre pesquisa e inovação apresentada por Claude Allègre em julho de 1999 procura facilitar a criação de empresas por pesquisadores, o comércio entre organismos públicos de pesquisa e empresas privadas e a constituição de estruturas profissionais de valorização. Prevê em particular a possibilidade de pesquisadores e professores-pesquisadores

---

[36] Ver Christophe Charle, "Université et recherche dans le carcan technocratique", *Le Monde Diplomatique*, set. 1999.

[37] Entrevista concedida à revista estadunidense *Science*, citada por Christophe Charle. Este faz o seguinte comentário a essa observação: "As autoridades europeias são fascinadas por um modelo americano com fama de associar baixo financiamento público a alto financiamento privado, e integrar pesquisa fundamental, pesquisa aplicada, inovação tecnológica e desenvolvimento de empresas [...]".

[38] Jacques Attali, *Pour un modèle européen d'enseignement supérieur*, cit., p. 24-5.

[39] Ibidem, p. 19.

criarem empresas como sócios, diretores ou administradores, sem perder a condição de funcionário público, ao passo que textos anteriores limitavam as relações entre o ex-servidor que saía para fundar uma empresa e seu órgão de origem[40]. Em agosto de 2002, essa política foi complementada por uma série de facilidades aos empresários, pesquisadores e assalariados do setor privado para se tornarem professores-pesquisadores de universidade. Essa concepção segue a ideia do modelo estadunidense de que a colaboração deve produzir um "benefício mútuo", uma vez que "a guerra econômica mundial é a guerra da massa cinzenta", segundo as palavras de Claude Allègre[41]. Em nenhum momento são levados em consideração os riscos de haver um questionamento da autonomia da pesquisa, indispensável ao progresso do conhecimento, ou mesmo a forma como serão tratados os casos, embora muito prováveis, de conflito de interesses em virtude da confusão de gêneros, da mistura de financiamentos e da sobreposição de atribuições pessoais.

Os próprios fundamentos da escola e da universidade são abalados quando elas têm de atender, sem mediação e sem demora, às mais prementes exigências econômicas. O economista Ernest Mandel já explicava com essa transformação a crise estudantil entre os anos 1960 e o início dos anos 1970:

> Não mais a produção de *honnêtes hommes* [homens honestos], de burgueses cultivados, isto é, de indivíduos aptos a julgar e decidir racionalmente e rigorosamente – o que corresponde às necessidades do capitalismo de livre concorrência –, mas a produção de assalariados intelectualmente muito qualificados, foi no que se transformou a tarefa fundamental do ensino superior na terceira era do capitalismo.[42]

Por mais ilusória que fosse sua pretensão à universalidade em uma sociedade de classes, a educação humanista, ao visar o florescimento de todas as faculdades intelectuais, morais e físicas do homem, tinha como objetivo a emancipação intelectual e, como referência ideal, um homem completo, para o qual o trabalho não era a ocupação exclusiva da vida. Na era neoliberal, ao contrário, a educação visa a formação do assalariado ou, de modo mais geral, do "ativo" cuja existência parece se reduzir à aplicação de conheci-

---

[40] Informações detalhadas sobre essas medidas podem ser encontradas em Christophe Jacquemin, "Profession: entrepreneur-chercheur", *XXIe siècle – Le Magazine du Ministère de l'Éducation Nationale, de la Recherche et de la Technologie*, n. 4, abr. 1999.

[41] Ver entrevista com Claude Allègre, em *L'Expansion*, 4-7 nov. 1999.

[42] Ernest Mandel, *Le Troisième Âge du capitalisme* (Paris, 10/18, 1976), v. 2, p. 94.

mentos operacionais no exercício de uma profissão especializada ou de uma atividade considerada socialmente útil. Não tendo como perspectiva nada além do campo das profissões e das atividades existentes, ela fecha o homem em um presente ao qual ele deve se adaptar custe o que custar, excluindo a utopia de uma libertação. Segundo a expressão muito bem colocada de André Tosel, estamos na era da escola "desemancipadora"[43].

[43] Ver André Tosel, "Vers l'école désémancipatrice", *La Pensée*, n. 318, abr.-jun. 1999.

3
O NOVO IDIOMA DA ESCOLA

A educação deve ser considerada um serviço prestado ao mundo econômico.

Relatório da Mesa-Redonda Europeia, fevereiro de 1995

Não existe educação sem ideal humano, sem ideia de excelência humana. São poucos, sem dúvida, os autores e os atores interessados em educação que questionam claramente o famoso tríptico hierarquizado dos objetivos da escola republicana: formar o trabalhador, instruir o cidadão e educar o homem. Como a submissão direta aos imperativos econômicos poderia ser abertamente promovida a referência? E, no entanto, os "novos homens" que serão formados, se abrirmos os ouvidos para os discursos mais correntes, são os trabalhadores e os consumidores do futuro. Após o crente, após o cidadão do Estado, após o homem cultivado do ideal humanista, a industrialização e a mercadorização da existência estão redefinindo o homem como um ser essencialmente econômico e um indivíduo essencialmente privado. Quando nos perguntamos qual é o "polo da educação" atual, segundo a expressão de Durkheim[1], isto é, o ideal ao mesmo tempo uno e diverso que resume a "alma" de um sistema educacional, temos de nos voltar para as categorias econômicas que permitem pensar a pessoa como um "recurso humano" e um consumidor que deve ser atendido[2].

Essa evolução das referências normativas deve ser situada no movimento de revalorização da empresa, "motor e modelo da sociedade civil" na representação dominante. Rompendo com os ideais clássicos da escola, a referência

---

[1] Émile Durkheim, *Éducation et sociologie* (Paris, PUF, 1985), p. 50 [ed. bras.: *Educação e sociologia*, trad. Stephania Matousek, Petrópolis, Vozes, 2011].

[2] Ver sobre esse ponto Riccardo Petrella, "L'Éducation victime de cinq pièges", *Le Monde Diplomatique*, out. 2000.

ao mundo da empresa deveria entregar "prontas" as soluções radicais para a crise da centralização burocrática e para o conjunto de dificuldades geradas pela rápida massificação da população escolarizada em meados dos anos 1980. Essa referência não serviu apenas de justificativa para a aproximação dos mundos escolar e econômico: foi uma maneira de mudar as referências internas da própria escola, seu modo de funcionamento, sua organização, a natureza de seu comando e até suas missões fundamentais[3]. A razão de ser da instituição escolar não se encontra mais na distribuição mais igual possível do conhecimento, mas nas lógicas de produtividade e rentabilidade do mundo industrial e mercantilizado. As lógicas de eficiência que vêm se impondo não são "axiologicamente neutras", como dizem os gestores que gostam de posar de filósofos ou sociólogos: elas não são apenas técnicas, mas, ao contrário, profundamente culturais e políticas.

A instituição escolar, como outras instituições, mas com uma intensidade fora do comum, passou por uma verdadeira "transferência terminológica" que preparou as reformas de inspiração liberal[4]. Supostamente, o léxico que acompanha o "pensamento-gestão" pode ser aplicado à ação educativa em todas as suas dimensões. Esse trabalho de redefinição da instituição escolar como uma "empresa educacional" foi realizado no fim dos anos 1970, por ocasião de colóquios, em discussões com especialistas internacionais e administradores de países onde o processo estava mais adiantado (Canadá, por exemplo), em certas revistas ligadas aos diretores e à administração central da Educação Nacional[5] e em várias obras especializadas ou com objetivos educativos. Para uma primeira ideia desse fenômeno, basta recordar a inflação galopante do léxico da gestão no novo idioma da escola. Na

---

[3] Jean-Pierre Le Goff analisou muito bem a penetração dos temas da modernização gerencial na escola. Ver Jean-Pierre Le Goff, *Le Mythe de l'entreprise* (Paris, La Découverte, 1992), em particular cap. VII.

[4] Exemplo dessa operação de tradução sistemática: em um número da revista *Éducation et Management*, um diretor de escola apresenta sua tarefa da seguinte maneira: "Gerenciar é considerar todos os parâmetros materiais e humanos, avaliar para alcançar a melhor rentabilidade possível, isto é, o sucesso escolar do maior número de alunos"; ver a seção de cartas dos leitores em *Éducation et Management*, n. 19, p. 32.

[5] É talvez na revista *Éducation et Management* (publicada pelo Centro Regional de Documentação Pedagógica de Créteil) que encontramos os sinais mais evidentes da constituição do "referencial" doutrinário do gerencialismo educacional. A confusão entre os gêneros já aparece na capa da revista. O subtítulo na forma de oximoro é um programa em si: "Os valores da escola e o espírito empresarial".

virada dos anos 1980, a pedagogia se tornou "gestão", ou melhor, "gestão mental", e alguns propunham que o professor fosse considerado um "gestor de turma"[6]. Saberes, inovação, parceria, tudo está ligado a essa lógica que tem o atrativo das visões totalizantes. Esses discursos permitiram que a instituição escolar se colocasse simbolicamente na esfera de uma lógica gerencial estranha a sua antiga referência cultural e política, e também se submetesse à pressão de lógicas sociais e econômicas que até então eram exteriores a ela, favorecendo assim a interiorização de novos objetivos e a constituição de novas identidades profissionais.

Essa orientação do sistema escolar para as necessidades econômicas pressupõe uma *hibridação* das categorias de inteligibilidade e legitimidade. No cruzamento da economia com a educação, numa zona de sobreposição lexical, palavras de entendimento, conivência e passagem de uma esfera para outra permitiram uma concepção homogênea dos campos da economia e do ensino. Por exemplo, a noção de *aprendizagem ao longo da vida*, intimamente associada às noções de *eficiência*, *desempenho* e *competência*, que transferem a lógica econômica para a lógica escolar em nome de uma representação fundamentalmente prática do saber útil e graças a categorias mentais homogêneas. A construção dessas categorias de dupla face, produtiva e educacional, não pode ser desconsiderada. A mudança se deve ao fato de que se desejava pensar como *continuidade* o que até então era fundamentalmente *descontínuo*, ou seja, a passagem do estágio da escolaridade para o da atividade.

Aprendizagem ao longo da vida

Dissimulada pelo debate sempre acalorado entre os defensores da "instrução" e os partidários da "educação", houve uma mutação quando o termo genérico *formação* se impôs com um sentido particular. A noção é antiga e suas raízes – que significam "dar forma" ao ser humano pela ação pedagógica – são profundas. No uso recente do termo, a finalidade profissional parece comandar teleologicamente as etapas dessa "formação". O ensino escolar

[6] Alain Louveau, "À quand le professeur manager?", *Éducation et Management*, n. 10, nov. 1992. Para uma análise do uso do termo no mundo da educação, ver Marcelle Stroobants, "Autour des mots 'gestion' et 'compétence'", *Recherche et Formation*, n. 30, 1999, p. 61-4.

é visto cada vez mais como "formação inicial", isto é, preparatória para a formação profissional e, portanto, presume-se que receba legitimamente, em *feedback*, instruções desta última, especialmente no que diz respeito ao "comportamento". A escola existe para garantir uma espécie de acumulação primitiva de capital humano. A cultura geral não pode mais se guiar por razões desinteressadas, se o que se exige na empresa não é mais uma especialização altamente específica, mas uma base de competências necessária ao trabalhador polivalente e flexível. Uma "formação inicial" que sirva para a aquisição de uma "cultura" de base orientada por razões profissionais amplas exige uma pedagogia orientada pelos imperativos da inserção profissional, da comunicação em grupo, da "apresentação de si" e, sobretudo, da "resolução de problemas num cenário de incerteza".

No entanto, não entenderíamos completamente o novo alcance do termo *formação* se não levássemos em consideração que a própria empresa deseja formar o indivíduo e procura associar mais intimamente produção e formação. Visto que é no exercício da atividade que o trabalhador aprende a fazer as escolhas ótimas que se esperam dele, a empresa deve se tornar uma "organização qualificadora" ou "educadora"[7]. Essa concepção dá à empresa certo "ponto de vista" sobre a educação e legitimidade para intervir na "formação inicial"[8]. Por isso é que vemos o meio patronal pleitear um ensino que dê cada vez mais espaço às maneiras de ser e fazer, que dê ênfase às operações, às atividades e às produções, que mobilize todos os aspectos da personalidade do indivíduo. O ensino reformulado segundo o desejo dos patrões deve permitir que o trabalhador assimile discursos e os reproduza em condições de interação entre colegas ou na relação com clientes e fornecedores; adote retóricas mobilizadoras; procure e use informações novas; e, assim, seja capaz de corresponder à exigência de autonomia controlada que a organização espera do assalariado.

Em estreita ligação com o uso especial do termo "formação", a expressão "aprendizagem ao longo da vida", lançada nos anos 1970 e recuperada em 1996 pela OCDE, tornou-se o *leitmotiv* do discurso dominante. A nova

---

7 Christian Sauret, "Les Organisations qualifiantes, processus de développement des compétences professionnelles", *Entreprise et Personnel*, abr. 1989.

8 Ver Lucie Tanguy, "Rationalisation pédagogique et légitimité politique", em Françoise Ropé e Lucie Tanguy (orgs.), *Savoirs et compétences: de l'usage de ces notions dans l'école et l'entreprise* (Paris, L'Harmattan, 1994), p. 23-61.

palavra de ordem preconizada pela OCDE, pela Comissão Europeia e pela Organização das Nações Unidas para a Educação, a Ciência e a Cultura (Unesco) é muito louvável à primeira vista. Sob certa perspectiva humanista, poderia significar um avanço na difusão dos mais amplos conhecimentos ao maior número de pessoas. Aparentemente, a ideia central do "novo paradigma" escolar é atraente e justa: o indivíduo aprende durante toda a vida, o que pressupõe disponibilizar percursos de aprendizagem continuada que permitam especializações, reciclagens e retornos[9]. Aliás, é o que parece sugerir a OCDE:

> A aprendizagem para a vida deve atender a vários objetivos: favorecer o desenvolvimento pessoal, notadamente enriquecer o lazer (em especial durante a aposentadoria), reforçar os valores democráticos, incentivar a vida coletiva, preservar a coesão social e favorecer a inovação, a produtividade e o crescimento econômico.[10]

A evolução econômica, quer se trate da globalização das trocas comerciais, quer das novas organizações do trabalho, conduziria a um progresso social e cultural. Por essa retórica generosa, o capitalismo flexível se apresenta como cada vez mais "libertador". Essa noção também seria o eixo de uma refundação do sistema global de ensino que implicaria parceria, formação inicial adaptada à formação continuada, validação, por unidades capitalizáveis, dos saberes adquiridos na prática[11]. Também pressuporia uma redefinição do papel dos poderes públicos e uma nova divisão de funções entre a União e os poderes públicos territoriais, entre setor público e setor privado.

A expressão e a ideia são, na realidade, profundamente ambivalentes. A proposta de não limitar a educação à fase inicial da vida é tão prenhe de perspectivas democráticas quanto é necessário nos interrogarmos sobre o sentido real de seu uso pela OCDE, pela Comissão Europeia e pelos diferentes governos ocidentais, bem como sobre as políticas que derivam dela[12].

---

9 Seria um engano acreditar numa novidade radical. Ver Lê Thành Khôi, *L'Industrie de l'enseignement*, cit., p. 211.

10 OCDE, *Apprendre à tout âge* (Paris, OCDE, 1996), p. 15.

11 Pierre Laderrière, *L'Enseignement: une réforme impossible? Analyse comparée* (Paris, L'Harmattan, 1999), p. 17.

12 Ver, a esse respeito, Yves Baunay e Annie Clavel (orgs.), *Toute la vie pour apprendre, un slogan ou un véritable droit pour toutes et pour tous?* (Paris, Nouveaux Regards/Syllepse, 2002).

O sentido que as esferas dirigentes propõem é nitidamente utilitarista. A ordem dos objetivos não deixa dúvida: o esforço para adquirir conhecimento é exigido por razões de interesse pessoal e eficiência produtiva. A Comissão Europeia não faz rodeios: trata-se de fazer da Europa "a economia do conhecimento mais competitiva e mais dinâmica do mundo", o que depende da constituição de um "espaço europeu da educação e da formação ao longo da vida"[13]. A escola inicial deve dar ao jovem um "pacote de competências básicas", como diz a Comissão Europeia, e, sobretudo, deve fazê-lo "aprender a aprender", o que seria uma espécie de quadro geral sem substância muito bem definida. O conteúdo desse saber é essencialmente relacionado aos usos produtivos ulteriores, segundo uma lógica instrumental do saber. A Comissão Europeia, a OCDE e a ERT têm seguramente uma concepção do que deveria ser a cultura escolar e tencionam influenciá-la quando tiverem ocasião. O que importa não é a qualidade nem a quantidade de conhecimentos adquiridos, principalmente se forem inúteis ou inadequados. O que interessa é a capacidade do trabalhador de continuar aprendendo durante toda a sua vida aquilo que for útil profissionalmente. Essa capacidade de "aprender a aprender" é indissociável das outras competências profissionais e das relações com o outro no grupo de trabalho. Criatividade, facilidade de convívio e traquejo com os códigos de base são as condições necessárias para essa capacidade permanente. Em outras palavras, as análises convergentes do meio industrial e das esferas políticas consistem em pensar que a escola deve dar ferramentas suficientes ao indivíduo para que ele tenha a autonomia necessária para uma autoformação permanente, uma "autoaprendizagem" continuada. Consequentemente, a escola deve abandonar tudo o que se assemelhe a uma "acumulação" de saberes supérfluos, impositivos, maçantes. Sob essa perspectiva, o *life long learning* prepararia menos para um "diploma", o qual daria acesso a um emprego e a uma carreira, que para "competências básicas comercializáveis" (*marketable skills*), as quais permitiriam a constante adaptação do assalariado às transformações econômicas e às necessidades do mercado. Não é difícil entender que em uma economia na qual, segundo dizem, o salariado pela vida toda está condenado à extinção, o trabalhador deve ser capaz de se reciclar com a maior facilidade e rapidez possível. Assim, a noção de "aprendizagem ao longo da vida" permite que a elevação

---

[13] Comunicação da Comunidade Europeia, "Réaliser un espace européen d'éducation et de formation tout au long de la vie", 21 nov. 2001.

do nível de competências dos assalariados seja sinteticamente articulada à flexibilidade dos modos de aquisição dos saberes correspondentes às rápidas mudanças econômicas e tecnológicas do capitalismo moderno.

Se o objetivo continua essencialmente econômico, os textos de referência desse "espaço europeu da educação e da formação ao longo da vida" dão uma definição muito ampla da expressão, que inclui desenvolvimento pessoal, cidadania ativa e integração social, e não apenas inserção profissional e bom desempenho no trabalho. Mas o que vale essa retórica, confinada em geral à conclusão de um parágrafo ou em notas de rodapé, se o objetivo principal é tão claramente predominante? A política educacional da Comissão Europeia está subordinada, na realidade, ao objetivo de adaptação da mão de obra às novas condições do mercado de trabalho, como mostra o *Memorando sobre a aprendizagem ao longo da vida* (30 de outubro de 2000), que subordina deliberadamente a educação e a formação ao longo da vida à lógica do emprego. O "novo paradigma" tem um grande perigo de confusão de lugares, dissolução de conteúdos e empobrecimento cultural quando é interpretado pela lógica restritiva do capital humano. Presume-se que toda a estrutura da educação deva se recompor a partir dessa noção. A concepção coloca em um mesmo plano múltiplas "formas de aprendizagem ao longo da vida" que têm de se articular ou se enredar de maneira ao mesmo tempo complexa e maleável em uma "estrutura de oferta de formação" diversificada[14]. Essa combinação depende da abertura da escola para o entorno e leva a "parcerias" múltiplas e duradouras com outros atores: famílias, poder público local e empresas, todos eles considerados "organizações educadoras". Segundo o *Memorando* europeu, há vários modos possíveis de aquisição de saberes: além da educação formal (escola), existe a educação não formal (experiência profissional) e a educação informal (experiência social). Esses três tipos de educação compõem uma "*lifewide learning*", uma "aprendizagem que abrange todos os aspectos da vida". Os mundos da família, da coletividade e da profissão devem se interpenetrar, por exemplo, intensificando "à iniciação prática ao trabalho nos programas ordinários" e multiplicando a oferta de formação para os assalariados empregados. Em suma, o caminho proposto, denominado "sistêmico", é o da flexibilização, desespecialização e integração

---

[14] A OCDE já havia apresentado tais perspectivas. "É aceito que a aprendizagem se desenvolva em múltiplos contextos, formais e informais"; ver OCDE, *Analyse des politiques d'éducation*, cit., 1997.

do sistema de formação a um "processo" contínuo de adaptação a situações complexas e mutáveis. Na "sociedade cognitiva", não pode existir um lugar dissociado do mundo profissional que seja exclusivamente dedicado aos saberes acadêmicos, não existe um lugar "gratuito" que não se relacione com a categoria totalizante da aprendizagem; o que existe são "pontes", "redes de aprendizagem", "percursos flexíveis", "parcerias" e todas as formas de interpenetração facilitadas pelo uso das novas tecnologias.

Esse "novo paradigma" pretende "tornar 'os cidadãos' responsáveis diante de seu dever de aprender". Nesse sentido, mais que uma resposta à necessidade de autonomia e desenvolvimento pessoal, é a obrigação de sobreviver no mercado de trabalho que comanda essa pedagogização da vida. Autodisciplina e autoaprendizagem se complementam. Se os indivíduos não forem capazes de "gerir a incerteza" e "garantir sua empregabilidade" em uma sociedade em que o risco de exclusão e marginalização é cada vez maior, a eficiência global da economia diminuirá. Os custos gerados por uma fração de população economicamente inútil demasiado grande sobrecarregarão os gastos sociais e as retenções fiscais. Aliás, o desenvolvimento pessoal não é "gratuito", mas encarado como uma fonte de ganhos para a empresa e a sociedade[15]. Trata-se de permitir aos indivíduos "se precaverem contra os riscos" que correm no mercado de trabalho, satisfazendo ao mesmo tempo às expectativas das empresas nos aspectos da inovação e da criatividade[16].

Realizada dentro e fora das instituições, a aprendizagem ao longo da vida está em todo lugar e em lugar algum, confunde-se com a vida pessoal do eterno educando "incumbido" do dever permanente de aprender[17]. Dessa forma, é o cerne da estratégia desreguladora que iguala instituições escolares, empresas, famílias (aprendizagem domiciliar) e associações em uma noção abrangente que, em nome das necessidades do indivíduo e da

---

15 Idem.

16 Ver Commission Européenne, *Rapport Reiffers: Accomplir l'Europe par l'éducation et la formation* (Luxemburgo, Office des Publications Officielles des Communautés Européennes, 1997), p. 20.

17 Como aponta a OCDE, essa noção "é adequada às necessidades geradas pelas mudanças que vêm transformando profundamente os países da OCDE, as quais estão relacionadas a fenômenos como períodos contínuos de crescimento econômico, inovação tecnológica, globalização, desregulamentação do mercado, evolução demográfica e crescimento de novas economias". Ver OCDE, *Analyse des politiques d'éducation*, cit.

lógica da demanda, pretende criar um vasto mercado de educação em que ofertas e financiamentos seriam cada vez mais numerosos e diversificados[18]. Os textos da Comissão Europeia, e em particular o *Memorando sobre a aprendizagem ao longo da vida*, são muito eloquentes a respeito dessa guinada individualista. É no contexto de uma vida mais arriscada e mais aberta às escolhas individuais que o indivíduo é colocado diante de suas responsabilidades de "educando". Não compete à instituição de ensino elaborar ou impor um *cursus* [percurso escolar], mas ao indivíduo construir, planejar e escolher de acordo com seus desejos e interesses pessoais: "A vontade individual de aprender e a diversidade de ofertas são as últimas condições indispensáveis para a realização bem-sucedida da aprendizagem ao longo da vida", sublinha o texto. E prossegue ainda mais claramente: "Nas sociedades do conhecimento, o papel principal cabe ao próprio indivíduo. O fator determinante é a capacidade do ser humano de criar e explorar conhecimentos com eficiência e inteligência num ambiente em contínua evolução". Essas banalidades não conseguem esconder a concepção por trás delas: às demandas individuais deve corresponder uma oferta com conteúdos, níveis e métodos diversificados. Longe de estabelecer garantias coletivas no âmbito das instituições, essa visão da formação deseja ser não institucional por natureza. O indivíduo "responsável", isto é, consciente das vantagens e dos custos da aprendizagem, deve fazer por conta própria as melhores escolhas de formação. Para escolher com clareza o que deve aprender, o indivíduo deve ser bem informado por "agências orientadoras". Elas motivarão, fornecerão informações pertinentes e "facilitarão a tomada de decisão"[19]. Quanto aos docentes, eles serão "guias, tutores e mediadores" que acompanharão os indivíduos insulados em seu percurso de formação.

---

18 O *Memorando sobre a aprendizagem ao longo da vida* (out. 2000) fala de "osmose" entre os setores de ensino formais, não formais e informais (este último se confunde com "a vida cotidiana").

19 O *Memorando* compara a profissão de orientador à do corretor da bolsa de valores: "O futuro papel dos profissionais de orientação e aconselhamento poderá ser descrito como um papel de 'corretagem'". Tendo em mente os interesses do cliente, o "corretor em orientação" será capaz de explorar e adequar um amplo leque de informações que o ajudem a decidir o melhor caminho para o futuro", *Mémorandum sur l'éducation et la formation tout au long de la vie*, Bruxelas, out. 2000, p. 33.

O uso estratégico das competências

As palavras nunca são neutras, nem mesmo quando querem ser apenas técnicas, operacionais, descritivas. Substituir a palavra *conhecimento* pela palavra *competência* não é sem importância. Obviamente a palavra *competência*, em si, tomada fora das relações que mantém com suas companheiras habituais ou com as palavras que substitui fora do contexto da ação social, não está em questão. E se entendemos dessa maneira objetivos tão vastos como "aprender a ser", "aprender a fazer", "aprender a conviver", além de "aprender a conhecer"[20], poderíamos ler essas expressões segundo as mais tradicionais perspectivas humanistas. Poderíamos até mesmo considerar que "admissão por competência" remete ao campo jurídico, no qual o termo implica uma ligação muito bem definida entre poderes e estatutos. Contudo, o sucesso atual do termo tem relação muito remota com uma ressuscitação dos ideais de Erasmo ou Rabelais e muito pouco a ver com a consolidação dos direitos dos assalariados. O emprego estratégico do termo tanto na empresa como na escola é indissociável da nova "gestão dos recursos humanos", em que a escola representa o papel primitivo. Esse uso visa sobretudo pôr em questão a tarefa tradicional da escola, a transmissão de conhecimentos e a formação intelectual e cultural no sentido mais amplo do termo.

Essa noção de "competência" é alvo de debates numerosos e razoavelmente confusos nos quais não entraremos[21]. A noção é polissêmica (tem um significado em direito, outro em linguística, outro em psicologia) e se presta a diversos usos sociais, o que reforça sua evidência e aparente neutralidade. A dificuldade se deve ao fato de que o termo pode designar realidades variadas: ora encerrar progressos democráticos incontestáveis, ora conduzir a verdadeiros retrocessos. "Termo guarda-chuva" para alguns, "atrator estranho" para outros, a competência possibilita, por exemplo, o reconhecimento de

---

[20] São os "quatro pilares da educação", segundo o relatório à Unesco da Comissão Internacional para a Educação no Século XXI, presidida por Jacques Delors; ver *L'Éducation, un trésor est caché dedans* (Paris, Odile Jacob, 1996) [ed. bras.: *Educação: um tesouro a descobrir*, trad. José Carlos Eufrázio, 7. ed. rev., São Paulo/Brasília, Cortez/Unesco, 2012].

[21] Trata-se de "uma dessas noções interseccionais cuja obscuridade semântica facilita o uso inflacionado que é feito dela em lugares diversos por agentes com interesses diversos. [...] É forçoso reconhecer que a plasticidade do termo é um elemento da força social que adquirem ele e as ideias que ele veicula", escrevem Françoise Ropé e Lucie Tanguy (orgs.), *Savoirs et compétences*, cit., p. 14.

habilidades não sancionadas por diplomas, as quais os empregadores não querem reconhecer de pronto. Alguns sindicatos são favoráveis à valorização e validação de competências profissionais quando não são socialmente reconhecidas pela emissão simbólica de um título ou diploma. Grande parte da qualificação profissional, quando não é institucionalmente sancionada, não encontra da parte do empregador seu justo reconhecimento e retribuição. Também poderíamos afirmar que a noção, quando visa associar o conhecimento à prática, põe em xeque a divisão geralmente rígida entre o "abstrato" e o "concreto" em que se baseiam a orientação escolar e a distribuição dos empregos. Por outro lado, ela se inclui no conjunto de ferramentas de avaliação e remuneração, controle e vigilância, à disposição dos empregadores que tentam racionalizar ao máximo a mão de obra, concebida como um "estoque de competências". "Competência", como recordam Françoise Ropé e Lucie Tanguy, designa um conhecimento indissociável da ação, ligado a uma habilidade, a um saber prático ou a uma faculdade mais geral que os ingleses designam pelo termo *agency*. Designamos dessa maneira, portanto, a capacidade de realizar uma tarefa com a ajuda de ferramentas materiais e/ou de instrumentos intelectuais. Um operador, um técnico, um especialista possuem competências profissionais. Nesse sentido, a competência é aquilo por que o indivíduo é útil na organização produtiva. A noção é pertinente hoje em dia porque as transformações do trabalho, em particular graças à difusão das novas tecnologias da informação, romperam os antigos laços entre ofício, setor e diploma, ou melhor, elas nos permitem transcender a antiga oposição entre trabalhadores intelectuais e operadores de máquinas. Tudo isso é relevante, sem dúvida, mas o uso predominante que determina o significado e a eficácia simbólica do termo se deve a considerações estratégicas. No contexto atual, a noção de competência está na base dos discursos que constroem as relações de força entre os grupos sociais. A competência tem conexão estreita com a exigência de eficiência e flexibilidade que a "sociedade da informação" impõe aos trabalhadores.

No campo econômico e profissional, a noção de "competência" vem substituindo cada vez mais a noção de "qualificação" porque, na antiga sociedade salarial, a qualificação funcionava como uma categoria imediatamente social, à qual estava associado um conjunto de garantias e direitos. Desde a Liberação (1944-1946), ela era codificada segundo acordos nacionais ou setoriais, era definida em referência a níveis de diplomas e constituía a base dos salários. O reconhecimento da qualificação nas convenções coletivas equivalia a uma formalização coletiva do julgamento social a respeito do valor das pessoas e dos trabalhadores por intermédio de um Estado que, graças ao sistema educacional, detinha a avaliação legítima[22]. Dessa forma, a qualificação certificada por um diploma dava ao Estado educador uma função de garantia em última instância do valor pessoal. Isso acabava atribuindo um poder excessivo aos vereditos escolares, como enfatizou abundantemente a sociologia crítica de Pierre Bourdieu. A sociedade salarial, no entanto, está desaparecendo, e as dimensões institucionais e coletivas da relação salarial, desmoronando. A função mediadora do Estado é questionada em nome de uma maior transparência do mercado e de uma maior individualização das relações sociais. A contestação implicitamente contida na promoção da noção de competência faz parte dessa tendência. O patronato adotou um discurso desconfiado em relação ao título escolar. Segundo ele, o diploma enrijece a hierarquia profissional, obstrui a mobilidade e a atualização constante das habilidades, atrapalha a avaliação e a recompensa do resultado efetivo. Criticando o efeito de "casta" gerado pelo diploma – que paradoxalmente atinge sobretudo a direção das grandes empresas –, mas convenientemente deixado de lado como o diploma pode servir aos trabalhadores dos escalões médios ou baixos para a resistência à arbitrariedade patronal, os dirigentes das empresas querem transformar a "competência" em uma ferramenta que permita uma análise fina da empregabilidade, a vigilância constante da mão de obra e o controle mais estrito sobre o trabalho. Essa ferramenta de poder é utilizada tanto porque as relações de força nas empresas dão liberdade total à direção para avaliar a eficiência do pessoal quanto porque a evolução das tecnologias permite uma mensuração mais precisa do rendimento efetivo dos empregados. A competência não é validada por um título que faça valer de maneira segura e estável o valor pessoal; ao contrário, ela justifica uma avaliação permanente no âmbito da relação desigual entre empregador e empregado. De um sistema em que o julgamento sobre o valor de uma pessoa cabia a uma instituição pública passa-se a um sistema em que a avaliação compete diretamente ao jogo do mercado de trabalho. O mercado toma o lugar do Estado e se torna a instância mediadora que estabelece o valor profissional do indivíduo.

Definida como característica individual, a categoria de *competência* faz parte da estratégia de individualização das novas políticas de gestão dos

---

[22] Ver Danielle Colardyn, *La Gestion des compétences* (Paris, PUF, 1996), p. 57.

"recursos humanos". Qualidade pessoal reconhecida em dado momento, não é associada a nenhum direito, não vincula o trabalhador a nenhum grupo ou história coletiva, tende a isolá-lo e a esmigalhar seu percurso profissional. O empregador não compra apenas um serviço de produção durante um tempo definido ou uma qualificação reconhecida por um referencial coletivo como na época da regulação fordista após a guerra: ele compra um "capital humano", uma "personalidade global", que combina qualificação profissional *stricto sensu*, comportamento adequado à empresa flexível, propensão ao risco e à inovação, comprometimento máximo com a empresa etc. Como mostraram Luc Boltanski e Ève Chiapello, a gestão moderna introduz na relação salarial a dimensão "pessoal", tirando partido daquilo que a preocupação com o fator humano demonstrou *contra* o taylorismo[23]. Essa "personalização" segue uma tendência à desmaterialização da produção que altera as atividades e as torna análogas a serviços em que a satisfação é fornecida diretamente pelas pessoas, e não pelos produtos fornecidos pelos trabalhadores.

Pedagogia das competências

Por trás da substituição da qualificação pela competência está em jogo a substituição da validação do valor pessoal conferida pelo Estado pela validação conferida por um "mercado do valor profissional" mais flexível e transparente. No entanto, a contradição continua: é preciso uma norma geral que evidencie a competência e garanta uma "métrica comum", função que é cumprida justamente pela certificação escolar. Na medida em que não podemos prescindir completamente do sistema educacional, a tendência é introduzir a "lógica da competência" na escola e combinar a certificação concedida pelo sistema educacional à determinação mais estrita da formação da mão de obra pelas empresas que fazem uso dela.

A escola teria de passar, portanto, de uma *lógica dos conhecimentos* para uma *lógica da competência*. Para o nosso propósito, é suficiente citar o discurso dos especialistas da OCDE, da ERT ou da Comissão Europeia para nos darmos conta da importância que se dá a essa mudança pedagógica.

---

[23] Luc Boltanski e Ève Chiapello, *Le Nouvel Esprit du capitalisme* (Paris, Gallimard, 1999) [ed. bras.: *O novo espírito do capitalismo*, trad. Ivone Benedetti, São Paulo, Martins Fontes, 2009].

A OCDE, por exemplo, alia a lógica gerencial à nova pedagogia de forma particularmente explícita:

> Quando começaram a cooperar com as empresas, os professores descobriram outra razão importante para não desconfiar do mundo dos negócios: os objetivos dos dois parceiros eram em geral muito mais parecidos do que um e outro imaginavam. Durante muito tempo supôs-se que havia um conflito inevitável entre o objetivo preciso de preparar uma criança para o trabalho e o objetivo de cultivar seu espírito. Na medida em que as empresas necessitam de trabalhadores com qualificações técnicas relacionadas a tarefas específicas, esse conflito continua real. Entretanto, cada vez mais as principais qualidades exigidas no universo do trabalho e as qualidades que as empresas querem incentivar as escolas a ensinar são de ordem mais geral. Capacidade de adaptação, comunicação, trabalho em equipe e iniciativa – essas e outras competências "genéricas" – são fundamentais hoje em dia para assegurar a competitividade das empresas. Ora, essa tendência corresponde à evolução pela qual a pedagogia está passando. Muitos professores preferem abandonar o ensino tradicional, que consiste principalmente em transmitir conhecimentos, e ensinar os alunos a refletir e aprender sozinhos. Felizmente para esses professores e alunos, deixar as crianças tomarem iniciativas e decisões em classe é uma excelente preparação para o mundo do trabalho moderno. É verdade que nem todos os professores estão dispostos a dar ênfase a essas aptidões, do mesmo modo que muitas empresas ainda não sabem como utilizá-las. Mas as empresas que adotam as políticas mais avançadas na questão dos recursos humanos vão na mesma direção das escolas que vêm desenvolvendo os programas de estudo mais inovadores.[24]

O *Memorando* já citado da Comissão Europeia diz a mesma coisa. Os professores – que estão condenados a se tornar "guias, tutores e mediadores da aprendizagem" – terão de se adaptar às demandas dos indivíduos e dos grupos multiculturais os mais variados, o que pressupõe rever do princípio ao fim os métodos e os objetivos do ensino.

Nos Estados Unidos, uma comissão formada por autoridades econômicas e educacionais (Secretary's Commission on Achieving Necessary Skills) redigiu em 1991 um relatório que se intitulava: "O que o trabalho espera da escola" ("What Work Requires of Schools"). Nesse documento, cinco competências fundamentais são esperadas dos futuros assalariados: gestão de recursos, trabalho em equipe, aquisição e utilização de informação, compreensão de relações complexas e uso de tecnologias diversas. Nesse texto

---

[24] Centre pour la Recherche et l'Innovation dans l'Enseignement (Ceri), *Écoles et entreprises: un nouveau partenariat* (Paris, OCDE, 1992), p. 11.

como em outros, a principal missão da escola é dotar os futuros trabalhadores de aptidões que possam ser transportadas para contextos profissionais variáveis: "ler, escrever e contar" são competências indispensáveis para a transmissão de mensagens. "Refletir" é uma competência importante apenas para "resolver problemas" e ter condições de aprender a aprender. As qualidades morais devem possibilitar a integração ao grupo. Trata-se de inculcar um "espírito de empresa" que um relatório da OCDE define como aquisição de "certas disposições, aptidões e competências do indivíduo: criatividade, iniciativa, aptidão para a resolução de problemas, flexibilidade, capacidade de adaptação, exercício da responsabilidade, aptidão a aprender e se reciclar"[25].

A partir do momento que a "competência profissional" não se resume aos conhecimentos escolares, mas depende de "valores comportamentais" e "capacidade de ação", a escola é obrigada a adaptar os alunos aos comportamentos profissionais que serão exigidos deles mais tarde. Muitos administradores e desenvolvedores de programas se lançaram com desvelo na tarefa de "modernizar" os métodos e os conteúdos de ensino. O ensino técnico foi especialmente afetado por essa nova forma de conceber a missão da escola. As comissões profissionais consultivas, que reúnem representantes da escola e da indústria, foram encarregadas de estabelecer os referenciais da formação a partir dos referenciais dos postos de trabalho baseados em análises rigorosas e exaustivas das competências teóricas, comportamentais e práticas requeridas. O problema não é a supressão dos saberes, mas a tendência a vê-los somente como ferramentas ou estoques de conhecimentos operatórios utilizáveis para resolver problemas, tratar informações ou implementar projetos. A competência, que deve permitir que se leve em conta situações concretas, não pode ser descrita e julgada sem as tarefas observáveis e objetiváveis prescritas segundo critérios específicos. A avaliação, se possível em situação operacional, torna-se o verdadeiro centro do processo de aprendizagem e leva ao desmembramento dos saberes em tarefas separadas, execuções e operações múltiplas. Hervé Boillot assinala:

> Os saberes disciplinares são recompostos numa multiplicidade de atos e operações mentais que o "educando" tem de identificar e dominar, isto é, ser capaz de reproduzir em *situação*. A aprendizagem concerne, portanto, à aquisição de competências cognitivas, competências fragmentadas que

[25] Ibidem, p. 30. Ver, nesse mesmo espírito, Commission des Communautés Européennes, *Livre blanc*, cit., p. 31 e seg.

servem de suporte à determinação pedagógica de *objetivos* que descrevem de forma detalhada as tarefas a cumprir que mobilizam essas competências e às quais, por uma necessidade de *avaliação*, deve sempre poder corresponder um comportamento observável.[26]

Além do ensino técnico e profissionalizante, todas as vias do ensino são "reformatadas" de acordo com a "lógica da competência". Algumas datas marcam essa generalização. Se o Relatório Bourdieu-Gros (*Principe pour une réflexion sur les contenus d'enseignement*) já se arriscava em 1989 a desenvolver a ideia de uma "tecnologia intelectual" sob a forma de "ferramentas de pensamento" e métodos de conteúdos separados, a grande virada foi principalmente a criação do Conselho Nacional de Programas, após a grande consulta de 1989. Como mostrou Lucie Tanguy, a nova doutrina é formulada pela Carta de Programas, publicada no *Journal Officiel* de 6 de fevereiro de 1992. Os conhecimentos são reinterpretados segundo o léxico das competências, dos objetivos, das avaliações e dos contratos. A carta redefine o programa de ensino como uma soma de "competências finais que podem ser exigidas ao término de anos, ciclos ou formação e associa modalidades de avaliação correspondentes"[27]. O Relatório Fauroux retomou essa ideia, propondo um referencial nacional de competências associado a uma bateria de exames, um "verdadeiro arsenal de medição pouco oneroso em época de ajuste". A escola fundamental foi obrigada a adotar rubricas de avaliação de competências que coíbem a atividade docente a recomendações estritas. Desde a pré-escola, a avaliação muda o olhar e o trabalho dos professores com as crianças. Nos anos 1990, os boletins trimestrais e as rubricas introduzem a "lógica da competência" nos vereditos e nas avaliações escolares. Mais amplamente, os grandes programas de avaliação conduzidos pela OCDE recorrem à noção de competências sociais na "vida real", a partir das quais os governos são convidados a avaliar e corrigir seu sistema educacional[28].

---

[26] Hervé Boillot, "La 'démocratisation': simulacre et démocratie", em Joëlle Plantier (org.), *Comment enseigner? Les dilemmes de la culture et de la pédagogie* (Paris, L'Harmattan, 1999), p. 56.

[27] Citado por Lucie Tanguy, "Rationalisation pédagogique et légitimité politique", em Françoise Ropé e Lucie Tanguy, *Savoirs et compétences*, cit., p. 33.

[28] Ver o relatório do Programme International pour le Suivi des Acquis des Élèves (Pisa), *Knowledge and Skills for Life*, publicado em dezembro de 2001, e sua análise na revista *Nouveaux Regards*, n. 16, 2002.

Os programas mudam de significado e se transformam em manuais com objetivos dissecados e explicitados, chegando a ponto de determinar a duração do ensino correspondente a cada objetivo e as diversas etapas que cada aula deve cumprir. A elaboração de referenciais, a partir do modelo da formação continuada, se sistematizou na formação inicial com a criação dos *bacs** profissionalizantes em 1985. Desde então, espalhou-se para quase todos os níveis e disciplinas. Esse método, que consiste em analisar minuciosamente os conteúdos de ensino e traduzi-los em "competências" e "habilidades", faz parte de uma padronização pedagógica que, presumivelmente, constitui uma fonte de eficiência. Referenciais de cada disciplina, gênero de exercícios propostos aos alunos de ensino médio e superior, rubricas de avaliação de competências, critérios de julgamento a partir de boletins e rubricas, conteúdos dos diplomas, todas essas ferramentas escolares subordinadas à categoria de *competência*, ao mesmo tempo que tecnicizam, taylorizam e burocratizam o ensino, também estabelecem progressivamente e quase automaticamente uma coerência com o mundo das empresas a partir da definição dos perfis dos postos de trabalho e das listas de competências criadas para selecionar, recrutar e formar a mão de obra. Em suma, ela permite a articulação racional da "gestão dos fluxos escolares" e a gestão dos recursos humanos dentro da empresa. Esse ensino esfacelado utiliza todas as novas técnicas de avaliação que, com o pretexto de racionalizar, acabam desmembrando os saberes e as habilidades em elementos isoláveis analiticamente e, no fim das contas, fatiando o "educando" em registros de competências que, segundo se acredita, são discerníveis na avaliação. A "lógica da competência", priorizando as qualidades diretamente úteis da personalidade empregável, ao invés de conhecimentos realmente apropriados, mas não necessária e imediatamente úteis em termos econômicos, comporta um sério risco de desintelectualização e desformalização dos processos de aprendizagem.

A pedagogia das competências, segundo seus promotores, deve responder ao imperativo geral de controle fino e avaliação rigorosa, de acordo com regras idênticas para todos, eliminando o que pode ser uma feição de classe

---

* O *bac* (ou *baccalauréat*) é o exame final do ensino médio. Para realizar o *bac professionnel*, o aluno escolhe matérias específicas no primeiro ano do ensino médio, que o preparam para ingressar no mercado de trabalho e/ou prosseguir os estudos em nível superior. O *baccalauréat* tem três troncos principais, subdivididos em vários ramos: geral, tecnológico e profissionalizante. (N. T.)

ou um código implícito do meio social. No entanto, introduzir a noção de competência na escola não contribui necessariamente para a melhoria da relação com o saber das crianças oriundas das classes populares; na verdade, essas tais competências ou são especializadas demais, e nesse caso perdem todo o sentido intelectual, ou são amplas demais (saber tomar a palavra, trabalhar em equipe...), o que as remete de novo a modos de ser implícitos e competências socialmente herdadas[29]. Uma das contradições pedagógicas da nova ordem escolar é precisamente: como mobilizar a atividade intelectual dos alunos de ensino médio e superior, desvalorizando ao mesmo tempo as disciplinas científicas e culturais e dando a entender que a experiência prática espontânea e "informal", os engajamentos associativos ou as boas intenções caritativas são da mesma ordem dos estudos escolares e da educação física e cultural que eles proporcionam[30]?

Nós examinamos aqui apenas algumas maneiras de falar dos reformistas "modernos". Outras noções, mais clássicas, são objeto de mutações igualmente significativas. Teríamos, por exemplo, de refletir sobre o destino de um termo como "serviço" para desvendar as mudanças de rumo e sentido que ele sofreu com a nova ortodoxia. Quando se admite que o financiamento do sistema escolar deve continuar público, é para afirmar logo em seguida que sua missão como "serviço público" o obriga a se tornar uma empresa prestadora de um "serviço" de formação a usuários-clientes com demandas que devem ser satisfeitas. Mas defini-lo como um serviço prestado aos indivíduos é analisar sua destinação em termos de capital humano. Daí a postura insustentável dos reformistas "modernistas" de "esquerda" que, há quase vinte anos, acreditam que, importando essas categorias do mundo da empresa e da teoria liberal, eles conseguirão defender melhor o serviço público contra a difusão das lógicas de mercado. O balanço é: essa importação mais destruiu os fundamentos simbólicos e morais da instituição escolar do que os consolidou. Entendemos, ao contrário, que as concepções "modernas" de serviço público, respondendo exclusivamente a critérios de

[29] Bernard Charlot, "Le Rapport au savoir", em Jean Bourdon e Claude Thélot (orgs.), *Éducation et formation* (Paris, CNRS, 1999), p. 33-4.

[30] Essa equivalência falaciosa, falsamente igualadora, rege a implantação do novo sistema de reconhecimento das unidades de ensino, batizado por Jack Lang, ex-ministro da Educação Nacional, o "euro das universidades". Ver Emmanuel Davidenkoff, "L'Université française entre en classe européenne: le ministère crée un système favorable aux échanges", *Libération*, 24 abr. 2001.

eficiência e rentabilidade, são altamente apreciadas pelos ultraliberais, que as veem como uma propedêutica necessária à gestão privada da escola, ou pelo menos de seus segmentos e atividades mais rentáveis. Essa conversa fiada, que visa objetividade e eficiência, facilitou a transformação do sistema educacional em um apêndice da máquina econômica, naturalizando as novas finalidades que lhe são atribuídas.

4
A IDEOLOGIA DA PROFISSIONALIZAÇÃO

A época em que a formação primária era território proibido à empresa é passado. Saibamos tirar as conclusões.

CNPF, Jornadas de Deauville, 8 de outubro de 1990

Volta e meia se diz, como se fosse evidente, que o mundo da economia e o mundo da escola estão finalmente se descobrindo e pouco a pouco superando seus preconceitos. Além do estereótipo idílico do "encontro" e do "casamento de conveniência", é importante compreendermos a natureza dessa *profissionalização* da escola. A confusão entre a linguagem da economia e a da educação facilitou a implantação de uma ideologia poderosa na França que, muito antes das palavras de ordem da Comissão Europeia, da ERT, do Conselho Nacional do Patronato Francês (CNPF) e do Movimento das Empresas da França (Medef), que querem uma escola a serviço da economia, influenciou a evolução das estruturas, mas sobretudo começou a mudar a representação da função da escola. A *profissionalização* é um dos sustentáculos da nova ordem escolar. Embora seja uma tendência antiga e derive da própria forma da sociedade salarial, o neoliberalismo se apresenta hoje como uma radicalização dessa lógica. O fenômeno mais significativo é que todos os níveis e todas as carreiras escolares, e não só os últimos anos ou não só as carreiras tecnológicas e profissionalizantes, são afetados. A profissionalização se tornou um imaginário que gostaria de reinterpretar todas as ações e todas as medidas pedagógicas por um único objetivo. Essa ideologia, que transforma a política educacional em uma política de adaptação ao mercado de trabalho, é um dos principais caminhos para a perda de autonomia da escola e da universidade. Obviamente ela é apresentada em geral como um caminho de modernização do sistema escolar, ou até mesmo como o caminho real da democratização. Mas é sobretudo uma reabilitação da empresa, quando não uma estigmatização pura e simples da educação pública[1]. A França não é um caso isolado. Em todo o Ocidente, desde os anos 1980, o objetivo era aproximar ou "casar" a escola e o mundo econômico por uma operação de hibridação generalizada. A universidade foi sem dúvida a mais exposta a essa tendência. A contrapelo das críticas de Maio de 1968 às ligações perigosas da universidade com o capitalismo, a situação econômica, a escassez de empregos e a conjuntura ideológica dos anos 1980 contribuíram largamente para a banalização da ideia de que a universidade deveria se subordinar à necessidade econômica de mão de obra. A partir de 1984, a Lei Savary sobre o ensino superior deu aos estabelecimentos superiores o *status* de estabelecimento público de caráter científico, cultural e *profissionalizante* e incorporou explicitamente sua missão na política de empregos[2]. Nesse período de vinte anos, o consenso a favor dessa orientação parece bastante amplo. Assim, quando a Comissão Europeia afirma que "a escola e a empresa são lugares de aquisição de saberes complementares, que devem se conciliar"[3], parece tratar-se de uma afirmação absolutamente inocente e evidente. Quem ainda ousa se perguntar se esse tipo de discurso tende a igualar dois "lugares" de lógicas muito diferentes, ou mesmo a submeter um ao outro, corre o risco de parecer conservador, elitista ou nostálgico.

Essa nova ideologia escolar tem a ambição de resolver um problema real na economia moderna: a formação da mão de obra. A partir dos anos 1960, a problemática da inserção social começou a levar a melhor sobre o propósito do ensino de integrar politicamente os futuros cidadãos. Como Bernard Charlot ressalta com toda a razão:

> A missão da escola da Terceira República era integrar [os cidadãos] à nação, respeitando seu pertencimento social. A escola implantada nos anos 1960 não pensa nem em termos de pertencimento social (todas as carreiras estão abertas a todos, ao menos em direito) nem em termos de integração, mas em termos de inserção, que se tornou a palavra-chave. A escola deve inserir o jovem em uma sociedade em que a classe assalariada se generaliza, em que as profissões baseadas na posse de um patrimônio (agricultura, comércio...)

---

[1] Ver, sobre esse ponto, Jean-Pierre Obin, *La Face cachée de la formation professionnelle* (Paris, Hachette, 1995).

[2] Ver Raymond Bourdoncle, "Profession et professionnalisation", em *Recherche et professionnalisation*, relatório à Direção de Pesquisa e Estudos Doutorais (Dred), Paris, Ministério da Educação Nacional, jun. 1992.

[3] Comissão das Comunidades Europeias, *Livre blanc*, cit., p. 60.

são cada vez mais raras e em que o nível de inserção profissional e social depende cada vez mais do nível escolar que se atinge.[4]

De fato, a profissionalização dos estudos é uma dimensão inevitável em nossas sociedades. A escola prepara para uma profissão e o êxito escolar parece garantir o sucesso social e profissional. A maioria das famílias, de todas as classes sociais, apoia a escolarização de seus filhos com a esperança de que um "bom emprego" venha depois de uma boa escolaridade. Além disso, o imperativo da profissionalização da escola se apoiava em uma grande angústia social, numa época de desemprego crescente. Nos anos 1980, um dos argumentos mais repetidos pelos "realistas" para "aproximar escola e empresa" foi a alta taxa de desemprego dos jovens. Esse argumento era bastante convincente, na medida em que, segundo estudos estatísticos, o risco de desemprego aumenta efetivamente quando não se tem ou se é pouco diplomado. Isso explica em parte a maior demanda das famílias e dos estudantes pela escolarização e pela profissionalização dos estudos. No entanto, o pressuposto da tese oficial é discutível. Ela sustenta que não falta emprego, que há até oferta demais de emprego. O que falta é qualificação suficiente para ocupá-los. Consequentemente a escola é acusada de preparar mal os jovens para a vida profissional, de permanecer muito distante das preocupações do emprego. Portanto, a política conduzida pelos poderes públicos a partir dos anos 1970 seguirá uma lógica de melhoria da formação dos jovens em busca de emprego, sob a forma de estágios e "pactos a favor do emprego", enquanto a política social e urbana tentará remediar a "socialização falha".

Como tivemos ocasião de lembrar, o objetivo da escola republicana repousa sobre o tríptico homem, cidadão e trabalhador. Uma das principais reivindicações dos movimentos sindicais, associativos e políticos progressistas era e ainda é uma educação geral, realmente completa, que não negligencie nem a inserção nem a promoção profissional. Esses movimentos, se têm razão de desconfiar dos modos de exploração dos jovens aprendizes por patrões inescrupulosos, não esquecem que muitos jovens de classes populares têm de receber uma qualificação profissional o mais sólida possível na escola para ter mais vantagens no mercado de trabalho[5]. Além disso, na tradição do movimento operário, o trabalho e a técnica são considerados fontes importantes

[4] Bernard Charlot, *L'École et le territoire*, cit., p. 31.

[5] Ver Chantal Nicole-Drancourt e Laurence Roulleau-Berger, *Les Jeunes et le travail, 1950-2000* (Paris, PUF, 2001).

de cultura que durante muito tempo foram relegadas por uma concepção idealista do conhecimento. Essa reivindicação – que, no caso em questão, se voltava contra uma visão etérea da educação herdada do desprezo aristocrático pelo trabalho – foi recuperada pelos partidários da escola neoliberal, que converteram a inserção profissional no principal fundamento da reforma que desejam. Mas eles não o fazem para promover o valor do trabalho ou defender a dignidade dos "profissionais", e sim para fornecer às empresas uma mão de obra mais "adequada". Portanto, cabe nos interrogarmos sobre o seguinte paradoxo: embora o ensino "técnico" como carreira direcionada para o emprego continue menosprezado, e o seu ensino específico seja marginalizado ou ignorado, ele se tornou uma espécie de "padrão geral" que todas as outras formas de saber e estudo devem seguir, justamente por estar estreitamente ligado ao "profissional", segundo a máxima proposta por Roger Fauroux, para quem toda formação deve ser profissionalizante[6].

Escola englobada

Essa interpretação dos objetivos da escola tem um alcance moral e político geral. Segundo os defensores dessa mutação, a escola não é capaz de realizar sua obra educacional sem o auxílio da empresa. Em 1988, Yves Cannac, ex-funcionário público e empresário, disse sem meias palavras nas Jornadas de Deauville, do CNPF, que consagraram a noção de "empresa formadora": "Hoje é o universo docente que acorre à empresa. É ele que pede à empresa que o aconselhe e ajude. Como, em nome de quê, recusaríamos auxílio e conselho?". O mesmo Cannac define da seguinte maneira a nova missão "salvadora" da empresa:

> No fundo, se tomamos alguma distância, fica evidente que a escola republicana não é capaz de cumprir sozinha, mesmo que de forma aproximada, a promessa de desenvolvimento das aptidões de cada um e de igualdade de chances para todos. [...] A solução para essa situação prejudicial para todos está na empresa, tanto por seus valores como por seus recursos.[7]

A OCDE diz o mesmo em relatórios que propõem o desenvolvimento de parcerias: "O ensino sob influência exclusiva do Estado apresenta

---

[6] Roger Fauroux, *Pour l'école* (Paris, Calmann-Lévy, 1996), p. 23.

[7] Ver resenha em *Éducation-Économie*, n. 10, mar. 1991, p. 15 e seg.

carências graves, notadamente na preparação dos alunos para a vida ativa"[8]. A base do raciocínio é simples: se não é mais possível conceber uma escola como uma ilha isolada da sociedade e da economia, devemos aceitar que as empresas contribuam para a definição do conteúdo e dos métodos de ensino[9]. Segundo os defensores dessa integração total da escola na lógica econômica, a intervenção das empresas foi possível a partir do momento em que os professores abandonaram a precaução "ideológica" que tinham contra a empresa e compreenderam, graças ao desemprego, que a missão deles era adequar a oferta de mão de obra à demanda:

> O capitalismo e a empresa, depois de sair de moda nos anos 1960, se tornaram respeitáveis de novo nos anos 1980. Quanto aos professores, o desemprego que se alastrou nos anos 1980 lhes deu mais uma razão para aceitar as críticas dos empregadores às insuficiências do ensino.[10]

Em maio de 1991, a então primeira-ministra Édith Cresson pôde declarar da tribuna da Assembleia Nacional em seu discurso de posse: "Desejo incentivar, desde os últimos anos do ensino fundamental, uma abertura real para o mundo das empresas". Nos últimos anos, certas instâncias (como o Alto Comitê para a Educação e Economia) desempenharam um papel no mínimo ambíguo. Essa instância (hoje rebatizada Alto Comitê para a Educação, Economia e Emprego), criada em 1986 por René Monory, tinha a missão de aproximar o sistema educacional e o mundo da empresa. Reunindo administradores e representantes dos mundos econômico e social, teve um papel importante no objetivo de levar à conclusão do ensino médio 80% do público em idade esperada, em particular com a criação e o aumento dos cursos profissionalizantes de nível médio. Mas o Alto Comitê não é apenas uma instância de observação, estudo e previsão, necessária para compensar a miopia do mercado no que se refere aos empregos futuros. Por seu próprio objetivo, tende a envolver o mundo escolar na lógica econômica, construindo, entre outras instâncias e outros lugares, o novo ideal normativo que vem se impondo ao sistema educacional.

As publicações do Alto Comitê, que em geral apresentam a empresa de forma idealizada, parecem pensadas para justificar o imperativo de adequação

---

[8] Centre pour la Recherche et l'Innovation dans l'Enseignement (Ceri), *Écoles et entreprise*, cit., p. 7.

[9] Ibidem, p. 9-10.

[10] Ibidem, p. 10.

às necessidades das empresas. O argumento parte de certas evidências e chega a conclusões unilaterais: se o destino de três em cada quatro jovens é a empresa, seria conveniente preparar ou *pré-adequar* esses jovens o mais cedo possível. Nenhuma dimensão da personalidade, com exceção da atividade profissional, é levada em consideração, ou melhor, nenhuma espécie de emancipação intelectual pode primar sobre o objetivo profissionalizante. A necessária profissionalização dos estudos que deduzimos desses argumentos, e que se apresenta como puro bom senso na sociedade salarial, não é apenas mais um dos objetivos da escola, mas tende a se tornar uma representação dogmática e exclusiva, que vê os alunos apenas como futuros trabalhadores que serão formados conforme as necessidades da economia[11].

Em todos os países capitalistas, as vontades do patronato e das organizações patronais vão na mesma direção: determinar com mais precisão o conteúdo das formações para ter à disposição uma mão de obra mais "empregável" e mais capaz de utilizar as ferramentas técnicas mais modernas. Na França, para "se adequar" ao mercado de trabalho, num contexto grave de incertezas e no qual não se podia mais contar com previsões fornecidas por um plano, a estratégia consistiu em corroborar nos cursos superiores e na pedagogia do ensino médio e fundamental a posição dos "profissionais" com contato direto com a evolução dos mercados e das técnicas. A solução mais frequente, à qual recorre, por exemplo, o Relatório Fauroux, remete a uma *coeducação escola-empresa* em todas as vias profissionalizantes. Desse modo, houve uma aproximação mais íntima entre escola e empresa que se manifestou, entre outras coisas, pela adoção de procedimentos de "consulta" com o propósito de definir os conteúdos e os tipos de diplomas e multiplicar as ações de "parceria" entre as empresas e as escolas profissionalizantes localmente e nacionalmente (escolas-irmãs, regionalização de programas de formação profissionalizante, definição de cursos nas comissões profissionais consultivas, ação do Alto Comitê para a Educação e Economia etc.). Também cresceram o número e os tipos de estágios de formação, inserção e requalificação dos jovens no local de

[11] Seguindo o mesmo espírito, Jacques Lesourne não hesita em comparar os 14 milhões de crianças e jovens escolarizados a potenciais ativos: "Se considerarmos os estudantes de ensino fundamental, médio e superior como ativos que trabalham para se formar, o sistema educacional emprega 14,5 milhões de pessoas de uma população ativa de 35 milhões de seres, ou seja, 41%!". Ver Jacques Lesourne, *Le Modèle français* (Paris, Odile Jacob, 1998), p. 162-3.

trabalho. Em outras palavras, houve progressivamente uma "partilha do poder pedagógico", como desejava o patronato havia muito tempo.

A opção definitiva pela generalização da alternância na formação profissionalizante ocorreu no início dos anos 1980. Não era uma grande novidade: o ensino alternado já era adotado na escolarização de alunos em situação de fracasso escolar. Dali em diante, as formações qualificadoras começaram a obedecer ao mesmo princípio. Os *baccalauréats* profissionalizantes são o melhor exemplo, pois as formações correspondentes alternam períodos na empresa e na escola, assim como os cursos técnicos superiores* e os institutos universitários tecnológicos, que sistematizam os estágios em empresas. Aliás, a aprendizagem se ampliou para novas áreas e ciclos de estudos, além das múltiplas iniciativas locais, que consistem em oferecer estágios de curta duração a alunos de ensino médio para fazê-los "descobrir o mundo da empresa". As adequações necessárias dos diplomas às mutações profissionais foram feitas a partir dos anos 1980, em geral de forma muito mecânica, com base na "lógica da competência" da qual falamos acima. As instâncias encarregadas de gerir a articulação entre emprego e formação (em particular a secretaria das comissões profissionais consultivas) se lançaram na construção de "referenciais de formação" fortemente calcados nos "referenciais de emprego", aplicando a lógica das situações de trabalho à formação, em detrimento da coerência das disciplinas. Como sublinha Catherine Agulhon, "há objetivação da formação e instrumentalização dos saberes" em uma perspectiva estritamente operacional[12].

Mudança radical

Como explicar a mudança radical no discurso oficial, que começou a defender a *profissionalização* em todos os percursos escolares? Essa tendência à profissionalização da escola não é nova, mas até o fim do século XX era limitada pela ambição de fazer da escola uma fábrica de homens morais e cidadãos. Na França, a tendência historicamente predominante foi a da *escolarização* do aprendizado profissional, reflexo da primazia dos interesses

* Cursos técnicos de dois anos, realizados após a conclusão do ensino médio. (N. T.)

12 Ver Catherine Agulhon, "Les relations formation-emploi: une quête sans fin?", em François Cardi e André Chambon (orgs.), *Métamorphoses de la formation* (Paris, L'Harmattan, 1997), p. 35.

gerais sobre a estrita necessidade econômica e individual. Os que acusam a escola de Ferry de ser uma "escola burguesa" esquecem que grande parte do patronato dos setores que mais utilizavam mão de obra, em particular os setores têxtil e de construção, recebeu a escolarização, mesmo a primária, com a mais extrema repugnância: eles criticavam o "desabastecimento de mão de obra" e exigiam uma força de trabalho dócil e adequada a suas necessidades, o que eles não tinham com a escolarização primária. Em 1910, Villemin, presidente da Federação Nacional da Construção Civil e Obras Públicas, queria a criação de escolas organizadas e financiadas exclusivamente pela indústria, conforme as suas necessidades: com essa aprendizagem, o operário "não terá mais uma bagagem teórica excedente, porque é isso que receamos que deem aos operários", já que a formação geral permite ao operário "sair de sua condição"[13]. Por suas divisões internas e pela profunda desconfiança que nutria em relação à escola, o patronato francês se viu incapacitado de instituir um ensino profissionalizante digno do nome, e as tentativas de imitar o modelo alemão de formação por alternância fracassaram por falta de mobilização e estrutura suficiente das empresas. Foi o Estado que garantiu a formação profissional indispensável a um mundo econômico que durante muito tempo foi dominado por pequenos empresários, em geral "imediatistas" e avessos a mudanças. Apesar dos temores e da resistência das pequenas empresas e do setor manufatureiro, que sempre viram com maus olhos a ingerência do Estado na formação e na certificação das habilidades profissionais, foi essa ideia "bem francesa" da escolarização da formação profissional, como a qualificava pejorativamente um empresário do início do século, que se impôs, distinguindo-se muito claramente do modelo alemão baseado no princípio da alternância.

A missão republicana da escola, que consistia em assentar a República na difusão dos saberes, marcou a estruturação do ensino profissionalizante no fim do século XIX. Nessa época, um debate opôs os reformistas republicanos aos industriais liberais, um debate, aliás, que nunca se encerrou completamente. Para os reformistas republicanos, formar um operário qualificado não dispensava de fazê-lo um bom cidadão. Como dizia Ferdinand Buisson, "uma escola profissionalizante não é acima de tudo um estabelecimento industrial; é acima de tudo um estabelecimento de

---

[13] Citado em Guy Brucy, *Histoire des diplômes de l'enseignement technique et professionnel (1880-1965)* (Paris, Belin, 1998), p. 56.

educação e ensino"[14]. Num relatório de 1871 sobre as escolas de aprendizes, Octave Gréard, supervisor geral e diretor de ensino primário do departamento do Sena, formulou muito bem a doutrina republicana sobre a escolarização do aprendizado profissional, afirmando que ela devia repousar sobre dois pilares: o da formação geral e o da formação técnica de alto nível, adquirida fora das oficinas[15].

A linha diretriz que orientou essa política segue o ideal humanista da escola emancipadora, que reconhece como ascendentes tanto Diderot como Condorcet. As Luzes devem libertar das amarras da dependência pessoal. Isso explica por que, na doutrina republicana, a preocupação com a cultura geral e a referência aos princípios científicos são constantemente reafirmados, apesar das frequentes acusações de "enciclopedismo". Hippolyte Luc, diretor de ensino técnico a partir de 1933, dizia que, além da "preocupação com a utilidade e a utilização", era preciso defender "o ideal imperioso da cultura"[16]. Essa concepção contrariava os interesses dos meios políticos e industriais defendidos pelo Ministério do Comércio, que, embora fossem favoráveis à escolarização da formação profissional, queriam restringir a cultura geral, considerada perda de tempo e de eficácia. O principal era constituir uma aristocracia profissional de "suboficiais do exército do trabalho", capaz de fornecer à indústria francesa uma mão de obra tão qualificada quanto a que tinham na época a Alemanha e a Inglaterra. Segundo essa concepção, o imperativo da concorrência econômica devia ser o objetivo prioritário de um ensino técnico "autônomo, descentralizado e elitista"; o Estado devia se contentar com o papel de "engenheiro consultor da iniciativa privada", segundo o diretor-geral de ensino técnico em 1925[17]. Isso justificou a presença de representantes das profissões em bancas e corpos de inspeção, presença que foi sempre um princípio da organização do ensino técnico para atender às necessidades econômicas, inclusive as regionais.

Desde então o ensino técnico viveu sob tensão entre a lógica econômica da adequação e a preocupação republicana com a emancipação do cidadão,

---

[14] Citado em Patrice Pelpel e Vincent Troger, *Histoire de l'enseignement technique* (Paris, Hachette, 1993), p. 49.

[15] Ver Guy Brucy, *Histoire des diplômes de l'enseignement technique et professionnel*, cit., p. 29 e seg.

[16] Citado em Patrice Pelpel e Vincent Troger, *Histoire de l'enseignement technique*, cit., p. 71.

[17] Ibidem, p. 55.

entre duas concepções de formação, mas também entre duas concepções de relação salarial, pondo em jogo o domínio ou não de uma profissão reconhecida por uma certificação independente do empregador. Os fatos se impuseram, passando por cima das divergências das representações: diante das carências do patronato francês em relação à formação profissional, o Estado promoveu e enquadrou o ensino técnico e profissionalizante com certo grau de êxito. Ainda que até a Segunda Guerra Mundial os estabelecimentos escolares, as profissões e os municípios tivessem ampla autonomia para atender às necessidades locais, o Estado central sempre desempenhou um papel importante nesse campo por intermédio dos professores e dos diretores de escola. E, de fato, ele constituiu um sistema de ensino diverso e hierarquizado, desde as grandes escolas de formação de engenheiros e executivos até a organização do ensino técnico elementar para operários e pessoal administrativo, passando pelo ensino técnico de nível médio das escolas profissionalizantes.

Com a modernização do capitalismo no pós-guerra, e em especial no período gaullista, todo o sistema escolar foi mobilizado pelo imperativo do desenvolvimento industrial e começou a mudar muito mais diretamente em função das necessidades econômicas explicitadas e sistematizadas pelo Plano. Nessa época, novas ferramentas estatísticas de previsão (níveis de evasão do sistema escolar, por exemplo) permitiram determinar com antecedência a distribuição dos alunos entre os diferentes tipos de cursos, inclusive cursos para alunos com atraso ou dificuldades, em função das previsões econômicas[18]. Esse período, considerado por alguns "a era dourada" do ensino técnico e profissionalizante, foi o período da normatização, da padronização dos empregos e qualificações e da relação de um com o outro sob a proteção de um Estado organizador. Essa dupla formalização (profissional e escolar), que começou antes da guerra, acelerou-se e disseminou-se no período de crescimento fordista. A hierarquia no trabalho correspondia cada vez mais aos diferentes níveis de formação certificados pela instituição escolar. Em 1959, a Reforma Berthouin converteu a inserção profissional em imperativo declarado. As reformas dos ciclos breves*, da escola única e da formação pós-*baccalauréat*,

---

[18] Ver as análises de Bernard Charlot e Madeleine Figeat, *L'École aux enchères* (Paris, Payot, 1979), p. 62 e seg.

* Os ciclos breves compreendem cursos de nível superior de no máximo dois anos de duração. (N. T.)

orientadas por imperativos econômicos e elaboradas em conjunto por governo e patronato, visavam reforçar a formação geral dos futuros técnicos e operários qualificados. A ambição de elevar o nível dos ativos se baseava na ideia da polivalência necessária aos futuros trabalhadores, ideia amplamente compartilhada por administradores e representantes dos setores mais modernos do patronato. Pouco a pouco a adaptabilidade tecnológica e social se tornou o tema predominante.

Nos anos 1970, os temas que seriam parcialmente concretizados aparecem com mais clareza nos discursos patronais e governamentais: além do aumento quantitativo do número de alunos nas escolas e da criação de um "ensino único" em nome da "adaptabilidade da mão de obra à polivalência", houve a promoção de um "ensino alternado" e, mais amplamente, uma "abertura para a vida", para uma participação mais ativa de representantes de empresas nas instâncias de consulta e avaliação do Ministério da Educação Nacional e para a definição de um mapa escolar a partir das necessidades locais de mão de obra. Assim, desde o fim dos anos 1960 e ao longo da década seguinte, adotou-se uma estratégia de adequação mais estrita à estrutura previsível de empregos, relativamente dissimulada por um discurso lenitivo sobre a escola única, a igualdade de oportunidades, a diversidade de aptidões e o desenvolvimento da criança a partir de suas inclinações. Em resumo, a doutrina clássica da *escolarização* do ensino profissionalizante começou a virar um discurso sobre a *profissionalização* da escola, que se tornou um imperativo importante e uma das principais linhas diretrizes das reformas posteriores.

Profissionalização para todos como nova ideologia

O novo dogma impõe uma universalização do modelo profissionalizante que pouco a pouco se torna a norma da escola. Essa mudança é apresentada pelos altos funcionários da Educação Nacional e pelos jornalistas como a maior revolução da escola nas últimas décadas. O ensino como um todo deve ser pensado em termos de perspectivas profissionais e, mais além, a educação inteira deve ser pensada apenas como mais um momento de uma formação contínua, "desde o berço até o túmulo", como dizem com frequência as publicações da OCDE e da Comissão Europeia.

Quando o ministro Christian Beullac implantou as "sequências didáticas na empresa", em 1979, era *para todos os alunos* do ensino médio e dos últimos anos do fundamental, e não apenas para os alunos das carreiras profissionalizantes. Para esse homem oriundo do meio empresarial, a empresa é um lugar de formação universal que une a preocupação com a igualdade à preocupação com a eficiência. Dez anos depois, a Lei de Diretrizes de 1989 recupera a ideia de alternância para todos, embora a torne obrigatória apenas para as formações tecnológicas e profissionalizantes[19]. Em 1991, a posição de Édith Cresson, que também saiu do meio empresarial, é ainda mais clara: "A alternância deve se generalizar. A mescla de períodos cumpridos no estabelecimento escolar e períodos cumpridos na empresa deve ser a regra, e isso vale para todas as formações, seja profissionalizante, técnica ou geral"[20]. O pretexto para a nova doutrina é "a chegada dos jovens das classes populares aos últimos anos do ensino fundamental e o peso do fracasso escolar que existe sobre eles"[21]. A lei quinquenal de 1993 previa explicitamente o "direito à experiência de iniciação pré-profissional com o objetivo de desviar os jovens do ensino geral e equilibrar os ingressos no ensino geral e no ensino profissionalizante". Essa ambição profissionalizante, quando aplicada aos últimos anos do ensino fundamental, por exemplo, não amplia o campo de conhecimentos, mas, ao contrário, gera confusões lamentáveis, que fazem com que, no discurso dominante, por exemplo, a cultura técnica seja não uma forma de compreender o mundo moderno, mas um meio de orientar os alunos para os cursos profissionalizantes.

A reivindicação a favor da profissionalização reflete essas contradições. De um lado, os alunos são empurrados para uma especialização estrita e precoce; de outro, a correspondência entre diploma e emprego é questionada em nome de uma profissionalização generalista e, de certo modo, mais comportamental do que técnica. Na realidade, uma fração do patronato, alegando que a instabilidade do novo capitalismo não permite mais a previsão das especializações profissionais como nos Trinta Gloriosos, queria transformar a relação com a empresa não em uma questão de escolha profissional, mas em

---

[19] O Artigo 7, que pormenorizou esse ponto em 1993, estabelece a obrigação do sistema escolar de fornecer a todos os alunos, em qualquer nível em que estejam, uma formação profissional antes que saiam do sistema escolar.

[20] Édith Cresson, "Le Développement de l'alternance et de l'apprentissage dans le programme Matignon", *Éducation-Économie*, n. 13, dez. 1991.

[21] Marie-Claude Betbeder, "Une solide formation de l'esprit critique", *Écoles et Entreprises*, *Autrement*, n. 118, jan. 1991, p. 172.

uma questão de aclimatação aos valores e comportamentos esperados de todos os "colaboradores" da empresa. A palavra "profissionalização" muda de sentido: não remete mais a uma especialização associada a um posto de trabalho, mas a "aptidões" e "socialização" dentro da empresa. Para alguns, entramos na era de um profissionalismo de operadores que só se adquire *na* empresa. Não se trata mais de aspirar a determinadas qualificações para buscar empregos específicos, mas de preparar o futuro trabalhador para condições profissionais "evolutivas". Daí o sentido da formação não só *na* empresa, mas *para a* empresa. Como dizem François Dalle e Jean Bounine, trata-se de "aprender a empresa" e não de aprender uma profissão[22]. A maioria dos alunos "terá de aprender a viver em uma comunidade mais ou menos ampla, de estruturas hierarquizadas, cuja atividade é fundamentada pela persecução de um objetivo de realização: produzir e vender mais, aumentar o lucro, ampliar a parte de mercado, criar novos produtos"[23]. Essa profissionalização da educação como um todo está ligada a um duplo imperativo formulado pelas empresas nos anos 1980: de um lado, o conhecimento deve ser o centro da reorganização do trabalho, o que depende do aumento do nível escolar de todos os assalariados; de outro, espera-se uma maior eficiência e uma maior "flexibilidade" dos assalariados.

Se toda atividade pedagógica deve ser orientada para a inserção na empresa, é preciso logicamente começar pelos professores, formando-os dentro do espírito da empresa, em graus diversos, conforme seu envolvimento com "o fato 'empresa'"[24]. Quer ensine uma disciplina tecnológica quer uma geral, não é o conteúdo dos saberes que deve interessar ao professor, mas a percepção e a avaliação da utilidade profissional do curso, da disciplina e dos métodos em relação às exigências do mundo econômico. Para alguns autores, aliás, os professores das disciplinas gerais são os que lucram mais com essa preocupação constante com a perspectiva profissional, porque finalmente podem relacionar abstrações mais ou menos estéreis à "verdadeira realidade", à concretude da vida econômica: "O ensino primordial da leitura, da escrita e do cálculo receberá um tratamento diferente: os assalariados deverão ser capazes de ler manuais e compreender fichas técnicas, e não apenas ler livros didáticos e saber

---

[22] François Dalle e Jean Bounine, *L'Éducation en entreprise* (Paris, Odile Jacob, 1993), p. 14.

[23] Danièle Blondel, "Former des enseignants", em Centre pour la Recherche et l'Innovation dans l'Enseignement (Ceri), *Écoles et entreprises*, cit., p. 47.

[24] Ibidem, p. 48.

álgebra"[25]. Segundo Danièle Blondel, há uma maneira muito simples de fazer os professores incorporarem essa "cultura de empresa": impregná-los com a ideia de *projeto*, uma vez que a empresa moderna é definida essencialmente por essa noção. O termo "empresa" não é sinônimo de "realização de um propósito"? Para a OCDE, a pedagogia de projetos é a melhor aprendizagem que se pode ter da empresa: "Empresa pode ser qualquer forma de operação ou projeto, não apenas um negócio comercial"[26]. Esse jogo de palavras é perfeito para naturalizar a realidade econômica:

> Visitas bem preparadas a empresas, estágios ainda que curtos [...] podem iniciar os professores nas estratégias de mudança e dar consistência ao conceito de "projeto", que é muito utilizado no sistema educacional hoje em dia, mas cujas lógicas e processos nunca foram realmente ensinados. A palavra *projeto* não é quase sinônimo da palavra *empresa*?[27]

Complementarmente, o direito à informação sobre a orientação, previsto na Lei de Diretrizes de 1989, converteu-se em uma injunção para que os alunos elaborem o mais cedo possível um "projeto de orientação escolar e profissional", de maneira que hoje todos sabem qual é a direção única da escolaridade. Esse amadurecimento forçado, que alguns encarregados de orientar os alunos definem como "terrorista", tem exatamente como princípio sufocar qualquer desejo subjetivo sob o opressivo imperativo da "escolha profissional", renegando tudo que essa elaboração possa ter de complicado e não linear.

O caso da universidade

Com o ensino técnico e profissionalizante, essa nova ideologia afetou diretamente a universidade. Aqui também a tendência não pode ser isolada do campo político e social em que se desenvolveu. Os Estados Unidos são de novo o caso que nos permite compreender melhor a mudança que ocorreu na França. O modelo profissionalizante teve um papel fundamental no florescimento da universidade norte-americana[28]. Esta, desde a sua criação,

---

[25] Centre pour la Recherche et l'Innovation dans l'Enseignement (Ceri), *Écoles et entreprises*, cit., p. 27.

[26] Ibidem, p. 30.

[27] Danièle Blondel, "Former des enseignants", cit., p. 49.

[28] Alain Renaut, *Les Révolutions de l'université: essai sur la modernisation de la culture* (Paris, Calmann-Lévy, 1995).

segue o modelo instrumental do saber a "serviço da comunidade". Com o desenvolvimento da sociedade industrial e a difusão de uma ideologia pragmatista, a concepção predominante atribuiu à universidade a dupla função da formação profissional e da produção de conhecimentos úteis às empresas[29]. Em 1963, o economista norte-americano Clark Kerr, reitor da Universidade de Berkeley na época, teorizou o fim da universidade como espaço uno e autônomo do saber e anunciou o nascimento de uma "multiversidade", que justapõe formações profissionais e centros de pesquisa cuja única relação entre eles é administrativa[30]. Ele via a universidade norte-americana com bom humor: "uma série de faculdades e departamentos unidos por um sistema de aquecimento comum", ou melhor, "uma série de empreendedores da educação unidos pela reivindicação a favor de mais vagas de estacionamento"[31]. Em termos mais sociológicos, isso significa que a universidade "aberta para a vida" deve ser concebida como uma réplica o mais fiel possível da divisão técnica e econômica do trabalho, e compor-se de células que sejam apenas um apêndice do setor ou da empresa que utiliza seus serviços de pesquisa e produção de mão de obra. Kerr dizia claramente: a nova universidade estadunidense não é nem pública nem privada, nem isolada nem inteiramente inserida na sociedade. Ela deveria ser um "posto de serviços para o grande público"[32]. Foi precisamente contra essa evolução que os estudantes universitários, e em especial os de literatura e ciências humanas, protestaram nos anos 1960, em nome da luta contra a alienação da universidade e da subordinação do saber aos interesses econômicos do *big business*. A crítica se propagou pela Europa no fim da década de 1960 e início da de 1970.

Essa ideologia instrumental da universidade se impôs em etapas na França, em nome da democracia, do emprego e da modernidade[33]. Do Relatório

---

[29] Ver Michel Freitag, *Le Naufrage de l'université*, cit., p. 41.

[30] Ver Clark Kerr, *Métamorphose de l'université* (Paris, Éditions Ouvrières, 1967); o título norte-americano é mais eloquente: *The Uses of the University* (Cambridge, Harvard University Press, 1963) [ed. bras.: *Os usos da universidade*, Brasília, Editora UnB, 2005].

[31] Ibidem, p. 27-8.

[32] Ibidem, p. 15.

[33] Quando a universidade adotou a inserção profissional como o seu objetivo principal, ou exclusivo, Alain Renaut declarou: "A França descobriu a América". Ver Alain Renaut, *Les Révolutions de l'université*, cit., p. 204.

Laurent (1995) ao Relatório Attali, passando pelo Plano Universidades 2000 e pela recente multiplicação das licenciaturas profissionais*[34], a mesma representação persiste, mudando cada vez mais profundamente a missão da universidade, cuja única razão legítima de ser é a perspectiva profissional dos estudantes, o partido que as empresas podem tirar das pesquisas e a formação que pode ser oferecida aos assalariados, especialmente os do vasto continente terciário. A Lei Savary (1984) iniciou a mudança, afirmando que a universidade devia colaborar com a "política para o emprego". Eliminando muito sintomaticamente o doutorado de Estado**, um diploma considerado muito pouco eficaz em termos profissionais, ela indicou o caminho. Mais recentemente o Relatório Attali sublinhou:

> Todo estudante universitário deverá ter a garantia de que sairá do ensino superior com um diploma com valor profissional, se realizar o esforço necessário para obtê-lo. [...] A preparação para a vida profissional deve ser um dos eixos principais do projeto pedagógico de todo estabelecimento de ensino superior.[35]

Ainda conforme o relatório, a universidade deverá fazer a conexão sistemática entre a formação e empregabilidade, segundo o modelo das Grandes Escolas. Dessa forma, o *cursus* é organizado a partir da ideia de que todo diploma universitário é um diploma profissional[36]. Em última análise, não existe mais diferença entre licenciatura geral e licenciatura profissional: "O licenciado adquirirá um conjunto de conhecimentos de base e uma

---

* Ao contrário do Brasil, onde a licenciatura dá direito a exercer o magistério no ensino fundamental e médio, na França a "licenciatura" é um diploma superior de nível intermediário, obtido após três anos de estudos. Com um ano mais de curso especializado em institutos tecnológicos, escolas técnicas ou centros de formação de aprendizes, o aluno obtém a licenciatura profissional. (N. T.)

[34] Universités 2000, *Quelle université pour demain?* (Paris, La Documentation Française, 1991).

** A preparação do doutorado de Estado exigia de quatro a sete anos de pesquisa, no fim da qual o candidato devia apresentar uma pesquisa científica original e de alto nível. O objetivo dessa modadlidade de doutorado era aprofundar os conhecimentos da área e dominar métodos rigorosos de raciocínio e experimentação. O doutorado de Estado foi extinto em 1996 e substituído por uma formação doutoral mais próxima do modelo anglo-saxão. (N. T.)

[35] Jacques Attali, *Pour un modèle européen d'enseignement supérieur*, cit., p. 5.

[36] Ibidem, p. 27.

capacidade de análise e questionamento profissionalmente utilizável"[37]. Mais ainda, a licenciatura profissional não é mais um diploma igual aos outros, mas um modelo para todo diploma universitário. "A universidade deve ser o motor da Educação ao longo da vida. A licenciatura profissional corresponde a esse objetivo", defende o Ministério da Educação Nacional. Não poderiam ser mais claros. A desregulamentação que ela introduz, a submissão aos interesses de empregadores e poderes públicos locais e a importância dos "profissionais" no ensino superior projetam um futuro previsível para a universidade, se não surgirem contratendências potentes nos próximos anos. Até mesmo o Relatório Fauroux, embora não seja suspeito de professar um idealismo desinteressado, criticou esse "adequacionismo" que, segundo o autor, conduziu a uma espécie de superadaptação da escola à divisão do trabalho. "Há trinta anos, a Escola vem aumentando a oferta de formações profissionais e especializadas – mais de seiscentos tipos de diplomas –, a tal ponto que podemos acusá-la não de se fechar às demandas dos setores profissionais, mas de ser permeável a eles."[38] Resta saber se a universidade foi criada para oferecer uma formação superespecializada e estritamente ajustada às necessidades imediatas das empresas, portanto sem grandes perspectivas temporais, ou, ao contrário, se não cumpriria melhor seu papel oferecendo uma formação geral que dê aos estudantes uma maior autonomia na vida. Já os "herdeiros" encontraram refúgio nos cursos preparatórios* e nas Grandes Escolas, que não regateiam com os conteúdos culturais mais amplos e exigentes.

Muitos esquerdistas viram a massificação do ensino como uma forma de romper com o que chamam de "modelo cultural dominante", característico da elite intelectual e burguesa, e assim introduzir dimensões práticas e cognitivas mais capazes de fazer com que os jovens das classes populares sejam bem-sucedidos. É nesse sentido que se deve introduzir e disseminar o ensino da cultura técnica, desde os últimos anos do ensino fundamental e

---

[37] Ibidem, p. 28.

[38] Roger Fauroux, *Pour l'école*, cit., p. 109. O fato é que essa superespecialização que surgiu da vontade de se adequar às demandas das empresas gerou mais dificuldades do que facilidades de acesso ao emprego (ver ibidem, p. 113).

* Cursos de um a três anos de duração, em geral públicos, que preparam para os exames de admissão das Grandes Escolas. Cada curso preparatório tem critérios próprios de seleção, mas os candidatos são escolhidos sobretudo por excelência. (N. T.)

em todas as áreas do ensino geral, criar carreiras tecnológicas e profissionalizantes e oferecer qualificações sólidas aos alunos, que lhes deem condições de se defender no mercado de trabalho e na empresa. Essa argumentação tem certo fundamento e, com toda a certeza, sem a criação das carreiras em questão não teria havido o aumento do tempo médio de estudo no século XX e o crescimento do número de estudantes que concluem o ensino médio em tempos mais recentes. Isso dito, ainda há, como observamos acima, um longo caminho pela frente para que o valor intelectual e formador das habilidades práticas e dos conhecimentos técnicos ligados aos diversos campos profissionais seja reconhecido, na medida em que um dos grandes fatores da crise do ensino francês é o desprezo com que tratamos o ensino técnico e profissionalizante, um desprezo que está relacionado à dominação a que foi submetida a classe trabalhadora e ao não reconhecimento de seu trabalho e de suas qualificações. Por causa desse desprezo, os jovens pagam caro pela condição operária de seus pais, inclusive quando querem sair dela[39]. Contudo, devemos evitar confusões: defender a necessidade de uma cultura técnica para todos não significa subordinar-se às exigências das empresas em matéria de profissionalização. Aliás, há muitas técnicas e muitos saberes "tecnológicos" que não se destinam à profissionalização, mas têm ou podem ter um uso social muito mais amplo, como mostra o exemplo da informática. Por deslocamentos sucessivos, acabamos confundindo cultura técnica com finalidade profissional. Com a difusão dessa ideologia, há um risco real de resumirmos o ensino geral e profissionalizante às competências úteis às empresas, de negarmos o valor da cultura técnica e muitos de seus usos sociais, e de obedecermos a um utilitarismo que impede os jovens de ver algum interesse no que não parece *vendável* no mercado de trabalho. Seria ilusório acreditarmos que a profissionalização, tal como é entendida hoje e tal como é feita, constitui em si mesma uma estratégia democrática. Embora seja verdade que a Educação Nacional cometeria um erro se deixasse que o lugar que lhe pertence fosse ocupado por um sistema de formação privada em que reinam escolhas arbitrárias, desigualdades sociais e todo tipo de limitações inerentes a uma formação orientada para as necessidades imediatas das empresas, a contenção da onda neoliberal exige mais do serviço público que antecipar os desejos das empresas, profissionalizando

[39] Ver Stéphane Beaud, *80% au bac... et après? Les enfants de la démocratisation scolaire* (Paris, La Découverte, 2002).

todas as formações e todos os níveis. A questão, como já pudemos perceber, está relacionada à capacidade da instituição escolar de definir o campo dos saberes e a organização dos estudos que efetivamente qualificam os futuros assalariados, sem abdicar de ambições culturais mais amplas. O que pressupõe que a instituição seja forte o bastante para não ceder às demandas e pressões das empresas, cuja lógica é necessariamente diferente, ou mesmo oposta, à da escola. O perigo de obedecermos à lógica do rendimento e das competências que as empresas querem nos impor é muito grande, porque estamos vivendo sob um capitalismo cada vez mais instável, no qual não só os ciclos econômicos, mas também os ciclos de emprego e as "ondas tecnológicas" determinam flutuações na demanda de "competências" difíceis de prever. Defender a universalidade dos certificados concedidos pela escola é necessário para resistirmos a uma maior fragmentação da oferta de formação profissional. Mas também temos de defender a autonomia da escola contra um neoliberalismo que considera que todas as instituições, inclusive as públicas, devem servir à máquina econômica em detrimento de outras finalidades.

II
A ESCOLA SOB O DOGMA DO MERCADO

5
A GRANDE ONDA NEOLIBERAL

A representação da educação dada pelo neoliberalismo pode parecer de uma simplicidade bíblica: como toda atividade, pode ser aproximada a um mercado concorrencial, no qual empresas ou quase empresas especializadas na produção de serviços educacionais, submetidas aos imperativos do rendimento, têm a finalidade de atender aos desejos de indivíduos livres em suas escolhas mediante o fornecimento de mercadorias ou quase mercadorias. Essa concepção quer que se admita como evidente que as instituições sejam "conduzidas" pelas demandas individuais e pelas necessidades locais de mão de obra, e não por uma lógica política de igualdade, solidariedade ou redistribuição em escala nacional[1]. Nesse novo modelo, a educação é considerada um bem de capitalização privado.

Essa representação deve ser relacionada à forte "demanda" social por educação: muitas famílias, para prover os filhos de competências que consideram indispensáveis, entraram em disputa para colocá-los nas melhores escolas, nas melhores carreiras, nas melhores faculdades e universidades ou nas Grandes Escolas. No plano social, mais que um coroamento, a "boa educação" aparece como um investimento: frequentar uma boa instituição de ensino, escolher uma boa área, uma boa disciplina, tornou-se mais que nunca o fator essencial para o êxito escolar e a ascensão social. Toda a sociedade é levada a essa busca pelo melhor estudo e pela melhor instituição, e a escola, mais que nunca, se torna um grande terreno de competição.

---

[1] Como observa Robert Ballion: "Na cabeça dos usuários, a instituição escolar se transformou em uma organização prestadora de serviços"; ver Robert Ballion, *La Bonne École* (Paris, Hatier, 1991), p. 18.

O neoliberalismo não criou esse fenômeno, apenas o agrava e o justifica ideologicamente: a competição para ter acesso a esse bem raro, ao mesmo tempo mais aguda e mais desigual, parece evidente.

Não é preciso professar a fé neoliberal com fanatismo e querer desenvolver o mercado da educação a todo custo para que ele se desenvolva. Em geral, basta *deixar correr solta* [*laissez-faire*] a competição entre as famílias e entre os indivíduos, ou fazer uma oposição mole e *pro forma*. O mercado da educação é resultado de uma indiferença às estratégias ou de uma inibição no agir, uma passividade que, na realidade, é consequência indireta da onda neoliberal que deslegitimou o voluntarismo do Estado e pôs em xeque todo o esforço para limitar o jogo dos interesses privados. Os efeitos dessa dominação ideológica foram muito fortes na França e se traduziram em muita incoerência e fatalismo, ambos sintomas de uma política manipulada. O próprio Lionel Jospin mostrou certa confusão quando observou o seguinte:

> A tragédia da escola é que ela se tornou um serviço público como outro qualquer, como os correios ou o transporte ferroviário. Os usuários – alunos do ensino básico e do ensino superior, pais, empresas, a administração pública – exigem professores, prédios, máquinas, pedagogias adaptadas a suas necessidades, tal como eles as imaginam. É preciso gerir, obter recursos e fazer as mudanças necessárias, com o risco de passar por cima do significado mais profundo da missão da Escola.[2]

Há confusão entre duas lógicas muito diferentes ou até mesmo antinômicas: a exigência, da parte de alunos e familiares, de condições dignas e iguais de ensino, o que remete à mobilização coletiva dos cidadãos por um direito fundamental, e a promoção da "demanda" individual e da concorrência, que supostamente fornecem o estímulo e a inovação necessários à escola, o que remete a uma estratégia de cliente e consumidor.

Um programa de privatização

Um dos fatores que contribuíram para a naturalização da ideia de que a educação pode ser objeto de *escolha em um mercado livre é, evidentemente,*

---

2 Lionel Jospin, *L'Invention du possible* (Paris, Flammarion, 1991), p. 267; citado em Jean-Pierre Le Goff, "Les impasses de la modernisation", *Nouveaux Regards*, n. 6, p. 21. [Mais tarde primeiro-ministro, Jospin era ministro da Educação da França à época da declaração – N. E.]

o sucesso político do neoliberalismo nos anos 1980. A ideologia do livre mercado encontrou como terreno clássico de aplicação os Estados Unidos e a Inglaterra, antes de se espalhar pelo mundo. Ronald Reagan, em seu programa eleitoral de 1980, prometia desregulamentar a educação pública, extinguir o Departamento Federal de Educação e acabar com o *busing* (miscigenação escolar)[3]. As escolas se transformariam em empresas com fins lucrativos, na medida em que a eficiência do mercado melhoraria o acesso à educação e a qualidade do ensino, livrando-as do peso das regulações burocráticas e dos sindicatos. Essa desobrigação do Estado federal ampliava o papel das autoridades locais, ao mesmo tempo que diminuía os repasses para os programas de assistência aos pobres e às minorias. Reagan dava mais possibilidades de escolha às famílias para estimular a competição entre as escolas, pois isso supostamente elevaria a qualidade do ensino. Ele também favorecia o financiamento das escolas privadas, que estariam habilitadas a receber o mesmo tipo de ajuda do Estado que as escolas públicas. Em 1983, Reagan propôs uma legislação que estabelecia um sistema de vales (os *vouchers*) que permitiria aos alunos desfavorecidos inscrever-se na escola de sua escolha – um sistema que se inspirava nas propostas do economista liberal Milton Friedman[4]. Se a concessão de recursos públicos às famílias, na forma de vales utilizáveis em escolas privadas, torna solvente o exercício da escolha de consumo, formalmente nada impede que essas famílias, caso queiram ou possam, complementem o vale para comprar "produtos educativos" mais caros em escolas melhores. Pinochet, que era adepto das receitas dos *Chicago Boys*, implantou em grande escala no Chile esse mesmo sistema a partir de 1980, e Bush pai e Bush filho tentaram implantá-lo depois nos Estados Unidos como um todo. Uma grande mobilização de *lobbies* reuniu em uma coalizão associações conservadoras e representantes das escolas privadas, a Americans for Educational Choice [Estadunidenses pela Escolha Educacional], criada em 1988 com o intuito de atuar em âmbito nacional. Houve algumas experiências limitadas em Milwaukee (Wisconsin) e Cleveland (Ohio), antes de serem feitas tentativas em maior escala na Flórida e na

---

3 Malie Montagutelli, *Histoire de l'enseignement aux États-Unis* (Paris, Belin, 2000), p. 242.

4 O sistema de *vouchers* consiste em conceder às famílias um valor equivalente ao custo médio de escolaridade em um distrito para que escolham livremente uma escola. Os pressupostos e as consequências desse sistema serão analisados adiante.

Califórnia, mas os resultados não foram muito comprobatórios em relação à melhoria dos resultados escolares[5]. O plano educacional de George W. Bush, anunciado em janeiro de 2001, tornava o sistema obrigatório para escolas públicas que não alcançassem as metas estabelecidas. O exemplo do Chile demonstra que o sistema de vales tem resultados negativos em termos de desempenho escolar e aumenta nitidamente a segregação social, uma vez que os pobres permanecem nas escolas públicas e as classes médias e altas se deslocam para o setor privado[6].

As famílias com mais recursos são as que têm mais vantagens nesse sistema, mas não podemos nos esquecer de que também há famílias estadunidenses entre as mais modestas que querem poder escolher livremente, porque em certos lugares a escola pública se tornou assustadora. Longe de ser simplesmente uma "estratégia de alocação escolar", o movimento a favor da privatização se explica em grande parte pela deterioração da escola pública, tanto pelas péssimas condições materiais quanto pelas condições pedagógicas deploráveis, em certos casos. Isso acontece em particular nos Estados Unidos, mas em outros países também. É um círculo vicioso: os contribuintes se recusam a pagar impostos por uma escola medíocre e acabam aceitando soluções liberais. A fuga dos alunos das camadas mais favorecidas acentua a formação de escolas-gueto e favorece o setor privado.

Os argumentos da ideologia neoliberal

Em matéria de educação, hoje o liberalismo é a doutrina dominante e inspira as linhas gerais das políticas adotadas no Ocidente. Mas de qual liberalismo estamos falando? Não existe um pensamento liberal único, especialmente no que se refere à educação. Lendo certas passagens de Adam Smith, podemos deduzir que o Estado tem um papel importante na instrução moral e intelectual do povo, o que não escapou a Condorcet, que se apoiou no autor de *A riqueza das nações* para defender seu projeto de instrução republicana.

---

[5] Malie Montagutelli, *Histoire de l'enseignement aux États-Unis*, cit., p. 245.

[6] Ver Martin Carnoy, "Lessons of Chile's Reform Voucher Movement", artigo publicado na revista *Education Week* e disponível em: <http://rethinkingschools.aidcvt.com/special_reports/voucher_report/v_sosintl.shtml>. Ver também Teresa Mariano Longo, *Philosophies et politiques néo-libérales de l'éducation dans le Chili de Pinochet 1973-1983: l'école du marché contre l'école de l'égalité* (Paris, L'Harmattan, 2001).

Inversamente, em meados do século XIX, em nome da liberdade plena dos conteúdos de ensino nas instituições livres cujo desenvolvimento defendia, Frédéric Bastiat contestou a legitimidade dos diplomas universitários e, em particular, do *baccalauréat*, que para ele era um dos principais vetores do socialismo[7]. Hoje, o que tende a legitimar a ofensiva das empresas no grande mercado da educação é uma versão radical da doutrina liberal, recuperada e desenvolvida por teóricos norte-americanos como Milton Friedman e, mais recentemente, John Chubb e Terry Moe. A constatação do ponto fundamental ainda é a de Stephen J. Ball: "O mercado como política alternativa ao monopólio público da educação dá muito claramente o tom da política educacional da década em todo o mundo ocidental"[8]. Aliás, esse é um dos aspectos mais notáveis do neoliberalismo contemporâneo.

De modo geral, o neoliberalismo contesta a ingerência do Estado na produção de bens e serviços, seja no transporte, na saúde ou na educação. Questiona da maneira mais radical a própria intervenção do Estado na *oferta* de ensino, o que não o impede de considerar – ao contrário, aliás – a necessária "solvabilidade" da demanda na educação básica[9]. Segundo essa doutrina, não há nenhuma razão para que os benefícios que se esperam do mercado e da concorrência, em particular em relação ao desempenho, não possam ser esperados do meio escolar, onde entram em jogo despesas consideráveis. Essa concepção leva a uma visão da escola, pública ou privada, como uma empresa sob concorrência, que tenta atrair clientela com *ofertas* atraentes. Gary Becker, o teórico do "capital humano", não partia do postulado de que a escola pode ser tratada como um tipo específico de empresa[10]? No

---

7 Frédéric Bastiat, "Baccalauréat et socialisme", em *Oeuvres complètes: sophismes économiques, petits pamphlets* (Paris, Guillaumin, 1863), v. 1, t. 4, p. 442-503.

8 Stephen J. Ball, "Education Markets, Choice and Social Class: The Market as a Class Strategy in the UK and the USA", *British Journal of Sociology of Education*, v. 14, n. 1, 1993.

9 Ver David Friedman, "The Weak Case for Public Schooling", discurso de 7 de julho de 1993 para a Sociedade Mont Pèlerin, no qual o autor questiona a legitimidade da "escola regida pelo governo"; disponível em <www.daviddfriedman.com/Libertarian/Public%20Schools/Public_Schools1.html>. O autor conclui que um sistema totalmente privado deve, acima de tudo, proporcionar liberdade de crença, mas sua argumentação é toda de natureza econômica.

10 Gary Becker, *Human Capital: A Theoretical and Empirical Analysis, with Special Reference to Education* (Nova York, Columbia University Press, 1964), p. 31.

entanto, segundo uma ideia apresentada ainda no século XVIII por Adam Smith, a educação interessa não só ao indivíduo, mas a toda a coletividade. Os efeitos coletivos benéficos produzidos por ela – o que os economistas chamam de "externalidade positiva" – lhe dão uma dimensão social. Daí a participação pública no financiamento dessa demanda, que deveria poder escolher livremente o estabelecimento escolar a frequentar, ou até mesmo as aulas e os professores. Aliás, era o que queria o grande economista escocês quando propôs que o Estado financiasse parcialmente as escolas paroquiais para crianças de classes populares[11]. Para os atuais defensores do liberalismo na educação, contudo, se o investimento de recursos públicos é necessário, criar concorrência entre os estabelecimentos escolares, ou até mesmo entre métodos e conteúdos, também é. E é essa justamente a vantagem do sistema de créditos ou *vouchers* proposto por Milton Friedman.

Em 1955, Friedman destacou em um artigo famoso que a intervenção do Estado nas primeiras etapas da educação era justificável economicamente pelas "externalidades" positivas ou negativas que uma educação boa ou ruim pode gerar, pela existência de um "monopólio natural" que impede a competição entre as unidades de produção e pela irresponsabilidade das crianças, que estão sob tutela paterna e, portanto, são incapazes de escolher livremente[12]. Essas três considerações não servem de justificação para a participação pública no financiamento escolar quando se trata do ensino superior e da formação profissional, nos quais o beneficiário se apropria dos frutos e para os quais há uma grande diversidade de escolha. As primeiras etapas da escolaridade requerem um auxílio financeiro às famílias, mas não a criação ou a defesa de um sistema educacional administrado diretamente pelo Estado. Em tempos passados, por razões econômicas legítimas, o Estado precisou conduzir a educação dos mais jovens, mas confundiu a necessidade de financiar as escolas com a necessidade de administrar o ensino de base. E é esta última que deve desaparecer no contexto de uma economia de livre empresa. É preciso introduzir uma competição saudável entre as escolas,

---

[11] Adam Smith, *Recherches sur la nature et les causes de la richesse des nations* (Paris, Garnier Flammarion, 1991), livro V, cap. 1, seção 3, p. 409 [ed. bras.: *A riqueza das nações*, trad. Luiz João Baraúna, São Paulo, Nova Cultural, 1996].

[12] Milton Friedman, "The Role of Government in Education", em Robert A. Solow (org.), *Economics and the Public Interest* (Piscataway, Rutgers University Press, 1955). Disponível em: <https://la.utexas.edu/users/hcleaver/330T/350kPEEFriedmanRoleOfGovttable.pdf>.

desnacionalizando a educação, instaurando a livre escolha pelo sistema de *vouchers* – que os pais podem utilizar em instituições educacionais certificadas, com o acréscimo de um suplemento, se estas quiserem – e vendendo as escolas a empresas ou comunidades locais. O papel do Estado se restringiria a garantir a qualidade do serviço prestado pelas escolas privadas, avaliando os estabelecimentos como faz com a inspeção sanitária dos restaurantes, por exemplo. E Milton Friedman conclui:

> O resultado dessas medidas acarretaria uma redução importante das atividades diretas do governo para ampliar as escolhas possíveis para a educação de nossos filhos. Trariam um aumento desejável na variedade de instituições educacionais disponíveis e na concorrência entre elas. A iniciativa e a empresa privadas acelerariam a marcha do progresso tanto no campo do ensino como em outros, ao promover, sobretudo, a inovação pedagógica e organizacional. O governo cumpriria a função que lhe cabe, que é a de favorecer a ação da mão invisível sem a substituir pela mão pesada da burocracia.[13]

Em 1995, num artigo para o *Washington Post* intitulado "Public Schools: Make them Private"[14], Milton Friedman voltou à carga de forma muito mais polêmica, em um contexto de desconfiança em relação à escola pública. A deterioração do ensino seria essencialmente consequência da excessiva centralização do sistema escolar e da força dos sindicatos de professores. Um meio muito eficaz de enfraquecer estes últimos, como mostrou o exemplo do Chile, é a privatização: professores sob contrato podem ser demitidos como qualquer empregado do setor privado. Livres dos sindicatos, as escolas teriam mais condições de atender às demandas das famílias, adotando dispositivos inovadores. Na escola, como em qualquer outro lugar, a concorrência geraria inovação, produtividade, satisfação maior da demanda. Ainda que, como observa Milton Friedman, o sistema de *vouchers* possa criar maior desigualdade no curto prazo, as melhores soluções se difundirão em todas as empresas do ramo da educação e todos se beneficiarão, de acordo com a lógica da concorrência. Outros autores, seguindo a mesma linha, vão mais longe. Para David Friedman, o Estado tem tanta obrigação de financiar a educação como o carro da família ou outro bem qualquer de consumo. Qualquer argumento que se apresente, seja em termos de "externalidades", de especificidade do "capital humano" ou de condições de igualdade, é

---

[13] Idem.

[14] Idem, "Public Schools: Make them Private", *Washington Post*, 19 fev. 1995.

insatisfatório. A educação é um bem de capitalização privada que produz benefícios fundamentalmente pessoais, mas pressupõe sacrifícios da família. Mesmo os mais pobres, diz o autor, podem financiar os estudos de seus filhos se fizerem os esforços necessários. A ausência de financiamento público levará as famílias a assumir suas responsabilidades, e a falta de instrução será exclusivamente consequência da negligência dos pais, que optam pelo bem-estar imediato em detrimento da felicidade futura de seus filhos.

A promoção da escolha

Outros autores pretenderam mostrar que os *vouchers* e a livre escolha dos pais conduzem infalivelmente à "excelência" para todos. Essa é a tese de John E. Chubb e Terry M. Moe em uma obra de 1990 muito influente na América do Norte: *Politics, Markets, and America's Schools* [Política, mercado e as escolas dos Estados Unidos][15]. A ideia central é que, se as reformas do ensino foram um fracasso, é porque não atacaram a raiz do problema. A recuperação oficialmente tão desejada de um mínimo de excelência acadêmica depende única e exclusivamente de uma mudança institucional que faça da *escolha* a solução global para os males que acometem a escola estadunidense. Nesse novo quadro institucional, alunos e famílias decidiriam como bem quisessem a escola que desejam frequentar. Esta escolheria livremente parâmetros de ensino, alunos e professores. O contexto se pareceria idealmente com um mercado real, no qual se firmariam contratos diretos; a única diferença é que as escolas receberiam dotações orçamentárias de acordo com o número de alunos que as escolhessem[16]. É preciso entender, dizem os autores, que o baixíssimo nível intelectual dos alunos de ensino médio e fundamental das escolas estadunidenses é o resultado não desejado de um número infinito de decisões individuais tomadas em certo contexto institucional. Ao contrário do que dizem as pesquisas sociológicas, o problema principal não é o ambiente social das escolas nem os recursos desiguais que elas recebem, mas a resposta *organizacional* dada a essas dimensões sociais e políticas. Em determinado quadro institucional e regulamentar, as decisões individuais, quando têm espaço para se exercer, levam à ineficiência, enquanto em ou-

[15] John E. Chubb e Terry M. Moe, *Politics, Markets, and America's Schools* (Washington D.C., The Brookings Institution, 1990).

[16] Ibidem, p. 219.

tro induzem melhorias contínuas. Portanto, as regras do jogo precisam ser mudadas para que as decisões individuais tornem o sistema cada vez mais eficiente. Baseando-se em vários levantamentos e questionários de motivação, os autores concluem que, se a eficiência depende de qualidades gerais, tais como propósitos culturais claros – professores com boa formação, ambições culturais elevadas para os alunos –, ela depende ainda mais da autonomia das escolas em relação à burocracia e às instâncias de controle da "comunidade" (no sentido estadunidense do termo), que pecam por politizar a gestão das escolas e incrementar a burocracia. O sistema político e burocrático acarreta uma centralização das decisões e um controle hierárquico que produz normas inaplicadas porque em geral são inaplicáveis. Num círculo vicioso, o fracasso das reformas leva a reformas do mesmo tipo, que estão fadadas ao mesmo fim. Os que detêm provisoriamente o poder tentam mantê-lo, protegendo-se por outras regras formais, de modo que a burocratização é ao mesmo tempo uma tendência inevitável de todo sistema politicamente administrado e a principal causa da deterioração do sistema escolar nos Estados Unidos. Os autores são a favor da constituição de um mercado de fato, no qual as escolhas dos pais sejam determinantes. Somente esse novo quadro conseguirá despolitizar e desburocratizar o ensino, transformando-o em uma questão privada de consumidores procurando maximizar ganhos. Na realidade, trata-se de tirar a educação da esfera pública, regida pela autoridade política, e entregá-la inteiramente ao mercado, no qual tanto quem oferece como quem procura age por conta própria, sem ter de se submeter às decisões de quem vence as eleições[17]. Todos os defeitos inerentes ao "sistema político da educação" seriam eliminados com a ampliação dos mercados educacionais, porque, nestes últimos, os consumidores têm efetivamente mais poder que os eleitores na esfera pública simplesmente por poderem escapar do prestador de serviço que não lhes convém e escolher outro, o que leva os proprietários privados a tentar satisfazê-los para manter a clientela. Os alunos são reconhecidos por suas necessidades próprias e apreciados por sua singularidade. A concorrência exige autonomia dos estabelecimentos escolares para que sejam o mais reativos possível aos sinais do mercado e se constitui como o principal fator de eficiência. Os autores elaboram uma verdadeira ideologia de combate. A criação de um mercado da educação gerará descentralização das decisões e dará poder aos diretores, que terão

---

[17] Ibidem, p. 28 e seg.

liberdade total para formar uma equipe de profissionais que lhes convenha e assim se livrarão dos sindicatos. Essa visão "idílica" exclui a dimensão do conflito e transforma a sindicalização em uma hipótese absurda, pois pressuporia professores suficientemente irracionais para criar uma organização que torna a escola onde trabalham não competitiva no mercado escolar[18]. As escolas privadas serão, por fim, mais eficientes ao concentrarem-se em objetivos precisos, que correspondam a um "nicho", isto é, a um segmento especializado do mercado[19].

A demonstração de John Chubb e Terry Moe tem um grande ponto fraco: a introdução da escola no mercado se justifica porque gera mais eficiência; porém, em todos os casos estudados, os autores se contentam em mostrar que, se uma escola reúne todos os fatores de sucesso, ela se sai melhor que as outras! Quando o poder está nas mãos dos "líderes" e dos professores motivados e com boa formação, as exigências aumentam e as condições pedagógicas do sucesso escolar são revistas, o que melhora os resultados dos alunos. Quanto mais as escolas recrutam alunos motivados, mais recebem apoio das famílias; quanto mais se situam em zonas periurbanas favorecidas ou interioranas, melhor funcionam. Para além das tautologias, a tese se resume a um sofisma que aproxima o sistema público ao laxismo, à limitada ambição cultural, à primazia do lúdico sobre o acadêmico, à gestão puramente burocrática, à ausência de espírito de equipe e solidariedade etc.

Essa argumentação teórica, da qual apresentamos alguns dos melhores momentos, foi parte de uma ofensiva política de grande amplitude contra os sistemas de educação pública. Em muitos países ocidentais, dirigentes políticos e econômicos responsabilizaram os professores, acusaram o "paquiderme" burocrático, propuseram o modelo da empresa e do mercado. De modo geral, a retórica conservadora pôs em dúvida os profissionais do ensino, que foram acusados de se protegerem da concorrência por meio de regras burocráticas e de fugir do controle das autoridades centrais ou locais por uma autonomia excessiva. Os conservadores britânicos lançaram amplas campanhas nesse sentido a partir dos anos 1980, e ministros socialistas belgas e franceses ressuscitaram esses mesmos temas nos anos 1990. O mercado e a livre escolha dos pais se tornaram uma espécie de panaceia capaz de resolver

---

[18] Ibidem, p. 53 e 224.

[19] Ibidem, p. 55.

a crise da educação quase que por um passe de mágica. Em todos os fóruns internacionais, nas grandes organizações econômicas e financeiras (FMI, Banco Mundial, bancos regionais, OCDE, Comissão Europeia), repete-se a mesma vulgata, retomam-se os mesmos ataques contra o Estado educador, repisa-se a mesma apologia do mercado escolar.

Deve-se lembrar que, embora essa concepção tenha surgido nos países mais ricos, a tendência à privatização dos sistemas de ensino diz respeito igualmente, se não mais, aos países menos desenvolvidos[20]. O Banco Mundial, cuja missão geral é "fortalecer as economias e ampliar os mercados para melhorar em todo o mundo a qualidade de vida das pessoas, sobretudo as dos mais pobres", tenta pôr em ação todos os meios necessários para promover essa orientação. Teóricos liberais muito influentes no Banco Mundial desenvolvem análises extremamente favoráveis à privatização dos serviços de ensino. Aplicando sem muita originalidade os dogmas vigentes, um dos especialistas do Banco Mundial nessa área, Harry Patrinos, sustenta que essa via possibilitará o aumento do nível geral da educação e a melhoria da eficiência do sistema educacional[21]. Constatando que até o presente momento a expansão escolar foi resultado sobretudo da "oferta" de escola pelos governos, ele imputa ao Estado todas as lacunas e todas as carências dos países subdesenvolvidos em matéria de educação. Sem pôr em questão fatores mais profundos da situação desses países, que impedem os governos de fomentar a escola pública e ampliar a escolarização, o Banco Mundial apela para uma mobilização de recursos privados nos níveis fundamental 2, médio e superior do ensino[22].

---

[20] Ver Christian Laval e Louis Weber (orgs.), *Le Nouvel Ordre éducatif mondial, OMC, Banque Mondiale, OCDE, Commission européenne* (Paris, Nouveaux Regards/Syllepse, 2002), p. 47 e seg.

[21] Harry Patrinos, "The Global Market for Education", AUCC International Conference, Montreal, out. 2000; disponível em: <www.worldbank.org/edinvest>. Ver também Shobhana Sosale, *Trends in Private Sector Development in Bank Education Projects*, Banco Mundial; disponível em: <https://elibrary.worldbank.org/doi/abs/10.1596/1813-9450-2452>.

[22] Harry Patrinos prenuncia que, "em anos recentes, condições macroeconômicas desfavoráveis e a intensa concorrência entre setores por acesso aos recursos públicos reduziram a capacidade da maioria dos governos para continuar a financiar a educação"; ver Harry Patrinos, "The Global Market for Education", cit., p. 7.

A ofensiva liberal da direita francesa

A direita francesa, ou ao menos grande parte dela, foi muito influenciada pelas doutrinas neoliberais e incluiu em seu programa a aplicação dessas doutrinas na educação. Não se tratou, porém, de mera importação das teorias norte-americanas. O vento do Oeste a favor do mercado escolar teve como principal efeito reforçar as propostas que a direita francesa vinha apresentando havia muito tempo. No pós-1968, a ordem do dia não era mais a preservação das tradições, das instituições e dos valores franceses, mas, ao contrário, a "contestação", revertida em sentido conservador, de todos os arcaísmos da sociedade. O progresso havia mudado de campo, ou ao menos era o que a direita liberal queria que se acreditasse a partir daquela época. De fato, há uma mistura, no pensamento de direita, de modernização descentralizadora da escola – e diferencialista – e retorno à antiga ordem moral e escolar, mistura essa dosada de acordo com o momento e as pessoas. Essa mistura revela, de um lado, a preocupação com a ordem social em nome da tradição (que os pensadores de direita preferem chamar de "republicana") e, de outro, a preocupação com a liberdade de escolha das famílias. O que une ideologicamente os autores de direita é a denúncia da "uniformidade" – apresentada como um "igualitarismo" intolerável – em nome da liberdade e da diversidade dos talentos naturais. Na realidade, o que eles contestam é a igualdade como finalidade política concreta[23].

Em 1971, Olivier Giscard d'Estaing, irmão do futuro presidente [Valéry Giscard d'Estaing], proclamou a necessidade de uma "revolução escolar", e até de uma "revolução liberal do ensino", em um livro que reunia todos os temas dos reformistas modernos. Esse precursor, muito influenciado pela sociologia das organizações de Michel Crozier, queria aplicar no ensino os métodos que ele já havia sugerido para o setor privado[24]. A "reforma liberal" repousava, em primeiro lugar, sobre um determinismo tecnológico: as novas ferramentas (televisão, computador) exigiam trabalho em equipe, promoviam a penetração da "informação mundial", mudavam a relação entre professores e alunos e o lugar do saber escolar na escola. Mas, principalmente, urgia iniciar o "desmantelamento do quadro

[23] Para a análise da ideologia de direita a respeito da escola, ver Edwy Plenel, *La République inachevée, l'État et l'école en France* (Paris, Payot, 1997), p. 401-28.

[24] Olivier Giscard d'Estaing, *La Décentralisation des pouvoirs dans l'entreprise* (Paris, Organisation, 1966).

estatal da educação" e "rever o papel do Estado e seu monopólio de fato"[25]. Olivier Giscard d'Estaing apontava duas direções prioritárias para realizar as condições da liberdade do ensino: a desnacionalização da educação pela criação de entidades escolares independentes e a regionalização da gestão de pessoal e das instalações[26]. A liberdade de escolha das famílias e a liberdade pedagógica dos estabelecimentos escolares favoreceriam a concorrência e a eficiência. Por meio da descentralização, o essencial do poder de decisão e gestão seria atribuído às regiões. A *diversidade*, tema comum da direita e da esquerda modernizadora, tornou-se o princípio que suplantou o princípio da igualdade: "A uniformidade do ensino, consequência do monopólio, esteriliza o lado criativo e inventivo da sociedade"[27]. Pregava-se a dessetorização do preenchimento de vagas e a "abertura" da escola para a economia. A regionalização e a privatização elevariam a produtividade do sistema, permitindo uma adaptação mais rápida às necessidades da economia. Os estabelecimentos escolares deviam ter maior autonomia e poder decidir ao menos uma parte do *curriculum*, de acordo com suas características próprias, ampliando o campo de opções específicas de cada estabelecimento[28]. Com a descentralização, Olivier Giscard d'Estaing propunha que os serviços centrais se reduzissem ao mínimo: cada região teria seus estabelecimentos escolares e seu "Ministério da Educação Nacional"[29].

Essas temáticas precocemente formuladas vão se impor como evidências naturais em todo o conjunto da direita. Nos anos 1980, o Clube do Relógio, o famoso "*think tank*" de uma direita dura que apoiava a reforma conservadora de Reagan, reelaborou seus temas para difundi-los mais amplamente e transformá-los numa base ideológica comum da direita e da extrema direita. As metáforas animalescas e pré-históricas de Claude Allègre (quase animal) já

[25] Idem, *Éducation et civilisation: pour une révolution libérale de l'enseignement* (Paris, Fayard, 1971), p. 12-3.

[26] Ibidem, p. 72 e seg.

[27] Ibidem, p. 78.

[28] Em razão de um terror sagrado ao "maoismo", e para necessidades de ordem social, o autor via o limite à autonomia dos estabelecimentos escolares como ameaça de uma doutrinação política praticada pelos professores esquerdistas. O Estado devia ceder suas prerrogativas escolares às regiões e às famílias, mas ainda devia zelar pelo respeito à "liberdade intelectual e espiritual das crianças"; ibidem, p. 129.

[29] Como se pode ver, os temas defendidos por Claude Allègre ou Luc Ferry sobre a descentralização são retomadas tardias de certos lugares-comuns "modernizadores".

rendiam frutos: "O corpo social é como o corpo vivo: quanto mais diferenciado o organismo, melhor sua adaptação. O dinossauro educacional francês não se adapta ao mundo de hoje"[30]. O Clube do Relógio convocava os partidos de direita a atacar o "grande monopólio" igualitarista e uniforme, começando pelos "feudos sindicais", fonte de todos os males: "É necessário opor à lógica do monopólio de Estado uma lógica de concorrência e emulação"[31]. Com isso se pretendia promover "uma dinâmica de escolha, isto é, uma concorrência o mais livre possível entre produtos de valor diferente". Para essa doutrina, a diversidade e a diferença dos alunos exigem a diferenciação na educação, que é a reação exata e necessária à política de igualização. O "sistema educacional centralizado e burocratizado" tem de ser substituído por um ensino pluralista e diversificado, em que cada aluno tenha a possibilidade de progredir a seu ritmo no caminho que ele próprio tiver escolhido. O "cheque-educação", versão francesa dos *vouchers*, pago de acordo com as "aptidões" e as "preferências" dos alunos, assim como a seleção para ingressar na escola e o fim da gratuidade dos livros didáticos, são o meio para isso. Apesar dos eufemismos, não conseguiríamos dizer melhor que se trata de dar *mais* a quem quer e pode mais. O diferencialismo educacional é claro:

> As diferenças de aptidões, de ritmos de aprendizado ou de amadurecimento intelectual requerem um sistema educacional diversificado e diferenciado, que não tentará mais ensinar a mesma coisa a todas as crianças da França e ao mesmo tempo pretender que sigam o mesmo caminho e, no fim das contas, obtenham os mesmos resultados.[32]

Roger Fauroux e Alain Minc não inventaram a roda quando afirmaram que não se deve ensinar os mesmos programas nem aplicar os mesmos métodos em Neuilly e em Aubervilliers. Em meados dos anos 1980, encontramos a mesma ladainha em Alain Madelin, que pretendia "liberar o ensino" do jugo do igualitarismo e propunha receitas simples, que fizeram sucesso desde então: "Temos de inverter a pirâmide escolar e construir um sistema em que a base, isto é, a demanda de educação, é que decida"[33]. Se antigamente

---

[30] Didier Maupas e Club de l'Horloge, *L'École en accusation* (Paris, Albin Michel, 1983), p. 189.

[31] Ibidem, p. 182.

[32] Idem.

[33] Alain Madelin, *Pour libérer l'école, l'enseignement à la carte* (Paris, Robert Laffont, 1984), p. 25.

a educação nacional obedecia à "lógica da oferta", isso se justificava pela oposição à educação do povo. Essa lógica se torna inútil quando existe uma demanda espontânea de instrução para subir na escala social. Além do mais, a demanda mudou. Crianças diferentes, sejam "superdotadas", sejam "difíceis", precisam de métodos pedagógicos adaptados. "Todas as análises são convergentes: a luta contra o fracasso escolar depende do uso de pedagogias diferenciadas."[34] Alain Madelin concluía que "a educação do futuro é uma educação dirigida de baixo, pela demanda. Ora, demanda pressupõe escolha, e escolha pressupõe liberdade, concorrência entre as escolas". E se hoje seguimos o "princípio da eficiência", acrescenta, o ensino concebido como serviço "pode ser tanto produto de uma iniciativa privada como fruto de uma ação pública"[35]. Portanto, o sistema escolar deveria assumir as consequências da entrada – apresentada como *irreversível* – nessa nova era de consumo e se adaptar às demandas das famílias, dos alunos e das empresas. Resistir seria não apenas inútil como arcaico e corporativista. A escola não está a serviço das famílias, das crianças e das empresas?, pergunta Alain Madelin. Ele não se pergunta, porém, se essas "demandas" são compatíveis entre si.

Essa posição liberal se propagou além das fronteiras políticas clássicas. Nos anos 1980 e 1990 tornou-se o horizonte da política de "esquerda". O apoio que Claude Allègre recebeu dos representantes mais em evidência do liberalismo mais avançado na questão da educação, como Alain Madelin ou Charles Millon, assim como da imprensa de direita, não foi casual ou equivocado, mas consequência da dominação ideológica do mundo político, administrativo e midiático. Até hoje, é espantosa a continuidade entre as reformas da esquerda e da direita. Parece que, diante das dificuldades, só há uma solução possível: aproximar-se ao máximo de uma estruturação de mercado, a começar por uma descentralização e autonomização ainda maior dos estabelecimentos escolares. É importante recordar que esses "remédios", apresentados de bom grado como transformações técnicas e organizacionais ditadas pela caneta de especialistas e das autoridades administrativas, derivam historicamente dos programas políticos liberais, que se espalharam pelo mundo inteiro e hoje formam uma doutrina mundial que será muito difícil vencer.

---

[34] Ibidem, p. 35.

[35] Ibidem, p. 41.

A escola como mercado: um novo senso comum

Em nada o sucesso da ideologia neoliberal é tão evidente como na identidade que existe entre a "reforma" da escola e sua transformação em mercado ou quase mercado. Uma das mudanças mais importantes na evolução dos sistemas educacionais, em geral encoberta pela massificação do corpo discente, está relacionada precisamente à adoção, pelo discurso interno da instituição escolar, de uma ideologia subserviente às lógicas de mercado, a ponto de assimilar a própria escola a um mercado escolar por meio de uma eficaz operação de metaforização. E, naturalmente, as categorias do liberalismo – que agora são "evidentes" – estimulam práticas e comportamentos que acabam criando uma realidade que parece idêntica à de outros mercados existentes. Aliás, a impossibilidade de conceber uma instituição que não como uma relação contratual e comercial com clientes ou usuários é uma das características do espírito dominante da época. O desconhecimento de qualquer outra força motriz da vida para além do interesse pessoal pode ser encontrado nos trabalhos mais sérios e mais reconhecidos sobre as instituições, quer se trate do Estado, da família, da religião, da ciência, do direito etc. Em consequência da aplicação mais ou menos consciente de modelos utilitaristas nas análises sociológicas e políticas, que, usando o mecanismo da descrição prescritiva, intensificam o efeito de atitudes sociais cada vez mais individualistas, é difícil ou mesmo impossível pensar que uma instituição não é um simples instrumento à disposição do indivíduo-consumidor, um serviço oferecido à clientela. Essa primazia da demanda individual está associada à contestação da legitimidade de uma cultura que não foi "escolhida" pelo indivíduo ou não tem vínculo com o interesse pessoal ou o pertencimento comunitário.

Se a escola é vista como uma empresa atuando em um mercado, é obrigatória a recomposição simbólica além dos círculos dos ideólogos liberais: tudo que diz respeito à escola pode ser parafraseado em linguagem comercial. A escola é obrigada a seguir uma lógica de *marketing*, é convidada a empregar técnicas mercadológicas para atrair a clientela, tem de inovar e esperar um "retorno de imagem" ou financeiro, deve se vender e se posicionar no mercado etc. A literatura sociológica, administrativa e pedagógica que alimenta a nova *doxa* fala cada vez mais naturalmente de "oferta" e "demanda" escolares. A *instituição* da escola, que até então era entendida como uma necessidade moral e política, tornou-se uma *oferta* interesseira da parte das organizações públicas ou privadas. E se os adeptos desse léxico admitem que essa *oferta* do Estado teve um efeito de atração sobre a *demanda* em determinadas épocas, consideram que hoje a demanda é o principal fator de qualquer política educacional. Ela deveria "se adaptar" ao mercado generalizado, segundo o verbo em vigor, porque esse é o estado *natural* da sociedade, e não "resistir", como se esperaria de uma escola pública. É por essa maneira de falar sem pensar muito no assunto que se inculca nas mentes essa "*market-education*" e se constroem concretamente as "*market-driven schools*".

Essa representação da educação como relação mercadológica se tornou a vulgata das organizações financeiras internacionais e de muitos governos. A educação e o comércio já foram associados em muitos países: funções essenciais do dia a dia dos estabelecimentos escolares foram delegadas ao setor privado (merenda, reforço escolar, creches, transporte etc.), e a tendência é a privatização total da própria atividade de ensino[36]. Ao criar "cenários futuros" para a escola, a OCDE revela algumas dessas mutações:

> Fortalecimento do exercício da escolha parental, algumas vezes por distribuição de cheques-educação; participação do setor privado na gestão das escolas, ou de partes do sistema; contribuições substanciais das famílias para financiar aulas particulares, como no Japão ou na Coreia [do Sul], ou para escolarizar as crianças em escolas privadas (como as escolas privadas britânicas, curiosamente chamadas "*public schools*"); financiamento público de estabelecimentos escolares "privados" criados por grupos culturais, religiosos ou de cidadãos; desenvolvimento do mercado de ensino a distância por empresas etc.[37]

São essas práticas múltiplas que devemos identificar e analisar em detalhes.

---

[36] Na Grã-Bretanha, a inspeção da pré-escola e do ensino fundamental é realizada desde 1993 por organismos privados.

[37] OCDE, *Analyse des politiques d'éducation* (Paris, OCDE, 2001), p. 146.

6
O GRANDE MERCADO DA EDUCAÇÃO

A ideologia liberal acompanha, fortalece e legitima formas diversas de desregulação cuja característica geral é abrir cada vez mais espaço dentro da escola aos interesses particulares e aos financiamentos privados, tanto de empresas como de indivíduos. Apesar das negativas oficiais, a modernização liberal da escola depende de um apagamento progressivo dos limites entre o domínio público e os interesses privados, o que é, para a tradição administrativa francesa, uma ruptura considerável. Alguns abrem totalmente o jogo. Como Bertrand Cluzel, presidente e diretor-geral da Educinvest, filial da Vivendi e uma das principais empresas privadas de ensino na França e na Europa, que afirmou alguns anos atrás que "temos de aprender a falar de dinheiro na educação, tanto em termos de investimentos como de rentabilidade. Em algum momento, o ensino terá de entrar no setor mercantil"[1]. Segundo a frase lapidar de um coordenador de formação continuada, "a educação é um negócio"[2]. O que já acontece há muito tempo nesse campo, largamente nas mãos do mercado, tende a ocorrer também na educação básica e na universitária. Uma fatalidade à qual seria preciso se resignar, apresentada da seguinte maneira por Claude Allègre:

> O saber será a matéria-prima do século XXI. O que vimos chegar com uma lógica irrefreável, que justificava todos os raciocínios intelectuais, está aí,

---

[1] Bertrand Cluzel, "De l'éducation marchande", *Gérer et Comprendre*, n. 30, mar. 1993. O autor propôs repassar a administradores privados, em regime de concessão, a parte principal do aparelho educacional, tal como fora feito com a "fac Pasqua" (Universidade Léonard de Vinci), da qual, aliás, ele foi um dos promotores.

[2] Sandrine Blanchard, "Le Premier marché mondial de l'éducation s'est ouvert à Vancouver", *Le Monde*, Paris, 26 maio 2000.

> diante de nós, como uma realidade evidente e incômoda. De repente nós nos damos conta de que a massa cinzenta tem as mesmas consequências de toda matéria-prima: comércio, dinheiro, poder, tentação do monopólio, enfim, tudo aquilo que transforma todo objeto – mesmo o objeto intelectual – em mercadoria. O comércio dessa mercadoria virtual que é o intelecto acontecerá – e já acontece – em todo o mundo, sem fronteiras e, por enquanto, sem controle claro. Essa mercadoria impalpável, transmitida de cérebro para cérebro e facilmente transportada de um canto para outro do planeta, tem um custo, um preço, um valor de mercado.[3]

Obviamente não podemos ignorar o fato de que o ambiente escolar é composto, em parte, do mercado, que lhe fornece ferramentas de funcionamento e trabalho: de um lado, livros escolares, obras e documentos paraescolares, máquinas e instalações de todos os tipos; de outro, o mercado de emprego é, mais que nunca, o receptáculo obrigatório dos "recursos humanos" e do "capital humano" que são formados pela escola. Globalmente, a escola existe no interior de uma economia de mercado na qual as empresas mais poderosas veem os jovens como "alvo" comercial que pode ser atingido por meio de estratégias específicas – em particular pela mídia –, estratégias que consistem em transformar desde a primeira infância os cérebros ainda inexperientes em consumidores de mercadorias cada vez mais numerosas e variadas.

A escola pública, laica, gratuita e obrigatória ambicionava separar o talento escolar do poderio econômico: o dinheiro não seria mais o principal critério de distinção entre os alunos; valores cívicos e culturais deveriam reinar sozinhos nessa esfera e moldariam os cidadãos do futuro. A antiga representação dominante da escola preservava um ideal de *pureza* do saber que correspondia ao idealismo difuso que movia a moral professoral e era fiel, em seu âmago, às fontes religiosas da ideologia administrativa da França. O mercado não era totalmente banido, na medida em que era o fiador de certa liberdade intelectual. Como o comércio de livros didáticos, que sempre foi aceito, desde que os autores respeitassem a base curricular. A sociologia provavelmente tinha razão em duvidar do alcance dessa separação e insistir nos fatores sociais da hierarquia escolar. Contudo, não podemos esquecer que a gratuidade da escola era uma maneira de democratizar a cultura, ainda que insuficiente por si só; por outro lado, sob muitos aspectos, a existência de um setor privado de ensino sempre foi uma fonte de desigualdade e discriminação, muitas vezes subestimada por

---

3 *Le Monde*, Paris, 17 dez. 1999.

políticas descompromissadas. É evidente que o dinheiro continuou a ser um fator diferenciador, mesmo no ensino público, sob múltiplas formas, pela importância dada às excursões culturais, aos intercâmbios bancados pelas famílias, à formação musical e a muitas outras atividades praticadas fora da escola, sem mencionar todos as "aulas de reforço" que são sempre um fator de êxito escolar. Hoje, em razão de uma série de fenômenos que podemos abrigar sob o termo *mercadorização*, essa complexa imbricação entre domínio público e privado é maior. A escola francesa entrou numa secularização líquida e certa, e, ainda que não tenha chegado ao estágio da escola estadunidense, múltiplos sinais indicam que está tirando o atraso.

As formas da mercadorização

A "mercadorização da educação" é uma noção que deve ser entendida de várias maneiras. Vimos que, mais que nunca, a escola é encarada com um propósito profissional, para fornecer mão de obra adequada às necessidades da economia. Essa intervenção mais direta e mais premente na pedagogia, nos conteúdos e na validação das estruturas curriculares e dos diplomas significa uma pressão da lógica do mercado de trabalho sobre a esfera educacional. Essa não é, porém, a única fonte de mercadorização da escola. Na França, ainda que se dê pouca atenção a eles, os sinais são muitos. Algumas vezes é a impressa que difunde tais práticas: ora é o McDonald's que se instala numa escola para recrutar *emplois-jeunes** e treiná-los em gestão de alimentos[4], ora é a Microsoft que fornece *softwares* educativos para auxiliar a "revolução copernicana" da pedagogia; em muitos estabelecimentos escolares, a publicidade financia atividades e aquisições, professores são orientados a usar em classe recursos em parte pedagógicos e em parte promocionais (o coelho Quicky Bunny da Nesquick, o Dr. Dentuço da Colgate e até as aulas de nutrição do

---

* Programa voltado para jovens menores de 26 anos e empregadores do setor público e associativo. Os contratos, subvencionados pelo Estado, eram de no máximo cinco anos. De 1999 até o fim de 2005, 310 mil postos de trabalho foram criados e 470 mil jovens foram contratados. Em 2002, o governo francês suspendeu a criação de novos postos, mas o programa continuou para os contratos ainda em vigor. Não deve ser confundido com o posto de "jovem aprendiz" no Brasil, cujos parâmetros são outros. (N. T.)

[4] Stephanie Le Bars, "Quand McDonald's recrute ses futurs managers au collège", *Le Monde*, Paris, 23 maio 2000.

McDonald's); e as universidades são incentivadas a tirar partido dos cursos a distância – vendidos a preços exorbitantes, sobretudo nos países menos desenvolvidos – ou a esposar, a título de parcerias, empresas de comunicação em busca de conteúdos educativos.

Sem dúvida não podemos colocar no mesmo saco essas múltiplas formas de intervenção das lógicas mercadológicas na escola, principalmente porque elas variam conforme o país e o momento. Alex Molnar, grande especialista do "*commercialism*" nos Estados Unidos, distingue três grandes caminhos de "transformação comercial" da escola naquele país, subdivididos em diferentes estratégias: o "*marketing* to *schools*", que de certo modo é inevitável, porque as escolas, os alunos e as famílias são obrigados a comprar produtos do setor mercantil; o "*marketing* in *schools*", fenômeno mais recente que ocorre escancaradamente e em grande escala, como nos Estados Unidos de hoje, e consiste em múltiplas formas de patrocínio, publicidade, vendas exclusivas na própria escola etc.; e, por fim, o "*marketing* of *schools*", que corresponde a um estágio superior, no qual as escolas, como empresas de produtos mercadológicos com fins lucrativos, fazem concorrência entre si e até compram-se e vendem-se como qualquer empresa[5].

Inspirando-nos nessa abordagem, distinguimos dois grandes tipos de fenômenos. O primeiro consiste na estratégia das empresas que querem ingressar no setor da educação seja para fazer publicidade (mercados indiretos), seja para vender produtos (mercados diretos). Quando as empresas encontram facilidade cada vez maior para adentrar o universo da escola, há uma comercialização do *espaço escolar*.

O segundo grande tipo de fenômeno, simétrico ao primeiro, remete à transformação das escolas em empresas produtoras de mercadorias específicas. Distinguimos aqui a *mercadorização* dos produtos educativos, isto é, a transformação em mercadoria dos recursos e conteúdos do ensino, e a

---

[5] Alex Molnar, "The Commercial Transformation of American Public Education", *Phil Smith Lecture, Ohio Valley Philosophy of Education Conference*, Bergamo, OH, 15 out. 1999. Alex Molnar, um dos mais ativos pesquisadores do comercialismo na educação pública, é professor na Universidade de Wisconsin-Milwaukee e autor de *Giving Kids the Business: The Commercialism of America's Schools* (Boulder, Westview, 1996). Ele dirigiu o Centro de Pesquisa, Análise e Inovação em Educação (Cerai) e o Centro para a Análise do Comercialismo na Educação (Cace) (<http://www.uwm.edu/Dept/CACE/>). Ver também os vários *links* de *sites* estadunidenses na página do Chamado por uma Escola Democrática (Aped); disponível em: <www.skolo.org>.

inserção no mercado ou *mercadização* da escola, beneficiada pelo desenvolvimento da concorrência entre estabelecimentos escolares e a implantação da livre escolha da escola por parte das famílias. Quando cada vez mais produtos educativos entram no mercado, quando as escolas tendem a se transformar em empresas concorrentes, há uma comercialização da *atividade educacional*. É desnecessário dizer que esses fenômenos se relacionam de muitas maneiras, na medida em que, no geral, são regidos pela tendência a não haver nenhuma atividade, nenhum espaço e nenhuma instituição que escape da integração ao capitalismo. O que se questiona é a autonomia do espaço e da atividade educativa, uma autonomia cada vez mais difícil de defender num mundo inteiramente regido não só pelo comércio real, mas pelo imaginário do comércio generalizado.

Um mercado promissor

As múltiplas formas dessa incorporação da educação ao capitalismo global fazem desse espaço e dessa atividade uma esfera de grandes esperanças para as empresas. "Bem superior de consumo" para o economista, a educação é objeto de despesas que crescem mais rápido que o nível de vida nos países ricos. "Bem de investimento", ela é e será objeto de gastos cada vez maiores da parte das empresas, das famílias, dos Estados, tendo em vista um aumento do rendimento futuro. O mercado é tão atraente que, na OCDE, as despesas com ensino são tão grandes em volume quanto as captadas por uma indústria de massa como a automobilística. Daniel Rallet aponta os seguintes números:

> As despesas públicas com educação representam cerca de 5% do PNB dos países desenvolvidos e 4% do PNB dos países em desenvolvimento. [...] Na OCDE, o montante das despesas anuais dos Estados-membros com ensino chega a trilhões de dólares: 4 milhões de professores, 80 milhões de alunos de ensino fundamental, médio e superior, 320 mil estabelecimentos escolares.[6]

A Unesco apresenta números igualmente eloquentes, estimando em 2 trilhões [de dólares] os gastos com educação no mundo[7]. Os Estados

---

[6] Daniel Rallet, "L'Éducation, un nouveau marché?", *Nouveaux Regards*, n. 7, set. 1999, p. 4.

[7] Ver "Éducation: un marché de 2.000 milliards de dollars", *Courrier de l'Unesco*, nov. 2000. A estimativa é do Instituto Merrill Lynch.

Unidos, sozinhos, representam um terço desse mercado global, e os países em desenvolvimento, apenas cerca de 15%[8]. O crescimento do número de alunos ao redor do planeta é considerável. Desde 1950, o corpo discente no mundo cresceu duas vezes mais rápido que a população mundial, passando de cerca de 250 milhões de alunos, em todos os níveis de ensino, para 1,2 bilhão no fim dos anos 1990. No ensino superior, o número de alunos aumentou quase 14 vezes, passando de 6,5 milhões para 88,6 milhões. Em comparação com esse crescimento impressionante, os gastos em muitos países desenvolvidos e não desenvolvidos aumentaram em valores absolutos, mas permaneceram estáveis (ou despencaram, como nos países mais pobres) em relação ao PIB e por aluno, o que levou a uma degradação geral das condições de ensino e acolhimento dos "filhos da democratização escolar", provenientes de meios mais modestos. Essa "crise da tesoura" gera uma situação muito favorável ao setor privado de ensino, que pode tirar proveito das más condições da escola pública em muitos países. Como dizia em 1998 o estadunidense Glenn Jones, fundador de um império da multimídia educativa, "a educação é o maior mercado do mundo, aquele que cresce mais rápido e cujos atores atualmente não atendem à demanda"[9]. Conforme o que dizem os especialistas sobre esse ponto, parece que a parte das despesas privadas no total dos gastos com educação, bastante desigual segundo a situação de cada país, tendeu a aumentar na maioria dos países ao longo dos anos 1990. Segundo a OCDE, de 1990 a 1997, passou de 15% para 23% na Austrália, de 14% para 18% no Canadá e de 14% para 17% na Espanha. Diminuiu ligeiramente na França e no Japão: de 9% para 8% e de 25% para 24%, respectivamente[10].

As despesas com educação representam entre 20% e 30% dos gastos públicos, conforme o país, e muitos autores e autoridades políticas consideram que as finanças públicas não sustentam financiar sozinhas seu crescimento futuro, especialmente no ensino superior e na formação profissional.

---

[8] Dados fornecidos em Harry Patrinos, "The Global Market for Education", cit.

[9] Citado em Béatrice Dehais, "L'Éducation, nouveau marché mondial", *Alternatives Économiques*, n. 187, dez. 2000.

[10] Na França, as despesas privadas aumentaram 5% entre 1990 e 1996, ligeiramente menos que as públicas. Esse aumento é visível sobretudo no nível "pós-bac", no qual o setor privado está firmemente implantado. Ver OCDE, *Regards sur l'éducation* (Paris, OCDE, 2000), p. 67-75.

Segundo a OCDE, a aprendizagem ao longo da vida terá de apelar cada vez mais maciçamente para fontes privadas de financiamento, quer se trate de empresas, quer de famílias. Uma vez que "indivíduos e parceiros sociais concordem em investir mais na aprendizagem e na aquisição de competências", em razão da consequente melhoria das condições do indivíduo ou da empresa, os poderes públicos, paralelamente a sua missão de "controle" e "gestão", devem "criar mercados de ensino – ou intervir nesses mercados – e formas de privatização mais completas"[11]. Segundo essa lógica, se o saber é um bem privatizado, apropriado pelo indivíduo ou pela empresa, e também uma fonte de rendimentos particulares, seria conveniente considerar um financiamento privado em grande escala, cujas modalidades poderiam ser um aumento do valor das taxas de matrícula dos universitários, um sistema generalizado de empréstimos e incentivos fiscais para que as empresas invistam na formação continuada.

A globalização do mercado da educação

A evolução mercadológica do serviço educacional público não se explica apenas pela ideologia dos novos tempos. Ela faz parte do processo de liberalização do intercâmbio comercial e do desenvolvimento de novas tecnologias de informação e comunicação que vem acontecendo em todo o mundo. A grande tendência do período que estamos vivendo é a competição mais direta dos sistemas educacionais nacionais em um mercado global. Essa evolução encoraja a aplicação dos dogmas livre-cambistas no campo da educação e estimula a utopia de uma vasta rede educacional mundial, transfronteiriça e pós-nacional. Segundo essa concepção, a instituição escolar de Estado deve ser, se não jogada de vez na lixeira da história, ao menos dividida de acordo com a rentabilidade dos segmentos que a compõem. A constituição de um "mercado mundial da educação" não afeta da mesma maneira todos os níveis e todos os campos do ensino. O maior avanço nessa via foi o do ensino superior, sobretudo das carreiras mais próximas da atividade econômica voltada para a concorrência mundial, cujos códigos, digamos assim, são mais universais (gestão e tecnologia). Já existe um mercado internacional de formação em gestão que põe em concorrência os grandes países industriais

[11] OCDE, *Apprendre à tout âge* (Paris, OCDE, 1996).

e impõe uma uniformização das formas e dos conteúdos de estudo[12]. Esse tipo de formação, aliás, foi um retransmissor eficaz do novo pensamento gerencial das elites dirigentes nos últimos vinte anos, inclusive no serviço público. Na França, as escolas de ciências políticas e a Escola Nacional de Administração (ENA) se veem como uma espécie de *super-business schools* e desempenham um papel importante nessa conversão simbólica e política[13].

A tendência à globalização dos serviços e à expansão dos fluxos transnacionais de capitais e de "recursos humanos" gera também uma comercialização dos serviços educacionais[14]. As nações desenvolvidas tentam atrair estudantes estrangeiros e exportar "pacotes" educativos. À internacionalização progressiva do mercado de emprego corresponde a internacionalização dos centros de formação e das grades curriculares. Os responsáveis pelo comércio exterior nesses países tentam vender formação, habilidades e produtos e ao mesmo tempo criar oportunidades de investimento, importando cérebros quase sempre ainda em formação, em prejuízo dos países mais pobres. A maior parte das receitas obtidas nesse mercado mundial ainda vêm dos estudantes estrangeiros, que em 1998 injetaram 7,5 bilhões de dólares na economia dos Estados Unidos. Hoje, as universidades daquele país acolhem perto de 500 mil estudantes estrangeiros. Embora o ensino superior e, sobretudo, as formações para adultos sejam hoje os setores mais abertos ao setor privado e os principais alvos da liberalização comercial em escala mundial, é muito provável que, no futuro, haja um mercado para a educação infantil, o ensino fundamental e o médio, em particular no ensino de línguas, graças às possibilidades oferecidas pelas novas tecnologias de informação e comunicação (NTIC). A "explosão" dessas novas tecnologias, segundo certos autores, deverá permitir um aumento considerável das "mercadorias educativas" em livre circulação no mundo.

Evidentemente, há ainda uma grande distância entre o sonho liberal e a realidade[15]. A educação, mesmo a superior, ainda depende muito das

---

[12] Sobre esse ponto, ver Gilles Lazuech, *L'Exception française: le modèle des grandes écoles à l'épreuve de la mondialisation* (Rennes, Presses Universitaires de Rennes, 1999).

[13] Ver Alain Garrigou, *Les Élites contre la République* (Paris, La Découverte, 2002).

[14] Relatório da Organização Internacional do Trabalho, *La Formation permanente au XXIe siècle: l'évolution des rôles du personnel enseignant* (Genebra, Organização Internacional do Trabalho, 2000).

[15] Ver Antoine Reverchon, "Le Marché mondial de l'enseignement supérieur reste un fantasme", *Le Monde*, Paris, 7 set. 1999.

tradições e estruturas nacionais. O Estado continua a ter um papel preponderante na organização dos estudos e na definição dos diplomas. O exemplo das *business schools* e de algumas formações de ponta em informática está longe de ser a regra. No entanto, com o auxílio de organizações internacionais que visam estruturar o novo mercado, podemos contar que haverá um franco florescimento do mercado de ensino em várias áreas. Os coordenadores da World Education Market (WEM), feira realizada no fim de maio de 2000 em Vancouver, apontaram claramente a estratégia que seria seguida: "favorecer o desenvolvimento das transações comerciais" no campo educacional, com uma meta de 90 bilhões de dólares para 2005. Os objetivos são explícitos: "No momento em que entramos na sociedade do conhecimento, somos forçados a constatar que a educação está entrando na era da globalização. Os motores disso são o surgimento de economias que privilegiam o acesso ao saber e a chegada de uma ampla gama de novas tecnologias a serviço da aprendizagem"[16].

As grandes organizações de orientação liberal querem a constituição desse mercado global da educação. Em 1994, a Organização Mundial do Comércio (OMC) incluiu em sua agenda a liberalização do intercâmbio de serviços no âmbito do Acordo Geral sobre o Comércio de Serviços (AGCS, mais conhecido pela sigla em inglês Gats – General Agreement on Trade in Services). Esse acordo assumiu os princípios gerais do Acordo Geral de Tarifas e Comércio (Gatt) sobre a liberdade de comércio e os meios de alcançá-la: o princípio da nação mais favorecida postulando tratamento igual para todos os países e o princípio do tratamento nacional estabelecendo igualdade entre empresas nacionais e estrangeiras nos mercados internos. Segundo esse acordo, os serviços educacionais devem ser considerados produtos iguais aos outros, caso não sejam fornecidos exclusivamente pelo Estado como prerrogativa pública. Ora, evidentemente não é o caso da educação, em que já existe um setor privado. Portanto, os serviços educacionais entram na competência do acordo, apesar das interpretações tranquilizadoras que se têm buscado apresentar à OMC ou à Comissão Europeia[17]. Os serviços educacionais abrangidos pelo acordo

---

[16] Citado em Sandrine Blanchard, "Le Premier marché mondial de l'éducation s'est ouvert à Vancouver", cit.

[17] Ver Christian Laval e Louis Weber (orgs.), *Le Nouvel Ordre éducatif mondial, OMC, Banque Mondiale, OCDE, Commission européenne*, cit., p. 24 e seg.

podem ser de naturezas variadas, desde cursos no exterior até a instalação de empresas com fins educacionais em diferentes países, passando, é claro, pelos cursos a distância. Não há dúvida de que essa tendência pode pôr em xeque todas as estruturas do arcabouço nacional de educação, desde os princípios que regulam as obrigações dos alunos e das instituições até o valor dos diplomas concedidos em território nacional. Isso poderia abrir um mercado de formação superior e de diplomação dentro de um espaço mundial desregulamentado, fornecendo meios suplementares de imposição simbólica e dominação econômica a nações e empresas que já desenvolveram muito seu potencial educacional. A educação globalizada, se vier a se desenvolver como alguns preveem, escapará da soberania das nações e entrará mais decisivamente numa era de homogeneização mundial governada pelas lógicas de mercado.

A delegação dos Estados Unidos na OMC anunciou claramente os objetivos estratégicos e as esperanças comerciais que o país alimenta no campo escolar:

> Uma das vantagens mais fundamentais da liberalização do comércio de serviços de educação é aumentar o número e a diversidade dos serviços de educação à disposição dos membros da OMC. Esses serviços são cruciais para todos os países, incluindo as economias emergentes, que necessitam de mão de obra corretamente formada e familiarizada com a tecnologia para serem competitivos na economia mundial. O desenvolvimento dos serviços de educação estimula o investimento estrangeiro e a transferência de outras tecnologias importantes. Também faz aumentar a demanda de toda uma gama de bens e serviços afins, inclusive a produção e a venda de livros didáticos e material pedagógico destinados ao ensino e à formação.[18]

A França, que é o segundo maior exportador mundial de serviços educacionais, depois dos Estados Unidos (se considerarmos a presença de estudantes estrangeiros no país como venda de serviços ao estrangeiro), pretende estar à frente nessa batalha mundial. Bem colocada com seus 195 mil estudantes "de fora", a universidade se tornou um componente expressivo do comércio exterior francês. Em todos os setores, as universidades francesas são convidadas a entrar impetuosamente na conquista de mercados. Como destacou o jornal *Le Monde*, "a 'caça' ao estudante estrangeiro

[18] Nota informal da delegação dos Estados Unidos aos membros do Conselho do Comércio de Serviços (20 out. 1998).

está no auge"[19]. Num grande consenso, os organismos públicos de ensino superior organizam cursos de verão pagos, oferecem "pacotes de viagem" e "estadias de estudo e lazer". Obviamente os argumentos são generosos: a França está se abrindo para o mundo e difundindo sua cultura além de suas fronteiras. O "mercado do estudante estrangeiro" rompe o imobilismo, os embaraços administrativos, o racismo latente das autoridades públicas. Por trás das boas intenções, a realidade é bem menos bonita: nesse mercado, o poder de compra dos estudantes estrangeiros, sobretudo quando saem de países menos desenvolvidos, é o principal critério de preenchimento das vagas, dado o alto custo dos estudos na França. A liberdade de circulação, a igualdade no que diz respeito à educação e a fraternidade entre os povos têm muito pouco valor diante das considerações "realistas". Como em outras esferas, a posição oficial francesa obedece a um liberalismo mimético: contra a mercadorização, "não há escolha", temos de fazer o mesmo que os outros e, sobretudo, o mesmo que os Estados Unidos. Claude Allègre deu o exemplo fazendo da exportação de produtos educativos um dos grandes eixos de sua política: "Vamos vender nosso *savoir-faire* para fora e estabelecemos como meta 2 bilhões de francos [cerca de 305 milhões de euros] de receita em três anos. Tenho convicção de que esse é o grande mercado do século XXI"[20]. Essa, aliás, foi a missão dada à agência EduFrance, criada em 1998 ("uma agência para o mercado mundial da educação"), cujos objetivos, segundo o seu responsável, François Blamont, eram e ainda são introduzir lógicas de mercado no sistema educacional: "Nós não temos a cultura dos anglo-saxões, e muitos dos que atuam no campo da educação têm receio de dizer que ganham dinheiro. Nem as universidades e as escolas acreditam nisso sempre. Nós estamos ainda nos primeiros passos"[21]. A Comissão Europeia diz algo muito parecido em um documento de trabalho: "Uma universidade aberta é uma empresa industrial, e o ensino superior a distância é uma indústria nova. Essa empresa deve vender seus produtos no mercado

---

[19] Nathalie Guibert, "L'Université française séduit enfin les étudiants étrangers", *Le Monde*, Paris, 31 ago. 2002.

[20] Brigitte Perucca e Nicolas Beytout, "Claude Allègre: 'Je veux instiller l'esprit d'entreprise dans le système éducatif'", *Les Échos*, Paris, 3 fev. 1998.

[21] Nathalie Guibert, "EduFrance tente de vendre l'école à la française", *Le Monde*, Paris, 26 maio 2000. Ver também "Des échanges pour être plus compétitifs", *XXIe siècle*, n. 7, mar.-abr. 2000. O título da edição especial dessa revista do Ministério da Educação Nacional é esclarecedor: "Trocas para ser mais competitivo".

da educação continuada, que é regido pelas leis da oferta e da demanda"[22]. Já a OCDE prevê que a globalização será a força que fará os sistemas de ensino entrarem em "redes" muito mais abertas, que associarão parceiros múltiplos e tornarão obsoletas as escolas públicas e os professores profissionais: "A globalização – econômica, política e cultural – torna obsoleta a instituição implantada localmente, ancorada numa cultura determinada, a chamada 'Escola', e, com ela, o 'professor'"[23]. O jogo, portanto, ainda não está decidido. As grandes esperanças livre-cambistas correm o risco de se frustrar. As manifestações de resistência à globalização liberal, especialmente na educação, cresceram depois do fracasso de Seattle, em 1999, que marcou uma virada[24]. Quanto aos universitários, sua tomada de posição espetacular contra a "educação-mercadoria" em outubro de 2001 talvez seja o prenúncio de uma mobilização mais ampla dos meios acadêmicos[25].

A privatização da educação

A forma mais direta de constituição de um mercado do ensino consiste em estimular o desenvolvimento de um sistema de escolas privadas, como o Banco Mundial faz nos países pobres, por exemplo, ou privatizar parcial ou totalmente as escolas que já existem. Dissemos anteriormente que o neoliberalismo pretendia aliviar o peso da educação sobre o orçamento público,

---

[22] Comissão Europeia, *L'Éducation et la formation à distance*, sec (90) 479, mar. 1990, citado por Nico Hirt e Gérard de Sélys, *Tableau noir: résister à la privatisation de l'enseignement* (Bruxelas, EPO, 1998), p. 31.

[23] OCDE, *Analyse des politiques éducatives* (Paris, OCDE, 1998).

[24] Ver Susan George, "À l'OMC, trois ans pour achever", *Le Monde Diplomatique*, Paris, jul. 1999; Daniel Rallet, "L'Éducation, un nouveau marché?", *Nouveaux Regards*, set. 1999, n. 7, "Cycle du millénaire". Ver também a nota de reflexão da Internacional da Educação sobre o assunto, em *Questions en Débat*, n. 2, maio 1999.

[25] Nathalie Guibert, "Les Universités françaises et américaines contre la libéralisation de l'enseignement supérieur", *Le Monde*, 6 out. 2001. As principais instâncias representativas das universidades europeias e suas homólogas norte-americanas assinaram, em 28 de setembro daquele ano, uma declaração comum sobre o ensino superior e o Acordo Geral sobre o Comércio de Serviços (Gats) que se opõe à liberalização do ensino superior tal como desejada pela OMC. Segundo o autor do artigo, a declaração reafirma que "o ensino superior deve '*servir ao interesse público*' e continuar regulado por autoridades públicas, a fim de garantir a qualidade, o acesso e a equidade da educação".

estimulando a "diversificação" do financiamento escolar. Essa privatização vem se ampliando em muitos países, tanto no que diz respeito à escola quanto à tutoria de alunos. Os Estados Unidos são um bom exemplo dessa primeira tendência, que, além do mais, é marcada pela concentração de capital: algumas grandes empresas especializadas (as Education Management Organizations [Organizações de Gestão Educacional], ou EMOs) são encarregadas de gerir e rentabilizar centenas de *charter schools* (escolas sob contrato criadas há cerca de dez anos), que continuam sendo financiadas por recursos públicos. Essas escolas, sob gestão direta no plano administrativo e pedagógico, se tornam assim filiais de sociedades com ações na bolsa de valores cujo objetivo é obter lucro. O Centro de Pesquisa, Análise e Inovação em Educação (Cerai) identificou um total de 21 *major companies* que gerem 285 escolas no país[26]. Esse mercado, ainda relativamente limitado, tende a crescer, segundo especialistas de Wall Street encarregados de fazer projeções e lançar ações dessas sociedades na bolsa. Embora poucas sejam rentáveis no momento, a expectativa de lucro é grande para algumas. A empresa nova-iorquina Edison, presidida por Christopher Whittle, que também financia a rede educativo-publicitária Channel One, da qual falaremos adiante, teve um crescimento assombroso no setor educacional, gerindo mais de 100 estabelecimentos escolares em 2001, enquanto em 1997 eram apenas 25[27]. Segundo estimativas da Merrill Lynch, 10% dos recursos públicos destinados à escola, da pré-escola à *high school*, deverão passar para a indústria da gestão privada nos próximos dez anos, ou seja, um mercado de 30 bilhões de dólares[28]. Criados sob medida para famílias desorientadas pela degradação das escolas, esses estabelecimentos oferecem uma pedagogia baseada em técnicas de gestão por "objetivos" e na motivação do pessoal por meio do interesse em lucros. Assegurando obter melhores resultados que as outras, essas escolas são em geral mais bem equipadas, graças aos recursos públicos que recebem, e oferecem mais cursos centrados nas matérias fundamentais. Com a promessa de ser "laboratórios de

---

[26] Ver o relatório do Cerai sobre as escolas administradas pelas EMOs em "Profiles of For-Profit Education Management Companies (1999-2000)", disponível em: <https://nepc.colorado.edu/sites/default/files/publications/CERAI-00-02%20%28Profiles%20of%20For-Profit%20Education%20Management%20Comp.pdf>.

[27] Ver "Éducation: un marché de 2.000 milliards de dollars", cit., p. 30.

[28] Alex Molnar, "Calculating the Benefits and Costs of For-Profit Public Education", *Education Policy Analysis Archives*, v. 9, n. 15, 24 abr. 2001.

inovação pedagógica", convenceram muitos jornalistas e autoridades políticas locais de que a flexibilidade de que gozam as libera das restrições burocráticas da escola pública, as quais supostamente geram maus resultados. Contudo, estão muito longe de apresentar os resultados que prometem, tanto no nível pedagógico como no financeiro. O grupo Edison viu o valor de suas ações despencar e perdeu um grande número de contratos entre 2001 e 2002 por não ter cumprido suas promessas de sucesso. Como dizem dois pesquisadores que realizaram uma pesquisa sobre as escolas Edison, é impossível padronizar "produtos escolares" como se padronizam redes de *fast-food*. A situação local, o nível dos alunos e as condições sociais são muito diferentes para que se possa planejar resultados e garantir aos investidores o retorno prometido[29].

Um dos aspectos menos conhecidos da privatização do ensino é consequência do crescimento da "segunda escola", da "educação por fora", a dos cursos suplementares e das aulas particulares[30]. Milhões de alunos em todo o mundo vêm realizando percursos escolares paralelos, na forma de tutoria privada paga, um fenômeno que assumiu as dimensões de um vasto mercado, capaz de sugar cada vez mais fundos. No Japão, 70% dos alunos do ensino médio tiveram auxílio pedagógico privado, com frequência em empresas especializadas (*juku*), algumas das quais de grande porte, já cotadas em bolsa. O fenômeno está em expansão em muitos países asiáticos, especialmente na China. Desenvolveu-se na África, na América Latina e na Europa Oriental. Hoje há verdadeiras multinacionais, como a Kumon Educational Institute, empresa japonesa presente em cerca de trinta países. Na Europa Oriental, o fenômeno cresceu consideravelmente após a ruína do sistema escolar público. Comparativamente, as empresas de tutoria privada se desenvolveram menos na Europa Ocidental, na América do Norte e na Austrália, mas seu crescimento é esperado. Na França, a atividade dos "cursos suplementares" está em nítido crescimento[31]. Uma empresa de tutoria como a Acadomia dá 1 milhão de horas de aulas particulares em domicílio, sem contar os estágios

---

[29] Ver Heidi Steffens e Peter W. Cookson Jr., "Limitations of the Market Model", *Education Week on the Web*, 7 ago. 2002. Disponível em: <www.edweek.org/ew/articles/2002/08/07/43steffens.h21.html >.

[30] Mark Bray, *The Shadow Education System: Private Tutoring and its Implications for Planners* (Paris, Unesco, International Institute for Educational Planning, 1999).

[31] "No setor de prestação de serviços reconhecido pelo Estado, o número de horas de cursos saltou de 881 mil em 1997 para 1,058 milhão em 1998 [...]. Números que incentivaram o Ministério da Educação Nacional a cogitar um auxílio individualizado

e apoios de todo tipo. A Academia é líder num mercado em crescimento, com 52 agências, 15 mil professores e 50 mil alunos[32]. Esse setor absorve uma parte crescente dos gastos das famílias com educação. Mark Bray fala em 20% no Egito em 1994, para os alunos que vivem nas cidades. Na Coreia do Sul, o gasto das famílias com tutoria privada representava 150% do orçamento governamental para a educação em 1997[33]. Esse fenômeno tende a mudar o próprio sistema educacional. Os efeitos negativos podem ser sentidos nas desigualdades entre os alunos, no desenvolvimento de mentalidades consumeristas, no absenteísmo, no conteúdo das disciplinas (as matérias mais rentáveis em termos de ascensão social e profissional, como inglês, matemática e as ciências, são valorizadas em detrimento das outras), nas maneiras de aprender (método mecânico, compreensão superficial, culto da eficiência e da rapidez). O que está acontecendo é uma verdadeira industrialização da formação, cujos efeitos sobre os alunos (aumento do estresse) e sobre os objetivos da educação (produtos e exercícios diretamente assimiláveis, padronizáveis, normatizáveis, reprodutíveis) não podem ser ignorados.

O mercado das novas tecnologias e as ilusões pedagógicas

Um dos fenômenos mais significativos que surgiram na Europa nos anos 1990 foi a criação de um mercado de novas tecnologias para uso educativo. Para as empresas que buscam novos mercados, o ensino surgiu como uma espécie de Eldorado, em razão de seu tamanho e da importância dos equipamentos de informática que passou a exigir. Os Estados Unidos mostraram o caminho no fim dos anos 1980, tanto no que diz respeito aos contratos de escolas e universidades com grandes empresas (como a Microsoft) quanto no que se refere à experimentação, com as *Apple Classrooms of Tomorrow* [Salas de aula do amanhã da Apple] (Acot)[34]. Nos Estados Unidos, uma enorme

---

para os jovens com dificuldades no ensino médio"; ver Michaela Bobasch, "Les Cours particuliers à domicile", *Le Monde*, Paris, 7 abr. 2000.

[32] Ver Attac Saint-Nazaire, "L'Éducation n'est pas une marchandise", 2002, p. 16-9.

[33] Segundo editorial do jornal *Asiaweek*; ver "Banning Tutors", *Asiaweek*, v. 23, n. 17, p. 20.

[34] As *Apple Classrooms of Tomorrow* foram uma experiência realizada durante quase dez anos em treze escolas dos Estados Unidos, descrita no livro de Judith Haymore Sandholtz, Cathy Ringstaff e David C. Owyer, *La Classe branchée* (Paris, CNDP, 1998).

concorrência entre fornecedores e um discurso de forte mobilização impulsionada pelos *lobbies* e pela grande imprensa aceleraram a equipação das escolas.

Nesse âmbito, a Europa não ficou para trás. No início de 1996, a Comissão Europeia propôs "estimular a pesquisa" com "programas educativos multimídia" e aumentar o orçamento já destinado a isso. A "Parceria Europeia para a Educação" (1997) pretendia entregar o material e os programas necessários às escolas com a colaboração ativa dos industriais do setor. No mesmo ano, Tony Blair lançou um plano amplo, patrocinado por Bill Gates, para conectar 32 mil escolas britânicas. Em março de 1997, Jacques Chirac exigiu solenemente que todos os estabelecimentos de ensino secundário fossem conectados à *web*, objetivo que depois se tornou prioridade no governo de Lionel Jospin. Mas o movimento começou muito antes. Nico Hirtt e Gérard de Sélys descreveram em pormenores a adesão dos governos europeus às virtudes do grande mercado das novas tecnologias. Destacaram, em particular, o entusiasmo com que a Comissão Europeia adotou as principais recomendações dos industriais a esse respeito[35]. A ERT começou o movimento publicando um relatório intitulado "Educação e competência na Europa" em janeiro de 1989, em que preconizava a "aprendizagem a distância", em especial para a formação permanente. Em março de 1990, a Comissão Europeia assumiu a tarefa com um documento de trabalho sobre "a educação e a formação a distância". Dizia: "O ensino a distância [...] é especialmente útil [...] para garantir um ensino e uma formação rentáveis". Em maio de 1991, a Comissão Europeia publicou um novo relatório: "A revolução informática desqualifica grande parte do ensino [...]. Os conhecimentos úteis têm uma meia-vida de dez anos, com depreciação do capital intelectual de 7% ao ano, acompanhada de uma diminuição proporcional da eficiência da mão de obra". O ensino a distância permite a renovação necessária do "capital humano", transmitindo "conhecimentos úteis" graças ao impulso do *home office*. Falando em termos de "produtos" e "clientes", a Comissão Europeia garantia que desejava transformar o *e-learning* numa alavanca de transformação da escola: "A realização desses objetivos exige estruturas de educação que deveriam ser concebidas em função das necessidades dos clientes". Em 1994, a ERT publicou um novo relatório intitulado "Construindo as estradas da informação", no qual os industriais planejavam a criação de um sistema educacional virtual que associava setor privado e setor público em

---

[35] Ver Nico Hirtt e Gérard de Sélys, *Tableau noir*, cit., p. 29-30.

toda a Europa. No *Livro branco sobre a educação e a formação*, a Comissão Europeia afirmava que a época da regulamentação da concessão de diplomas pelos Estados havia acabado e era necessário adotar um "mapa pessoal de competências" que validasse as competências adquiridas no emprego e fosse concedido por organismos privados habilitados[36]. Nessa visão futurista, a introdução das novas tecnologias no ensino deveria resultar numa gigantesca "rede de ensino a distância" e numa profissionalização muito mais incisiva de percursos acadêmicos com flexibilidade para se adaptar às necessidades das empresas. É profunda a interpenetração da Comissão Europeia e dos interesses privados nessa esfera. Com o pretexto de construir a *e-Europa*, chegou-se ao ponto de as próprias empresas desenvolverem a base curricular das escolas e das universidades para ampliar seu mercado. O consórcio Career Space, que agrupa onze grandes empresas do setor de tecnologias de informação e comunicação (TIC), europeias e principalmente norte-americanas (Cisco Systems, IBM, Microsoft e Intel, mas também Philips, Siemens e outras), redigiu para uma publicação oficial das Comunidades Europeias um "guia para o desenvolvimento de programas de formação", cujo intuito era definir os "novos cursos de formação em TIC para o século XXI" que as universidades europeias deveriam oferecer[37].

O avanço do mercado das novas tecnologias educativas é acompanhado de um discurso "pedagógico" que anuncia "o fim dos professores"[38]. A informática e a internet não são vistas como objetos técnicos que devem ser estudados e compreendidos, ou como ferramentas suplementares úteis à aprendizagem, mas como alavancas "revolucionárias" que permitirão mudar radicalmente a escola e a pedagogia[39]. Apostas comerciais e métodos pedagógicos

---

[36] Comissão Europeia, *Livro branco sobre a educação e a formação,* Bruxelas, 29 nov. 1995.

[37] Career Space (Future Skills for Tomorrow's World), *Guide pour le développement de programmes de formation, nouveaux cursus de formation aux TIC pour le XXIe siècle: concevoir les formations de demain* (Luxemburgo, Office des Publications Officielles des Communautés Européennes, 2001).

[38] Louis Rosseto, diretor da revista *Wired*, dedicada à *web*, explicava no primeiro número (mar. 1993) que "as escolas são obsoletas. Deveríamos fazer todo o possível para libertar as crianças da escravidão das salas de aula". Citado em Patrice Flichy, *L'Imaginaire d'internet* (Paris, La Découverte, 2001), p. 209.

[39] Philippe Rivière, "Les Sirènes du multimédia à l'école. Quelles priorités pour l'enseignement?", *Le Monde Diplomatique*, Paris, abr. 1998.

se enredam de uma forma nunca vista. Se os defensores das pedagogias por projeto, ensino mútuo ou técnicas Freinet foram incensados tanto por parte do alto escalão administrativo e ministerial quanto pelos grandes desenvolvedores de material de informática, é porque, para os promotores dessa "revolução", a eliminação das relações pedagógicas tradicionais e a utilização das novas "máquinas de ensinar" estão estreitamente relacionadas. A introdução das novas tecnologias no ensino tradicional revelou um rendimento muito fraco, quase nulo, conforme a experiência com as Acot já havia mostrado nos Estados Unidos. Portanto, era preciso difundir a ideia de que a natureza do ensino tinha de mudar, que a aprendizagem é, sobretudo e fundamentalmente, busca "autônoma" de documentos e tratamento de informações, e que o papel do professor tem de ser totalmente revisto. Para a ERT, essa evolução pode ser resumida da seguinte maneira: graças às novas tecnologias, passamos de um "modelo de ensino" para um "modelo de aprendizagem". O papel do professor não é mais transmitir conhecimentos, mas motivar, orientar, avaliar. Ele se tornou "*coach*" e "pesquisador". Os *educational leaders* à frente das escolas, formados em gestão privada, se dedicarão a introduzir essa guinada no modelo pedagógico e promover a difusão das novas tecnologias na nova "organização educadora".

Fazer com que se acredite que o professor deve ser um orientador de pesquisas pessoais e exercícios padronizados em suporte informático possibilita justificar a compra de equipamentos em nome de uma "substituição [inelutável] do trabalho pelo capital". No futuro, a educação será uma indústria capitalista que funcionará com a ajuda de "professores de silício", segundo a imagem proposta por um dos mais fervorosos defensores dessa revolução tecnológica[40]. Especialistas preveem, mais radicalmente, que haverá um enfraquecimento mais ou menos rápido dos sistemas escolares tais como foram construídos ao longo de séculos, e que eles serão substituídos por um embate entre oferta e demanda, supostamente capaz de produzir uma "formação mais rentável". Essa concepção pedagógica mistura a utopia de uma "nova cultura escolar", construída pelos alunos por meio de "tentativa e erro", o uso intensivo das NTIC nas salas de aula e a adaptação da escola à globalização econômica e cultural. Dessa forma, estão garantidas a vitória do construtivismo pedagógico ("os alunos constroem o próprio saber") sobre

---

[40] Ver Michel Alberganti, *À l'école des robots, l'informatique, l'école et vos enfants* (Paris, Calmann-Lévy, 2000).

a transmissão dos conhecimentos, o fim do mestre, a abertura da escola para o mundo e a comunicação horizontal entre os alunos. Alguns se precipitam e veem essas ferramentas como alavancas para uma evasão escolar geral: por que se deslocar, se sujeitar a horários restritivos, aceitar a autoridade de um professor, quando se pode aprender em casa, no momento que se quiser, em pé de igualdade com os colegas? O *home schooling* seria o futuro, porque resolveria o problema da escola eliminando-a. O jornal *Le Monde*, por ocasião do WEM de Vancouver, descreveu da seguinte maneira as futuras transformações, ou ao menos as que imaginam os mercadores da educação:

> Quer se trate de uso do tempo, de local ou de condições de estudo, o WEM promete um futuro radicalmente novo não somente para o estudante do século XXI, mas também para o educador. Basta de anfiteatros superlotados, em que alunos tomam nota de aulas expositivas durante horas a fio, páginas a fio. O estudante poderá realizar sua formação em casa, pelo computador, a seu ritmo. Ele poderá completá-la ao longo de toda a vida.[41]

Quanto ao professor, ele será substituído por "clones virtuais", bem mais eficientes que os velhos fichários de autocorreção da pedagogia Freinet[42].

As novas fronteiras do *e-learning*

Não há dúvida de que as novas tecnologias poderiam servir de suporte a uma grande ambição cultural: difundir gratuitamente, ao maior número de pessoas, o patrimônio humano que são os conhecimentos. Propostas de um amplo serviço público mundial por internet formuladas por Philippe Quéau para a Unesco mostram que a mercadorização da educação *on-line* – o *e-learning* – não é inevitável. Ela só ocorre por ausência e renúncia dos poderes públicos. Na França, o poder público poderia perfeitamente criar redes e *campi* virtuais apoiados por instituições existentes e financiados por recursos públicos. Essa ambição, no entanto, exige vontade política e recursos financeiros. Ela vai contra a invocação habitual à adaptação ao "comércio mundial da mente". Em vez de usar essas técnicas para transformar os saberes em verdadeiros bens

---

[41] Sandrine Blanchard, "L'Enseignement multimédia à distance s'impose au marché mondial de l'éducation de Vancouver. Les nouvelles techniques vont bouleverser la vie universitaire", *Le Monde*, Paris, 30 maio 2000.

[42] Ver Michel Alberganti, "Les 'Profs en silicium' au banc d'essai", *Le Monde*, Paris, 29 set. 1999.

comuns da humanidade, a educação parece mais dependente que nunca da lógica comercial. Hoje, muitos administradores de universidades, diretores de agências especializadas em *e-learning* e autoridades políticas consideram que os serviços universitários devem ser vendidos, que as aulas disponibilizadas *on-line* podem ser submetidas ao regime de propriedade intelectual e que a administração universitária deve receber *royalties* sobre as vendas.

A globalização da educação *on-line* parece abrir às empresas um enorme mercado de venda de produtos educativos. Segundo estimativas, o mercado mundial do ensino superior *on-line* teria passado de 97 milhões de dólares em 1996 para 3,9 bilhões de dólares em 2002; o mercado de *softwares* educativos passou de 2,3 bilhões em 1996 para 6,2 bilhões em 2000; e o número de títulos de CD-ROM educativos triplicou entre 1998 e 2000. O mercado potencial é estimado em centenas de bilhões de dólares pelo banco de investimento Lehman Brothers[43]. Já se planeja criar versões *on-line* das prestigiosas universidades dos Estados Unidos, gratuitas para o usuário, mas financiadas pela publicidade[44]. Com as tecnologias da informação e, sobretudo, com a internet, a utopia neoliberal de eliminar as fronteiras e enfraquecer as instituições públicas de ensino acredita ter encontrado seu caminho real. Seguindo o exemplo dos Estados Unidos, onde se desenvolveram as formações *on-line* de nível superior voltadas a funcionários de empresas, os operadores privados multiplicaram as ofertas de parceria com faculdades da Inglaterra, da Bélgica e da Alemanha, com apoio ativo da Comissão Europeia e dos governos ocidentais. A França, com a criação da EduFrance, também adentrou esse caminho. O que está em jogo é um enorme mercado que deverá crescer rapidamente nos próximos anos[45].

No que se anuncia para alguns como um "supermercado mundial de formações *on-line*"[46], universidades privadas já oferecem pacotes de cursos e formações de início imediato, e *start-ups* propõem programas completos

---

[43] *Courrier de l'Unesco*, cit., p. 21.

[44] Emmanuel Davidenkoff, "Le Marché mondial de l'éducation plaide pour de nouveaux modèles. Formations globales, internet: le manuel d'instruction universel", *Libération*, Paris, 25 maio 2000.

[45] Robin Mason, "Les Universités happées par la net-économie", *Courrier de l'Unesco*, nov. 2000.

[46] Béatrice Dehais, "Education: la déferlante américaine", *Alternatives Économiques*, n. 187, dez. 2000.

com aprendizagem por tutoria. As vantagens econômicas são evidentes: dispensa a necessidade de levantar paredes, oferece grande flexibilidade de uso e globaliza oferta e demanda. A diminuição relativa ou absoluta de recursos, embora necessários para custear a necessidade crescente de formação, leva as universidades a desenvolver parcerias com operadores privados para vender cursos *on-line* o mais amplamente possível e ao melhor preço. As maiores universidades dos Estados Unidos, a começar pela Universidade da Califórnia, criaram filiais comuns com grupos de mídia privados para disponibilizar cursos *on-line* e explorá-los comercialmente. Universidades de empresas ligadas a habilidades específicas se desenvolvem em paralelo. As grandes empresas privadas propõem cursos pagos e certificados em seu próprio nome. Como sublinha Robin Mason, "uma formação em tecnologia da informação dada pela Microsoft tem mais valor hoje que um diploma científico obtido em uma universidade renomada".

Alianças entre grandes universidades públicas para oferecer cursos, parcerias com empresas privadas, criação de filiais de universidades para vender cursos *on-line* para empresas e particulares, criação de universidades virtuais inteiramente privadas para prolongar a atividade de grandes grupos no mercado de formação permanente (como o Apollo Group), combinações das mais diversas observáveis no campo do *e-learning* reforçam a permeabilidade cada vez maior entre o mundo da produção e o da formação. O acordo sigiloso firmado em 1994 entre a Universidade da Califórnia e a empresa de mídia The Home Education Network (Then) para a reprodução e difusão de cursos *on-line* mostra a que ponto a imbricação dos interesses comerciais com os da burocracia acadêmica pode conduzir a um profundo questionamento de toda a tradição de autonomia da universidade. A empresa não somente pode usar a marca da universidade como detém direitos exclusivos sobre os cursos virtuais da universidade, inclusive direitos de *copyright*. Acordos muito semelhantes foram firmados entre a Universidade de Berkeley e a AOL em 1995 e entre a Universidade do Colorado e a empresa privada Real Education Inc. em 1996. Em todos esses acordos surgiu o problema da propriedade dos cursos e do conteúdo dos fóruns e das mensagens eletrônicas: a universidade é sua única proprietária e pode transferir os direitos sobre eles a uma empresa privada com o objetivo de comercializar os conhecimentos[47]?

---

[47] Ver David Noble, *Digital Diploma Mills*, parte 2: *The Coming Battle Over Online Instruction, Confidential Agreements Between Universities and Private Companies Pose*

Certamente, nesse campo, devemos desconfiar dos efeitos de crença que levaram às ilusões da "nova economia". O mercado da educação não é necessariamente tão rentável quanto muitos imaginam. Os modelos econômicos hoje em vigor no *e-learning* não mostraram sua pertinência. As empresas avalistas podem se desapontar com a relativa autonomia dos professores e a dinâmica das práticas profissionais. O recurso a *sites* generalistas gratuitos (imprensa) e as práticas de compartilhamento de recursos pedagógicos entre professores e entre alunos têm potencial para frustrar grandes esperanças, a não ser que os professores sejam obrigados a se conectar a *sites* pagos e usar materiais de mercado para garantir o retorno sobre o investimento e alcançar os patamares de rentabilidade que se esperam das novas técnicas. Isso, ao menos na situação presente, é quase impossível. Daí as campanhas de convencimento e responsabilização que fazem pressão a favor do consumo dos novos serviços e da compra maciça de material. Apesar desse *tsunami* ideológico, muitos trabalhos estadunidenses e canadenses destruíram o mito da internet e da informática como soluções milagrosas para os problemas da escola (o que não impediu que a Europa, com os complexos de inferioridade que caracterizam suas elites, continuasse a "descobrir a América"). O principal, na realidade, diz respeito aos grandes interesses econômicos que transformam a educação em mercado e as escolas em fábricas de "competências".

Serious Challenge to Faculty Intellectual Property Rights. Disponível em: <http://helmut.knaust.info/resource/noble/ddm2.html>.

7
A COLONIZAÇÃO MERCADOLÓGICA DA EDUCAÇÃO

Longe do ideal do saber puro e desinteressado, hoje considerado "antiquado", a ideologia da nova escola legitima a introdução da atividade comercial e publicitária na escola, isso quando não a promove a "parceira" da ação educativa sob o pretexto de que os jovens são "muito sensíveis à cultura da publicidade" e são "motivados pelas marcas". A comercialização do espaço escolar é um dos aspectos mais significativos da abolição das fronteiras entre a escola e a sociedade de mercado, da liquefação progressiva dos quadros mentais e ideológicos que durante muito tempo fizeram com que publicidade e educação, lógica comercial e ensino parecessem, se não antinômicos, ao menos muito estranhos um ao outro. No entanto, as mutações simbólicas e subjetivas que vieram com o capitalismo global e a aceitação da invasão da publicidade, sobretudo entre os jovens, são tão impositivas que as defesas imunológicas do sistema educacional se enfraqueceram progressivamente. Vemos isso, por exemplo, na atitude de muitas autoridades locais ou professores que não resistem, ou resistem muito pouco, à ofensiva comercial das empresas, mas principalmente no comportamento acovardado do alto escalão do Ministério da Educação Nacional, que, a pretexto de modernização e "aproximação dos jovens", compactua com a comercialização do espaço escolar. Os principais motivos dessa colonização são, indiscutivelmente, comerciais para as empresas e, muitas vezes, financeiros para a escola que admite a presença de empresas e publicidade em seu espaço. Também devemos nos perguntar que concepção educacional subjacente – o que os sociólogos anglo-saxões denominam *currículo oculto* – comanda a introdução de marcas e mercadorias no espaço escolar. Se o axioma sustenta que o principal objetivo da escola é *adequar* o indivíduo à sociedade de mercado, é muito lógico então que ela forme consumidores que se familiarizem desde cedo com esta última, a ponto de não existir nem um único momento nem um único lugar em que possam escapar dessa influência. Por outro lado, se considerarmos que a escola não passa de um lugar de socialização dentre muitos outros, se é apenas uma "experiência educativa" em meio a tantas outras, não vemos por que os educadores – que são convocados a se fundir na massa de assalariados-consumidores, renunciando a uma independência condenável e mudando de profissão com o máximo de frequência possível – não recorreriam a produtos que se dizem "educativos", a "conceitos" mercadológicos, a "comunicações" mais ou menos lúdicas que, para os defensores da "abertura", têm mais valor que as aulas tediosas e a leitura de livros. O avanço nesse campo por parte da escola norte-americana justifica uma digressão.

O *tsunami* publicitário na escola: o exemplo norte-americano

Segundo o Centro por uma Educação Pública Sem Comércio, organização estadunidense de luta contra a comercialização no ambiente escolar[1], a penetração das empresas no espaço escolar ocorre de três formas distintas: exposição direta à publicidade por intermédio de cartazes publicitários ou difusão de *spots* nas escolas e nas salas de aula; fornecimento de material escolar ou lúdico com menção ao patrocinador; distribuição de amostras, sugestão de jogos e concursos com maior ou menor finalidade educativa. A promoção publicitária pode ser discreta ou, ao contrário, ostensiva: do uso de logotipos no cardápio da merenda ou nos uniformes à instalação de um painel no meio do *hall* de entrada ou nos corredores. A variedade de estratégias de penetração comercial é grande. O *school board** da cidade de Nova York, por exemplo, assinou um contrato de 53 milhões de dólares para exibir publicidade nos ônibus escolares por um período de nove anos. Muitas empresas fornecem "kits pedagógicos" com jogos e questionários, como a fabricante de lápis Crayola. A fabricante de chocolates Hershey's convida os alunos a seguir os procedimentos de uma compra *on-line* e calcular o gasto com taxas e frete como exercício[2]. A publicidade pode eventualmente usar materiais

---

1 Ver o *site* da organização: <www.ibiblio.org/commercialfree>.

* Conselho escolar local, com representantes eleitos periodicamente. (N. E.)

2 Ver o *site* canadense: <http://mediasmarts.ca/fre/prof/educenjeux/pub/cas.htm>.

didáticos como suporte, como fez uma edição particularmente controversa de um livro didático da editora McGraw-Hill, na qual os exercícios de aritmética faziam referência explícita a marcas de produtos alimentícios que os jovens costumam consumir nos Estados Unidos. Na mesma linha, algumas empresas de doces, como a M&M's nos Estados Unidos e no Canadá, distribuem confeitos acompanhados de exercícios de matemática. Outros casos são quase cômicos: por exemplo, algumas companhias petrolíferas, como a Exxon, distribuíram filmes pedagógicos mostrando as belezas da fauna e da flora dos parques naturais do Alasca!

Interessadas em atrair a atenção dos jovens consumidores, todas as grandes empresas criam campanhas de *marketing* dirigidas às escolas. Por contrato, empresas de bebidas ou alimentos (em geral fabricantes de *junk food*, causadora de obesidade) têm exclusividade para comercializar produtos nos estabelecimentos escolares. As escolas estadunidenses foram, assim, o último campo de batalha na guerra geral entre a Coke, a Pepsi e a Dr Pepper[3].

A essa série de exemplos, poderíamos acrescentar a gestão de cantinas em escolas e universidades por empresas como McDonald's ou Burger King. Quatro mil escolas são atendidas pela Pizza Hut e 20 mil estão presas aos "burritos congelados" da Taco Bell, segundo Naomi Klein[4]. Os *campi* universitários estão cobertos de publicidade, até nas carteiras e nos banheiros. Caixas automáticos e lojas de grandes livrarias estão se instalando nos *campi*, fazendo com que as universidades se pareçam cada vez mais com centros comerciais. Atividades esportivas e clubes universitários são geridos por patrocinadores que fornecem materiais e equipamentos. Uma prática em pleno desenvolvimento consiste em oferecer competições aos alunos, o que permite às empresas coletar informações preciosas sobre os jovens e suas

---

[3] Ver Mark Walsh, "Schools Are Latest Front in Cola Wars", *Education Week*, 8 abr. 1998. Diante do aumento das críticas, a Coca-Cola abandonou a prática dos contratos exclusivos. Jeffrey T. Dunn, presidente da Coca-Cola na América do Norte, anunciou em 14 de março de 2001 a mudança de política da empresa: "A exclusividade desviou os educadores de sua missão principal". Pedindo aos distribuidores locais que tivessem uma presença mais discreta nas escolas, acrescentou que "as escolas são um ambiente específico". "O pêndulo do comercialismo foi longe demais", confessou; ver idem, "Coca-Cola Cans Exclusive Contracts", *Education Week*, 21 mar. 2001.

[4] Naomi Klein, *No Logo, la tyrannie des marques* (Arles, Actes Sud, 2001), p. 125 [ed. bras.: *Sem logo, a tirania das marcas em um planeta vendido*, trad. Ryta Vinagre, 7. ed., Rio de Janeiro, Record, 2009].

famílias para futuras operações de venda em domicílio e entrar na escola com a imagem da benfeitora que premia os ganhadores e consola os perdedores com prêmios ou amostras grátis. Algumas campanhas se apresentam como educativas, como a da Pizza Hut, que diz promover a leitura. Implantado em 53 mil escolas nos Estados Unidos, o programa premia com *pizzas* o bom desempenho dos jovens alunos nos exercícios de leitura propostos no livro distribuído pela empresa. Para conseguir equipamento de informática, 450 escolas do Québec participaram do concurso "Educação acima de tudo", da empresa de cereais matinais Kellogg's. O objetivo do jogo é conseguir o maior número de comprovantes de compra de qualquer produto da empresa, desde os cereais mais clássicos até os bolinhos mais duvidosos. O concurso oferece um prêmio de 40 mil dólares em programas e equipamentos, distribuídos aos três primeiros colocados e a três escolas sorteadas.

O fenômeno chegou a tal proporção nos Estados Unidos que alguns observadores falam de "alunos à venda" para descrever a corrida dos publicitários às escolas[5]. A dependência de financiamentos publicitários é particularmente visível nos distritos mais pobres, onde os repasses às escolas são baixos demais para atender às necessidades pedagógicas. Muitos diretores e professores se deixam levar pela oferta de atividades ou material das empresas para incrementar seus recursos pedagógicos. Em troca de um cartaz publicitário ou do patrocínio de uma atividade, eles conseguem computadores, móveis, às vezes até mesmo quadras novas ou, mais modestamente, a pintura das salas de aula.

É esse o tipo de contrato feito com os canais privados de televisão. Em 40% das *middle* e *high schools* dos Estados Unidos*, as aulas começam com o noticiário e os *spots* publicitários do Channel One, um canal de notícias para estudantes financiado por essas campanhas publicitárias. Lançado em 1989 por Chris Whittle, um empresário para lá de controvertido, o Channel One é provavelmente o programa de *marketing* escolar mais conhecido e um dos meios mais eficazes de penetração do comercialismo nas escolas. Por contrato, as 12 mil escolas de ensino fundamental e médio que aderiram ao programa (o número é fornecido pela empresa, à qual interessa inflá-lo)

---

[5] Steven Manning, "Élèves à vendre", *Courrier International*, Paris, 27 set. 1999 (artigo tirado de "Students for Sale", *The Nation*, Nova York, 27 set. 1999).

* Equivalentes, respectivamente, ao ensino fundamental 2 e ao ensino médio no Brasil. (N. E.)

comprometem-se a fazer os alunos assistirem a ao menos doze minutos de programação por dia – o equivalente a seis dias de aula por ano – com *spots* publicitários intercalados que perfazem dois minutos de publicidade, em nove a cada dez dias letivos e em 80% das aulas. Atualmente, 8 milhões de alunos de ensino médio e fundamental nos Estados Unidos são submetidos a esse tipo de tratamento e convertidos em "público cativo", sobretudo nas escolas mais desfavorecidas, onde são escolarizadas crianças de classes pobres e minorias étnicas. O jornal *Le Monde* descreveu da seguinte maneira o dia a dia numa escola de ensino fundamental 2 nos Estados Unidos: os alunos "não podem evitar o programa, cujo conteúdo, muitas vezes criticado por sua violência, não é controlado pelo corpo docente nem pelos pais. Os adolescentes em geral não têm o direito de ler ou ir ao banheiro enquanto a televisão está ligada". O contrato estipula que é proibido desligar a televisão ou baixar o som. Dessa forma, o Channel One pode assegurar a seus anunciantes que tem "uma audiência cativa, mesmo adolescentes que assistem pouco à televisão em casa". Graças a essa estratégia, pode vender *spots* de trinta segundos por cerca de 200 mil dólares, ou seja, o preço de um *spot* em horário nobre[6]. Em troca, as escolas recebem gratuitamente televisores e acesso via satélite a canais televisivos!

A oposição das principais organizações docentes a esses contratos está relacionada à pobreza do conteúdo das transmissões e à ausência de controle dos professores sobre os programas. Em 1997, dois pesquisadores, William Hoynes e Mark Crispin Miller, analisaram o conteúdo dos programas propostos pelo canal entre 1995 e 1996. Apenas 20% se relacionavam a questões culturais, sociais, econômicas e políticas atuais. Os 80% restantes eram dedicados a publicidade, esportes, meteorologia e desastres naturais, perfis de celebridades e autopromoção do Channel One. William Hoynes conclui: "É questionável que tais informações levem algum benefício educativo ou cívico a alunos e educadores". A Channel One é particularmente cínica quando se vangloria, em seus próprios anúncios, de ser "o meio mais eficaz de atingir os jovens consumidores" e afirma sem nenhum complexo, no site da empresa, que capta "a atenção exclusiva de milhões de *teenagers* durante doze minutos por dia, um recorde mundial". No mesmo espírito, a publicidade via Internet também já estreou na escola. Uma empresa chamada The Zapme!

---

[6] Florence Amalou, "Les Élèves des écoles américaines sous influence publicitaire", *Le Monde*, Paris, 3 dez. 1999.

Corporation, criada em 1998, fornece às escolas equipamentos, *softwares* e acesso a um "netspace" no qual as empresas parceiras podem exibir *banners* publicitários em troca de pagamentos substanciais. A escola "beneficiária" da conexão e do material se compromete a usar os computadores ao menos quatro horas por dia e permitir livre acesso a eles fora do horário de aula.

O diretor do Centro de Análise da Comercialização na Educação da Universidade de Wisconsin, Alex Molnar, explica que "as empresas adoram dizer que estão promovendo a educação e a parceria escola-empresa, mas na realidade estão tentando conquistar o mercado dos jovens consumidores". Ele acrescenta que a verdadeira razão do interesse das empresas pela escola é que "é ali que as crianças estão". Ora, essa introdução da publicidade no espaço escolar atinge um grupo social com um considerável poder de compra. Nos Estados Unidos, cada *teenager* gasta 3 mil dólares por ano. Além disso, eles têm grande poder prescritivo nas compras da família em todas as esferas. A penetração da publicidade é estratégica para as empresas: 31 milhões de adolescentes, que representam um enorme potencial de consumo, veem televisão "apenas" durante três horas por dia, isto é, relativamente menos que os maiores de 50 anos (em média cinco horas e meia por dia). A publicidade na escola reequilibra o tempo de exposição entre os grupos etários e derruba as barreiras da escola à influência comercial.

O questionamento dessas práticas nos Estados Unidos é importante, embora ainda ineficaz. As maiores organizações de docentes e as principais associações de consumidores protestam contra essa invasão da publicidade nas escolas e sustentam que propaganda e educação são antinômicas, "matéria e antimatéria", como Alex Molnar costuma dizer[7]. Não agrada a muitos pais que as escolas façam seus filhos de reféns de marcas ou empresas que têm o direito exclusivo de distribuir produtos nos *campi* e nos pátios de recreio. Vários *sites* dirigidos a pais "responsáveis" são dedicados à denúncia de conteúdos do Channel One. Associações de consumidores dos Estados Unidos mostraram que 80% dos materiais ditos educativos distribuídos por empresas privadas contêm informações falsas, incompletas ou enviesadas sobre produtos fabricados e vendidos pelos patrocinadores.

Essa invasão da publicidade nas escolas combina perfeitamente com a ideologia do *free market*, que não reconhece nem limites nem fronteiras.

---

[7] Entrevista concedida à revista *Stay Free!*; ver Jay Huber, "An Interview with Alex Molnar", *Stay Free!*,jan. 1997.

Do ponto de vista dos partidários do livre-comércio, ela só tem vantagens. O consumo é estimulado e, com ele, a prosperidade das empresas. O maná financeiro que as escolas dos distritos mais pobres recebem tem a vantagem de aliviar o pagamento de impostos pela comunidade ao fornecer recursos complementares. E, melhor ainda, em vez de pagar impostos para financiar a educação pública, da qual se aproveitam por meio da qualificação de mão de obra, as empresas contribuem para esse financiamento investindo em publicidade, da qual esperam um retorno em compras diretas, ganhos de imagem e fidelidade dos futuros clientes. A publicidade permite abrir e conectar a escola à "vida real" tal como imaginada pelos defensores dessa ideologia. Graças à entrada das marcas na escola, esta não é mais um universo estranho ao dia a dia das sociedades de mercado; ao contrário, ela se harmoniza perfeitamente com o universo da mercadoria em que as crianças, especialmente as das classes menos privilegiadas, estão mergulhadas quando estão na rua ou em casa. Não resta dúvida de que a escola contribui para adaptar melhor os jovens à "civilização moderna". Alguns até acrescentam que a presença rotineira de publicidade nas escolas teria a virtude de tornar o universo dos conhecimentos menos estranho e menos "hostil". Nesse sentido, o comercialismo publicitário é bastante emblemático da influência que um capitalismo cada vez mais *total* e cada vez mais *internalizado* exerce sobre a escola.

A situação francesa

Esse tipo de *marketing* está se espalhando na maioria dos países graças à globalização das estratégias difundidas por *business schools* mundiais. Na Alemanha, a venda de espaço publicitário nas escolas deu o que falar. A Áustria e a Holanda em alguns momentos facilitaram por muito tempo esse tipo de prática. Segundo o *Financial Times* de Londres, uma empresa chamada Imagination for School Media Marketing [Imaginação para Marking em Mídias Escolares] comprometeu-se a doar 5 mil livros a 300 escolas secundárias em troca da liberdade de exibir publicidade em todos os locais da escola. Ainda na Grã-Bretanha, o McDonald's oferece lancheiras pedagógicas sobre matérias básicas. Vejamos algumas perguntas "instrutivas" das lancheiras; sobre geografia: "localize as lanchonetes do McDonald's na Grã-Bretanha"; história: "o que existia no terreno do McDonald's antes da construção da lanchonete?"; música: "recrie, com instrumentos musicais, o som ambiente de uma lanchonete do McDonald's"; matemática: "quantas batatas fritas cabem em um cone?"; inglês: "identifique e dê o significado das palavras 'McNuggets', 'combo' e '*milkshake*'"[8]. Segundo o Centro de Análise da Comercialização na Educação, exemplos semelhantes podem ser encontrados em muitos países da América Latina e da Ásia, na Austrália e na Nova Zelândia.

Poderíamos imaginar que na França, pelo forte apego à separação entre espaço público e interesses comerciais, a escola protege as crianças e os adolescentes das agressões publicitárias. A Frente Popular pôs os pingos nos is com uma lei de 19 de novembro de 1936, que estipula que "em nenhum caso e de nenhuma maneira os professores e os alunos devem servir, direta ou indiretamente, à publicidade comercial". Não há dúvida de que é por culpa dessa velha filosofia laica que a escola francesa está tão "atrasada" nesse aspecto em relação às outras nações ocidentais. No entanto, nos últimos anos, as denúncias de uso de material e recursos publicitários em sala de aula aumentaram na França. Mesmo sem pesquisas em escala global, é possível suspeitar de que houve um crescimento do fenômeno quando observamos a abundância e a variedade da oferta publicitária. Marcas de pasta de dente oferecem cursos de iniciação à higiene bucal; fabricantes de absorvente íntimo distribuem amostras grátis nas enfermarias dos colégios; marcas conhecidas de refrigerantes ou *junk food* promovem ações na hora do recreio e propõem competições. Escolas de todos os níveis de ensino recebem por dia um sem-número de propostas promocionais: ações, filmes, kits pedagógicos, panfletos; todos os meios e suportes são empregados para introduzir as marcas nas salas de aula.

Da parte das empresas, o roteiro não varia. O setor "infantil" do departamento de *marketing* de uma empresa oferece gratuitamente, ou quase, material "lúdico e instrutivo". No ensino fundamental 1, os produtos pedagógico-comerciais das grandes empresas abordam a vida quotidiana e as funções fisiológicas ou sociais básicas (conselhos de higiene de marcas de xampu e pasta de dente, conselhos nutricionais de fabricantes de bebidas, biscoitos e cereais etc.); no ensino fundamental 2 e no médio, a implantação é feita a partir de material mais acadêmico e especializado: kits pedagógicos sobre o euro* desenvolvidos por um banco e distribuídos à mancheia; palestras e excursões financiadas por uma grande empresa de distribuição de

---

8 Ver: <www.media-awareness.ca/fre/prof/educenjeux/pub/cas.htm>.

* Os casos mencionados ocorreram próximo a ou no período em que a França fazia a transição cambial do franco francês para o euro, a moeda comum hoje vigente na maior parte da União Europeia. (N. E.)

água ou produção de energia nuclear; filmes sobre a realidade do trabalho, os milagres da tecnologia e o convívio dentro das empresas para ilustrar as aulas de economia. Os objetivos pedagógicos servem em geral como álibi e são sempre instrumentalizados pela estratégia promocional. Para a virada do ano 2000, a Coca-Cola propunha atividades pedagógicas (2 mil iniciativas pelo esporte) relacionadas aos valores do esporte (lealdade, respeito ao outro, tolerância, cidadania) e coordenadas pelos professores de Educação Física. A Coca-Cola também criou um amplo programa de sensibilização às técnicas multimídias ("Escapada multimídia") com 550 turmas de ensino fundamental 2 e médio em 1998-1999, com o apoio pedagógico e a participação ativa de professores, de documentalistas e da diretoria. Inúmeras ações são promovidas nos estabelecimentos escolares, mas até onde sabemos nunca houve nenhum tipo de recenseamento: Miko, (sempre) Coca-Cola e McDonald's promovem intervenções sonoras e coloridas nas cantinas e organizam "eventos educativos" no Halloween...

A publicidade também entra nas escolas financiando as mais diversas atividades: jornais estudantis, viagens ou excursões, apresentações, atividades de associações esportivas financiadas pela Coca-Cola, pela Orangina etc. Alguns estabelecimentos escolares conseguiram até mesmo burlar a lei e exibem no lado externo de seus muros painéis publicitários muito rentáveis. Hoje, tudo que diz respeito à orientação vocacional se tornou também um meio para a publicidade. Tapeando o Ministério da Educação Nacional, e aproveitando a falta de vigilância da diretoria e dos professores, várias empresas usam representantes de classe de ensino médio para distribuir folhetos e revistas em escolas, passar questionários e identificar "clientes" potenciais para faculdades privadas de comércio ou engenharia, cujo peso no ensino superior é bem conhecido. Assim, encontramos na França as mesmas técnicas que Alex Molnar denuncia nos Estados Unidos, desde propaganda clandestina de cereais em livros didáticos até promoção de concursos visando conseguir dinheiro para financiar projetos pedagógicos. Um dos mais recentes foi promovido pela Orangina, que lançou uma campanha conjunta com a União Nacional do Esporte Escolar ("uma federação esportiva a serviço dos jovens") para apoiar financeiramente projetos pedagógicos em escolas de ensino fundamental 2 e médio[9].

---

[9] Aliás, só pode causar espanto que um organismo reconhecido oficialmente apele, em ambiente escolar, a um patrocínio semelhante ao das grandes federações esportivas,

Se a permeabilidade à influência publicitária está crescendo na França, é porque muitas dessas ações de *marketing* ficam confinadas nas salas de aula e nas salas dos professores e não são alvo de protesto de alunos e famílias. Em muitos casos, elas têm o aval de autoridades locais ou nacionais. As campanhas de higiene bucodental patrocinadas pela Colgate ou pela Signal têm o apoio do Comitê Francês de Educação para a Saúde. Nos anos 1990, muitos estabelecimentos escolares tentaram conquistar ou manter uma "imagem de marca" positiva contra a concorrência que enfrentavam; tentaram, por exemplo, melhorar seu "livreto institucional", aceitando o financiamento de empresas especializadas em gestão de espaços publicitários, que servem de intermediárias entre as empresas e os estabelecimentos escolares. Para encontrar o nome do diretor, da enfermeira ou do professor de inglês, as famílias e os alunos são obrigados a navegar antes por encartes publicitários sem nenhuma relação com a missão da escola. O exemplo vem de cima. Muitas publicações oficiais do Ministério da Educação Nacional são ostensivamente financiadas por empresas privadas que exibem seus logotipos em folhetos e outros documentos informativos dirigidos aos alunos e às famílias. Em dezembro de 2001, em parceria com a marca de moda juvenil Morgane, o ministério promoveu uma operação muito midiatizada a favor do "respeito" e fez propaganda, em seu próprio *site*, das camisetas da campanha, vendidas nas lojas da empresa associada.

Alguns casos de intrusão publicitária geraram protestos nos últimos anos. Para citarmos apenas um exemplo, a seção parisiense da Federação dos Conselhos de Pais de Alunos denunciou em 1996 que, no reinício das aulas, os alunos de ensino fundamental 2 e médio da região parisiense ganharam "agendas" de seus professores tutores, ou de representantes da diretoria, cuja particularidade notável era o espaço ocupado em cada página pela propaganda de produtos para "jovens" ou de empresas privadas de educação: os usuários desses instrumentos indispensáveis para a rotina escolar não podiam deixar de ver, várias vezes ao dia, ao lado da anotação de seus deveres, imagens de escapadas e promessas de um futuro sedutor. Hoje os sindicatos de professores estão mais atentos, assim como grupos como a Associação pela Taxação de Transações Financeiras e pela Ação Cidadã (Attac). Os protestos obrigaram os poderes públicos a reagir.

---

em vez de propor aos jovens uma imagem menos mercadológica do esporte. Ver: <www.orangina.fr/unss/index.html>.

Regulamentar a publicidade na escola?

Para lutar de forma mais eficaz contra as intervenções "intempestivas" das empresas no ambiente escolar, o Ministério da Educação Nacional criou um código de conduta[10]. Embora o texto tenha a virtude de reconhecer o aumento e a diversidade das intervenções comerciais e publicitárias no espaço escolar, e de querer restabelecer, ao menos em aparência, o princípio da neutralidade, ele ainda é tímido e ambíguo em muitos pontos. Na verdade, essa "prudência" e essa "preocupação com o equilíbrio" repetem a posição da Comissão Europeia, que encomendou um estudo sobre o *marketing* na escola que aponta alguns abusos, mas também destaca o "valor agregado" da publicidade em termos de abertura para o mundo[11]. O texto do ministério francês recorda os seguintes princípios: "Os estabelecimentos escolares, sendo locais específicos de difusão do saber, devem respeitar o princípio de neutralidade comercial do serviço público de educação e submeter a ele suas relações com as empresas". Em detrimento da coerência, afirma que "estabelecimentos de ensino profissional podem aceitar publicidade de empresas que aceitem estagiários, desde que a mensagem publicitária enfatize o papel da empresa na formação dos alunos". Se em teoria o que não é pedagógico é limitado ou proibido (fôlderes publicitários, cartazes etc.), em compensação, tudo que tenha "interesse pedagógico" – termo mais que vago – é permitido. É claro que as empresas recorrem a essa noção de "interesse pedagógico" há tempos. Na maior parte das vezes, é um disfarce para estratégias publicitárias, como mostram inúmeros exemplos. Os serviços de *marketing* de empresas e agências de publicidade sabem tornar as aulas mais leves, as atividades escolares mais divertidas, as horas letivas menos longas. Muitos professores, sensíveis a essa dimensão lúdica e preocupados em não entediar os alunos, se deixam convencer pelo "interesse pedagógico" de kits, filmes, excursões e outras manifestações publicitárias. As ações pedagógicas da Disneylândia Paris, para ficar apenas em um exemplo, atendem aos critérios estabelecidos pelo

---

[10] "Code de bonne conduite des interventions des entreprises en milieu scolaire", *Bulletin Officiel de l'Éducation Nationale*, n. 14, 5 abr. 2001.

[11] Ver GMV Conseil, *Le Marketing à l'école*, Bruxelas, out. 1998, relatório final de estudo produzido para a Comissão Europeia. Esse estudo, que está disponível no *site* da associação Chamado por uma Escola Democrática (www.skolo.org), é recheado de exemplos significativos.

Ministério da Educação Nacional. Os responsáveis pelo Departamento de Educação do parque destacam:

> Da pré-escola à universidade, não tem idade na Disney Paris para aprender mil coisas enquanto se diverte [...]. Pensamos em tudo! De Jules Verne ao meio ambiente, passando pelas profissões ligadas à imagem, o programa é rico: é só escolher e se animar para fazer um curso realmente surpreendente.[12]

Se dermos crédito ao programa pedagógico 2000-2001 do parque, os alunos correram para ver a exposição "Trens de ontem e de hoje" (concebida e realizada com a colaboração da Sociedade Nacional de Estradas de Ferro – SNCF), "Artes e tradições da China Antiga" (cujo pretexto e suporte é o filme *Mulan*), o infalível "O Halloween e suas origens" (para crianças "da pré-escola ao ensino médio"!), sem contar os panfletos em inglês que ajudam os alunos a praticar a língua de Shakespeare, ou melhor, de Mickey[13]. O Parque Asterix não fica atrás: criou os cadernos "Parque Asterix-Nathan", cujo "aspecto lúdico leva as crianças a aprofundar com facilidade e eficiência as noções de história, geografia, ciências [...] estudadas em aula". Um professor citado no folheto publicitário que é enviado a escolas e colegas afirma: "Fiquei admirado ao ver o interesse dos meus alunos pela história, pelo artesanato, pela vida dos golfinhos e tantas outras coisas. Tudo pareceu tão simples para eles, e muito mais vivo que num livro! Aprender se divertindo é muito mais legal"[14]. Outros lugares oferecem esse tipo de serviço: Parque Bagatelle, Puy du Fou, Mer de Sable etc. Ora, esse tipo de visita, embora proporcione momentos de "respiro" e descontração, úteis em muitos momentos do ano letivo, e embora possa ser um pretexto para uma excursão de fim de ano, não é necessariamente, como "atividade pedagógica", o que resolveria os problemas da apropriação dos saberes, apesar dos milagres prometidos pelo Departamento de Educação da Disney: "Aprender num passe de mágica".

---

[12] Marie-Pierre Legrand, "Apprendre en s'amusant à Disneyland Paris", publicação do Departamento de Educação da Disneylândia Paris, out. 2001-2002.

[13] Departamento de Educação da Disneylândia Paris, "Programmes éducatifs et ludiques au service de votre pédagogie", out. 2000-jul. 2001.

[14] Trechos de um folheto do Parque Asterix.

Publicidade e objetividade: o exemplo da Renault

O princípio da escola pública estabelece que as atividades escolares não sejam financiadas nem patrocinadas por empresas privadas, e que o poder público assegure e controle seu financiamento, cumprimento e responsabilidade. A anulação desse princípio gera certa confusão entre a lógica promocional dos produtos de mercado e a exigência de verdade e objetividade que temos o direito de esperar da escola pública. O mínimo que podemos dizer é que, mesmo por omissão, as campanhas publicitárias desrespeitam a objetividade ou a verdade histórica quando se apresentam como contribuições ao ensino. Tomemos um exemplo entre muitos. Nos anos 1990, os professores de economia ou história no ensino médio recebiam regularmente uma maleta com folhetos, uma fita VHS, um guia informativo, uma planta de fábrica e um CD-ROM, produzidos em conjunto por professores e funcionários da Renault. Esse material, absolutamente notável do ponto de vista técnico, preparava para uma visita guiada às fábricas da empresa. O filme, embora muito bem-feito, omite algumas coisas. Enquanto dá a palavra à diretoria generosamente, tenta em vão limitar a livre expressão dos trabalhadores, sem falar do sindicato, o que, convenhamos, é bastante curioso se a intenção declarada é descrever a história social da empresa. Se o passado do trabalho taylorista é recordado de maneira sombria, é apenas para destacar melhor um presente e um futuro do trabalho muito idealizados. O discurso apresentado é unilateral e esconde a dimensão conflituosa das relações sociais dentro da empresa. Mais estranho ainda: quando relata a história da Renault, ele passa da crise dos anos 1930 para a Reconstrução, omitindo, sob o mais absoluto silêncio, a colaboração com os nazistas e a nacionalização/punição de 1945. Consequentemente, um documento de história e economia aparece como um instrumento de promoção da imagem da empresa, mesmo que apenas por omissão de um período tão essencial da história da Renault. O motivo desse silêncio é claramente confessado por um dos responsáveis pelo projeto. Alegando que a partir de 1984 a Renault passou por uma transformação tecnológica e gerencial, mas manteve a antiga imagem, ele justifica e explica a iniciativa:

> A Renault queria que a mudança fosse compreendida e desejava mostrar seu *savoir-faire* sob uma luz nova a um público que até então era pouco ou mal solicitado pela comunicação da empresa. Essa ação é indispensável para a empresa. [...] O jovem deve compreender que a empresa industrial mudou e dizer a si mesmo que trabalhar em uma fábrica automotiva é

> interessante, porque lá acontecem coisas interessantes. *Colaborar com o mundo da educação não é uma obra filantrópica, e sim considerar os interesses da empresa* [grifos nossos]. Esses diversos contatos resultaram na criação de uma verdadeira parceria para formar grupos de projeto que vão conceber e difundir módulos pedagógicos-piloto.[15]

Não saberíamos enfatizar melhor a estratégia de imagem que impôs a omissão de episódios e aspectos que não se enquadravam na reforma "modernista" da Renault. Mas as aulas de economia deveriam ser um suporte de "comunicação" das empresas?

A "reconstrução da imagem" das empresas no mundo da educação às vezes adquire contornos curiosos. Algumas empresas, que às vezes causam danos ou representam riscos ao meio ambiente, fazem campanhas de sensibilização ao... meio ambiente. A Aéroports de Paris, para enfrentar o aumento do número de reclamações da população local, criou uma "Casa do Meio Ambiente" em 1996 e fez parceria com a Inspeção Regional de Ensino para desenvolver um "verdadeiro produto pedagógico"[16]. Em 2001, sem temer críticas pelo cinismo, a mesma Aéroports de Paris convidou as escolas locais a visitar exposições e assistir a filmes sobre a "qualidade do ar", "incentivando todo cidadão a assumir suas responsabilidades" e ajudando o aluno a "se tornar um ecocidadão do ar"[17]. A EDF [Électricité de France] continua oferecendo a alunos de ensino fundamental palestras e visitas para explicar o programa eletronuclear francês e, de quebra, tranquilizar a população ("A radioatividade emitida pelo combustível fica retida e os rejeitos produzidos são acondicionados, armazenados e controlados")[18]. Mais audaciosas, instituições públicas e empresas privadas não se acanham em apresentar, com a maior inocência, materiais "pedagógicos" que naturalizam fatos ou políticas que deveriam ser objeto de uma apresentação problematizada. No campo econômico, isso tende a ser comum. A associação Attac criticou publicamente o jogo "*Masters* da economia", criado pelo banco CIC, que consiste em apadrinhar *teams* de alunos de ensino médio que brincam de especular

---

[15] Jean-Marie Albertini, em *Économie et Éducation*, n. 19, jun. 1993, p. 31-2.

[16] Aéroports de Paris, *Bilan environnement 1990*, Paris, 1991, p. 26.

[17] Convite enviado às escolas locais pela Casa do Meio Ambiente de Orly, do grupo Aéroports de Paris, em outubro de 2001.

[18] Trecho do folheto da EDF para a palestra gratuita "Énergie, le choix de la France" [Energia, a escolha da França].

na bolsa[19]. A equipe vencedora é a que consegue mais ganhos de capital. O jogo do CIC não questiona a instituição da bolsa nem a importância que ela tem no sistema econômico, tampouco dá espaço para reflexões sobre operações de especulação; ao contrário, ela é apresentada como uma relação natural, inofensiva, sem consequências sociais, políticas ou econômicas. A Attac também criticou o fato de que um CD-ROM intitulado "Ganhando na bolsa" recebeu em junho de 1999 o certificado RIP (Reconhecimento de Interesse Pedagógico). Ora, esse recurso multimídia apresenta de maneira parcial (nos dois sentidos da palavra) os riscos dos mercados de ações e as lógicas que o governam[20].

Poderíamos analisar muitos outros materiais fornecidos por bancos, caixas econômicas, ou mesmo pelo Banco Central da França, que nos últimos anos produziu uma série de filmetes sobre os instrumentos monetários, as instituições e, sobretudo, a política monetária da França e da Europa, que eliminava qualquer debate possível sobre sua natureza e consequências. Logo em seguida, o Instituto da Empresa, organização patronal que reúne 120 grandes empresas da França, criou um curso *on-line* centrado na empresa e na microeconomia para alunos de economia e sociedade*. O projeto visa mudar a orientação do programa de ensino, que, segundo Jean-Pierre Boisivon, um dos responsáveis pelo instituto, enfoca demais a macroeconomia e as políticas públicas de inspiração keynesiana. Em nome da "abertura" e das "parcerias", chegamos a uma situação em que múltiplos "atores" desejosos de contribuir para a grande obra educacional praticam despreocupadamente a intervenção ideológica e o desrespeito aos programas de ensino[21]...

---

[19] O presidente da Attac, Bernard Cassen, escreveu em março de 2000, em nome da associação: "É um concurso com prêmios entregues fora dos estabelecimentos escolares e com propósitos exclusivamente promocionais, mas que consegue um público cativo nesses estabelecimentos. Além disso, estamos diante de uma forma insidiosa de proselitismo, incompatível com o princípio republicano da laicidade: feita não por partidos, igrejas ou seitas, mas em benefício de outro dogma, o dogma liberal, o da 'democracia acionária'. Nós, cidadãos, temos legitimamente o direito de nos pronunciar sobre essa questão"; ver *Courriel d'Attac*, n. 117, 10 mar. 2000.

[20] Ver: <www.local.attac.org/35/ml-attac35-archive>.

* No último ano do ensino médio francês, os alunos que se encaminharam para o *bac général* podem optar por três áreas específicas: economia e sociedade, literatura ou ciências. (N. T.)

[21] Ver Antoine Reverchon, "Les Patrons veulent entrer dans les classes", *Le Monde Interactif*, Paris, 6 mar. 2000.

Não podemos censurar as empresas privadas por fazer aquilo para que são feitas: procurar em todo lugar clientes para suas mercadorias. Em contrapartida, devemos nos interrogar sobre a permeabilidade da escola às estratégias de *marketing* escolar. A razão dessa entrada – ainda limitada – das empresas na sala de aula se deve em grande parte à diminuição da vigilância das administrações locais, regionais e nacionais, que parecem ter sido anestesiadas por um discurso lenitivo e apologético sobre o universo de mercado. Essa debilitação da consciência está ligada ao empobrecimento relativo da escola, à necessidade de financiamento de equipamentos e materiais novos, mais complexos e mais caros. Está ligada também a preocupações com lazer, viagens e comunicação num contexto de crise da relação pedagógica e de adaptação aos alunos tais como se imagina que eles sejam. Alex Molnar, que há vinte anos combate sem trégua a mercadorização da educação nos Estados Unidos, resume o que está em jogo:

> As implicações da transformação comercial da educação pública nos Estados Unidos são importantes por várias razões. O mercantilismo corrói os valores políticos democráticos que guiaram a educação pública nesse país desde que ela foi criada. Os valores mercantis, isto é, os valores de custo e aquisição, tomaram o lugar deles. Assim, em vez de uma educação pública guiada por uma concepção de igualdade política e justiça social, nós estamos lidando com uma concepção de mercado na qual a obra da escola está corrompida e as próprias escolas podem ser compradas como qualquer produto de comércio.[22]

Evitar esse extravio na França pressupõe interromper a lógica da imitação e a contestação da autonomia escolar, para as quais contribuem até as mais altas autoridades da Educação Nacional. Para isso, todavia, é preciso reiterar que o eixo central da escola não é nem deve ser a adequação à sociedade de mercado, ou então se desdizer, obedecendo a lógicas e exigências que não são as da verdade e do conhecimento. Transmissão de conhecimentos e consumo não se misturam sem gerar consequências.

---

[22] Alex Molnar, "The Commercial Transformation of American Public Education", cit.

8
A MERCADIZAÇÃO DA ESCOLA E SEUS EFEITOS SEGREGADORES

A transformação da administração escolar de regulação estatal em mercado no qual se pratica a "liberdade de escolha" aparece como uma das principais transformações que acompanham a constituição da sociedade de mercado. A política educacional que inúmeros países seguiram nos últimos vinte anos consistiu em desenvolver a autonomia, a originalidade e a diversidade dos estabelecimentos escolares para supostamente responder melhor às demandas dos usuários, convidados a escolher "livremente" as ofertas de ensino que lhes pareçam mais atraentes. Os dois grandes eixos políticos que são a diversidade de oferta e a liberdade de demanda foram aplicados em graus muito variados, conforme o país, as tradições e as relações de força[1]. Mas a ideia comum, e fortemente liberal, que se espalhou e se firmou com maior ou menor clareza tentou tornar a escola mais eficiente por pressão dos consumidores, o que exigia uma maior autonomia dos estabelecimentos escolares em termos de financiamento, base curricular, métodos ou seleção de professores[2]. Essa política foi acompanhada de medidas de desregulamentação profundas, como a dessetorização do preenchimento de vagas, abrindo caminho para uma "educação de mercado", como na Inglaterra e na Suécia[3].

---

[1] Jean-Michel Leclercq, "Projets sans frontières", *Éducation et Management*, n. 17, set. 1996.

[2] O Centro para Pesquisa e Inovação no Ensino (Ceri) também analisou essa tendência: "Uma maior liberdade de pais e alunos na escolha da escola está alterando o equilíbrio dos poderes nas tomadas de decisão relativas à educação, favorecendo os 'consumidores' em detrimento dos 'fornecedores'"; ver Ceri, *L'École: une affaire de choix* (Paris, OCDE, 1994), p. 7.

[3] Ver *Le Monde de l'Éducation*, n. 200, 1993, e Pascal Bressoux, "L'Émergence des systèmes de contrôle en éducation: le cas de la Grande-Bretagne", em APFEE, *École efficace: de l'école primaire à l'université* (Paris, Armand Colin, 1995), p. 66.

Na área da educação – como em outras, aliás –, o mercado foi apresentado como uma construção que possibilita resultados mais eficientes. Na realidade, em todas as áreas em que se desenvolveu uma lógica de concorrência, houve um crescimento dos fenômenos segregadores, que hoje são um fator novo e específico de reprodução social. O fator do "ambiente", isto é, o recrutamento social feito pelas escolas, tornou-se primordial nas estratégias dos pais e dos estabelecimentos escolares. A composição social e étnica das escolas se tornou uma vantagem comparativa para uns e uma desvantagem para outros. A escolha do estabelecimento não é uma escolha livre, como os partidários do mercado escolar gostariam que acreditássemos. A criação de um mercado e de uma oferta desigual é que leva à escolha e encoraja os mais reticentes a adotar comportamentos estratégicos. E, evidentemente, os recursos que orientam e permitem a "escolha certa" nesse mercado são muito desiguais. Sem uma vontade de melhoria coletiva, a escola é objeto de práticas de renúncia e descompromisso determinadas por interesses particulares, sobretudo os das frações sociais relativamente mais favorecidas.

Da descentralização à desregulação

A França não é o primeiro país nem o mais empenhado no caminho da descentralização escolar. Nesse terreno, como em outros, a descentralização escolar faz parte de um movimento mais amplo, como mostram estudos comparativos[4]. Tradicional nos Estados Unidos, espalhou-se por Itália, Inglaterra, Espanha e Holanda. Conforme o país, deu-se preferência a "experiências-piloto", à autonomia pedagógica e financeira ou, ainda, à atribuição de personalidade jurídica e moral aos estabelecimentos escolares, caso da França. A OCDE incorporou a seus indicadores uma métrica do grau de autonomia dos estabelecimentos escolares, calculando a fração de decisões tomada em cada nível administrativo. Embora os estudos da OCDE mostrem que a maioria das decisões é, na realidade, tomada em vários níveis, a tendência é fazer a decisão "descer" aos escalões inferiores do aparelho escolar[5]. Como observa a Organização Internacional do

---

[4] Em um capítulo posterior, examinamos mais detalhadamente a descentralização no caso específico da França.

[5] OCDE-Ceri, *Regards sur l'éducation* (Paris, OCDE, 1998).

Trabalho (OIT), as estruturas de gestão e direção passaram, com diferenças de ritmo e amplitude conforme o país, por um "processo contínuo de descentralização e transferência para autoridades locais e escolas de um poder de decisão que envolve não apenas financiamento, mas também questões de organização e gestão"[6].

A descentralização não é necessariamente o primeiro passo na direção do mercado. Tudo depende do papel que se quer que ela desempenhe e das regras que o sistema escolar deve obedecer ao selecionar alunos e professores, adotar diretrizes curriculares e conceder diplomas. A descentralização vai privilegiar a escolha individual das famílias ou o controle democrático da escola pela "comunidade política" local? O que se quer é aumentar o poder do diretor ou o espaço e o poder efetivo dos professores? As opções são muitas, das mais democráticas às mais comerciais. Somos obrigados a constatar, porém, que há bastante tempo a descentralização é concebida muito mais frequentemente como um passo na direção da constituição de um mercado de ensino que de maior democracia nos estabelecimentos escolares. Na maioria dos casos, a descentralização é defendida em nome da concorrência, do papel do consumidor, da eficiência, da redução de custos e da colaboração escola-empresa. Para darmos apenas um exemplo, foi com esse espírito que a OCDE lamentou: "O sistema francês continua excessivamente centralizado e regulamentado e, além disso, não permite concorrência suficiente". E a OIT acrescentou:

> Em todo caso, o "consumidor" não pode exercer muita pressão sobre a "oferta", na medida em que, no setor público, as possibilidades de escolha do estabelecimento escolar são limitadas, de um lado, pelos mecanismos administrativos e, de outro, pela pouca informação disponível sobre a avaliação do desempenho de cada um.[7]

A Comissão Europeia ressalta até que ponto a descentralização é pensada como uma fonte de flexibilidade e uma possibilidade de introdução da lógica de mercado: "A experiência mostra que os sistemas mais descentralizados são também os mais flexíveis, os que se adaptam mais rápido e permitem o desenvolvimento de novas formas de parceria

---

[6] Relatório da Organização Internacional do Trabalho, *La Formation permanente au XXIe siècle: l'évolution des rôles du personnel enseignant*, cit.

[7] OCDE, "Système éducatif: quelle efficacité?", reproduzido em *Problèmes Économiques*, n. 2.295, 14 out. 1992.

com propósitos sociais"[8]. Em resumo, em vez de uma "descentralização ponderada"[9] que desse mais iniciativa à base, iniciou-se um movimento de fundo que mudou a maioria dos sistemas educacionais e os levou a implantar, em maior ou menor grau, uma desregulamentação, fator de segregação social entre as escolas.

As políticas do liberalismo escolar

Como em outros setores, as políticas adotadas contribuíram largamente para a construção de mercados, suscitando ou consentindo com a "escolha ativa" das famílias, o que veio a reforçar os fenômenos de segregação social. Em geral, esse tipo de política "se esquece" de que a escolha do consumidor, que é sua principal justificação, oculta a desigualdade muito concreta de possibilidades de escolha em termos de informação e dinheiro, sem contar que as desigualdades de "poder de compra" escolar são duplicadas pela desigualdade do êxito escolar segundo a classe social. A diversificação da oferta – em si mesma legítima – suscita a prática da "escolha certa", que varia conforme a classe social e, sozinha, não propicia a equiparação das condições de ensino. Assim, no caso da Inglaterra, estudos citados por um relatório do Ceri mostraram que pais e mães das classes médias privilegiam o êxito escolar em suas escolhas, enquanto os de classes populares tendem a escolher um estabelecimento escolar em que os filhos "se sintam bem"[10]. Segundo esse estudo, famílias de minorias étnicas tendem a escolher estabelecimentos escolares em que crianças da mesma origem delas são maioria. Talvez essa seja uma boa oportunidade para os defensores do mercado escolar que se recusam a levar em consideração essas diferenças de valor acusarem os pais das classes populares e das comunidades de imigrantes de serem "pais irresponsáveis", incapazes de fazer o esforço de escolher com sensatez.

---

[8] Comissão das Comunidades Europeias, *Livre blanc: enseigner et apprendre, vers la société cognitive*, cit., p. 48.

[9] Expressão utilizada no relatório para a Unesco da Comissão Internacional sobre a Educação para o Século XXI, presidida por Jacques Delors. Ver Jacques Delors, *L'Éducation, un trésor est caché dedans* (Paris, Odile Jacob, 1996), p. 26 [ed. bras.: *Educação: um tesouro a descobrir*, trad. José Carlos Eufrázio, 7. ed. rev., São Paulo/Brasília, Cortez/Unesco, 2012].

[10] Ceri, *L'École: une affaire de choix*, cit., p. 75.

Inversamente, como destacamos antes, em um sistema de livre escolha, ou mesmo de escolha parcial, as escolas podem definir critérios de recrutamento tão mais facilmente quanto maior for a demanda por elas.

Essas políticas de livre escolha foram implantadas e defendidas tanto por forças políticas conservadoras quanto por social-democratas, como na Nova Zelândia, na Suécia, na Inglaterra do *New Labour* ou na França a partir do início dos anos 1980. O exemplo sueco é muito interessante nesse sentido. As leis de descentralização do início dos anos 1990, baseadas num amplo consenso político, incentivaram a livre escolha da escola e o financiamento local dos estabelecimentos de ensino. Os social-democratas queriam diversificar o perfil das escolas, oferecendo possibilidades de escolha de acordo com as "preferências" e as "aptidões" dos alunos. Os conservadores, por sua vez, pretendiam com essa mesma política fortalecer o "direito de retirada"* das famílias para que estas, como consumidoras, tivessem um poder de sanção real. A Grã-Bretanha dos conservadores foi longe na construção desse mercado segregador. Primeiro eles atacaram as *comprehensive schools*, que foram criadas em meados dos anos 1960 e faziam parte de um sistema unificado cujo objetivo era prover o máximo de conhecimentos ao maior número de jovens. Duas séries de medidas derrubaram o arcabouço anterior: o *Education Act* [Lei da Educação] de 1980 e o *Educational Reform Act* [Lei da Reforma Educacional] de 1988. Essas duas leis preveem um auxílio financeiro para a escolarização de crianças de classes populares em boas escolas privadas, a criação de "colégios tecnológicos citadinos" independentes (em parte financiados por empresas) e a implantação de um *local management of schools* que torna os estabelecimentos escolares amplamente autônomos em termos financeiros. Na Inglaterra, a escolha é incentivada pela liberação das regras de inscrição ("*open enrollment*") e pela divulgação, aos familiares, dos resultados de testes e exames previstos no Estatuto dos Pais de 1991[11]. O financiamento das escolas depende amplamente do número de alunos

* No original, "*droit de retrait*", entre aspas. A expressão se refere, na França, ao direito do assalariado de se retirar do trabalho caso haja risco grave a sua saúde ou a sua vida em determinada situação. (N. E.)

[11] O Estatuto dos Pais prevê que as famílias sejam informadas sobre a qualidade da escola, mas na forma de resultados brutos e não na de um cálculo do "valor agregado" que leve em conta o nível inicial dos alunos e, portanto, as características da população escolarizada. Isso costuma enviesar os dados ainda mais e, assim, favorecer as escolas cujo público já é privilegiado.

inscritos nelas, sistema que se assemelha ao do vale-educação. O New Labour não questionou as orientações liberais. Ao contrário, levou ainda mais longe as sanções contra as escolas fracassadas e recorreu muito mais intensamente às empresas privadas, embora alegasse defender o serviço público[12].

Desde a lei de 1988, a argumentação oficial da Inglaterra, que associa a "*choice*" *à* "*diversity*", como diz o título de um livro branco escrito pelo governo inglês[13], incentiva a concorrência entre as escolas: elas são instigadas a desenvolver "estratégias de atração", empregar um *marketing* quase sempre excessivo e, quando podem, adotar uma imagem de respeitabilidade ao copiar os símbolos de prestígio social das velhas *public schools* (uniformes, ritos, códigos de vestuário, atividades esportivas e "ambiente moral" saudável). A imprensa promove uma competição permanente, elaborando *rankings* das melhores escolas, mas na maioria das vezes os resultados brutos refletem apenas o "bom convívio" social. Aliás, não é muito difícil entender por que as pesquisas mostram que o principal efeito da "livre escolha" é homogeneizar socialmente a escola, conforme o bairro[14]. Como mostram as pesquisas britânicas sobre vários mercados locais, as maiores vítimas dessa segregação patente são os asiáticos, os imigrantes caribenhos e os africanos.

O caso inglês mostra que a lógica competitiva, hierárquica e segregativa é capaz de sobrepujar a lógica pluralista e "democrática" que certas autoridades políticas e certos especialistas quiseram enxergar na promoção sistemática da "diversidade de oferta". Esse erro de diagnóstico se deve ao fato de que eles subestimaram sistematicamente a importância dos efeitos de seleção social e étnica da escolha e negaram a existência de uma preferência pela *segregação social*, ou mesmo *racial*, no que diz respeito à escola na sociedade de mercado. Os pais não fazem suas escolhas em função do método pedagógico, da criatividade e da inovação, como até pouco tempo atrás queriam nos fazer

---

[12] Ver o dossiê "Politiques d'éducation prioritaire: l'expérience britannique", *Revue Française de Pédagogie*, n. 133, out.-nov.-dez. 2000. Jones observa que a "terceira via" de Tony Blair se traduziu numa convocação maciça às "parcerias" com empresas privadas nas zonas de ação educativa (EAZ) para levar a cabo um "vasto programa de educação organizado em torno de objetivos de coesão social, assim como de produtividade econômica"; em Ken Jones, "Partenariats et conflits dans la troisième voie: le cas des zones d'action éducative", *Revue Française de Pédagogie*, n. 133, cit., p. 16.

[13] *Government White Paper – Choice and Diversity* (Londres, Departamento de Educação, 1992).

[14] Ceri, *L'École: une affaire de choix*, cit., p. 77.

acreditar os inovadores pedagógicos, mas em função do "convívio", isto é, do meio social em que os alunos são recrutados, que, na opinião das famílias, condiciona o ambiente de educação e aprendizagem escolar.

Essa tendência é particularmente visível nos países que já têm tradição de liberdade de escolha escolar. Na Holanda, onde existe grande liberdade de escolha desde o início do século XX, observações empíricas mostram que o fator de escolha mais importante atualmente não é a liberdade de consciência nem a "visão de mundo", mas o critério social e racial[15]. Nesse país, apresentado como modelo por certas autoridades "de esquerda" (pelo menos até a "surpresa" da votação xenofóbica e populista nas eleições legislativas de maio de 2002), houve uma "debandada dos brancos" de escolas das grandes cidades holandesas, um fenômeno que até então era pouco expressivo[16]. Nessas escolas, o número de imigrantes dobrou, chegando em algumas a 70% ou até 100% do total de alunos. A OCDE ressalta, com sua habitual destreza para o eufemismo, que "o agrupamento social e étnico ocorre, em grande parte, de maneira livre, por escolha, e não por interferência de barreiras oficiais ou de fato. Isso indica que a possibilidade real de escolha não é incompatível com uma segregação *de facto*"[17]. Em termos menos rebuscados e mais diretos, a separação entre a escola dos alunos brancos e a escola dos alunos "mais escurinhos" aumenta onde quer que haja "livre escolha".

A Nova Zelândia também foi longe na via do mercado escolar, ainda que ela tenha sido inaugurada por um governo trabalhista. As *Tomorrow's Schools Reforms* [Reformas Escolares do Amanhã] são, segundo a Unesco, "o programa de liberalização da educação mais audacioso já implantado em um país rico"[18]. Por questões de eficiência e economia nos serviços públicos, o governo trabalhista iniciou, em 1984, uma política de liberalização que substituiu o sistema de admissão escolar de acordo com o setor de residência por um sistema de livre escolha total. Essa mudança ocorreu

---

[15] Ibidem, p. 83.

[16] Na Bélgica, observa-se a mesma tendência, especialmente em Bruxelas. Ver Denis Meuret, Sylvain Broccolichi e Marie Duru-Bellat, "Autonomie et choix des établissements scolaires: finalités, modalités, effets", *Cahiers de l'Iredu*, fev. 2001, p. 220.

[17] Ibidem, p. 83.

[18] Edward B. Fiske e Hellen F. Ladd, "Nouvelle-Zélande: les exclus de l'école libérale", *Courrier de l'Unesco*, nov. 2000.

em um contexto mais amplo de privatização de inúmeros serviços sociais ligados a saúde, moradia e proteção social. O resultado não demorou a aparecer. Os diretores das escolas, bastante favoráveis à reforma, foram liberados para escolher seus alunos com base em critérios particularmente frouxos. Pais de grupos sociais mais favorecidos ganharam importância na gestão e na política das escolas. Em pouco tempo, a concorrência entre os estabelecimentos escolares obrigou as escolas a lutar por uma boa imagem e provocou uma maior hierarquização entre estabelecimentos nas zonas em que um número significativo de alunos podia se transferir facilmente de uma escola para outra, isto é, essencialmente nas zonas urbanas. A concorrência provocou o fechamento das pequenas escolas, que ficaram progressivamente sem alunos, e limitou o acesso dos jovens às boas escolas. Os alunos excluídos foram para escolas piores que aquelas em que estariam caso não houvesse livre escolha. O exemplo neozelandês mostra que a concorrência acabou com a escola socialmente mista e fez crescer a diferenciação social e, principalmente, étnica dos estabelecimentos escolares. As escolas que admitem alunos mais pobres e minorias étnicas entram numa "espiral descendente", como dizem os neozelandeses.

> Considerados melhores, os estabelecimentos escolares que acolhem uma maioria de alunos de origem europeia prosperaram no decorrer dos anos 1990. A lei do mercado foi benéfica a eles. Incapazes de atrair os professores mais competentes e os alunos mais motivados, os outros viram sua eficiência diminuir.[19]

As pesquisas da OCDE mostram que, na maioria dos países, a lógica do mercado escolar também provoca o desaparecimento das escolas de bairro polivalentes e socialmente mistas, além de acentuar a polarização social e racial, seja na Holanda, na Inglaterra, na França ou nos Estados Unidos. Segundo a OCDE, "quando as políticas facilitam a escolha, seja oferecendo a possibilidade de se inscrever livremente em qualquer escola pública, seja barateando o ensino privado, ou até mesmo tornando-o gratuito, um número significativo de indivíduos aproveita para escolher a escola que frequentará". E acrescenta: "Na prática, é evidente que a proporção de 'decisores ativos' não precisa ser necessariamente grande para ter um impacto significativo no sistema escolar"[20]. O caso francês é um exemplo.

---

[19] Idem.

[20] Ceri, *L'École: une affaire de choix*, cit., p. 27.

A hipocrisia francesa

A França não escapou da virada desregulatória. A peculiaridade francesa se deve ao fato de que as autoridades nunca a assumiram completamente em termos políticos e ideológicos. O governo socialista introduziu uma maior possibilidade de escolha escolar na rede pública, primeiro em caráter experimental, flexibilizando as regras de inscrição que desde 1963 definiam o "mapa escolar" dos estabelecimentos que pertenciam a cada zona de domicílio. Em etapas sucessivas, mais da metade das escolas de ensino fundamental 2 e um terço das escolas de ensino médio passaram por essa liberalização, em especial nas zonas urbanas. Criado em 1963, o mapa escolar refletia certa preocupação em evitar que os novos CES (colégios de ensino secundário)* restabelecessem a divisão social entre os CEG (colégios de ensino geral) das classes populares e os primeiros ciclos de ensino médio, mais burgueses[21]. Pelo próprio fato de o Estado não conseguir garantir igualdade de tratamento entre os alunos, o mapa perdeu legitimidade para um grande número de famílias. Por pressão do setor privado, Alain Savary iniciou a dessetorização na França e atendeu à aparente expectativa da maioria da opinião pública[22]. Essa política da esquerda foi levada adiante pela direita, que desde os anos 1980 pregava a dessetorização total[23]. Essa orientação, embora não tenha sido aplicada a todos, contribuiu para transformar "o usuário cativo em consumidor de escola" e, ao mesmo tempo, como observam certos pesquisadores, a opção por uma flexibilização desigual de acordo com a região e negociada com as diretorias regionais impediu um amplo debate político sobre a questão. Nem a extensão dessa política "desconcentrada", nem a amplitude diferenciada dela para zonas urbanas, periurbanas ou rurais, e muito menos os efeitos dela passaram por uma análise geral ou foram objeto

---

* Os CES reuniam as etapas que se chamavam no Brasil ginásio e colegial (atuais ensino fundamental 2 e ensino médio). (N. T.)

[21] Ver Robert Ballion, *La Bonne École*, cit., p. 163.

[22] Numa pesquisa encomendada por Alain Savary em 1982, 85% dos pais de alunos do ensino público gostariam de poder escolher o estabelecimento escolar que seus filhos frequentam. Ver Alain Savary, *En toute liberté* (Paris, Hachette, 1985).

[23] O partido Democracia Liberal e algumas personalidades do Reagrupamento pela República (agora no partido União por um Movimento Popular), como Guy Bourgeois, defendem um programa educacional plenamente liberal. [A Democracia Liberal, posteriormente, se integrou à União por um Movimento Popular – N. E.]

de pesquisas locais suficientemente detalhadas, embora todos os atores envolvidos sejam conscientes da importância disso. Alguns pesquisadores afirmam que essa política "não escrita" foi "aplicada por baixo do pano, como se todos soubessem que ela era contrária aos princípios, mas fossem obrigados a fazer uma concessão aos novos tempos"[24]. Em resumo, até hoje a questão é tabu na França.

Também houve certa hipocrisia no início dos anos 1990, quando as avaliações das escolas de ensino médio foram criadas e publicadas. Em vez de apresentá-las como um sistema de "premiação" mais justo que possibilitasse às famílias uma escolha racional – a justificativa para esse tipo de prática dada nos países que seguem essa política –, a alta administração e os especialistas preferiram vê-las apenas como uma forma de famílias e profissionais se mobilizarem para melhorar as escolas em que o preenchimento de vagas ainda era regulado pelo mapa escolar. Em outras palavras, apenas a lógica da *mobilização* foi considerada, e em nenhum momento a de *evitação*[25]. Na prática, as avaliações das escolas de ensino fundamental 2 e médio levaram sobretudo à produção de uma enxurrada de livros e artigos na imprensa – principalmente na imprensa lida pelos pais mais informados e mais capazes de destrinchar a complexa informação fornecida por esses dados. Mesmo que não tenham desempenhado um papel importante no desenvolvimento do consumerismo (porque existem outras fontes de informação, a começar pelas características sociais e étnicas do bairro ou do público da escola), esses *rankings* tiveram o efeito de legitimar as práticas de escolha entre estabelecimentos escolares. Por que não escolher outra escola, até mesmo uma escola privada, se o próprio ministério se dá o trabalho de fornecer dados "objetivos" sobre as diferenças entre os estabelecimentos? Sob essa perspectiva, manter o mapa escolar seria contraditório com a política de avaliação pública e, do ponto de vista dos pais, constitui uma coerção absolutamente injustificável[26].

---

[24] Denis Meuret, Sylvain Broccolichi e Marie Duru-Bellat, "Autonomie et choix des établissements scolaires: finalités, modalités, effets", cit., p. 45.

[25] Segundo a tipologia proposta por Albert Hirschman, usuários de um serviço demonstram três atitudes possíveis: mobilização ("*voice*"), fuga ("*exit*") e fidelidade. A primeira só tem chance de se manifestar caso haja um discurso político forte e coletivo, e a esperança de modificar a instituição no curto prazo. Nenhuma dessas duas condições está presente hoje no que diz respeito à escola.

[26] Ver "Entretien avec Agnès van Zanten", *Nouveaux Regards*, n. 16, 2001-2002.

Para termos uma ideia mais completa do fenômeno, teríamos de voltar a um passado remoto. A concorrência no sistema educacional francês não é novidade, porque sempre houve um importante setor de ensino privado na França e, além do mais, generosamente apoiado pelo Estado. As famílias insatisfeitas com a escola pública, às vezes por motivos puramente sociais e étnicos, sempre recorreram a esse expediente. A escola francesa, como sabemos e como facilmente nos esquecemos, caracteriza-se por um importante setor privado, amplamente financiado por fundos públicos, que compete com o setor público. Esse setor privado escolariza cerca de 18% dos estudantes franceses, mas é sobretudo um expediente comum em caso de dificuldades: quase duas crianças em cinco usam o setor privado em algum ponto de sua escolaridade entre o maternal e o fim do ensino médio. Essa possibilidade é mais utilizada pelas famílias privilegiadas que pelas demais. Embora às vezes se recorra a ele como uma "segunda chance", a existência de um setor subsidiado tende a acentuar as desigualdades no *cursus*, permitindo que o indivíduo evite ser julgado pela escola que frequentou e mantenha distância das camadas populares. Como mostraram alguns trabalhos sociológicos, a opção das famílias por um ensino privado é determinada cada vez menos por questões religiosas e cada vez mais por outros fatores[27]. Na maioria das vezes o que explica essa opção são razões "consumeristas", e não preocupações de cunho moral ou religioso, como confirma a diminuição constante de fidelidade das famílias ao ensino privado: elas passam do ensino público ao privado e vice-versa sem nenhum peso na consciência[28]. É essa mudança de significado, traduzida pela intensificação do *zapping* entre os dois setores, que transforma o setor privado em uma importante alavanca do mercado escolar. Sem nunca ter deixado de ser objeto de escolhas socialmente determinadas[29], o setor privado era uma espécie de "compensação" oferecida às religiões tradicionais pelo papel voluntarista do Estado educador na França[30], em nome

[27] Ver Gabriel Langouët e Alain Léger, *École publique ou école privée? Trajectoires et réussites scolaires* (Paris, Fabert, 1994).

[28] Idem, *Le Choix des familles, école publique ou école privée?* (Paris, Fabert, 1997).

[29] Os clientes "zapeadores", que passam de um setor a outro, em geral pertencem aos grupos mais favorecidos, e essas estratégias aumentam as desigualdades na escola, embora hoje se constate uma diversificação social muito relativa do público das escolas privadas.

[30] Em outros países, como na Bélgica e na Holanda, segundo a história e os compromissos de cada um, a manutenção do setor privado e a liberdade de escolha têm uma

da "liberdade de consciência". Ora, uma das características do momento atual é justamente a mudança de função do ensino privado, que aderiu a uma lógica de mercado na qual não é nem a liberdade de consciência nem a fé religiosa que importa, mas o "cálculo egoísta" da boa alocação escolar. Em última instância, o caráter confessional da escola é apenas um "sinal", entre outros, de sua boa qualidade social e pedagógica. Aqui também o "liberalismo" mudou de sentido.

A segregação à francesa

A França não levou a desregulamentação tão longe quanto outros países. De um lado, ela manteve o mapa escolar, ao menos em parte; de outro, a política das Zonas de Educação Prioritárias (ZEPs) tentou reequilibrar as condições de ensino das escolas e, embora modesta, surtiu algum efeito. De todo modo, a situação é complexa: o princípio constitutivo das ZEPs, a "discriminação positiva" importada da Inglaterra dos anos 1960 e das políticas dos democratas dos Estados Unidos ("dar mais aos que têm menos"), ia oficialmente *contra* a criação de uma escola de duas velocidades; em paralelo, porém, em razão da evitação cada vez maior das classes médias daquelas escolas vistas como "mal frequentadas", desenvolveu-se uma "discriminação negativa", mais silenciosa, de efeitos cada vez mais devastadores[31]. A flexibilização do mapa escolar, a manutenção de um setor privado amplamente financiado pelo Estado[32], a publicação de avaliações dos estabelecimentos escolares na mídia, as transgressões do mapa escolar, a constituição de micromercados locais ligados a uma segregação residencial que a política pública de habitação só fez intensificar contribuíram para uma polarização social cada vez mais clara das escolas (e que supera em amplitude a diferença social entre os bairros)[33]. Os comportamentos de evitação aumentaram essa

---

ligação muito estreita com as dimensões políticas e morais.

[31] Na realidade, como mostram inúmeros observadores, o balanço das ZEPs é decepcionante. As ZEPs se tornaram "a seção escolar de um dispositivo global de gestão dos bairros com dificudades", e as crianças mais desfavorecidas são relativamente desfavorecidas por pertencer a uma ZEP, como destacam Marie Duru-Bellat e Agnès van Zanten, *La Sociologie de l'école* (Paris, Armand Colin, 2000), p. 104-5.

[32] Ver Marie Duru-Bellat e Agnès van Zanten, *La Sociologie de l'école*, cit., p. 123.

[33] Ibidem, p. 100.

polarização, segundo um processo cumulativo muito preocupante. A simples falta de intervenção é em si uma política liberal.

Evidentemente é difícil formar uma ideia de conjunto das tendências atuantes na França, pois até pouco tempo atrás eram patentes a discrição do Ministério da Educação Nacional e a escassez de pesquisas nesse domínio. A literatura oficial tem, em geral, o intuito de tranquilizar. Assim, em agosto de 2001, chamou muita atenção uma nota do ministério que mostrava que as transgressões do mapa escolar não aumentaram nos anos 1990. Além de um ligeiro aumento das transferências para o setor privado, formaram-se verdadeiros mercados escolares em zonas geográficas definidas pela boa oferta de transporte; deve-se observar que a noção de "zona geográfica" – em relação à qual é medida a intensidade das transgressões do mapa escolar – deve ser relativizada, haja vista a prática oculta do domicílio fictício, que não é levada em consideração. Mais importante, porém, é que não se pode ignorar que a partir de então a escolha de residência das famílias passa a ser determinada em grande parte pela existência no bairro de estabelecimentos escolares socialmente "bem frequentados"[34]. Contudo, observações realizadas em cidades como Paris parecem mostrar que a diferenciação social das escolas de ensino fundamental 2 e médio aumentou e, pouco a pouco, levou ao desaparecimento de escolas de bairro socialmente mistas. Ao lado de umas poucas escolas dominadas por uma clientela favorecida, observa-se uma degradação concomitante de muitas escolas de ensino fundamental e médio que escolarizam crianças de populações menos favorecidas ou marginalizadas. Desde as primeiras pesquisas sobre os efeitos da dessetorização, já se notavam as prováveis consequências desigualitárias da política de não intervenção adotada pelo Estado. No fim dos anos 1980, os trabalhos de Robert Ballion sobre a dessetorização já mostravam o posicionamento diferenciado das escolas de ensino fundamental 2 nos mercados locais e ressaltavam precocemente a polarização entre estabelecimentos muito procurados e estabelecimentos rejeitados[35]. O autor mostrava também que pais executivos e professores universitários eram sobrerrepresentados nos pedidos de transferência, um fenômeno que refletia tanto a discrepância dos locais de residência definidos por renda e patrimônio como o conhecimento das disparidades entre os estabelecimentos,

---

[34] Ver Christelle Chausseron, "Le Choix de l'établissement au début des études secondaires", Note d'Information, Ministério da Educação Nacional, 01.42, 2001.

[35] Ver *La Bonne École*, p. 181 e seg.

bem como entre os níveis de ambição das famílias. A teoria sociológica dos "capitais" econômico, cultural e social de Pierre Bourdieu esclarece as estratégias ou a falta de estratégias dos grupos sociais[36]. Executivos, profissionais liberais, comerciantes e industriais não costumam ter necessidade de pedir transferência para outro estabelecimento escolar, pois dispõem de recursos para morar em bairros chiques e colocar os filhos em estabelecimentos "bem frequentados". Ao mesmo tempo, enquanto os profissionais independentes preferem as escolas privadas, professores e outros assalariados com diploma de nível superior, mas sem recursos financeiros para morar nos bairros mais caros, utilizam ativamente a possibilidade de escolha entre escolas públicas e, para isso, recorrem à informação como forma de compensar um local de residência nitidamente menos favorável.

Pesquisas realizadas posteriormente não desmentiram as primeiras observações de Robert Ballion. Ao contrário: os levantamentos realizados ao longo dos anos 1990 mostraram que o recrutamento nas escolas públicas de ensino fundamental 2 tendeu a ser cada vez mais segregativo para grupos sociais desfavorecidos ou estrangeiros. Esses trabalhos foram confirmados por pesquisas mais recentes do Ministério da Educação Nacional. Segundo um estudo da Diretoria de Programas e Desenvolvimento (DPD), publicado em outubro de 2001, os estabelecimentos de ensino fundamental 2 apresentam uma diferenciação social cada vez mais pronunciada entre si. Essa pesquisa, realizada em 4.956 escolas públicas dessa etapa do ensino, estabelece uma tipologia que leva em conta a categoria socioprofissional dos pais, a proporção de crianças estrangeiras e a porcentagem de alunos com atraso na escolarização. A partir de seis categorias distintas de escolas ("favorecidas", "médias", "trabalhadores", "com atraso", "difíceis" e "muito difíceis"), o estudo mostra que, enquanto 25% das escolas se encontram em situação difícil, pouco mais de 10% são "favorecidas" – estas reúnem oito vezes mais crianças de famílias muito favorecidas que as escolas "muito difíceis". Algumas diretorias regionais de ensino, como as de Paris e Versalhes, apresentam contrastes acentuados. As escolas "favorecidas" e as "muito difíceis" são sobrerrepresentadas nessas regiões. Em muitas diretorias regionais existem, como diz timidamente a DPD, "bolsões de dificuldades", que influenciam o desempenho global das diretorias regionais. Parece que as diretorias de ensino de Rennes, Limoges ou Nantes, citadas com frequência como as

[36] Ver Yves Careil, *École libérale, école inégale* (Paris, Nouveaux Regards/Syllepse, 2002).

mais eficientes, são também as que têm mais escolas médias e menos escolas difíceis. Em contrapartida, as que se situam abaixo das médias nacionais são caracterizadas por um grande número de escolas com dificuldades[37].

A escolha por uma "boa escola" não depende apenas das oportunidades legais oferecidas pelo setor público. Nas zonas urbanas e periurbanas existem muitas formas de "evitar": usar o endereço de parentes mais bem "localizados" geograficamente; escolher cursos ou idiomas pouco disputados; bancar uma água-furtada num "bairro chique" etc. Existe um "mercado negro" escolar do qual as famílias participam com estratégias complexas, por exemplo, escolhendo o local onde vão residir ou apelando para amigos e familiares. Um dos fenômenos mais marcantes é que o mercado imobiliário tende a se tornar um mercado escolar indireto. Famílias com crianças em idade escolar e recursos financeiros correspondentes escolhem o local de residência em função dos estabelecimentos escolares da região, o que dá ao capital econômico certa primazia sobre o capital cultural entre os fatores de êxito escolar[38]. Em relação à oferta, os estabelecimentos escolares multiplicam as maneiras de atrair os bons alunos oferecendo opções e formando "classes boas", uma estratégia defensiva praticada na maioria das vezes pelos estabelecimentos menos cotados no mercado.

A polarização social, portanto, não é consequência apenas da flexibilização do mapa escolar. No entanto, sem políticas voluntaristas que visem equilibrar a composição social das escolas e igualar as condições concretas de ensino, a margem de escolha dada às famílias intensifica inexoravelmente as desigualdades e constitui uma opção – ao menos por abstenção – em favor da não intervenção. Como assinala o relatório já citado da OCDE, esse uso diferenciado da escolha escolar é encontrado na maioria dos países onde ela foi implantada. A conclusão da organização econômica internacional é definitiva: "O resultado da ampliação da escolha é a acentuação das diferenças entre escolas que se destinam a populações diferentes"[39]. Em todos os países, a consequência da formação de um quase mercado é uma maior segregação: as condições da escola melhoram se ela escolariza uma população que já dispõe

[37] Danièle Trancart, "L'Évolution des disparités entre collèges publics", *Revue Française de Pédagogie*, n. 124, 1998, p. 43-54.

[38] Ver Marco Oberti, "Ségrégation dans l'école et dans la ville", *Mouvements*, n. 5, set.-out. 1999.

[39] Ceri, *L'École: une affaire de choix*, cit., p. 159.

de um "capital social" importante, o que pode ser medido pelo número de alunos provenientes de classes favorecidas, e decaem no caso inverso.

A escolha como novo modo de reprodução

Os liberais apresentam a liberdade de escolha escolar de preferência como uma forma eficiente de *regulação*. Na verdade, trata-se sobretudo de uma forma muito eficiente de *reprodução*. O mercado de ensino é na prática uma máquina de discriminar os filhos das classes populares. A desigualdade perante a escola não é fruto apenas de uma *seleção pela escola*, mas resultado das condições desiguais de *escolha da escola*. Conforme o tamanho dos recursos econômicos e culturais, a própria possibilidade de fazer escolhas, a capacidade que se pode chamar de estratégica, é desigualmente distribuída na população. Ao contrário do que diz a ideologia do mercado, não há nem formação homogênea das preferências nem igualdade dos recursos necessários para fazer escolhas racionais conforme o grupo social. Essa fabricação das escolhas é socialmente determinada. Sharon Gewirtz, Stephen J. Ball e Richard Bowe, ao apresentar uma pesquisa sobre vários micromercados locais na Inglaterra, distinguem três grandes tipos de "*choosers*": os *privileged/skilled choosers*, os *semi-skilled choosers* e os *disconnected choosers*[40]. O primeiro tipo pertence às camadas favorecidas; o segundo se distribui em camadas favorecidas e camadas populares; e o terceiro é quase exclusivamente da classe trabalhadora. O primeiro tipo se inclina fortemente à escolha como valor e tem capacidade intelectual, social e material para fazê-la. Sabe como funciona a escola, faz contatos e mobiliza recursos de todas as naturezas. Tem capacidade para conceber a trajetória escolar não como uma série de experiências disparatadas e heterogêneas, mas como uma carreira orientada temporalmente e com aquisições acumuláveis: "ganhar" e "perder" tempo, saber aproveitar ou não as vantagens adquiridas na escola são importantes para eles. Como destacam os pesquisadores ingleses, essa categoria, por levar em consideração um grande número de fatores, também encontra mais dificuldade para hierarquizá-los e arbitrar entre as ambições *para* as crianças e as ambições *das* crianças, as qualidades do ambiente escolar e as qualidades

---

[40] Sharon Gewirtz, Stephen J. Ball e Richard Bowe, *Markets, Choice and Equity in Education* (Buckingham, Open University Press, 1995). Ver Agnès van Zanten, *L'École de la périphérie* (Paris, PUF, 2001), p. 93 e seg.

do trabalho realizado na escola etc. Apenas os pais mais especificamente orientados para os resultados vão escolher a melhor escola em termos de eficiência e levarão menos em conta a impressão causada pelo ambiente dela.

Os *semi-skilled choosers* (semi-informados ou semicompetentes) são os que gostariam de escolher, mas não têm capacidade para isso, ou porque não dispõem de todas as informações pertinentes, ou porque não possuem recursos materiais, ou ainda porque não têm a tenacidade e a segurança necessárias para realizar efetivamente uma escolha que exige uma mobilização às vezes muito intensa. Graças à análise dos questionários que foram passados a esses pais, e cujos resultados serviram para estabelecer essa distinção, os autores classificam como *semi-skilled choosers* os que se reconheceram rapidamente derrotados pelos obstáculos a ser ultrapassados para conseguir a escola que desejam. São também os que não dispõem de todos os meios para fazer uma distinção nítida entre as escolas.

Os *disconnected*, que muitos poderiam ver como "desinteressados" pela escola ou, pior, indiferentes ao destino dos filhos, não conseguem ingressar no quadro determinado pela lógica da escolha. Consideram as escolas muito parecidas umas com as outras e limitam a escolha às escolas da vizinhança. Trata-se mais de uma atitude de confirmação que de comparação. Pode aparecer como uma forma de conformismo ou fatalismo, que consiste em "fazer do limão uma limonada", acreditando que a escola do bairro ao menos fará a criança feliz porque ela estará com os amigos de brincadeiras. No fundo, esses pais oriundos da classe trabalhadora, muitas vezes de origem estrangeira, querem uma boa educação para seus filhos, como todos os pais, mas em uma boa escola de bairro. O distanciamento social em relação à escola, o fato de a moradia das classes pobres se situar em zonas isoladas, mal servidas por transportes públicos, impele esses pais a uma "não escolha" pela escola mais próxima geograficamente.

Naturalmente essa tipologia precisaria ser refinada. A liberdade de "escolha" que está contida na lógica de mercado certamente não é a escolha de todo mundo. É fato que desde os anos 1980 as pesquisas parecem indicar uma preferência da opinião pública pela "liberdade de escolha". Mas não é um referendo a favor do livre mercado escolar, exceto talvez no caso da fração das classes médias e superiores mais ligadas à cultura do interesse pessoal. Numa situação de desigualdade crescente das condições de ensino, as quais fazem parte das condições de renda e existência cada vez mais desiguais entre os grupos sociais, não nos surpreende que aqueles que podem fazê-lo, mas não necessariamente *querem*, escolham evitar as piores escolas e as piores classes. Assim, paradoxalmente, a liberdade que as famílias exigem corresponde a uma preocupação de igualdade, na medida em que elas não escolhem ser lesadas voluntariamente pelas más condições às quais seus filhos têm de se sujeitar. Como Robert Ballion diz com toda a razão, ter a liberdade de não ser mandado para uma escola ruim é uma "liberdade de apelação". Isso leva pais militantes que optam por partidos de esquerda, ou até mesmo intelectuais que professam ideias progressistas, a se sentirem obrigados – contrariando suas convicções éticas e ideológicas, mas pelo bem aparente e imediato de garantir a escolarização de seus filhos – a tirá-los de escolas cujas condições se degradaram e colocá-los em escolas melhores, que às vezes são privadas. Do mesmo modo, na outra ponta da sociedade, pais de classe trabalhadora, que *a priori* têm menos chances e menos recursos para evitar a escola de bairro, fazem o mesmo, muitas vezes em razão da violência e/ou da presença maciça de alunos de origem estrangeira[41].

Um grande número de pais, portanto, não se enquadra espontaneamente como "consumidores de escola", aos quais se deveria imputar a responsabilidade pela guetização crescente dos estabelecimentos escolares, e não pertence simples e univocamente a uma das categorias mencionadas acima. A maioria se divide, e sua "escolha" de escolher, digamos assim, raramente é feita de boa vontade e com a consciência tranquila, porque muitos sabem que tais decisões apenas reforçam a desigualdade das condições concretas do ensino, ao menos no estado atual das políticas de educação. Por isso, estaríamos simplificando as coisas se concluíssemos, como fazem os pesquisadores ingleses, que "o mercado é um modo de engajamento social característico da classe média"[42]. É mais importante recordarmos que a "livre escolha" é uma *obrigação de escolher* e não uma liberdade naturalmente à disposição dos pais ou à qual eles sempre aspiraram. Trata-se de uma obrigação imposta a "jogadores" que em maior ou menor grau concordam em "jogar" o jogo do todos contra todos, queiram ou não[43]. Embora a teoria econômica

[41] A escolha socialmente e racialmente marcada da escola é eufemizada no discurso de justificação dos pais. Sem negar a realidade dos fenômenos citados pelas famílias, teríamos de analisar também sob esse ângulo a questão da "violência na escola".

[42] Sharon Gewirtz, Stephen J. Ball e Richard Bowe, *Markets, Choice and Equity in Education*, cit., p. 181.

[43] Ver sobre esse ponto as observações de Robert Ballion, *La Bonne École*, cit., p. 240.

leve em consideração as *escolhas sob coerção*, ela tem um ponto cego que é precisamente o fato de não considerar a *coerção da escolha*. Num contexto em que existem situações de ensino e socialização muito desiguais, desde a escola infantil até a faculdade, conforme o recrutamento da escola, não surpreende que um número cada vez maior de pais "entre no jogo" em parte obrigado, em parte por vontade própria.

Já havia segregação social e racial antes da instauração das políticas neoliberais de escolha, como lembramos anteriormente, mas hoje a lógica de mercado tende a intensificar essa segregação de natureza geográfica graças à possibilidade de evitar os estabelecimentos escolares que continuam socialmente *mistos*. A principal consequência não incide sobre as escolas que já eram majoritariamente "burguesas" ou majoritariamente "populares", mas sobre as escolas de bairro que ainda mantinham certa mistura social e escolar. Quer se trate da educação infantil, do ensino fundamental ou do médio, a mistura, quando havia sido preservada, é progressivamente destruída. Se as políticas de não intervenção são largamente responsáveis por essa "desmistura" das escolas, a situação de mercado, ao colocar as famílias em concorrência, dificulta o debate e a mobilização coletiva eficaz dos alunos, dos pais e dos professores. A privatização dos interesses é uma situação que impede, por natureza, a politização coletiva de necessidades e direitos legítimos. Daí a sensação cada vez maior de impotência da parte dos profissionais da educação, a debilidade de todo ideal coletivo ou projeto político típica do pós-modernismo liberal: cada um que se vire sozinho, de preferência com "soluções locais". Existe um risco real de que cada vez menos pessoas, inclusive professores, continuem a acreditar que é possível construir uma "escola comum", que misture jovens de diferentes classes sociais. O grande projeto histórico da escola igualitária, pelo próprio fato de a esquerda governamental ter abandonado seu ideal, está morrendo – e o monopólio é transferido para as políticas de mercado e para o "cada um por si" generalizado. Em relação aos Estados Unidos, os pesquisadores da OCDE apontaram claramente as consequências que virão: "A escola pública 'para todos', contrapeso importante ao individualismo no sistema educacional estadunidense, está ruindo como instituição, enquanto a fuga das classes médias dos distritos urbanos, em particular, está transformando essa instituição em um gueto"[44].

---

[44] Ceri, *L'École: une affaire de choix*, cit., p. 103.

A idealização do mercado escolar e a realidade

O discurso padrão, inspirado na argumentação dos economistas liberais, tende a idealizar o mercado como uma entidade natural, cujo objetivo é dar automaticamente a melhor destinação aos recursos. Se essa idealização já é uma ilusão para os mercados clássicos de bens e fatores de produção, é em grau ainda maior para a educação. Como podemos observar, a teoria se baseia em uma suposta soberania do consumidor, que é impelido a escolher produtos com toda a liberdade. Mas que produtos? Que consumo? O que é um estabelecimento escolar que satisfaz o consumidor? De que natureza é a informação necessária à escolha? O consumidor isolado, um átomo entre outros átomos, sabe do que precisa? Ele tem como prever as consequências de longo prazo de suas escolhas? Os poderes públicos se dizem capazes de fornecer leais "informações à clientela" – em outros termos, oferecer um sistema de preços justos. Um mercado leal, segundo a doutrina idealizada do consumidor-rei, pressupõe políticas de informação e certificação de qualidade para "igualar as chances de ser informado sobre o valor real de um estabelecimento". Daí a implantação do sistema de avaliação, complemento da livre escolha das famílias: a partir da divulgação do desempenho das escolas, das turmas e até mesmo dos professores, ele serve como um indicador do desempenho dos "produtores". É o caso, por exemplo, das *League Tables* na Inglaterra (tabelas de resultados das escolas, publicadas na imprensa) e dos Ipes (indicadores de gestão das escolas de ensino fundamental 2 e médio) na França.

Na realidade, é preciso uma boa dose de irrealidade para considerar que a educação é um bem privado que pode ser apropriado por um indivíduo. O discurso oficial, cheio de referências à "oferta" e à "demanda" na educação, com frequência emprega os termos econômicos de maneira muito metafórica. Além do fato de que os consumidores não são nem livres nem iguais, convém recordarmos que, no "mercado de ensino", a escolha não é exclusiva dos consumidores, pois para escolher de fato eles precisam se esforçar para *serem escolhidos* pelos estabelecimentos desejados, que ocupam uma posição de força em relação à demanda excedente. De fato, como o "produto" oferecido no mercado é heterogêneo e o bom "produto" é escasso, isto é, as vagas nos bons estabelecimentos escolares são caras, quem faz a seleção são as escolas. Os critérios de escolha são determinados pelos interesses próprios e egoístas dos diretores, dos professores e dos pais, que selecionam os melhores alunos, os mais estudiosos, os mais condizentes com a imagem de prestígio que a escola deseja ter. Deveríamos concluir, então, que o "mercado de ensino" é na realidade um dispositivo social oficioso de autosseleção que, por trás da argumentação falaciosa da racionalidade do interesse próprio, propicia a seleção social e étnica dos alunos em sociedades hierarquizadas que se caracterizam por ter uma escola de massa e valores que impedem uma segregação oficial escancarada. A invocação das virtudes da descentralização, da autonomia da escola e do papel da escolha dos pais esconde, na verdade, a nova "aliança" social em torno dos membros das classes superiores e das novas classes médias, que compartilham os valores da eficiência e da competição na gestão e dispõem de recursos materiais e culturais suficientes para se garantir quando se trata de um sistema de livre escolha.

O "mercado" é uma construção retórica dos teóricos neoliberais que também tem razões políticas[45]. Por mais que tenham empregado o léxico do liberalismo clássico e recuperado os argumentos elaborados desde Adam Smith, os idealistas do mercado não conseguiram transformar a escola num verdadeiro mercado econômico. O argumento da eficiência, proposto por John Chubb e Terry Moe, entre outros, é um engodo que esconde uma burocratização cada vez maior do ensino. O exemplo inglês e estadunidense mostra com clareza que a principal mudança do período foi o crescimento espetacular do Estado avaliador. Longe de eliminar os controles centralizados de métodos e conteúdos de ensino, assistimos ao domínio de um Estado cada vez mais autoritário e prescritivo, em nome da eficiência econômica e da "democratização", quando não da própria "restauração moral"[46]. Em muitos países há uma centralização cada vez maior e uma regulamentação cada vez mais ampla, talvez não na administração, no financiamento ou na contratação de pessoal, mas no cerne estratégico da escola, no próprio campo pedagógico. As orientações pedagógicas

[45] Ver Michael W. Apple, "Rhetorical Reforms: Markets, Standards and Inequality", *Current Issues in Comparative Education*, v. 1, n. 2, 30 abr. 1999. Contradizendo John Chubb e Terry Moe, Michael Apple mostra que a competição entre as escolas ocorre em um arcabouço cada vez mais definido pelo Estado – do currículo nacional às avaliações centralizadas –, do qual diretores e professores devem ser servidores eficientes.

[46] Não podemos esquecer que os conservadores britânicos (assim como os estadunidenses), embora se apresentem como modernizadores, são autoritários, defendem a família e a Igreja e estão sempre prontos a reforçar o controle moral e religioso sobre as escolas...

elaboradas "de cima" vêm aumentando, e há casos em que, em nome da eficiência econômica e social, a definição das diretrizes curriculares, a escolha dos métodos e a ordem de apresentação das matérias são tiradas das mãos dos professores ou mesmo dos supervisores de ensino. Como mostra o exemplo inglês, em que a definição e a hierarquia dos objetivos estabelecidos para as escolas são particularmente explícitas, o "mercado" está associado a uma normatização da produção educacional garantida por avaliações centralizadas e calibrada por critérios padronizados. Na Inglaterra, as escolas precisam cumprir "metas" sob pena de sanção, mas, em contrapartida, têm a esperança de ser recompensadas pela eficiência de seus professores. Muitos estados norte-americanos deram mais peso aos exames de fim de curso e criaram sistemas de recompensa para as escolas que apresentam melhor desempenho. Algumas escolas com dificuldades passaram por uma "reformulação", medida particularmente radical que consiste em substituir todo o pessoal do estabelecimento escolar. Em todo o mundo o mercado impõe a "profissionalização" dos professores e a transformação das escolas em empresas eficientes, segundo o modelo industrial. A liberdade de escolha, nesse caso, é também uma maneira de iniciar todas as escolas, e disciplinar todos os ensinos, no "espírito do capitalismo".

O mercado é eficiente?

A doutrina do mercado escolar se baseia no argumento da eficiência. Esse já era o argumento de Adam Smith, que queria que o governo financiasse boa parte da educação dos pobres, mas também queria que os pobres pudessem escolher a escola que desejavam frequentar e pagassem a parte restante por ela. Para ele, essa era a condição para acabar com o costume das corporações educacionais, atender à demanda e inovar. Impõe-se hoje a mesma doutrina da mão invisível, que diz que o bem comum deve ser produto dos interesses locais e particulares. É essa ideia também que diz, por exemplo, que os diretores mais autônomos, que controlam o orçamento da escola e dependem da reputação e do bom funcionamento dela para ter bons rendimentos e subir na carreira, devem se virar para que as escolas sejam menos dispendiosas, mais flexíveis e mais inovadoras, de acordo com o modelo das empresas privadas. O principal argumento dos autores e das organizações internacionais que pregam a liberalização e a privatização da escola se comprova nos fatos?

Apesar da heterogeneidade dos levantamentos sobre os diferentes sistemas escolares, os pesquisadores que tentaram sintetizá-los verificaram uma nítida ausência de correlação entre o grau de autonomia e a eficiência[47]. Nos Estados Unidos, por exemplo, algumas formas de autonomia em que a gestão da escola passa para o controle dos professores parecem suscitar uma maior motivação, mas formas que dão mais poder aos diretores não apresentam melhora semelhante. De modo geral, segundo as pesquisas feitas naquele país, não é a autonomia em si que leva à melhoria dos resultados dos alunos, mas o fato de a escola voltar a se concentrar em sua missão principal, a aprendizagem dos saberes. Sobre esse ponto, não podemos nos esquecer de que nos Estados Unidos, por trás do dogma liberal, há uma vontade muito mais pragmática de "deslocar os objetivos do ensino e o tempo de ensino para a capacidade de domínio das disciplinas fundamentais", motivada por razões de poder econômico global[48]. De modo geral, a autonomia não tem todas as virtudes que lhe atribuíam os liberais e os militantes da pedagogia nos anos 1960 e 1970, ou, mais tarde, as autoridades políticas e administrativas da educação na França. "O discurso liberal dos anos 1980, que estipula que, uma vez liberados do fardo burocrático, os atores desenvolveriam uma criatividade e uma eficiência inacreditáveis, é inválido"[49], concluem laconicamente os pesquisadores do Instituto de Pesquisas em Educação (Iredu).

Não é difícil entender os motivos. Supervalorizando o que é visível e quantificável, o modelo do mercado vai de encontro à lógica educacional, que, como sabem os pedagogos desde a época de Rousseau, exige tempo. O mercado tem uma visão de curto prazo, e as soluções que prega são superficiais, imediatistas, de preferência de efeito rápido. O mercado exige "reações" fortes, enquanto a solução para muitos dos problemas da educação demanda decisões que funcionam no longo prazo. Por isso, como mencionamos, na Inglaterra, onde o repasse de recursos às escolas depende direta e imediatamente do número de alunos, para atrair "boas famílias" elas recorrem cada vez mais a medidas repressivas rápidas contra os alunos desordeiros

---

[47] Denis Meuret, Sylvain Broccolichi e Marie Duru-Bellat, "Autonomie et choix des établissements scolaires: finalités, modalités, effets", cit., p. 140. Os autores dizem que "o grau de autonomia de um estabelecimento escolar não aparece claramente entre os fatores de eficiência mais imediatos e decisivos".

[48] Ibidem, p. 165.

[49] Ibidem, p. 164.

ou fracos – que são imediatamente expulsos por motivos que nem sempre são de extrema gravidade. Escolas submetidas a uma forte concorrência, temendo prejuízos ligados à divulgação dos resultados dos exames, ou seja, sendo obrigadas a obedecer a seus interesses próprios, concentram-se nos sintomas, em vez de enfocar as causas dos problemas. Com frequência, as escolhas pedagógicas são menos "eficientes" para os alunos mais fracos. Na França, há um sem-número de testemunhos sobre comportamentos clientelistas e particularistas de estabelecimentos escolares que rejeitam maus elementos e alunos muito fracos, privilegiando tipos de ensino que melhoram sua imagem e atraem bons alunos. Robert Ballion já observava tempos atrás que os gestores escolares sob concorrência são obrigados a *lutar contra o serviço público*, porque seu sucesso depende da expulsão dos alunos que mais precisam da escola e da seleção de sua clientela[50]. A obsessão por resultados também pode ter um efeito perverso sobre a motivação dos alunos, reduzindo o ensino à fabricação sem alegria, sem envolvimento pessoal, de um capital humano eficiente.

Os especialistas da OCDE que citamos anteriormente chegaram à seguinte conclusão, que por si só é uma condenação do "mercado" escolar: "a escolha, associada ao aparecimento de uma hierarquia de escolas baseada na qualidade, constitui uma ameaça potencial a um sistema largamente considerado capaz de oferecer um ensino de nível aceitável"[51]. As argumentações inspiradas no liberalismo, que se acreditam capazes de estabelecer uma relação entre a autonomia das escolas, a livre escolha dos pais e a eficiência, esquecem que essa *eficiência*, ainda que seja buscada globalmente e não apenas para certas categorias de alunos, é indissociável da equalização das condições de ensino. Ora, o simples fato de os bons alunos serem separados dos maus – apesar de melhorar os resultados dos bons alunos, pois o contexto de aprendizagem é melhor graças à composição social do público – tem grandes chances de jogar os maus alunos numa espiral descendente, o que só pode resultar numa ineficiência em nível mundial. Em resumo, o "deixe fazer, deixe passar" ["*Laisser faire, laisser passer*"] faz com que a qualidade do ensino dependa cada vez mais das características sociais dos alunos e, dessa forma, contribua tanto para o aumento das desigualdades como para o enfraquecimento da ação institucional sobre elas. Se antigamente

[50] Robert Ballion, *La Bonne École*, cit., p. 240.

[51] Ceri, *L'École: une affaire de choix*, cit., p. 90.

acreditávamos que "o ensino era oferecido aos cidadãos por governos ou instituições benevolentes", hoje devemos aceitar uma nova lógica, que não é mais a do Estado educador, mas a do serviço privado oferecido a um cliente[52]. Estamos substituindo a função arbitral do Estado sobre a orientação e a função da escola, por exemplo, por um livre mercado no qual cada um faz valer suas vantagens, informações e qualidades estratégicas. Por meio desse tipo de privatização sociológica, o neoliberalismo está transformando o sistema escolar em um serviço segregativo, mesmo que ainda público.

A tendência à separação dos grupos sociais e étnicos no espaço, nas práticas sociais, no *habitat*, na escolarização, não é novidade, aliás, talvez seja intrínseca a toda sociedade de classes. Depois de certo patamar, contudo, essa tendência se transforma em lei geral de uma sociedade a caminho de um esfacelamento social cada vez mais acentuado, como mostram os exemplos da Inglaterra e *a fortiori* dos Estados Unidos[53]. A política da livre escolha escolar, pela desigualdade cada vez maior que gera nas condições concretas de ensino, exprime e ao mesmo tempo reforça a lógica social que separa ganhadores e perdedores, obriga a entrar no jogo e escolher, organiza a dinâmica de distanciamento dos grupos um em relação ao outro. Esse universo de concorrência tem o efeito objetivo de favorecer ainda mais os que já possuem as melhores condições econômicas, sociais e culturais, e por isso podem escolher e ser escolhidos pelos estabelecimentos de maior prestígio; portanto, tem o efeito de funcionar nesses tempos de individualismo triunfante e massificação escolar como um sistema de diferenciação e exclusão legítima, isto é, como um mecanismo suplementar de reprodução de classes particularmente temível[54]. O problema geral que o sistema escolar enfrenta, e ao qual o neoliberalismo responde com a lógica do mercado, é duplo: como

---

[52] Ibidem, p. 14.

[53] De acordo com três relatórios encomendados pelo Ministério do Interior britânico, a segregação na Inglaterra atingiu um ponto extremo. Segundo o jornal *Le Monde*, que divulgou os relatórios, "as conclusões soam como uma constatação do fracasso da integração racial e cultural entre as comunidades branca, sul-asiática, antilhana e africana, que vivem lado a lado nas cidades, mas raramente juntas". Ver Jean-Pierre Langellier, "Le racisme et la ségrégation s'étendent dans plusieurs villes britanniques", *Le Monde*, Paris, 12 dez. 2001.

[54] Stephen Ball e Agnès van Zanten, "Logiques de marché et éthiques contextualisées dans les systèmes français et britannique", *Éducation et Sociétés, Revue Internationale de Sociologie de l'Éducation*, n. 1, 1998, p. 13-7.

garantir o aumento do nível de saber no conjunto dos futuros assalariados, se este reproduz as diferenças e as desigualdades das posições profissionais e sociais? Se os "excluídos de dentro" permanecerem mais tempo no sistema escolar, os melhores candidatos à riqueza e ao poder terão como usufruir das melhores condições escolares. Os efeitos segregativos, a constituição de guetos escolares para crianças pobres e estrangeiras e a degradação das condições de ensino que se observa nessas escolas estão relacionados a uma maneira renovada, reforçada e indireta – por mobilizar todos os recursos familiares – de reproduzir as desigualdades sociais[55].

[55] Sobre todos esses pontos, ver os trabalhos de Yves Careil.

III
PODER E GESTÃO NA ESCOLA NEOLIBERAL

9
A "MODERNIZAÇÃO" DA ESCOLA

A França é tradicionalmente um país onde o neoliberalismo não é declarado, onde ele se esconde sob eufemismos, onde empresta seus termos e suas formas a outros campos ou correntes de pensamento. Por isso, distinguir sua ideologia quando analisamos os discursos do Banco Mundial, da Comissão Europeia ou da OCDE é fácil na mesma medida em que é difícil reconstruir as lógicas que o orientam quando consideramos a ideologia da educação francesa. É evidente que o discurso das autoridades francesas não questiona de maneira aberta as grandes linhas da reforma mundial da educação preconizada por esses organismos (às quais a França adere). Elas só importaram o vocabulário e baixaram o tom para uso interno. Limitar-se a essa constatação, no entanto, seria fugir do necessário trabalho de análise das evasivas, dos álibis e das autojustificações, cuja eficácia ideológica é perigosa. Também seria ignorar as formas específicas que essa reforma mundial da educação adquire quando é aplicada à situação nacional. Em outras palavras, a versão francesa da reforma é elástica, manhosa, impenetrável, construída a partir de evidências inquestionáveis: quem seria contra a "eficiência", a "avaliação", a "inovação" e, sobretudo, quem se atreveria a se declarar contra a "modernização"? Com essas palavras imponentes e com esses grandes temas copiados do mundo das empresas, o liberalismo orienta também a mutação da escola, ainda que fique longe da franqueza brutal de um Silvio Berlusconi e de seu programa para a escola, resumido nos três I: "*Inglese, Internet, Impresa*" (Inglês, Internet, Empresa).

A imitação do mundo da empresa privada é justificada pela busca da eficiência. O tema da "escola eficiente" remete à redução ou, no mínimo, ao controle dos gastos com educação, que se tornou prioritário depois que a intervenção do Estado foi questionada: a ordem é "fazer mais com menos". A massificação escolar, segundo essa abordagem, exige técnicas de gestão que já tenham sido postas à prova no setor privado. Uma análise geralmente compartilhada entre os responsáveis pelos sistemas educacionais dos países europeus afirma que, depois de garantir o aumento do número de alunos e de seu tempo médio de escolaridade, chegamos a um patamar a partir do qual é preciso buscar um melhor *desempenho qualitativo*. O aprendizado dos conhecimentos deve melhorar, o índice de fracasso escolar, fonte de exclusão e "sobregastos inadmissíveis", deve diminuir, e a formação deve se adaptar melhor ao mundo econômico moderno. Se é impossível aumentar os recursos financeiros em consequência da redução dos gastos públicos e dos impostos, o esforço prioritário deve se concentrar na *gestão* mais racional dos sistemas escolares, graças a uma série de dispositivos complementares: definição de objetivos claros, coleta de informações, comparação internacional de dados, avaliações e controle de mudanças. Em resumo, mediante a importação de abordagens da gestão empresarial, as técnicas de produção em massa devem ser substituídas por formas de organização baseadas na "melhoria de qualidade", assim como se fez na indústria.

O princípio dos sofismas que estruturam a argumentação modernizadora na França é uma *abstração*: os objetivos são independentes das forças sociais, econômicas e ideológicas que envolvem a escola. Em razão disso, essa tendência irrefreável dos discursos reformistas dominantes à abstração, que encontramos em toda tecnocracia (que se caracteriza por reduzir os problemas a simples questões técnicas), gera uma autocegueira. "Modernização", "eficiência", "avaliação", "novas tecnologias", todos esses temas dependem intimamente das pressões exercidas sobre o sistema educacional e constituem tarefas atribuídas a este último pela lógica do novo rumo das sociedades. Em uma frase, seu significado e seu emprego são largamente determinados pelas forças dominantes que movem as sociedades hoje. A escola na França, contrariamente a sua pretensão de "exceção", é impelida como todas as outras a integrar-se à grande competição global das economias. A "reforma" não é apenas "moderna": seu sentido primeiro, sua razão última, é a concorrência mundial dos capitalismos. Sua manifestação é a predominância e o poder cada vez maior de especialistas, administradores e "calculistas", que tendem a monopolizar a fala legítima sobre a educação.

Por trás das mudanças que deveriam ser apenas técnicas, a "modernização" anuncia uma transformação da escola que altera não apenas sua organização, mas também seus valores e suas finalidades. No momento em que a imprensa, a sociologia e as editoras proclamavam o "fim da escola republicana", a "morte de Jules Ferry"*, o "declínio do modelo escolar francês", o "fim das utopias escolares", ocorria uma redefinição oficial tanto dos objetivos e dos recursos da escola como da identidade profissional dos docentes. Além das evidências e dos lugares-comuns ("a escola deve mudar em um mundo em movimento"), temos de nos interrogar sobre o sentido dessa injunção.

Os sentidos da modernização

Entre os temas levantados que declaram e escondem a mutação da escola francesa, o da "modernização" aparece como o cúmulo do lugar-comum. Trata-se, sem dúvida, da primeira e da última palavra da argumentação reformista. A noção de "modernização" – vaga, mas de boa receptividade – é o fio condutor de uma retórica de combate diante da qual o espírito crítico parece capitular[1]. Sejam quais forem a natureza e o teor da "reforma" ou da "inovação", basta dizer que haverá "modernização" da escola para que, na cabeça de muitos, ela seja sinônimo de progresso, democracia, adaptação à vida contemporânea etc. Desse modo, aqueles que se opõem a ela por alguma razão são violentamente estigmatizados pelos modernizadores. E não é muito difícil mobilizar a opinião pública, os pais, os "jovens", enfim, todos os que acreditam que é preciso ser "absolutamente moderno" para estar do lado do progresso e da democracia e, assim, apoiar as mudanças – cujos resultados ninguém nunca se dá o trabalho de avaliar, nem mesmo os adeptos da ideologia da avaliação.

O termo "modernização" não é tão neutro quanto os defensores da reforma gostariam que acreditássemos. Em primeiro lugar, lembramos que, no vocabulário das ciências sociais dos anos 1960, "modernizar" significava converter as sociedades ou os setores ainda tradicionais da sociedade à

---

* Jules Ferry (1832-1893), parlamentar, ministro da Educação e primeiro-ministro da França em diferentes períodos, foi o mais conhecido defensor de um ensino público laico, gratuito e obrigatório no país. As leis que instituíram esses parâmetros, aprovadas entre 1881 e 1882, são conhecidas como "Leis Jules Ferry". (N. E.)

[1] Ver Jean-Pierre Le Goff, *La Barbarie douce, la modernisation aveugle des entreprises et de l'école* (Paris, La Découverte, 1999).

modernidade, arrasando costumes, eliminando modos de ser e fazer que não admitiam a primazia da eficiência e da racionalidade. Em sentido mais estrito, porém, o verbo "modernizar" também significa buscar mais eficiência nas organizações e instituições, a fim de equiparar sua produtividade – supondo-se que o termo tenha um sentido universal – à das empresas privadas de melhor desempenho[2].

Na realidade, em todos os domínios da sociedade, ganhou terreno o que Max Weber denominava "o espírito do capitalismo": a ação pedagógica é um bom exemplo. A educação passou por um processo contínuo de racionalização desde as origens da escola no Ocidente: conteúdos disciplinares e intelectuais, formas de transmissão e de controle, organização de níveis e divisões, materiais e locais sofreram uma normatização e uma padronização que permitiram o desenvolvimento da ação educativa, sob a forma de uma "burocracia mecânica"[3]. Essa forma organizacional centralizada e composta de células de base idêntica foi um meio muito eficaz de expandir e racionalizar a educação, até o momento em que ela pareceu não permitir ganhos de produtividade suficientes e se tornou um obstáculo à racionalização pedagógica. Evidentemente a forma burocrática da organização escolar nacional também gerou efeitos negativos: uniformidade, exigências tacanhas, mentalidade de caserna, mesquinharia de "chefes" e "burocratas", medo das modas e das novidades e, talvez acima de tudo, esforço constante para controlar politicamente as mentes, fazendo-as, por exemplo, respeitar as "autoridades consagradas" ou mesmo aderir aos "valores nacionais". O estilo antigo da escola alimentou uma crítica muito legítima, ou até mesmo uma "contestação" em massa, que seria um erro negar. Mas a burocratização escolar criou nichos – que no vocabulário da gestão seriam chamados de "caixas-pretas" – que escapam da vigilância, da padronização e da formalização. Ao menos em parte, as aulas, os cursos, as disciplinas, as relações

---

[2] "Esquecemo-nos muito facilmente de que o mundo moderno, sob outra face, é o mundo burguês, o mundo capitalista. É até um espetáculo divertido ver como nossos socialistas anticristãos, particularmente os anticatólicos, indiferentes à contradição, incensam o mundo chamando-o de moderno e difamam o mesmo mundo chamando-o de burguês e capitalista." Ver Charles Péguy, *De la situation faite au parti intellectuel dans le monde moderne devant les accidents de la gloire temporelle (1907)*, em *Oeuvres en prose complètes II* (Paris, Gallimard, 1988, col. "Bibliothèque de la Pléiade"), p. 699-700.

[3] Henry Mintzberg, *Structure et dynamique des organisations* (Paris, Éditions d'Organisation, 1982).

pedagógicas concretas permaneceram alheias ao domínio da gestão. Nesses nichos, em geral para o bem da relação humana, mas às vezes para o mal, manteve-se certa liberdade, certa diversidade dos conteúdos ensinados e das maneiras de ensinar. Ora, o que está em jogo, sobretudo na reorganização gerencial da escola francesa, não é o fim da burocracia, como se diz, mas uma nova etapa do controle do poder gerencial, que deve intervir mais profundamente na definição dos conteúdos, entrar nas minúcias das práticas e atingir o cerne da relação pedagógica. Um bom exemplo são os discursos sobre a necessidade de uma "cultura da avaliação" na escola ou a aplicação do cálculo econômico e das problemáticas contábeis na esfera da educação. A eficiência gerencial foi promovida a norma suprema, a ponto de se acreditar que a própria ação pedagógica pode ser avaliada como uma produção de "valor agregado"[4]. Um verdadeiro culto à eficiência e ao bom desempenho levou à identificação e ao ajuste de "boas práticas" inovadoras, que serão transferidas e estendidas a todas as unidades de ensino[5]. O novo discurso de modernização vê tudo pelo prisma da técnica. As dimensões políticas que implicam conflitos de interesses, de valores e de ideais são eliminadas. A escola é chamada a ser "competitiva". Deve adaptar-se aos desejos do usuário, segundo um procedimento de "serviço ao cliente"[6]. A inovação pedagógica é pensada cada vez mais como um progresso linear de métodos propostos por "laboratórios" de pesquisa e especialistas, o que parece legitimar sua imposição uniforme e autoritária. Após ouvir o que dizem as mais altas autoridades do Ministério da Educação Nacional nos últimos vinte anos, temos a impressão de que o toyotismo e a "qualidade total" são as novas Tábuas da Lei[7]. Como destaca Lise Demailly, esse desencantamento da escola que valoriza a "legitimidade procedimental" (gerir bem, organizar bem, avaliar bem, administrar bem, comunicar-se bem) rechaça a "legitimidade substancial" que até então dava sentido à escola,

---

4 Ver sobre esse tema Jean Andrieu, "Les Perspectives d'évolution des rapports de l'école et du monde économique face à la nouvelle révolution industrielle", *Journal Officiel de la République Française*, Conseil Économique et Social, Paris, 14 out. 1987.

5 Béatrice Compagnon e Anne Thévenin, *L'École française et la société française* (Paris, Complexe, 1995), p. 183.

6 Pierre Blanc, "Services privés, service public", *Éducation et Management*, n. 5, jul. 1990, p. 25.

7 Alain Michel, "Vers une stratégie du renouveau", *Éducation et Management*, n. 5, jul. 1990.

um sentido que se incorporava à própria pessoa do professor sob a forma de uma ética profissional e abrangia tanto os fazeres da profissão como os valores que ele pretendia compartilhar[8]. Esse capital simbólico, composto de referências e valores em parte comuns e em parte antagônicos (coesão social, cidadania republicana, progresso humano, emancipação do povo etc.), desapareceu do discurso oficial da instituição ou, mais exatamente, é apenas uma fachada para "salvar as aparências", especialmente necessária nos momentos em que os "modernizadores" entram em pânico por aquilo que é pudicamente chamado de "perda de referências". Tal destituição dos valores transforma esse capital ético em simples recurso privado, uma espécie de escolha pessoal que vale tanto quanto qualquer outra. Desse ponto de vista, o termo "modernização" é um arremedo de sentido. No âmbito das referências simbólicas, o *gerencialismo* vem pouco a pouco tomando o lugar do humanismo como sistema de inteligibilidade e legitimidade da atividade educacional, justificando a importância cada vez maior dos administradores, dos especialistas e dos estatísticos. Esse gerencialismo constitui um sistema de razões operacionais que busca ser o portador do significado da instituição pelo simples fato de que tudo parece ter de ser racionalizado segundo o cálculo das competências e a mensuração dos desempenhos.

A modernização do ensino nos Estados Unidos

A comparação com o caso estadunidense é útil mais uma vez, porque mostra, de um lado, que a "modernização" não é um tema recente e, de outro, que esse imperativo está estreitamente ligado às exigências do mundo econômico e às ideologias que lhe dão sustentação. Quando Hannah Arendt, em seu famoso artigo "A crise da educação"[9], faz um balanço particularmente sombrio da evolução da escola nos Estados Unidos, ela lança um olhar retrospectivo sobre o fracasso do ideal republicano da escola para todos, que oferecia chances iguais de êxito. Nesse sentido, é preciso seguir o diagnóstico de Hannah Arendt e ver os Estados Unidos como o país mais moderno,

---

[8] Lise Demailly, "Enjeux de l'évaluation et régulation des systèmes scolaires", em *Évaluer les politiques éducatives* (Paris, De Boeck Université, 2001), p. 18.

[9] Texto de 1958. Traduzido e publicado em francês em Hannah Arendt, *La Crise de la culture* (Paris, Gallimard, 1989, col. "Folio"), p. 223 [ed. bras.: *Entre o passado e o futuro*, trad. Mauro W. Barbosa, 8. ed., São Paulo, Perspectiva, 2016].

o que aponta o caminho na aplicação das crenças mais "avançadas", e, ao mesmo tempo, como o país dentre os mais desenvolvidos em que o fracasso da escola é o mais evidente. Uma das explicações é a aplicação mecânica e sistemática, na escola, de valores e modos de pensamento próprios da esfera econômica e industrial. Em outras palavras, desde o início do século XX, isto é, muito antes das "inovações" dos reformadores da escola atual, a ideia de que a escola deve ser gerida como uma "empresa de educação" tornou-se comum nos Estados Unidos.

No século XIX, no rastro dos fundadores republicanos, os estadunidenses tentaram implantar uma educação universal. Esta se impunha sobretudo porque atendia às exigências de americanização dos imigrantes e respondia à preocupação meritocrática da promoção social que impregna tão fortemente as representações populares nos Estados Unidos. O esforço para estender e universalizar o acesso à cultura foi, contudo, frustrado em grande parte, e seus objetivos foram alterados pelo enorme peso do empresariado, que se tornou particularmente poderoso após a fase do "capitalismo selvagem" do fim do século XIX. A partir dos anos 1890, a escola sofreu tal pressão dos meios patronais e de parte da opinião pública nos Estados Unidos que teve de adotar os "padrões" da indústria para se adaptar às necessidades econômicas. Essa espécie de capitulação foi um dos principais motivos da "tragédia americana no campo da educação", segundo Raymond Callahan[10].

No início do século, jornalistas e dirigentes da grande imprensa popular denunciaram o desperdício de verbas públicas, a má gestão das instituições em geral e, em particular, da escola. O ataque mirava não somente os aspectos financeiros e orçamentários, mas também a pedagogia. A escola era perdulária porque ensinava um saber inútil, puramente livresco ("*mere book learning*", "*mere scolastic education*")[11], sem conexão com a vida prática, incapaz de fornecer a mão de obra de que a economia precisava. Raymond Callahan mostra que a exigência de que a escola seja gerida como uma empresa se coaduna com a reivindicação de um *curriculum* mais prático, mais

---

[10] Raymond Callahan, *Education and the Cult of Efficiency* (Chicago/Londres, The University of Chicago Press, 1964). Mais recentemente, Jeremy Rifkin recordou a importância, desde o século passado, do princípio de eficiência na sociedade estadunidense em geral e no mundo escolar em particular. Ver Jeremy Rifkin, *La Fin du travail* (Paris, La Découverte, 1997), p. 80 e seg. [ed. bras.: *O fim dos empregos*, trad. Ruth Gabriela Bahr, 22. ed., São Paulo, M. Books, 2004].

[11] Ibidem, p. 8.

profissional, ou seja, mais útil. A ideia de que a massificação da escola e a incorporação de um grande número de jovens procedentes de uma imigração recente exigiam uma mudança radical da cultura escolar espalhou-se rapidamente a partir dos anos 1910. O filistinismo que reinava na época, como um eco distante do utilitarismo de Benjamin Franklin ("*Time is money*"), via o ensino de grego e latim como um ranço aristocrático, sem nenhuma utilidade para as atividades profissionais dos estadunidenses. Os empresários exigiam que se ensinasse aos alunos contabilidade, direito comercial, técnicas de venda, em vez de uma cultura geral que consideravam "inútil para 70% dos jovens"[12]. Para desgosto de muitos professores e intelectuais, as competências práticas e sociais (*skills*) eram incensadas por serem mais úteis que os conhecimentos livrescos. Esse anti-intelectualismo pretensamente "democrático" juntava-se a um argumento especificamente liberal sobre a necessidade de reduzir as despesas do Estado e os custos da educação para não atrapalhar o desenvolvimento industrial. Enfim, o tema recorrente da competição econômica – com a Alemanha, na época – dava sustentação à reivindicação em favor de uma escola mais eficiente. As medidas tomadas conduziram a um profundo questionamento dos objetivos da escola, à desvalorização da cultura clássica e da formação cultural geral e à mudança da concepção do magistério.

Há, sem dúvida, aspectos dessa evolução que são específicos dos Estados Unidos, como a vulnerabilidade dos professores e do corpo diretivo da escola, que têm de se sujeitar ao controle estrito dos *boards* – isto é, de conselhos locais que representam a fração abastada da "comunidade" – e são obrigados a adotar estratégias de defesa para assegurar sua posição profissional. Uma dessas estratégias consistiu justamente em imitar as normas e maneiras de pensar do mundo industrial para provar que a escola podia ser comparada a uma empresa, e os professores e os diretores, aos "homens de negócios", a executivos e gerentes. A partir dos anos 1910, esse discurso utilitarista sobre a "escola eficiente" se traduziu num conjunto de novas práticas institucionais. Os "superintendentes" não tiveram dúvida em equiparar o estabelecimento escolar que dirigiam a uma fábrica e em aplicar nele os princípios taylorianos incensados pela imprensa. A referência à gestão científica facilitou a constituição de uma elite profissional de administradores e acadêmicos que se uniram solidamente em torno dos novos ideais, formando uma rede a

---

[12] Ibidem, p. 10.

partir de alguns centros de formação universitária, como o famoso Teachers College da Universidade Columbia, em Nova York, ou os departamentos de pedagogia e de administração escolar de Harvard, Stanford e Chicago, que foram modelares para os Estados Unidos e o Canadá[13]. Muitas figuras que se apresentavam na época como "especialistas em eficiência" forneciam novos modelos de organização, propunham técnicas de "gestão de sala de aula", tentavam impor métodos de mensuração e avaliação inspirados na indústria. Esses princípios e receitas foram amplamente difundidos entre os profissionais da área pela imprensa especializada e por cursos de formação de docentes ministrados por algumas das grandes figuras do movimento de racionalização da educação.

A eficiência é, sobretudo, o reino da métrica e da quantificação. O reformador Frank Spaulding se destacou com um plano de renovação que possibilitava a tradução de todos os aspectos do ensino em custos financeiros. Como diz Raymond Callahan, "o dólar se tornou o principal critério educacional"[14]. Essa equiparação típica das economias de mercado desenvolvidas se traduziu na tentação de uma medida geral da eficiência da educação, já concebida naquela época como a relação entre o "produto acabado" e a "matéria-prima". Daí a mania dos testes, da avaliação quantificada e padronizada dos resultados escolares e a comparação com o investimento na escola para medir o "rendimento". Como ressaltava na época um dos grandes defensores do taylorismo aplicado à vida social em geral e à educação em particular, William Allen, "alguns reacionários afirmam que não se pode medir a eficiência, mas a maioria de nós sabe que existem tantas coisas que se pode medir que não há motivo para se preocupar com o pequeno número de coisas que não se pode medir"[15]. Raymond Callahan destaca a crença de que:

> não havia limites de fato aos benefícios que se podia obter com a adoção dos padrões. Os professores saberiam imediatamente quando os estudantes errassem. Os diretores saberiam quando os professores fossem eficientes e poderiam determinar a situação da escola comparando-a à de outras, não de modo geral e impreciso, mas de forma precisa e absoluta.[16]

---

[13] Ver Malie Montagutelli, *Histoire de l'enseignement aux États-Unis* (Paris, Belin, 2000), p. 151 e seg.

[14] Raymond Callahan, *Education and the Cult of Efficiency*, cit., p. 68.

[15] Citado por Raymond Callahan, *Education and the Cult of Efficiency*, cit., p. 63.

[16] Ibidem, p. 82.

Os estadunidenses estavam muito à frente no uso em grande escala da quantificação escolar, como prova o enorme sucesso dos trabalhos de Alfred Binet nos Estados Unidos. Em 1918, Edward Thorndike se tornou o grande defensor da mensuração dos "produtos educativos", com a palavra de ordem: "Tudo o que existe existe em certa quantidade"[17]. Influenciados pelo teste de Binet-Simon, os psicólogos norte-americanos desenvolveram testes de inteligência e de competência nas disciplinas escolares (aritmética, escrita, leitura, expressão oral etc.). Em 1918, alguns estudos já identificavam mais de cem testes utilizados nas escolas dos Estados Unidos. Um autor da época fala de uma verdadeira "orgia tabular" para descrever o entusiasmo pela avaliação dos aprendizados, perante o qual os atuais esforços da França parecem bem tímidos.

Esse ideal da mensuração exaustiva e perfeita pressupõe aceitação e cooperação dos "agentes de execução". Embora no início do século os reformadores estadunidenses pretendessem criar auditorias conduzidas pelos *boards* locais, eles também tinham consciência de que grande parte do trabalho de mensuração seria realizado pela equipe escolar. Ora, a resistência desta à taylorização burocrática foi significativa. Diante da negativa de muitos professores rebaixados a "trabalhadores em série", os modernizadores tentaram acabar com a resistência de todos aqueles que eles estigmatizavam como "intelectualistas", "individualistas", "atrasados" e "antidemocratas", alterando profundamente a formação e a seleção dos professores com base em critérios profissionais padronizados[18].

Os efeitos da racionalização tayloriana

Nos Estados Unidos a aplicação desses princípios de gestão científica teve como consequência o surgimento de uma nova profissão especializada: a dos "administradores escolares", formados em técnicas de *efficiency* em institutos específicos e convertidos aos ideais industriais. A literatura dedicada à gestão do ensino escrita nos anos 1920, assim como a formação especial que os administradores escolares tiveram, isolou-os da cultura e dos valores dos professores. Isso permitiu que eles fortalecessem sua posição profissional em

---

[17] Lawrence A. Cremin, *The Transformation of the School, Progressivism in American School* (Nova York, Vintage Books, 1964), p. 185.

[18] Raymond Callahan, *Education and the Cult of Efficiency*, cit., p. 86.

relação ao mundo fora da instituição e se impusessem internamente como "verdadeiros chefes". Distanciados do conteúdo cultural dos estudos, obedeciam apenas aos cânones da lógica gerencial e eram suscetíveis às pressões dos meios econômicos; definiam-se socialmente como especialistas em ensino, embora estivessem desconectados das dimensões estéticas, morais e científicas dos estudos. Graças a essa conversão profissional, a lógica gerencial se impôs, em detrimento dos objetivos de formação intelectual geral e dos significados culturais e políticos da escola. Embora essa ideologia da burocracia escolar e os valores do *business* tenham sido questionados na época da Grande Depressão, quando o capitalismo não mais podia se vangloriar de eficiência social, o mal já estava feito. As posições de poder nas escolas e, sobretudo, nos institutos de formação de professores já haviam sido – e continuariam por muito tempo – ocupadas por "especialistas" convertidos ao espírito gerencial.

Essa taylorização resultou numa profunda mudança do magistério. A "profissionalização do ensino", que consistiu sobretudo na prescrição de métodos e no aprendizado de procedimentos de controle da "qualidade dos produtos", conduziu a uma divisão vertical do trabalho, segundo o esquema tayloriano, que opôs os especialistas em ciência da educação, detentores dos métodos corretos de padronização da ação educativa e de sua mensuração, aos meros executantes encarregados de aplicar as inovações e realizar os procedimentos normatizados de ensino. A métrica padronizada disponibilizada pelos conselhos administrativos permitia um controle mais estrito do professor. Multiplicaram-se os esforços para reorganizar salas de aula e cursos, ritmos e ocupação das escolas, a fim de diminuir custos, às vezes com consequências pedagógicas desastrosas. A busca de economias de escala levou à construção de escolas maiores, ao aumento do número de alunos por sala de aula, à eliminação das turmas pequenas e das matérias que eram consideradas inúteis em prol da rentabilidade. A profissão de professor nos Estados Unidos se complicou e se burocratizou. A carga de trabalho aumentou com o número maior de alunos por classe. A transmissão dos conhecimentos foi prejudicada pela aplicação sistemática de testes, pelo preenchimento de diários de classe e pela atualização de estatísticas. O professor estadunidense, definido como um "técnico do ensino", era visto cada vez menos como um trabalhador intelectual encarregado da transmissão dos conhecimentos. O esforço pela redução de custos se juntou a uma pressão supostamente "democrática" a favor de outra redução: a dos conteúdos que eram ensinados e das exigências em matéria de cultura.

A *educação de massa* implantada nos Estados Unidos parece seguir a mesma lógica aplicada na *produção de massa* nas fábricas da Ford em Detroit. Na mesma época em que cadeias de produção não tinham mais nada a ver com a fabricação de carros de luxo, o sistema escolar não conseguia e não podia mais transmitir o mesmo tipo de cultura dentro do mesmo arcabouço e segundo as mesmas formas. A partir do fim do século XIX, houve inúmeras tentativas de enxugar os programas e criaram-se comissões oficiais com esse objetivo. Uma das mais famosas, a *Comissão para a Reorganização da Educação Secundária*, formulou em 1918 os *Cardinal Principles of Secondary Education* [Princípios Cardeais da Educação Secundária], que são uma série de princípios manifestamente utilitaristas[19]. Esses princípios buscavam determinar as finalidades da escola "pela satisfação das necessidades da sociedade, pela formação do caráter dos indivíduos, pela disponibilidade do conhecimento da teoria e da prática educacional". Os *Cardinal Principles* determinavam os objetivos da escola de acordo com as principais atividades e funções da vida social e pessoal, como já prescrevia Herbert Spencer em meados do século XIX. São eles: saúde, domínio dos processos fundamentais, contribuição para a vida doméstica, profissão, cidadania, emprego válido do lazer, caráter moral[20].

Essa tendência utilitarista resultará na doutrina da "Life Adjustment Theory", que dominou a modernização à americana após a Segunda Guerra Mundial. Essa teoria definiu uma educação que visava à adaptação mecânica à vida social tal como ela é. Todos os assuntos da escola moderna, todas as palavras de ordem que durante muito tempo foram consideradas progressistas (a "criança é o centro", as "necessidades da criança", "ensinar crianças, não disciplinas", "reconhecer as diferenças individuais", a "pedagogia do interesse", "adaptar a escola à criança") tornaram-se os princípios fundamentais e oficiais da educação nos Estados Unidos[21]. No entanto, essa

---

[19] Diane Ravitch, *The Troubled Crusade, American Education, 1945-1980* (Nova York, Basic Books, Inc. Publishers, 1983). Esses *Cardinal Principles of Secondary Education* correspondem a tendências encontradas em certas correntes pedagógicas que se dizem "progressistas". O objetivo é adaptar-se aos alunos, partir de suas necessidades para ajudá-los a "se integrar" e "se socializar".

[20] Como Diane Ravitch diz, muito justamente, a referência à formação intelectual tende a desaparecer, afogando-se nas "tarefas sociais". Ibidem, p. 48.

[21] Lawrence A. Cremin, *The Transformation of the School, Progressivism in American School*, cit., p. 328-9.

concepção, que tinha o apoio de parte da esquerda intelectual, política e social, e foi promovida com certo entusiasmo nos Estados Unidos como o modelo escolar que correspondia aos ideais da nação, levou a uma escola cuja "eficiência" foi objeto de inúmeras e virulentas discussões durante três ou quatro décadas. Baixas expectativas cognitivas, profundas desigualdades entre alunos e entre escolas, reforçadas pela prática da escolha de matérias, deterioração do ambiente da escola e das turmas levaram à degradação da escola pública e, paralelamente, à valorização das escolas privadas mais orientadas ao ensino acadêmico. O progressismo reformista do início do movimento se transformou em uma teoria adaptativa, fundamentalmente conservadora no plano social.

Apesar dos efeitos negativos da imposição das categorias e dos *business values* na educação nos Estados Unidos, a ideologia gerencial continuou a se propagar por caminhos diversos até se impor na maioria dos países. Os organismos internacionais, instrumentos e vetores desses discursos de modernização, desempenharam um papel importante a partir dos anos 1960 e 1970. A ironia é que foram os representantes dos Estados Unidos na OCDE que, para resolver sua própria crise no sistema educacional, iniciaram esse movimento mundial de "modernização do ensino"[22]. O desenvolvimento do mesmo tipo de preocupação gerencial no Canadá, e em particular no Québec, onde a formação voltada para a gestão escolar é antiga, também teve influência sobre as concepções europeias, na França, na Bélgica e em especial na Suíça. À parte a filiação direta ou indireta, o exemplo estadunidense nos permite colocar em dúvida a representação linear dos progressos da racionalização burocrática na educação. Ele também mostra que querer imitar o setor industrial e inspirar-se na empresa, sob pressão do imperativo dos custos, afeta não apenas a implantação dos meios, mas também as finalidades da educação.

A fascinação da administração escolar pela empresa

Muito depois dos Estados Unidos, diante das críticas e pressões do mundo econômico, a administração pública francesa também tentou assimilar os modos de gestão do setor privado e definiu um caminho de

---

[22] Ver Pierre Laderrière, "Les Objectifs et les méthodes de l'OCDE", *Nouveaux Regards*, n. 14, 2001.

"reforma da escola" que se guiava pela empresa e pela analogia sistemática com o mundo econômico, sua organização, seus modos de avaliação e sua produtividade[23]. A difusão da ideologia gerencial ocorreu progressivamente, a partir da Segunda Guerra Mundial, e acelerou-se nos anos 1960, como mostra o sucesso de revistas modernistas como *L'Express* ou a importância do tema, famoso na época, de *O desafio americano*, de Jean-Jacques Servan-Schreiber[24]. A convocação para que o setor privado fosse copiado, que já era persistente na direita ao menos desde a década de 1970, só foi realmente atendida com a "reabilitação da empresa", promovida pela esquerda em meados dos anos 1980. A partir desse momento foram introduzidos os ideais da gestão eficiente, o modelo de "gestor" e as promessas das novas tecnologias informáticas (o plano "Informática para todos"). A esquerda francesa, que detinha uma espécie de monopólio do discurso legítimo sobre a escola, contribuiu largamente para a conversão da instituição escolar aos valores da empresa, baseada em pressupostos cuja validade até hoje não foi comprovada: a extinção do taylorismo e o surgimento de um poder de natureza "mais humana" nas organizações produtivas[25]. Assim, a velha base saint-simoniana do socialismo se amalgamou ao discurso neoliberal. O espírito de empresa e a lógica gerencial se tornaram o "coração" da nova doutrina da esquerda governamental. Como afirmou Laurent Fabius:

> Setor público ou setor privado, o espírito de empresa é indivisível. [...] Uma das mudanças mais importantes de mentalidade ao longo deste mandato foi o fim dos preconceitos contra a empresa e das falsas oposições entre setor público e setor privado. Foi um grande passo. A partir de agora temos de adotar esse mesmo espírito empreendedor na solução dos problemas industriais e sociais que ainda nos separam de uma estrutura industrial totalmente moderna.[26]

---

[23] Idem, *L'Enseignement: une réforme impossible? Analyse comparée* (Paris, L'Harmattan, 1999), p. 275.

[24] Jean-Jacques Servan-Schreiber, *Le Défi américain* (Paris, Denoël, 1967) [ed. bras.: *O desafio americano*, trad. Álvaro Cabral, 3. ed., Rio de Janeiro, Expressão e Cultura, 1968].

[25] Sobre a preservação do taylorismo na forma de "controle de fluxo", ver Guillaume Duval, *L'Entreprise efficace à l'heure de Swatch et McDonald's: la seconde vie du taylorisme* (Paris, Syros, 1998).

[26] Laurent Fabius, *Le Coeur du futur* (Paris, Calmann-Lévy, 1985), citado em Jean-Pierre Le Goff, *Le Mythe de l'entreprise*, cit.

O espírito de empresa também poderia resolver, portanto, os problemas da escola. Essa interiorização da imagem da empresa eficiente e florescente aconteceu de várias maneiras: por uma via interna, a partir de determinadas reflexões e práticas de renovação no Ministério da Educação Nacional, mas também pela importação direta de noções e representações valorizadas que a gestão privada encontrava na literatura estadunidense da época. Foi assim que se supôs que o "trabalho por projetos" deveria ser aplicado à escola para que ela servisse melhor aos clientes, segundo o espírito de "qualidade total". Mais ainda, não apenas o "espírito de empresa" impregnaria a educação e constituiria o motor da mudança, mas a própria escola se tornaria uma empresa, aliás, "a empresa do futuro", como dizia no fim dos anos 1980 o *slogan* oficial do Ministério da Educação Nacional. Muitos o viram apenas como um dos muitos *slogans* reformadores inspirados em técnicas de mobilização publicitária. Contudo, a substituição de símbolos e *slogans* nunca é inocente. Essa mística não tinha nada a ver com o conhecimento real da empresa, apesar de sua pretensão ao "realismo". Ao contrário, era um discurso de sedução, ou evangelização, que pretendia mostrar aos atores do sistema educacional que "as empresas conseguiram propor modelos de gestão e organização eficientes" capazes de reformar o sistema educacional[27]. Além disso, essa empresa mítica era apresentada como um lugar onde milagrosamente todas as dimensões do homem eram levadas em conta: paixões, afeitos diversos e impulsos múltiplos, necessidade de amor e reconhecimento, valores morais, solidariedade, sentimentos humanitários, preferências estéticas etc. Muito esforço foi despendido para mostrar que a empresa não era mais um lugar profano e vulgar, onde só se produziam bens e serviços, e sim, acima de tudo, um lugar "cultural". Uma literatura impressionante se desenvolveu a respeito do tema, usando e abusando de analogias pseudoacadêmicas ("cultura de empresa" etc.). A empresa se tornou a nova Thelema, lugar de desenvolvimento pessoal integral, de felicidade plena, de vida completa[28]. E, sendo ainda por cima um lugar de "cultura", podia servir convenientemente de "paradigma" a todas as instituições que ainda acreditavam cumprir uma função primordial nesse terreno, em particular a escola.

---

[27] François Périgot, *Éducation et Économie*, dez. 1990, p. 6.

[28] O leitor poderá se reportar às análises de Luc Boltanski e Ève Chiapello, *Le Nouvel Esprit du capitalisme* (Paris, Gallimard, 1999) [ed. bras.: *O novo espírito do capitalismo*, trad. Ivone Benedetti, São Paulo, Martins Fontes, 2009].

Não foi pequeno o impacto dessa veneração retórica na França, onde a escola parece ser fiadora da identidade nacional e, para a esquerda, foi durante muito tempo o vetor do progresso social. Um discurso feito em 1984, que parece absolutamente inocente à primeira vista, mostra a conversão subjetiva de certos administradores "modernos" que ainda se intitulavam parte da esquerda autogestionária: por ocasião de um colóquio da Associação Francesa dos Administradores da Educação Nacional (Afae), a senhora Gentzbittel, diretora de uma escola de ensino secundário que conseguiu seus quinze minutos de glória midiática, ao se dirigir à representante do Conselho Nacional do Patronato Francês (CNPF), declarou: "A empresa é uma escola e, inversamente, a escola é uma empresa. Aqui, somos na maioria administradores, por isso podemos ter uma linguagem comum com os empresários". E acrescentou: "Nessa busca pela cogestão, pela responsabilização das bases na empresa, vocês podem introduzir sua linguagem até no funcionamento de nossas escolas. Não se esqueçam de que as escolas são realmente uma empresa na nação". Surpresa com essa capitulação intelectual, a representante do CNPF, a senhora Vigneron, respondeu: "Acho sua linguagem fantástica. Espero um dia ter uma plateia de empresários para ouvir (*sic*) essa linguagem. Mas faço uma pequena ressalva sobre a cogestão, que mereceria desenvolvimentos mais longos (*sic*)"[29]. Foi graças a essa "linguagem fantástica" que *a empresa de terceiro tipo* se tornou o paradigma central dos discursos escolares, um modelo para copiar sem questionamentos[30].

Essa imitação retórica e essa interiorização subjetiva acabaram se impondo em uma escala social bem mais ampla, a ponto de as forças que poderiam e deveriam ter se oposto entrarem numa lógica de dobrar a aposta. Alguns sindicatos alinhados ao modernismo contribuíram para essa nova representação da escola, embora alegassem impor algumas barreiras a ela, que eram tão tímidas quanto retóricas. Por exemplo, em 1991, Yannick Simbron, então presidente da Federação da Educação Nacional (FEN),

[29] V Colóquio da Associação Francesa dos Administradores da Educação Nacional (Afae), 27-29 jan. 1984, citado em *Administration et Éducation*, n. 23, ago. 1984.

[30] Aludimos aqui ao título da obra de George Archier e Hervé Sérieyx, *Empresa do terceiro tipo* (trad. Eduardo Brandão, São Paulo, Nobel, 1989) [ed. orig.: *L'Entreprise du troisième type*, Paris, Seuil, 1984], que em pouco tempo se tornou a bíblia da mitologia gerencial na França, entre outros no mundo da administração.

pedia numa coluna do jornal *Le Monde* uma maior "abertura da escola para o mundo da empresa", vangloriando-se pelo fato de a FEN ocupar uma posição de ponta desde os anos 1970, promovendo "sequências didáticas nas empresas"[31]. Claude Allègre situou bem a questão quando, ao admitir a derrota política e cultural do discurso de esquerda, abriu mão tanto da luta de classes como do ideal de autonomia do ensino e da pesquisa em relação à lógica do lucro. Em entrevista à revista *L'Expansion*, o ex-ministro afirmou, em seu estilo muito particular:

> Seis anos atrás, os professores não queriam nem ouvir falar de trabalhar com as empresas. Hoje não há problema nenhum, o gelo se quebrou. [...] A modernização da linguagem dos sindicatos ([Nicole] Notat, mas também [Louis] Viannet e [Bernard] Thibault) – que hoje falam da empresa não só como lugar de luta social, mas também como lugar de produção de riquezas – contribuiu para essa evolução.[32]

O culto da eficiência

Quando analisamos o discurso dos "modernizadores" franceses, sobressai a temática da eficiência, identificada em geral com a da "democratização". A eficiência foi progressivamente elevada a valor supremo, suplantando o ideal agora desvalorizado da emancipação pelo saber. Como vimos, longe de ser uma referência nova e original, ela se introduz quando a escola se torna alvo de pressão dos meios econômicos. A eficiência se tornou o xibolete de uma ampla coalizão que reúne de empresários a associações de pais de alunos, passando por alguns meios sindicais e associativos "modernistas", sem falar de todos aqueles para os quais a inovação se tornou um valor em si. Esse tema se distingue dos outros justamente por aquilo que devemos chamar de sua "eficiência simbólica". Como toda ação humana, a ação pedagógica tem uma finalidade e dispõe de meios para alcançá-la que devem ser selecionados e empregados tendo em vista esse propósito. Mas o pintor, o médico, o agricultor, o artesão e o engenheiro também têm seus

---

31 Yannick Simbron, "École-entreprise: nous sommes prêts à discuter", *Le Monde*, Paris, 6 jun. 1991.

32 Claude Allègre, entrevista concedida a *L'Expansion*; ver Abelle Mas, Laurence Ville e François Lenglet, "J'ai tenu bon: le mammouth a changé", *L'Expansion*, Paris, n. 608, 4-7 nov. 1999.

próprios modos de eficiência, com particularidades próprias. A concepção de eficiência que se impôs progressivamente na educação, como vimos no caso dos Estados Unidos, considera que a eficiência é sempre mensurável e pode ser atribuída a dispositivos, métodos e técnicas totalmente definidos, padronizados e replicáveis em grande escala, desde que haja "formação", "profissionalização", "avaliação" e controle dos agentes de execução, ou seja, os professores. Essa concepção também pressupõe a construção de instrumentos de mensuração, teste e comparação dos resultados da atividade pedagógica. Em outras palavras, a concepção de eficiência é indissociável da burocratização da pedagogia.

A temática da avaliação da escola faz parte da lógica da educação de massa e de sua organização administrativa a partir do século XIX. Aliás, para justificar o alcance dessa prática, os defensores do cálculo na educação não se cansam de lembrar que boa parte do trabalho dos professores consiste em dar nota aos alunos. De fato, a avaliação adquiriu uma importância considerável a partir do século XX com a difusão dos testes, como nos Estados Unidos. Os resultados, apresentados em forma de dados, são fetichizados, aparecem como critério de qualidade das escolas e como medida do nível cultural da população. O *testing* se tornou uma prática comercial lucrativa, graças a um vasto mercado no qual atuam grandes empresas especializadas. Mais globalmente, houve uma ampla atividade de institucionalização e padronização da avaliação, e as empresas de *benchmarking*, isto é, de calibragem, proliferaram em todo o mundo. A produção de normas de qualidade e critérios de comparação, por intermédio das categorias estatísticas, é objeto de um verdadeiro mercado, no qual atuam diversos organismos nacionais e internacionais, como a Associação Internacional para Avaliação do Rendimento Educacional (IEA). A OCDE participa desse movimento com os indicadores internacionais de educação (Programa de Indicadores dos Sistemas Educacionais – Ines) e as pesquisas comparativas sobre as competências dos alunos (Programa Internacional de Avaliação de Alunos – Pisa). Essa atividade é incentivada pela Comissão Europeia por meio da criação de uma rede de agências de avaliação dos quinze países-membros da União Europeia. As administrações públicas nacionais, assim como os organismos internacionais, entre os quais a OCDE e o Banco Mundial, tentaram desenvolver ferramentas que permitissem medir o "rendimento dos investimentos em educação", uma avaliação considerada necessária à melhora desse indicador e à eficiência econômica global.

Essa "cultura da avaliação", que há vinte anos faz um sucesso estrondoso na Europa, também se desenvolveu de maneira significava na França. No fim dos anos 1980, o movimento se acelerou com a criação da Diretoria de Avaliação e Prospectiva (DEP) em 1987 e com o colóquio organizado em conjunto pela OCDE e pelo Ministério da Educação Nacional em 1988, em Poitiers. A Inspeção Geral, instância criada em 1802 para supervisionar os professores, se dedicou cada vez mais a avaliar o sistema educacional. Instrumentos pioneiros de mensuração da eficiência dos estabelecimentos escolares surgiram a partir de meados dos anos 1990 (como os indicadores de gestão das escolas de ensino secundário – Ipes) e tiveram efeitos perversos, como uma maior concorrência no mercado escolar motivada pela publicação anual de *rankings* das melhores escolas (com "bases científicas confiáveis"), alardeados pela imprensa. A DEP concebeu e realizou avaliações em massa em todo o território nacional, com recortes tais como coortes de alunos, níveis escolares, políticas específicas (como as ZEPs) e escolas[33].

Esse vasto movimento de avaliação e comparação internacional é indissociável da crescente subordinação da escola aos imperativos econômicos. É trazida pela "obrigação de apresentar resultados" à qual supostamente estão sujeitas tanto a escola quanto qualquer organização que produza serviços. Sob essa perspectiva, faz parte das reformas "focadas na competitividade" que visam estabelecer e elevar o nível escolar e, para isso, devem normatizar métodos e conteúdos de ensino. Esse movimento a favor da avaliação padronizada é mais visível nos países tradicionalmente mais descentralizados. Todas as universidades, todos os departamentos são considerados *accountable*, isto é, encarregados e responsabilizados pelos recursos que recebem. Hoje alguns especialistas e administradores consideram o *assessment* (avaliação) o momento-chave da empresa educacional. A avaliação seria uma garantia de eficiência, de convergência de expectativas e resultados, de democratização. Por ser evidente para todos, a avaliação cria consenso entre oferta e demanda educacional. Essa gestão por resultados pressupõe a concordância em que os dispositivos de avaliação são técnicas neutras de controle do cumprimento de objetivos, que, por sua vez, também devem ser consenso. Em resumo, os controles e as orientações da administração pública tradicional, que

---

[33] Ver Jean-Louis Derouet, "La Constitution d'un espace d'intéressement entre recherche, administration et politique en France dans les trente dernières années", em Yves Dutercq (org.), *Comment peut-on administrer l'école?* (Paris, PUF, 2002), p. 38-9.

respeita as regras do direito público, seriam substituídos por outro tipo de racionalidade formal, comandada por princípios práticos de eficiência. A "organização" poderia maximizar seus efeitos sem ditar meios e procedimentos, deixados a cargo dos que atuam em campo.

Dispor das ferramentas corretas seria a forma universal de resolver a crise do ensino, vista essencialmente como um problema de baixa eficiência dos recursos empregados. Para uma melhor "gestão" da ação educativa e dos estabelecimentos escolares, é preciso diminuir os custos financeiros e também os custos sociais do fracasso escolar. Em suma, "avaliar" bem seria a condição para agir bem, segundo um esquema de *feedback*. Além desses objetivos globais, a avaliação, da forma como foi introduzida na França, é o principal instrumento da reorganização da escola.

Os efeitos reducionistas da avaliação e da eficiência

Essas medidas pressupõem saber o que é "eficiência" no ensino antes mesmo de se perguntar a respeito do que faz um professor ser eficiente e se essa eficiência depende de técnicas e métodos replicáveis. Essa questão sobre a natureza da eficiência depende sobretudo dos propósitos buscados. É consenso que a escola é uma instituição historicamente encarregada da formação intelectual dos indivíduos e da transmissão de saberes legítimos e formalizados, e que sua "eficiência" deve ser avaliada desse ponto de vista. O que os alunos sabem? Que saberes devem ser mantidos? Os conhecimentos podem ser separados dos valores aos quais eles estão relacionados? Embora a escola seja uma instituição especializada na transmissão de saberes, ela faz parte da educação, é um "fato social total" que une todas as dimensões humanas e é por excelência o terreno do complexo. Ora, sabemos que, em geral, as críticas à ineficiência da escola querem dizer na realidade que ela não busca as "finalidades que interessam", as quais são variáveis: emprego, adaptação às empresas, integração dos imigrantes ou luta contra a violência. A eficiência não é tão evidente quanto se imagina. É uma construção social, produto de opiniões pedagógicas, ideologias e relações de força.

Hoje, é a lógica *econômica* que determina como o sentido de eficiência é entendido. O discurso corrente sobre a "escola eficiente" enfatiza a única coisa que parece importar: a escola deve ser gerida com rigor, na medida em que está em jogo um gasto público de grandes proporções que não deve ser desperdiçado, caso contrário outras esferas de ação pública serão prejudicadas[34]. A busca por eficiência, da maneira muito simplista como é entendida hoje, visa aumentar os objetivos quantificáveis, em razão dos meios escassos com que os agentes podem contar. Desse modo, a *eficiência* do ensino da qual se trata aqui tende a se confundir com a *eficiência* econômica, que consiste em maximizar os resultados contáveis – avaliados com maior ou menor precisão –, utilizando da melhor forma os restritos recursos financeiros alocados pela autoridade pública ou pelos "consumidores" da escola. O horizonte de finalidades da educação se enevoa sob objetivos em geral numéricos (número de formados, taxa de reprovação ou de sucesso escolar), que por sua vez estão ligados aos investimentos e às necessidades de mão de obra da economia. O Banco Mundial se tornou especialista no cálculo de investimentos educacionais em países subdesenvolvidos. Isso o levou, por exemplo, a preconizar a redução do salário dos professores africanos para aumentar o número de docentes nas escolas ou a defender o aumento do número de alunos por turma, com base em cálculos que supostamente abrangem o conjunto de custos/benefícios dessa decisão.

É preciso analisar muito bem a argumentação dos "calculistas" especializados em econometria educacional. Alguns deles se queixam da reivindicação de exceção do mundo da educação:

> O mundo educacional é o mundo do inefável. Ele não gosta da objetivação e, principalmente, acredita que o princípio que garante a validade da comparação de duas medidas (de coisas iguais, diga-se de passagem) não é aplicável a ele, apesar de paradoxalmente ser um mundo em que a avaliação e a objetivação são rotina, por meio das notas e da orientação dos alunos.[35]

Assim, na educação, "o desenvolvimento da avaliação moderna aparece como uma verdadeira revolução cultural"[36]. Com a introdução dos critérios de eficiência e produtividade, e os trabalhos de análise econométrica das ações educativas, a quantificação dessas ações "oferece inúmeras vantagens tanto no campo instrumental (apoio de análises estatísticas que permitem isolar a influência de cada fator) como no campo conceitual (raciocínio

---

[34] Ver, a esse respeito, Pierre Laderrière, "Gestion et production: abus de langage ou nouvelle réalité?", *Nouveaux Regards*, n. 9, 2000, p. 35.

[35] Secrétariat d'État au Plan, *Éduquer pour demain* (Paris, La Découverte, 1991), p. 133.

[36] Jean-Pierre Jarousse e Christine Leroy-Audouin, "Les Nouveaux Outils d'évaluation: quel intérêt pour l'analyse des 'effets-classe'?", em Jean Bourdon e Claude Thélot (orgs.), *Éducation et formation*, cit., p. 163.

marginal, decisão, otimização)"[37]. Essa generalização da análise custos/benefícios supostamente diminui os preconceitos dos atores e possibilita até superar conflitos de valores e interesses, pois a mensuração e os cálculos são "objetivos". Tal problemática "desencantada" da quantificação repousa sobre a crença na absoluta neutralidade da ciência e em sua capacidade de captar ao menos as dimensões mais importantes da ação educativa. O fato de que ela afeta o sentido dessa ação não entra, porém, no cálculo dos custos/benefícios. Os autores elogiam essa abordagem:

> Em oposição à seleção de ações baseada apenas na opinião dos atores, o processo de justificação das ações educativas se refere a dimensões operacionais mensuráveis da produção dos sistemas de formação (aquisições dos alunos e transcurso das carreiras escolares, inserção profissional ou nível salarial dos formados). Essa operacionalização do produto, embora possa ser aperfeiçoada, modifica totalmente a maneira de abordar as escolhas em matéria de política educacional. Permite a introdução de um raciocínio marginalista que era praticamente ausente e possibilita a comparação direta de ações concorrentes até então incomensuráveis.[38]

Na realidade, como vemos nessa citação, apenas os resultados mensuráveis, em particular os que vinculam escola e mercado de trabalho, têm importância para essa análise "objetiva". Por exemplo, o tempo que um aluno demora para chegar ao fim do ensino médio, ou os resultados nos exames de conclusão do ensino fundamental 2 ou de um curso técnico em um universo de alunos ou por escola, ou então os resultados obtidos em testes idênticos aplicados a todos os alunos de um mesmo nível. Esse movimento de quantificação, correspondente ao movimento mais geral de racionalização característico do espírito do capitalismo, às vezes é apresentado como o *nec plus ultra* da modernidade supostamente capaz de evitar as desigualdades, os desperdícios e as deficiências profissionais. Devemos analisá-lo em mais detalhes.

Embora seja útil dispor de dados quantitativos sobre os resultados dos estabelecimentos escolares, dos cursos e, mais em geral, do sistema educacional, o espírito genuinamente científico deveria levar à questão dos limites dessas avaliações, dos usos que podem ser feitos delas e das consequências práticas que elas podem ter, especialmente no terreno pedagógico. Deveria

---

[37] Ibidem, p. 167.

[38] Ibidem, p. 163-4.

nos fazer perguntar, por exemplo, se com esse tipo de procedimento não tendemos a medir apenas o que é mais facilmente quantificável e, portanto, a medir a "eficiência" a partir de critérios que em si mesmos são reducionistas. É preciso ter em mente que a própria avaliação é governada por um imperativo de eficiência econômica, e que os investimentos nela só são permitidos se ela conduzir à definição e à generalização dos "bons métodos"[39]. O real mensurado tende a ser somente a parte da realidade que pode ser mensurada e que se quer e se acredita que pode ser mudada. Mesmo que não se restrinjam aos diplomas ou ao ingresso no ensino superior e tentem avaliar conhecimentos ou competências, as avaliações captam apenas uma parte do que alunos sabem ou não. De modo mais geral, a habilidade técnica da quantificação, embora seja desejável, não consegue esconder que o *valor* da educação não se deixa abarcar de maneira simples em uma medida de sucesso, por mais precisa, modesta e cautelosa que seja. Para dar apenas um exemplo, podemos constatar que ano a ano aumenta o número de estudantes que concluem o ensino médio, mas para conhecer a realidade compreendida por esses dados, em particular em relação às aquisições intelectuais, teríamos de empregar outras abordagens além da quantificação do número de diplomados. Esse tipo de racionalização quantitativa nos leva a fetichizar o "dado", ou a "produção de dados", sem nos preocupar com o que ele envolve.

Na realidade, estamos lidando com uma verdadeira ideologia da avaliação, que já vimos em ação nos Estados Unidos e agora ganha o mundo. Ela depende desse impulso constante à racionalidade contábil que, com grande força de convencimento, equipara toda ação humana a uma ação técnica mensurável por indicadores quantitativos. Aliás, é frequente a analogia com a produção das empresas. Pretende-se calcular o "produto", ou melhor, o "valor agregado" de uma escola, exatamente como se calcula a receita ou o valor agregado de uma empresa ou sucursal. Na falta de um preço de mercado, é preciso inventar um substituto.

A avaliação, da forma como é praticada e empregada, é problemática na medida em que respeita apenas o "código da economia", que compara custos e lucros[40]. Como mostrou Élisabeth Chatel, não se pode avaliar uma ação com um gabarito que não leva em conta suas especificidades. Ora, a avaliação, tal como foi concebida, em geral oculta a realidade do ato

---

39 Ver Philippe Joutard e Claude Thélot, *Réussir l'école* (Paris, Le Seuil, 1999), p. 128.

40 David Harvey, "University, Inc.", *The Atlantic Monthly*, Boston, out. 1998.

educativo em sua complexidade e tende a medir apenas uma ficção. A autora que acabamos de citar pressupõe que é possível elaborar uma avaliação do ato educativo, com a condição expressa de que se levem em conta a experiência do professor e a complexidade das interações que ocorrem na sala de aula. A ação educativa deve ser objeto, portanto, de uma avaliação que se adapte ao que ela é, ao que de fato ocorre entre o professor e o aluno em uma ação que termina quando este tem acesso a determinados objetos de conhecimento[41]. O esforço de racionalização contábil é limitado pela própria relação pedagógica e revela-se paradoxalmente ineficaz porque não é pertinente. A relação de educação é tão complexa e variável ou, como diz Élisabeth Chatel, tão "incerta" que seu resultado "não pode ser reduzido à ideia de um bem, de uma utilidade ou de uma pontuação".

Como recorda Lucie Tanguy, "a avaliação se torna um instrumento de política educacional capaz de alterar os modelos cognitivos e culturais predominantes na escola"[42]. Quais são as consequências dessa ideologia da avaliação sobre o que é ensinado, sobre o sentido do que é aprendido, sobre os conteúdos e o valor desses conteúdos para os alunos? Por exemplo, como mensurar a parte crítica e cívica da cultura transmitida? Como avaliar a assimilação dos valores de igualdade, honestidade, verdade e tolerância que, como se diz, fazem parte da alma da escola? Em nome da "eficiência", adotaríamos soluções segregadoras caso elas produzissem resultados escolares melhores que a organização escolar social ou etnicamente mista? Basta considerarmos a lógica desigualitária que impera no mundo da formação permanente dos adultos, apresentada muitas vezes como modelo para a formação básica, para nos preocuparmos com as consequências que a imposição de imperativos de eficácia de tipo econômico pode ter no sistema escolar. Esse modo de avaliação pode conduzir a uma espécie de normatização do ensino, dos conteúdos e dos métodos, na medida em que o procedimento educacional passa a ser avaliado apenas a partir de resultados medidos quantitativamente, por meio de exercícios igualmente normatizados. A educação correria o risco de se tornar uma criação industrial.

---

[41] Élisabeth Chatel, *Comment évaluer l'éducation? Pour une théorie de l'action éducative* (Lausanne/ Paris, Delachaux et Niestlé, 2001), p. 305.

[42] Lucie Tanguy, "Rationalisation pédagogique et légitimité politique", em Françoise Ropé e Lucie Tanguy (orgs.), *Savoirs et compétences: de l'usage de ces notions dans l'école et l'entreprise* (Paris, L'Harmattan, 1994), p. 38.

Dois autores mostraram como, sob um pretexto democrático, a Lei de Diretrizes de 1989 introduziu desde a pré-escola princípios de observação e avaliação a partir de "critérios" rígidos de "competências adquiridas" e "competências não adquiridas"[43]. A rubrica de avaliação de competências que os professores são obrigados a preencher relaciona nada menos do que 89 competências, distribuídas em grandes categorias: "competências transversais"; "competências linguísticas"; "competências matemáticas"; "competências em ciências e tecnologia"; "competências em educação cívica"; "educação artística"; "educação física". Inaplicável na prática (observar 89 competências em 30 crianças... a cada dois meses), essa rubrica é uma tentativa inútil, mas muito emblemática, de objetivação total da criança, que gera graves problemas não só pedagógicos e éticos, mas também psíquicos. Sem dúvida alguma, é possível e desejável uma avaliação muito diferente dessa, que seja mais "eficiente", mas isso depende de reflexão e deliberação coletiva dos professores sobre sua própria prática, e não do poder de especialistas e administradores.

A ideologia da inovação

O culto da inovação descobre nesse contexto sua verdadeira razão de ser. As transformações das últimas décadas foram feitas em nome da "inovação", promovida a referência metafísica e norma profissional. Esse novo culto é um dos aspectos da conversão aos imperativos da guerra econômica comandada pela burocracia centralista, que, como sabemos, sempre foi hostil às "mentes subversivas", aos "agitadores" e aos "baderneiros". Se a sociedade e a economia se caracterizam pela inovação permanente, a escola deve estar à altura dos ideais e do funcionamento dos outros universos da sociedade. Deve ser "inovadora", sem levar em consideração que uma inovação das estruturas, dos conteúdos ou dos métodos pode ter resultados benéficos ou nocivos, e que uma rotina pode ser eficiente ou ineficiente em relação a certos critérios ou valores.

O tema da inovação na escola teve grande repercussão a partir dos anos 1980, graças ao prestígio do "novo" em nossa sociedade e à importância

---

[43] Ver Annick Sauvage e Odile Sauvage-Déprez, *Maternelles sous contrôle, les dangers d'une évaluation précoce* (Paris, Syros, 1998).

da "destruição criativa" na dinâmica capitalista[44]. Seu prestígio e sua legitimidade possibilitaram a mobilização das mentes criativas e da boa vontade militante, enquanto escondiam seu vínculo com os imperativos da eficácia e da competição econômica, que são o que realmente a motivava. A ideologia da inovação é consequência do empobrecimento dos ideais progressistas da esquerda política e pedagógica. Alguns, sendo incapazes de "mudar a vida", mas acreditando manter vivo o desejo de revolução e preservar a fidelidade à "contestação" de sua juventude, debruçaram-se sobre esse arremedo sem se perguntar a que se reportava essa ideologia, em que ela consistia, se era sempre "progressista" em seus motivos e resultados. Daí as curiosas alianças entre a fina flor dos movimentos pedagógicos e os porta-vozes da alta administração "modernizada". Quer seja resultado do contexto, quer de uma sucessão de transições profissionais de tipo individual, ou talvez de uma combinação de ambos, as transformações pedagógicas em grande parte se despolitizaram e, em muitos casos, se afastaram de seu significado social, exceto nas "escolas difíceis" mais mobilizadas. Pouco se questionou, por exemplo, se as "inovações" introduzidas nos últimos anos no ensino fundamental 2 e no médio são ou não democratizantes. O valor dessas "inovações" parece ser o próprio fato de serem novidade. Ao contrário do que se poderia imaginar, e ao contrário do que diz a argumentação dominante, a inovação tem muito pouco a ver com a busca de uma eficiência mensurável. Preferiu-se acreditar que a inovação tecnológica ou pedagógica é sempre uma melhoria – ao menos em potencial –, que toda reforma estrutural, toda prática nova é mais "eficiente" que aquela que foi substituída. Como assinalou muito apropriadamente um supervisor do Ministério da Educação Nacional, Jean Ferrier:

> a promoção das inovações repousa sobre a idealização das novidades, sempre mais ou menos ligadas à esperança de progresso [...], mas essas inovações nunca passaram por uma validação. Ninguém nunca se preocupa em verificar se o "a mais" que se espera concretiza-se nas aquisições dos alunos sem repercutir num "a menos" em relação ao que era antes; acreditamos fazer o que é correto, mas estamos fazendo o melhor?[45]

---

[44] Alguns especialistas em inovação escolar, como Françoise Cros, observam que "a origem da inovação escolar reside nessa concepção schumpeteriana de uma visão economicista de eficiência, rentabilidade, relação custo/qualidade ou satisfação do cliente, que é ou o aluno, diretamente, ou os pais, indiretamente". Ver Françoise Cros, *L'Innovation scolaire* (Paris, INRP, 2001), p. 19.

[45] Jean Ferrier, *Améliorer l'efficacité de l'école primaire* (Paris, MEN, 1998), p. 24.

Na interpretação gerencial dominante, a inovação se tornou um fim em si, que deve ser objeto de uma "gestão" específica, em torno da qual, por sua vez, se unem especialistas em pedagogia e administradores. A inovação, nesse sentido, define uma norma de funcionamento para a organização escolar e para todas as instituições, seja qual for sua natureza ou objetivo – essa norma é a das empresas num mercado concorrencial. Daí a combinação profundamente liberal do tema da inovação com a argumentação a favor de um mercado que exige inovação permanente; daí também o casamento dessa ideologia com a grande narrativa das novas tecnologias que supostamente vão revolucionar as relações pedagógicas.

Na realidade, a metafísica da inovação funciona como um chamariz. A escola neoliberal, diante de contradições importantes, em particular sociais, transfere a resolução dos problemas para a periferia, para a base. A inovação resolve todos os males da escola, o que, pelo sofisma geral que circula nas altas esferas e em certa *expertise* "sociológica", significa que os problemas não resolvidos parecem ter como causa principal o "imobilismo" dos professores. Daí a injunção centralizada, mas contraditória com as premissas, de uma inovação uniforme, cujos efeitos democráticos não têm nada de evidentes. Mais ainda, a inovação resolve todos os males da sociedade: droga, violência, racismo, imprudência nas estradas, perda de referenciais, desigualdades etc. Essa homenagem tecnocrática ao "fato social total" é demasiado perigosa: embora seja atravessada por todas as dimensões da vida social e individual, a educação não é capaz de mudar toda a sociedade. E, sobretudo, os professores inovadores, apesar das boas intenções, não podem mudar sozinhos o que as políticas não desejam mudar, ou seja, a crescente desigualdade social na sociedade de mercado.

Essa fetichização da inovação está ligada em parte à excelência humana, dada implicitamente como referência da ação pedagógica. Por meio do aluno será possível formar o inovador permanente, que deverá gerir situações de incerteza cada vez mais frequentes. E há maneira melhor de formá-lo do que introduzi-lo diretamente em novos projetos pedagógicos, mandar que inove, que mostre iniciativa e imaginação? A OCDE deu o tom ao sublinhar que, se uma das condições da competitividade e do emprego era a flexibilidade do mercado em todos os domínios, ela deveria vir acompanhada de uma mudança de mentalidade, com a qual a escola deveria contribuir. Dessa forma, a organização internacional fez do incentivo ao espírito de empresa um dos principais objetivos das políticas educacionais[46]. Esse "empreendedorismo" está fundamentalmente ligado à inovação. E esta, por sua vez, só será valorizada se significar "abertura", "parceria" e "contato com a empresa". A inovação não é ou não é mais vista, portanto, como resultado de intenções transgressoras das bases mobilizadas, das iniciativas pessoais, das necessidades íntimas ou dos ideais políticos: ela é uma "obrigação candente", uma política em si, uma norma institucional que deve passar por medidas uniformizadas e se parece cada vez mais com uma "reforma vinda de cima". Para usarmos o jargão dos especialistas, a lógica em curso é "de cima para baixo" (*top down*) e não "de baixo para cima" (*bottom up*). Um exemplo é a introdução dos "itinerários de descoberta"* no ensino fundamental 2 e dos "trabalhos individuais orientados"** no ensino médio, que, independentemente do desejo subjetivo que professores e alunos projetem neles, têm uma gestão centralizada e burocratizada. A ideologia da inovação e a burocratização que ela gera, fazendo com que se perca o que há de essencial na transformação das práticas para o indivíduo e para a coletividade, destroem uma fonte importante de criatividade subjetiva e anulam o significado ético e político da mudança. Desse ponto de vista, apesar da confusão posta pelas aparências, a *mobilização* pedagógica e política dos professores que ocorreu, por exemplo, nas escolas que foram vítimas de segregação social não tem nada a ver, ao menos diretamente, com a inovação normatizada, imposta de cima, que se caracteriza em geral pela negação da complexidade do real, em favor de um modelo preestabelecido[47].

---

[46] OCDE, *Stimuler l'esprit d'entreprise* (Paris, OCDE, 1998), p. 95.

* Os "itinerários de descoberta" (em francês, "itinéraires de découverte") foram implantados em 2002 pelo ministro Jack Lang. Os alunos dos anos intermediários do ensino fundamental 2 têm duas horas semanais em classe para trabalhar individual ou coletivamente em projetos interdisciplinares, com foco na autonomia e em competências específicas. (N. T.)

** Os "trabalhos individuais orientados" ("travaux personnels encadrés") foram concebidos pelo ministro Claude Allègre como uma iniciação à pesquisa para alunos do ano intermediário do ensino médio. O tema é definido pelo Ministério da Educação Nacional e a nota obtida, se for maior que a média, vale para o *baccalauréat*. (N. T.)

[47] Ver, sobre esse ponto, as sugestivas pesquisas e conclusões de Agnès van Zanten *et al.*, *Quand l'école se mobilise* (Paris, La Dispute, 2002).

A modernização tecnológica

A imitação da empresa leva a outras distorções. O fascínio não é apenas pelas "quantidades", mas também pelas "máquinas". O "novo" não se materializa nos equipamentos que obrigarão os usuários a inovar? Um dos meios enaltecidos para aumentar a eficiência do sistema educacional é a simples cópia dos modos de pensar do universo da indústria: as novas tecnologias precisariam se difundir para haver ganho de produtividade. Esse argumento foi muito utilizado nos últimos anos, ao menos até a crise da nova economia na primavera de 2000. De todo modo, para alguns, as novas tecnologias continuam a ser o principal motor de transformação da escola, tanto em suas formas como em seus conteúdos. Sob o pretexto da adaptação às "revoluções tecnológicas", gostariam que surgisse outra concepção de escola, de seu lugar e de sua função na sociedade. Quando ouvimos muitos dos especialistas, temos a impressão de que, na "sociedade da informação", a tarefa da escola não é mais educar, instruir, formar no pensamento correto, mas ensinar a coletar, selecionar, tratar e memorizar "informações". A tecnologia determina não só as novas formas de ensinar como também, mais profundamente, as novas formas de "pensar", um pensar que, nesse caso, se identifica mais que nunca com um "fazer" e com um "comunicar-se" no espaço virtual, e é a mais perfeita continuação do novo ambiente profissional. Se, como diz Manuel Castells, "a criação, o tratamento e a transmissão da informação tornaram-se as fontes primárias da produtividade"[48], conviria que a escola fizesse dessas novas competências exigidas pelas empresas a primeira de suas prioridades. Por confusão terminológica e conceitual entre informações e saberes, entre comunicação e reflexão, existe certa tendência a acreditar que a cultura transmitida pela escola e a maneira como esta deve transmitir aquela são da mesma ordem da atividade desenvolvida pelos profissionais quando eles utilizam as NTIC. Ora, é evidente que uma ferramenta de comunicação nunca é neutra, sobretudo se tende a reduzir todo saber a um conjunto de informações, como afirmam seus partidários.

A promoção dessas tecnologias vai ao encontro das preocupações dos que querem reorganizar o ensino eliminando o cara a cara entre

---

[48] Manuel Castells, *La Société en réseaux* (Paris, Fayard, 1998), v. 1, p. 43 [ed. bras.: *A sociedade em rede*, trad. Roneide Venancio Majer e Klauss Brandini Gerhardt, 6. ed., São Paulo, Paz e Terra, 2012].

professor e aluno. É preciso acabar com essa "atividade artesanal", com essa "profissão liberal" ultrapassada, porque ela é pouco "racional"[49]. A ERT vai no mesmo sentido: "É mais que tempo de transformar a sala de aula com os mesmos benefícios conhecidos da tecnologia e das técnicas de gestão que revolucionaram cada local de trabalho na indústria e nos negócios". À semelhança do ocorrido nos Estados Unidos, eles querem resolver os problemas educacionais com ferramentas "revolucionárias" que obrigariam a pedagogia expositiva a mudar completamente, introduzindo a não diretividade, e permitiriam a motivação dos alunos e a resolução do fracasso escolar dos mais desfavorecidos socialmente. Vimos em outro capítulo que esse tipo de preocupação tem a simpatia dos que estão interessados em reduzir as despesas públicas com educação. Na realidade, esses ganhos tão frequentemente citados nem sempre acontecem e, ademais, não constituem o interesse propriamente escolar de seu uso. Muitas vezes o tempo de preparação, instalação e acompanhamento exigido pela alta tecnologia se revela mais oneroso que os métodos tradicionais. Enquanto os industriais visam a um mercado de massa para produtos padronizados segundo processos industriais, os professores seguem uma lógica pedagógica que tem ritmos e razões próprios.

Ainda que, em muitas disciplinas, em particular as científicas e técnicas, o uso da informática seja indispensável, ainda que a incorporação progressiva das ferramentas multimídia como instrumento de trabalho seja desejável e provável, até o momento presente nada prova que a introdução maciça de computadores nas salas de aula seja suficiente para elevar o nível escolar dos alunos, como prometiam os industriais e os adeptos da pedagogia *high tech*. Mesmo assim continua-se a esperar da informatização da escola a solução quase mágica de todos os problemas atuais, com o risco evidente de uma grande decepção[50]. Prever a amplitude das transformações, seu impacto real e os resultados do que é apresentado como a "revolução copernicana" da pedagogia ultrapassa os princípios da prudência intelectual. Christian Janin, secretário federal do Sindicato Geral da Educação Nacional – Confederação Francesa Democrática do Trabalho

---

[49] European Round Table, *Education for Europeans: Towards the Learning Society* (Bruxelas, ERT, 1994).

[50] Ver Philippe Rivière, "Les Sirènes du multimédia à l'école. Quelles priorités pour l'enseignement?", *Le Monde Diplomatique*, Paris, abr. 1998", cit.

(SGEN-CFDT), diante da pergunta “Quem é o professor da sociedade da informação?” feita pelo jornal *Le Monde*, afirmou que os professores iriam se transformar “em engenheiros do saber, organizadores do processo de aquisição dos conhecimentos”[51]. Outros veem as NTIC como a solução milagrosa para as desigualdades escolares. Relatórios oficiais pediam recentemente que o acesso à internet fosse disponibilizado preferencialmente às escolas de periferia. Graças a um novo “ambiente de trabalho (com uma estação em *network* para cada aluno)”, a “escola do século XXI” permitirá a verdadeira “redistribuição dos saberes e das oportunidades, que é sua própria essência e, hoje, o mais urgente de seus deveres”, declarou o diretor regional de ensino Jean-Claude Fortier, no relatório sobre a situação em Seine-Saint-Denis[52]. Evidentemente esse tipo de afirmação peremptória não se baseia em pesquisas empíricas sérias. “Internet” não é nada mais que o nome de uma ilusão tecnológica, uma espécie de varinha mágica capaz de revolucionar a pedagogia e resolver as contradições da escola, como se acreditava a respeito da televisão nos anos 1950.

A retórica triunfalista da modernização, da eficácia, da avaliação e da produtividade industrial encontra seu limite na própria natureza do ato pedagógico. Como este poderia se reduzir à função de uma produção que possibilita o cálculo de um “valor agregado”? Os professores, por profissão, podem saber que a *modernidade* de um método, de um dispositivo, de um modo de avaliação ou de uma técnica não é suficiente para definir seu uso pedagogicamente pertinente. Podem saber, pela própria multiplicidade dos parâmetros que têm de levar em consideração e pela incalculável singularidade dos sujeitos humanos com os quais estabelecem uma relação pedagógica, que o que, de um lado, pode ser um ganho pode significar, de outro, uma perda. Não porque o ato de ensinar possa ou deva fugir à observação e ao saber específico, a qualquer avaliação e ao progresso da prática, mas porque um ato tão complexo não pode ser simplesmente objetivado por uma abordagem econômica ou tecnológica reducionista, e porque ele nunca poderá ser totalmente racionalizado pela crença cientificista. Essa crença não é somente uma criação do espírito. Ela é sustentada por círculos de especialistas, administradores, estatísticos e mesmo universitários que

---

[51] *Le Monde*, Paris, 8 dez. 1999.

[52] Jean-Claude Fortier, *Les Conditions de réussite scolaire en Seine-Saint-Denis* (Paris, MEN, 1997).

veem legitimidade nela. De todo modo, devemos esperar dos professores, ao menos enquanto não se considerarem "homens da organização" – técnicos, executivos, contramestres ou gerentes –, que estabeleçam limites à gestão dos alunos, reduzindo-a ao mínimo necessário exigido pelo funcionamento geral da instituição.

10
DESCENTRALIZAÇÃO, PODERES E DESIGUALDADES

Descentralizar a educação é libertá-la.

Alain Peyrefitte, *Pouvoirs Locaux*, n. 31, dez. 1996, p. 50

Uma das palavras-chave que caracterizam a nova forma de escola é "diversidade", que se opõe à "uniformidade" do antigo modelo. Contudo, a ambivalência da evolução em curso é claríssima. Observa-se, de um lado, uma maior descentralização[1], com maior autonomia para os estabelecimentos escolares em termos financeiros, pedagógicos e administrativos e, de outro, certa centralização dos objetivos, dos programas, das orientações metodológicas e dos exames[2]. Qual é o sentido exato dessa evolução paradoxal?

A transformação da escola recorre a exercícios retóricos e argumentos de autoridade que, embora tenham conteúdo e forma muito semelhantes aos dos relatórios e das orientações das grandes organizações internacionais e da Comissão Europeia, distinguem-se pela eufemização permanente que resulta da hibridação do liberalismo com a lógica burocrática, bem como das ressalvas oficiais ao ultraliberalismo anglo-saxão. Não se passa diretamente, sem mediação, sem disfarce nem desvios, da "República de direito divino" (Dominique Schnapper) à fascinação pelo mercado. A linha de ação que se impôs na virada dos anos 1980 e 1990, e que a Lei de Diretrizes de 1989 recapitula na França, desenha a imagem idealizada de uma educação pública mais descentralizada (graças à transferência de competências para os organismos locais), mais desconcentrada (graças à reorganização das escolas

[1] Entendemos por essa expressão a descentralização e a desconcentração no sentido técnico dos termos (transferência dos poderes às instâncias locais e delegação das competências aos serviços periféricos do Estado).

[2] Scott Davies e Neil Guppy, "Globalization and Educational Reforms in Anglo-american Democracies", *Comparative Education Review*, v. 41, n. 4, 1997.

e dos serviços de assistência social, que são incentivados a formar "redes" e "parcerias"), mais aberta à lógica econômica, mais diversificada em termos de clivagens sociais e culturais (reconhecidas institucionalmente por "projetos" e "contratos") e mais orientada pela demanda do usuário que pelos imperativos da construção política e cultural da nação. Esse equilíbrio ideal, esse compromisso entre a lógica da "demanda" e a conservação de um ambiente republicano é traduzido pelo *slogan* "Renovação do serviço público", que pretendia unir eficiência e democratização, graças à diversificação e à gestão "periférica" da heterogeneidade social.

A descentralização foi apresentada com a grande reforma de esquerda do início dos anos 1980, "acabando com séculos de centralização francesa". Um mesmo termo pode designar políticas diferentes ou remeter a políticas semelhantes, mas com efeitos diferentes conforme o contexto. Na educação, o desejo de mais democracia na base, a reivindicação do "direito à iniciativa" dos atores locais, manifestou-se de forma cada vez mais intensa a partir dos anos 1960. A percepção das carências de equipamento nas escolas também se tornou mais incisiva em nível local, e uma vontade política de aumentar a escolaridade surgiu em resposta à demanda dos moradores. O nível local parecia favorecer o florescimento de uma democracia de proximidade. Assim, a esquerda se preocupou legitimamente em "aproximar a decisão do cidadão", para usarmos uma expressão convencional: segundo os discursos em voga, esse cidadão seria ao mesmo tempo ator, usuário, contribuinte, eleitor etc. No entanto, contentar-se com as frases prontas seria deixar de considerar que, no contexto neoliberal, num momento em que as lógicas consumeristas se impunham e a educação era ao mesmo tempo fator econômico e argumento eleitoral, a descentralização – não em si mesma, mas do modo como foi aplicada – acelerou a perda de autonomia da instituição escolar e a levou a abandonar o ideal de igualdade, especialmente em sua dimensão territorial.

A convergência entre a direita e a esquerda no que diz respeito à escola é notável. O apoio político quase unânime aos projetos descentralizadores de Claude Allègre entre 1997 e 2000 – projetos que o governo Raffarin assumiu na maior parte[3] – foi o momento mais significativo dessa convergência. O ex-ministro da Educação, após sua saída, declarou-se a favor de "uma descentralização e um maior envolvimento dos usuários e dos políticos eleitos", em que "o ensino fundamental 1 ficaria sob a responsabilidade das

[3] Discurso proferido na Sorbonne em 24 de setembro de 2002.

comunas, o ensino fundamental 2, dos departamentos, e o ensino médio, das regiões, pessoal incluído"*. Embora propusesse a manutenção dos diplomas nacionais e das subvenções da União para garantir a igualdade entre as regiões, o projeto do ex-ministro enfatizava a necessidade de se instituir um Ministério da Educação para cada região[4]. Naturalmente, a direita liberal e ultraliberal aplaudiu a ideia, que ia *de facto* ao encontro de seu próprio programa[5]. O Reagrupamento pela República (RPR) e posteriormente a União por um Movimento Popular (UMP) não ficaram nada a dever na questão da descentralização do sistema educacional, influenciados pelas teses de seu principal guru, Guy Bourgeois, que queria separar o Estado – o "mestre de obras" – das regiões, das diretorias de ensino e das escolas, que seriam os "contramestres" e os "executores".

Resta saber como a esquerda, que acabou por administrar a parte principal da transição para o sistema descentralizado, conseguiu justificá-la, e como conseguiu transformar algumas reivindicações legítimas e aspirações democráticas em reformas com consequências mais que problemáticas.

Cada vez mais críticas à uniformidade

A estratégia descentralizadora respondia a uma insatisfação crescente com a burocracia centralista. A crítica, embora muitas vezes de um simplismo exagerado em razão dos imperativos da "reforma", visava à própria organização da instituição e abordava uma questão muito real. A escola antiga, dizem os defensores mais declarados do modelo, era uma escola que impunha, de cima ou do centro, conhecimentos, valores e métodos uniformes a um conjunto social e cultural cada vez mais heterogêneo, a uma sociedade cada vez mais complexa[6]. A política escolar correspondia a um duplo ideal de "construção

---

* Comuna (*commune*), departamento (*département*) e região (*région*) são, do menor para o maior, os três níveis da administração pública francesa em território continental abaixo do nível federal. (N. E.)

[4] Ver *Le Nouvel Observateur*, Paris, n. 1.848, 6-12 abr. 2000.

[5] Ver Pascal Bouchard, "Guy Bourgeois: la logique des propositions du RPR pour l'éducation est la séparation des fonctions de maître d'ouvrage et de maître d'oeuvre", AEF, 8 jan. 2002.

[6] Podemos constatar retrospectivamente que, ao mesmo tempo que essa uniformidade era muitas vezes mais aparente que real, suas virtudes no sentido de promover a igualdade não eram tão garantidas quanto afirmava a ideologia republicana.

da França" sobre uma base unitária e de difusão das luzes emancipadoras em benefício do povo, por meio de uma administração impositiva. O estabelecimento escolar, nesse tipo de organização, era um escalão inferior na cadeia hierárquica e obedecia a normas impostas em cascata, ainda que as tradições locais e a relativa independência das grandes escolas amenizassem a uniformização. Essa transcendência do Estado educador criava e legitimava o muro simbólico que fazia da escola uma instituição com imperativos, tempos e ritos próprios. As críticas modernistas ao antigo modelo apontavam para a "mentira republicana", mas também sublinhavam a "obsolescência" dessa ficção política: teríamos saído definitivamente da era da uniformidade nacional. Se o antigo muro havia se tornado um obstáculo à democratização, se a escola, "autônoma" em demasia, não atendia mais às necessidades econômicas e tecnológicas, era preciso adaptar a escola à diversidade da população e à variedade da demanda, aproximá-la da comunidade local e do mundo da empresa.

Foram muitos os trabalhos que mostraram a crise no modo de gestão da administração pública em geral e da escola em particular, uma gestão que parecia cada vez mais indiferente à diversidade das situações decorrentes da massificação. A crítica mais comum afirmava que a centralização burocrática francesa revelou seus inconvenientes sobretudo quando foi preciso mudar as maneiras de ensinar, os currículos, a relação com os alunos. O sistema de comando então vigente levava à inércia, à ineficiência e ao corporativismo. O professor de base, em sala de aula, ficava isolado demais, resistia em excesso às mudanças e era inatingível por uma hierarquia que supostamente implantaria um projeto moderno e democrático. O crescimento econômico, a maior divisão do trabalho, a necessidade de receber alunos de origens sociais mais variadas e a de inovar pedagogicamente exigiam que a organização do aparelho de ensino fosse repensada. O aumento dos "fluxos" e dos "estoques" de alunos, para imitar o estilo gerencial de falar, acarretou sérios problemas materiais (local, seleção, gestão do pessoal etc.) e, sobretudo, pedagógicos. As relações entre professores e alunos se deterioraram significativamente e, diante da impotência da política central, as dificuldades geradas pela massificação pareciam exigir soluções locais e urgentes. Além disso, a crise econômica e social colocava de forma cada vez mais premente a questão do mercado profissional, ou seja, o problema das relações entre a escola e a região, ou melhor, a "zona de emprego" na qual ela está inserida, uma vez que se pressupunha que o emprego estava ligado essencialmente ao plano local[7]. Enfim, não podemos nos esquecer de que as restrições orçamentárias da política de austeridade fizeram com que os problemas de financiamento e planejamento escolar fossem empurrados para as coletividades territoriais e os estabelecimentos locais. A descentralização era uma maneira de fazer as instâncias locais se conscientizarem do custo da educação e obrigá-las a fazer escolhas e estabelecer prioridades[8]. Ela era acompanhada de uma contratualização dos meios, que não poderiam ser obtidos se não houvesse em troca compromissos, projetos precisos, metas claras etc.

A diversidade contra o centralismo

Vimos que os grandes temas do "mercado de ensino" foram defendidos pela direita francesa desde os anos 1970. Mas não foi ela, apesar de sua influência *ideológica*, que dirigiu *politicamente* a mutação da escola. A grande organizadora dessa mutação foi a esquerda. Portanto, convém explicarmos como e por que a política conduzida pela esquerda levou à introdução e ao desenvolvimento das lógicas gerenciais na escola.

As críticas de esquerda à uniformidade e ao autoritarismo burocrático prosperaram sobretudo após 1968 e tentaram favorecer a "tomada de palavra" e as experiências locais a partir da "base". A luta dos militantes pedagógicos dos anos 1960 e 1970 consistiu em ampliar as margens de manobra, mudar as práticas, quebrar as rotinas, levar em conta os "alunos como eles são". A democratização do ensino, a crescente responsabilização do professor pelo acompanhamento do progresso dos alunos e a mobilização social a favor da escola pareciam exigir a descentralização administrativa[9]. Nesse sentido, esta última era esperada por muitos "atores" de base, em especial por pedagogos inovadores dos quais a esquerda "moderna" pretendia ser a porta-voz. Havia uma convicção de que uma maior diversidade e uma autonomia ampliada levariam a mais igualdade, pelo simples fato de a pedagogia adaptar-se às

---

[7] Bernard Charlot, "La Territorialisation des politiques éducatives: une politique nationale", em *L'École et le territoire, nouveaux espaces, nouveaux enjeux* (Paris, Armand Colin, 1994), p. 32.

[8] Relatório da comissão dirigida por Luc Soubré, *Décentralisation et démocratisation des institutions scolaires* (Paris, MEN, 1982).

[9] Suzanne Citron publicou um requisitório que mostra o estado de espírito antiburocrático da época. Ver Suzanne Citron, *L'École bloquée* (Paris, Bordas, 1971).

necessidades e às diferenças sociais e culturais dos alunos. Essa diversificação chegava a ser vista como possível fonte de criatividade, acompanhada de uma revolução permanente dos modos de viver. Nos anos 1980, a chamada "segunda esquerda" – vasto círculo de influência e "sensibilidade" difusa reunido em torno da Confederação Francesa Democrática do Trabalho (CFDT), da corrente de Michel Rocard no Partido Socialista e da escola de Alain Touraine na sociologia – deu continuidade a essa reivindicação, vista não mais como um momento da transformação revolucionária da sociedade burguesa, mas, ao contrário, como atributo de uma sociedade "moderna", livre das restrições e proteções do Estado[10].

Com a chegada da esquerda ao poder em 1981, parecia ser a hora da grande reforma descentralizadora. Pelas leis de 1982, ela atingia um grande número de setores da organização dos poderes e da ação pública, mas teve efeitos específicos no ensino que merecem destaque por causa de sua ambiguidade. Como assinalou o ministro Alain Savary, pretendia-se em primeiro lugar "liberar as iniciativas, incentivando os professores a inovar". Alain Savary apresentou a nova orientação da seguinte maneira:

> A correção das desigualdades não depende de uma pretensa "igualdade de oportunidades", cujos efeitos nefastos nós conhecemos muito bem, mas, ao contrário, do fortalecimento seletivo da ação educativa em zonas e meios sociais em que o índice de fracasso escolar é maior.[11]

E acrescentou: "É claro que as necessidades e a pedagogia adequada a elas não serão as mesmas em todos os estabelecimentos escolares, em todas as regiões, e não exigem uma resposta centralizada"[12]. A reforma do ensino fundamental 2 sobre bases experimentais, com tutores e grupos de acordo com o nível, e a criação das ZEPs foram dois eixos importantes dessa política. Em nome do princípio da diversidade, vista como condição de igualdade, Alain Savary flexibilizou o mapa escolar no início dos anos 1980:

> a rigidez do mapa escolar me parece em contradição com a diversidade necessária do sistema educacional. Os pais veem o mapa como um atentado

[10] Para uma análise a respeito de mudança semelhante na Bélgica, ver Nico Hirtt, *L'École sacrifiée* (Bruxelas, EPO, 1996). Ainda hoje, os socialistas e os verdes continuam a defender uma política de autonomização mais ampla dos estabelecimentos escolares, inspirada na mesma desconfiança em relação ao Estado.

[11] Alain Savary, *En toute liberté* (Paris, Hachette, 1985), p. 54.

[12] Ibidem, p. 54.

à liberdade, porque não podem matricular os filhos na escola de sua escolha, e muitas vezes como uma das causas do fracasso escolar.[13]

Como sabemos hoje, isso justificou o consumerismo escolar. Foi também em nome da diversidade das situações locais que Alain Savary incentivou a prática dos "projetos de escola" e a distinção do perfil de cada estabelecimento e cada "tipo de educação", apresentadas com a contrapartida necessária para a negociação com o setor privado. Desse modo, a necessidade de "diversificar o percurso dos alunos", levando em conta a personalidade de cada um, e a livre escolha dos pais do tipo de educação que queriam para os filhos – inclusive no setor público – foram claramente reconhecidas. Pela primeira vez, o serviço público citava o "caráter próprio" dos estabelecimentos escolares, calcado no modelo das escolas privadas, como se a liberdade concedida a estas devesse ser concedida, por uma questão de igualdade, a todo o setor público[14]. Em sua obra, o ex-ministro explicou:

> A unidade do serviço público não é sinônimo de uniformidade [...] cada estabelecimento – público ou privado – que contribui para o serviço público deveria dispor de uma margem de responsabilidade expressa em seu projeto. O projeto do estabelecimento é que determinava a identidade do estabelecimento, fosse ela espiritual, pedagógica ou cultural.

Para integrar o âmbito do privado em um vasto serviço público unificado, era preciso que o setor público oferecesse a mesma diversidade de escolhas que a escola privada, a qual paradoxalmente se tornava um modelo de liberdade para as escolas públicas e mostrava que uma escola podia, ou até devia, funcionar como uma empresa. A escola privada, por sua vez, se viu incumbida de uma "missão pública" que prefigurava as políticas de delegação e concessão a parceiros e "agências" privadas. Embora não tenha sido um projeto consciente, foi um passo decisivo na direção do mercado escolar, dado em nome da diversidade dos jovens e da inovação dos atores.

O alcance efetivo dessa política foi mascarado por uma doutrina pedagógica com propósitos progressistas. O Relatório Legrand sobre a reforma do

---

[13] Ibidem, p. 54-5.

[14] Claude Lelièvre, *L'École "à la française" en danger* (Paris, Nathan, 1996), p. 87 e seg. O autor lembra que a Lei Guermeur (1977) especifica que os professores do setor privado devem respeitar o "caráter próprio" do estabelecimento e serão nomeados pelo diretor de ensino da região por "indicação" do diretor da escola, e não mais "em consonância" com ele; ver ibidem, p. 82.

ensino fundamental 2 é um texto importante, que marcou o debate escolar dessa época[15]. Coletânea de ideias reformistas "democráticas", compêndio de ideias acerca da "nova escola", o relatório fez história, ao menos pela resistência que enfrentou no corpo docente. Louis Legrand questionava o "sistema nacionalmente normatizado" e afirmava que, em seu dispositivo, "a heterogeneidade da população escolar é considerada normal, assim como a grande diversidade de escolas". Pedia que os programas nacionais se adequassem às realidades locais, "introduzindo ações interdisciplinares que correspondam aos interesses, às atitudes e às competências constatadas nos alunos"[16]. Em vez de impor saberes vindos de fora e de cima, era preciso considerar as diversidades sociais e as diferenças territoriais, além de organizar as "atividades", seus conteúdos e seus métodos em parceria com os usuários. No entanto, por mais necessária que seja, a exigência de levar em conta os "alunos como eles são", à qual se apegaram os pedagogos progressistas, pode se transformar em uma posição muito perigosa quando as "diferenças" são consideradas inevitáveis. A apologia dessas "diferenças" pode levar à aceitação passiva das desigualdades entre turmas e entre alunos. O que parece a princípio um processo que considera as dimensões sociológicas do ensino e um chamamento à mobilização política converte-se em caridade aos pobres, cujos problemas devem ser abordados individualmente, caso a caso, ou em um procedimento de adequação às vivências e aos pensamentos mais "concretos". Esse diferencialismo moralizador, cheio de boas intenções, pode encobrir fenômenos sociais que estão na base das desigualdades escolares. O "respeito às diferenças" se transforma em "predeterminação às diferenças" na mente dos teóricos que aprisionam os alunos em categorias miserabilistas e estigmatizantes[17].

Quando fazemos o balanço dessas evoluções ideológicas e políticas, observamos que a esquerda sofreu uma dominação maciça e muito difusa no âmbito escolar. Novos valores (senso de diversidade, diferença, individualidade e local) se impuseram e, embora correspondam a aspirações legítimas tanto de professores como de alunos, foram interpretados por muitas

---

[15] Ver Louis Legrand, *Pour un collège démocratique* (Paris, La Documentation Française, 1983), relatório do ministro da Educação Nacional.

[16] Ibidem, p. 113.

[17] Ver Sandrine Garcia, "La Marchandisation du système éducatif et ses ressorts idéologiques", texto disponível no *site* da Aped: <www.skolo.org>.

famílias como fonte de desenvolvimento pessoal, mas também, sobretudo, como meios mais eficazes de defender interesses próprios na instituição, e não como os fundamentos de uma comunidade de cidadãos mais iguais. Em vez de se juntar aos valores mais fundamentais da tradição republicana e socialista, esses "valores modernos" tenderam a suplantar os valores de esquerda mais tradicionais: a universalidade, a emancipação e a igualdade, vistos como "ultrapassados" e até "totalitários".

A gestão como perspectiva "realista" da esquerda

A utopia da transformação social, na qual a reforma escolar desempenhava um papel importante como instância de "libertação" do espírito e promoção das classes populares, transformou-se pouco a pouco em simples "renovação" em nome da eficiência. A derrota da esquerda no processo do ensino privado, o naufrágio da reforma do ensino fundamental 2 e o fracasso do "pedagogismo" do Relatório Legrand beneficiaram e aceleraram, nos anos 1980, a consolidação do discurso gerencial na esquerda. A evolução do tema é particularmente clara nos textos do Partido Socialista e nas diretrizes do Sindicato Geral da Educação Nacional (SGEN-CFDT), e até mesmo nas da Federação de Educação Nacional (FEN). Formou-se um bloco "modernizador" que até hoje tem uma influência – ao menos ideológica – que não deve ser subestimada. Essa ênfase nos problemas organizacionais e estruturais parece responder às insatisfações e desejos de mudança do mundo docente, mas a resposta, ao mesclar vestígios de ideais autogestionários dos anos 1970 e técnicas da nova gestão, reduz a vontade política de transformação do período precedente a aspirações modernizadoras e "soluções" pedagógicas cada vez mais desencantadas e conciliadoras. A fórmula mágica da inovação pedagógica e organizacional ("trabalhar diferente") mostra a desarticulação dos temas progressistas em proveito de uma fé modernista muito mais "realista" e muito mais vazia politicamente.

O retrocesso político e cultural das ideias de esquerda nos anos 1980 – apesar ou por causa das vitórias eleitorais dos socialistas – conduziu à recuperação dessas reivindicações pela teoria da nova gestão, que desconfiava profundamente da autonomia da base ("corporativismo") e era favorável à lógica do mercado (a "demanda"). Se a crítica da centralização burocrática foi um importante ponto de convergência entre os gestores modernistas e os reformistas pedagógicos, o que prevaleceu tanto nesse terreno como em outros, por pressão da ideologia liberal, foi uma doutrina gerencial, e não uma aspiração igualitária e democrática de uma base mobilizada em favor da transformação social. O eixo principal dessa política não era, portanto, o que Alain Savary esperava: ele queria entregar o poder aos "atores", dar liberdade às iniciativas e, desse modo, encarregar os professores inovadores de envolver e conduzir o resto do corpo docente por um processo de "contaminação". A política de seus sucessores se orientava para um *liberalismo burocrático* cujo princípio era que a transformação não vem, não pode vir e não deve vir da base docente, considerada definitivamente avessa à mudança. Ela virá da pressão externa dos consumidores ou dos "parceiros", da contratualização e do impulso dado pelos escalões intermediários. Desse ponto de vista, o grande inspirador dessa mudança, cujas teses fizeram grande sucesso tanto na direita como na esquerda, foi Michel Crozier. Sua obra *O fenômeno burocrático* (1964)* foi o breviário de várias gerações de reformadores.

Se dermos crédito ao programa que esse sociólogo das organizações apresentou em 1969 em *A sociedade bloqueada***, a tarefa mais urgente é a "descolonização" da sociedade, sufocada pela burocracia. O Estado deve recuar para que possa ocorrer a "mudança social". A modernização social é apresentada como um processo inevitável e desejável, sem nenhuma relação com a natureza do sistema econômico ou com as disputas das lutas sociais. Não só o sentido da evolução econômica e social não é levado em conta, como a própria definição de Estado é confusa: ora é simples atividade administrativa, ora é aproximado a uma mística monárquica, mas nunca uma instituição política relacionada às identidades individuais e coletivas. Essa sociologia das organizações é marcada pela desconfiança de que os atores de base desenvolvam comportamentos de proteção e dissimulação para obter mais liberdade. O ideal do interesse geral e o senso de missão são vistos como um embuste para encobrir estratégias corporativistas. Hoje, com o distanciamento do qual nos beneficiamos, não é difícil ver que essa sociologia era uma forma "tecnicista" de pensar e impor mudanças institucionais a partir da pressuposição do fim de um capitalismo enquadrado e sustentado pelo Estado. Apenas a oposição entre "modernos" e "conservadores" parecia pertinente na época.

---

* Ed. bras.: trad. Juan A. Gili Sobriño, Brasília, Editora UnB, 1981. (N. E.)

** Ed. bras.: trad. Maria Lúcia Álvares Maciel, Brasília, Editora UnB, 1983. (N. E.)

A "reforma da escola", nesse contexto, era uma simples questão de "organização", isolada da análise política e econômica, e ligada a uma "mudança social" apresentada ao mesmo tempo como um fato em si e um imperativo absoluto. Ela nunca esteve relacionada ao propósito específico da escola – o acesso à cultura acadêmica – e às múltiplas dimensões da educação. A crítica à burocracia, portanto, se restringia ao terreno da organização e preservava, embora não o admitisse, os pressupostos da burocracia, que, por sua constituição, privilegia a dimensão da "eficiência". A base do consenso que até hoje se mantém estava assentada.

A leitura retrospectiva dessa literatura de renovação tecnocrática dos anos 1960 e 1970, dirigida inteiramente contra "as ideologias" cujo fim prenunciava, nos permite compreender como as críticas ao centralismo, cheias de intenções libertárias ("liberar a iniciativa e a criatividade da base"), acabaram em propostas de reformas que deveriam criar, no lugar da "velha máquina napoleônica e ferrysta", uma rede de "comunidades descentralizadas"[18], e em nenhum momento se considerou o risco de um divórcio dos objetivos, de maior desigualdade entre os grupos sociais ou concorrência entre os estabelecimentos escolares. A mutação gerencial dessas posições, e o acordo entre esquerda moderna e direta liberal que ela possibilitou, redundou na definição de uma nova organização e de novos princípios de gestão, pomposamente intitulada "pilotagem do sistema educacional".

Uma nova organização descentralizada

O novo modelo de gestão pública consiste em encarregar o Estado de determinar linhas gerais e objetivos finais, e incumbir as unidades autônomas de base da missão de cumpri-los ou aproximar-se deles com a maior liberdade possível no uso dos recursos. Espera-se o mesmo da nova forma escolar, que, segundo especialistas em organização, deve repousar sobre uma nova articulação entre centro e periferia. O Estado continua responsável pela definição dos objetivos, dos conteúdos, dos orçamentos; em grande parte continua a recrutar, organizar e formar os "recursos humanos" (embora isso seja objeto de dissensão entre os descentralizadores), mas transfere para as unidades periféricas tudo que esteja relacionado à gestão territorial e

[18] Suzanne Citron, *L'École bloquée*, cit., p. 156.

quotidiana, segundo uma divisão de tarefas que se apresenta como "técnica", mas envolve questões políticas importantes[19]. O dogma da nova gestão pública afirma que as soluções estão na periferia, na "demanda" dos usuários. Dada a singularidade das questões, nenhuma estratégia uniforme é capaz de resolvê-las, diz ele. Eficiência e diversidade estariam intimamente ligadas. Quanto maior a proximidade, maiores o envolvimento e a capacidade de encontrar soluções locais adequadas. O pressuposto é de que os problemas devem ser tratados no local onde se apresentam "concreta e visivelmente". A avaliação se tornou um elemento fundamental do dispositivo. Realizada *a posteriori*, a partir de resultados e não mais de regras e normas, ela faz o autocontrole das unidades de base e determina a coerência do conjunto. Como diz Henry Mintzberg, "esses sistemas de controle de desempenho são característicos das unidades organizadas com base nos mercados"[20]. Em todo caso, a descentralização, a "organização em rede" dos estabelecimentos escolares e de seus múltiplos parceiros horizontais, a constituição de micromercados fazem da avaliação um modo de regulação típico da nova forma escolar, que evita a fragmentação do sistema ao fixar objetivos nacionais, mas não compromete o movimento de diferenciação das escolas[21]. De um só golpe, foram eliminadas tanto a dimensão sócio-histórica da evolução escolar como a da ação política geral, capaz de oferecer respostas adequadas. A nova gestão é, nesse sentido, parte integrante da retração do político, pois tenta transferir para entidades locais mais ou menos autônomas – e, em última instância, para indivíduos impelidos a "inovar" – tarefas que antes eram do Estado. Portanto, este último conta com os inovadores da base e com os empreendedores dinâmicos para encontrar soluções inéditas para os males sociais e psicológicos das sociedades de mercado, mesmo que tenha de oferecer um "serviço pós-venda" aos abandonados à própria sorte. "A escola é seu próprio recurso" é um mantra que se repete para dizer que cada estabelecimento escolar deve se virar caso a caso, mesmo que os

---

[19] Ver Louis Saisi, "L'État, le 'local' et l'école: repères historiques", em Bernard Charlot (org.), *L'École et le territoire*, cit., p. 24.

[20] Henry Mintzberg, *Structure et dynamique des organisations*, cit., p. 150.

[21] Yves Dutercq, *Politiques éducatives et évaluation* (Paris, PUF, 2000), p. 158. Ver Agnès van Zanten, "Le Rôle de l'évaluation dans les stratégies concurrentielles des établissements et dans les stratégies de choix des parents en France et en Grande-Bretagne", em Lise Demailly, *Évaluer les politiques éducatives*, cit., p. 31.

problemas que ele enfrenta sejam consequência de um estado social geral e, muitas vezes, das lógicas de mercado que pesam diretamente sobre ele. Podemos entender por que essa ideologia se apoiou num empirismo ao mesmo tempo sociológico e administrativo que transforma o estabelecimento escolar num objeto de pesquisa pertinente e num campo de resolução eficiente dos problemas.

Por trás da justificação da descentralização e das considerações pragmáticas, ocorre uma reconfiguração da ação pública, de suas modalidades e abrangência. A questão não é mais saber o que é da alçada do Estado no que diz respeito a esse ou aquele aspecto da vida social e econômica, mas saber, unicamente do ponto de vista da eficiência, como a ação se divide, de um lado, entre o Estado e os poderes públicos locais, e, de outro, entre as instituições públicas e as "agências", os "serviços" e os "parceiros" comerciais, associativos ou individuais – genericamente denominados "atores" – aos quais se delega uma "missão pública". A teorização diz que, numa época de enfraquecimento do Estado e questionamento da ação pública, somente uma ação negociada entre múltiplos parceiros, movidos por interesses e lógicas próprias, poderia definir e realizar o bem público[22]. A lei, na medida em que é uniforme e fruto de uma vontade geral, veria inexoravelmente seu espaço encolher, em proveito de uma contratualização generalizada das relações sociais.

Essa nova "governança" exige que em tudo o administrado passivo se transforme em usuário. No contexto das sociedades de mercado, porém, o usuário é quase um cliente que compra um serviço da coletividade pública e espera que ele seja prestado de forma contratual e utilitarista: "A legitimidade da ação pública nasce de sua comprovada utilidade para o bem de cada um"[23]. Podemos considerar que essa é a marca de uma época individualista. Ainda assim, a vontade dos indivíduos de não se deixar dirigir sem poder intervir não significa que queiram se transformar em consumidores. Reconhecer direitos coletivos na questão da educação não tem nada a ver com o

---

[22] A "terceira via" do New Labour tem grande apreço pelo sistema de PPP (*private-public partnership*) [parceria público-privada], em particular na escola.

[23] Catherine Grémion e Robert Fraisse, *Le Service public en recherche: quelle modernisation?* (Paris, La Documentation Française, 1996). Ver também, sobre esse ponto, Claude Pair *et al.*, *Rénovation du service public de l'Éducation nationale: responsabilité et démocratie* (Paris, MEN, 1998).

consumerismo escolar e o aprofundamento das desigualdades entre grupos sociais que ele acarreta, como certo fatalismo gostaria que acreditássemos.

Hoje, quando certos teóricos ou autoridades de esquerda são acusados de ter preparado o terreno para o liberalismo com essa política de diversificação e descentralização, eles se defendem buscando separar a lógica do serviço público da problemática do mercado. Mas acrescentam: o serviço público, para melhorar, tem de ser regido pela *lógica da demanda*. Essa lógica tornaria obrigatória a apresentação de objetivos de melhoria da relação custo/desempenho e avaliações permanentes, cujo principal beneficiário seria o usuário. Uma vez estabelecido o princípio de que a escola é um serviço descentralizado que atende satisfatoriamente a uma clientela diferenciada, e não uma instituição encarregada de educar todos os membros da sociedade segundo valores e regras comuns, e de formar cidadãos capazes de assumir os assuntos coletivos, foram eliminados muitos dos obstáculos à privatização *de facto* dos estabelecimentos escolares, isto é, à sua subordinação a todo tipo de interesse privado. Nesse aspecto, os liberais parecem mais coerentes. Embora tenham aplaudido todos os passos da esquerda em direção à diversificação e à descentralização do sistema educacional, eles consideram que, se a demanda individual é o fator fundamental, o melhor é levar essa lógica até o fim e implantar uma descentralização total. Em meados dos anos 1980, a coisa já se anunciava claramente. Em 1983, administradores públicos reunidos num congresso prenunciavam a dinâmica liberal dos projetos descentralizadores:

> No centro do fenômeno de descentralização estará o projeto da escola e seu principal condutor, o diretor. A comissão avalia que a própria noção de projeto de escola implica a supressão do mapa escolar (em particular a exigência de setorização escolar entre estabelecimentos de mesma natureza), a livre escolha da escola para alunos e pais em função de seu projeto (assim como para os professores) e a definição do perfil do diretor também em função do projeto que será levado a cabo.[24]

A escola no centro do dispositivo

A ideia de transformar o estabelecimento escolar na "célula de base" do sistema educacional não é novidade. O movimento começou no Colóquio de

---

[24] Relatório de Henri Legrand de 25-27 fev. 1983 na comissão n. 4 do Colóquio de Associação Francesa dos Administradores da Educação Nacional (Afae); ver *Administration et Éducation,* n. 19, v. 3, 1983, p. 88.

Amiens (18 de março de 1968)[25]. Esse colóquio, que se tornou a bíblia dos reformadores "modernistas" do pós-Maio, anunciou o novo caminho descentralizador. Na conclusão do relatório preparatório da comissão encarregada dos estabelecimentos escolares, encontramos os grandes temas da reforma proposta mais de trinta anos depois, em particular a associação de autonomia e inovação. Depois de lembrar a necessidade de diferenciar a pedagogia e individualizar o ensino para adequá-lo aos alunos, o relatório afirma:

> A palavra de ordem agora é flexibilidade. Para realizar essa flexibilidade da adaptação às necessidades do momento e às condições locais, é importante dar ampla autonomia aos estabelecimentos escolares. É indispensável que os responsáveis de cada escola possam tomar decisões rápidas e adaptadas. E como incentivar a participação, se o terreno que se oferece é instável, se não existe um poder que seja exercido em comum? Enfim, seja qual for o ponto de vista que se adote, a conclusão é sempre a mesma. A transformação do estabelecimento escolar exige uma *revolução administrativa* [sublinhado no texto]. O preço é o emprego correto dos docentes, a utilização judiciosa dos recursos financeiros, a eficiência do nosso ensino e sua modernização.[26]

Há muito tempo, portanto, definiu-se a estratégia de dar mais autonomia às unidades de base, dotá-las de personalidade própria e de uma margem de manobra para tomar iniciativas relativas aos conteúdos de ensino. Desse ponto de vista, os anos 1970 e 1980 serão marcados pelo aprofundamento do que se denomina tecnicamente "desconcentração administrativa", até a lei de diretrizes de 1989, que consagra a estratégia do plano do estabelecimento, primo direto do plano de negócios, na moda em meados da década de 1980. A "descentralização" dos poderes, também no sentido técnico do termo, acompanha o movimento e dá mais competência às coletividades territoriais. Em sintonia com as medidas tomadas no âmbito da política geral de descentralização, iniciada em 1982, a lei de 25 de janeiro de 1985 define as regras de divisão das competências entre as comunas, os departamentos, as regiões e o Estado no que diz respeito ao ensino.

Paralelamente, começam a se desenvolver trabalhos que vão tentar lançar luz sobre o "efeito estabelecimento", um "paradigma" que supostamente

---

[25] Ver, sobre esse ponto, Jean-Pierre Obin, *La Crise de l'organisation scolaire* (Paris, Hachette Éducation, 1993), p. 31.

[26] Association d'Étude pour l'Expansion de la Recherche Scientifique, *Pour une école nouvelle, formation des maîtres et recherche en éducation: Actes du Colloque National, Amiens, 1968* (Paris, Dunod, 1969), p. 213.

suplantaria as análises sociológicas anteriores, as quais davam muito mais ênfase à influência do pertencimento social sobre a desigualdade dos resultados escolares[27]. Segundo essa "nova sociologia da escola", os mecanismos de reprodução social expostos pela sociologia crítica nos anos 1960 não conseguiam explicar as diferenças observadas entre alunos de estabelecimentos diferentes. Esse novo "paradigma" veio precisamente justificar a estratégia política dada pelo ditado: "A escola é seu próprio recurso", e, em certos casos, levou alguns autores a incensar os méritos do "gestor educacional" eficiente, o único capaz de "encarnar o estabelecimento escolar e representar seu projeto"[28]. Nem sempre eles avançaram da constatação à conclusão prática, porém. Muitos desses trabalhos – interessantes, apesar de limitados – revelam práticas muito distintas nas escolas, dependendo do meio e do tipo de alunos que recebem. Mas em vez de mostrar que os estabelecimentos escolares não se adaptam ao ambiente *tanto quanto deveriam*, esses estudos tendem a mostrar que em geral eles se adaptam *demasiadamente* e, por isso, se tornam ou instrumentos nas mãos das camadas mais favorecidas, ou vítimas mais ou menos consencientes das estratégias de evitação. De todo modo, criou-se uma verdadeira ideologia do estabelecimento escolar que muitas vezes transformou a descentralização e a desconcentração em sinônimos de democratização.

A distorção mais notável que se observou foi a que permitiu a assimilação dessa escola mais autônoma a uma *empresa* com chefe, empregados e clientes. Como se, por influência dos novos ares, qualquer organismo que ganhasse certa independência só pudesse ser uma empresa. Enquanto os primeiros argumentos descentralizadores relacionavam essa autonomia a mais democracia, como indicam as diretrizes do início dos anos 1980 (o Relatório Soubré em especial), essa descentralização foi rapidamente relacionada a uma mutação "empresarial". O dirigente regional de ensino Daniel Mallet foi bastante explícito sobre a evolução prevista da reforma, que, segundo ele, consistirá em dar aos estabelecimentos públicos locais de

---

[27] Ver Olivier Cousin, "L''Effet-établissement', construction d'une problématique", *Revue Française de Sociologie*, n. 34, 1993, p. 395-419.

[28] Robert Ballion, "Les Chefs d'établissement efficaces", *Éducation et Management*, out. 1993, p. 60. Ver também *Le Lycée, une cité à construire* (Paris, Hachette Éducation, 1993), p. 227-8. Os primeiros interessados no tema entendiam a autonomia dos estabelecimentos escolares como uma "autonomia dos diretores", segundo Yves Grellier, *Profession, chef d'établissement* (Paris, ESF, 1998), p. 120.

ensino (Eple) "o controle dos meios fundamentais de toda empresa, a saber, a escolha e a gestão do pessoal, e o controle dos meios fundamentais de todo estabelecimento escolar, a saber, a escolha e a gestão do corpo docente"[29].

Escolas ricas, escolas pobres

A intenção dos descentralizadores dos anos 1980 era *limitar* a influência das coletividades locais sobre as escolas. Acreditava-se na época que o estatuto público dessas escolas e a definição central dos objetivos educacionais atribuídos a elas seriam capazes de protegê-las de uma excessiva dominação direta dos poderes locais, que poderia pôr o sistema em risco. As coletividades financiariam o funcionamento da escola, mas ficariam de fora da ação pedagógica, apesar de participarem dos conselhos escolares e da administração. O Relatório Soubré, de 1982, apresentava uma fórmula simples: "Escolas fortes para poderes locais fortes"[30]. No entanto, essa divisão de tarefas, que incumbia os poderes locais de pagar e cuidar apenas das atividades periescolares, começou a ser questionada. Os poucos trabalhos dedicados às ações dos municípios, dos conselhos gerais e dos conselhos regionais mostraram os novos desequilíbrios e desigualdades que surgiam. Os projetos (não realizados) de Claude Allègre e os projetos (em realização) da equipe Raffarin-Ferry mostram que as próximas etapas, se ocorrerem, consistirão em dar às coletividades territoriais, e em particular às regiões, um maior poder de definição sobre a política educacional (admissão, gestão de pessoal, implantação de escolas e formações).

Um dos principais argumentos dos promotores da descentralização é que as dotações orçamentárias das coletividades em educação são maiores que os recursos transferidos do Estado para essas mesmas coletividades. As despesas das coletividades territoriais com educação representam quase um quarto dos gastos públicos com ensino e mais de um quinto da despesa interna com educação (incluídos os gastos das famílias) e provavelmente continuarão a crescer, se depender do incentivo das autoridades políticas de direita e de esquerda. Esse aporte financeiro possibilitou certo reequilíbrio entre as diretorias regionais, que pode ser medido, por exemplo, pelo

---

[29] Daniel Mallet, "La Nouvelle Réalité administrative et pédagogique de l'EPLE", *Administration et Éducation*, v. 55, n. 3, 1992, p. 100.

[30] Luc Soubré, *Décentralisation et démocratisation des institutions scolaires*, cit., p. 24.

aumento significativo do número de estudantes que concluíram o ensino médio nas regiões com maior atraso escolar. Sem questionar as carências do Estado no passado, eles veem isso como a prova definitiva da superioridade da descentralização na questão da igualdade. Com isso, para manter o desenvolvimento da escolarização de massa nos últimos vinte anos, os contribuintes pagaram mais pela educação em termos de imposto local que em termos de imposto nacional[31]. Ora, esse crescimento da dotação orçamentária se apoiou sobre bases cada vez mais desigualitárias tanto em relação à arrecadação quanto em relação às despesas. Sabemos que a base de cálculo fiscal local é muito injusta socialmente, que a pressão fiscal é muito diferente conforme o lugar e que, muitas vezes, ela é menor nas coletividades mais ricas que nas mais pobres. A descentralização não seria intrinsecamente desigualitária se houvesse regras claras e respeitadas não só de "perequação", mas de efetiva redistribuição entre coletividades locais ricas e coletividades pobres[32]. O que, diga-se de passagem, pressuporia uma intervenção ativa do Estado como árbitro. Ora, é forçoso constatar que a descentralização acentuou a diferença de riqueza entre comunas, departamentos e regiões – e, portanto, entre escolas, que estão muito longe de receber recursos iguais. Segundo uma pesquisa da Federação dos Delegados Departamentais da Educação Nacional, a porcentagem do orçamento das comunas para a educação era muito variável, indo de 7% (em 10% das comunas) a 20% (em 5% das comunas). O gasto com material escolar e livros também varia muito: de menos de 200 francos em 25% das comunas a mais de 500 francos em 10% das comunas[33]. É certamente difícil fazer comparações, em razão da própria contabilidade pública, que distribui em rubricas orçamentárias

---

[31] O Relatório Mauroy sobre o futuro da descentralização (out. 2000) observa que "a cara da escola na França mudou radicalmente nesse aspecto, graças à ação das coletividades territoriais" (ibidem, p. 51). Os números são eloquentes no que se refere à renúncia da União: em 1983, ela era responsável por 90% do financiamento imobiliário das escolas de ensino fundamental 2 e médio, com 6,3 bilhões de francos, enquanto departamentos e regiões contribuíam com somente 800 milhões. Em 1998, a União contribuiu com 9,9 bilhões, mas esse valor representava apenas 32% do investimento total. Departamentos e regiões entraram como 21 bilhões, dos quais 2,1 bilhões para o ensino superior.

[32] Ver François Castaing, "Décentralisation: un maillon d'une nouvelle régulation?", *Nouveaux Regards*, n. 18, 2002.

[33] Bernard Toulemonde, *La Gratuité de l'enseignement, passé, présent, avenir* (Paris, MEN, 2002), p. 19.

muito variáveis os recursos destinados a escolas de diversos níveis. Contudo, a importância do fenômeno é inquestionável. Se nos restringirmos apenas ao financiamento das escolas de ensino fundamental 1 pelas comunas, sabemos que estas contribuem com cerca de 38% dos recursos das escolas (sem incluir transporte). De acordo com uma pesquisa sobre despesas pedagógicas realizada pela Sofres [Sociedade Francesa de Pesquisas por Amostragem] citada no jornal *Le Monde*, cada aluno francês custou em média 239 francos por ano[34]. Mas se considerarmos os depoimentos de professores obtidos pelo Sindicato Nacional Unificado de Professores de Educação Infantil e Ensino Fundamental 1 (SNUipp), sindicato majoritário dos professores de educação infantil e ensino fundamental 1, os valores vão de 70 a 700 francos, conforme o lugar. Outros recursos provenientes das coletividades locais às vezes vão muito além das obrigações legais com a construção e a manutenção dos prédios, a começar pelo financiamento de oficinas, excursões, intercâmbios e viagens escolares. Isso também pode assumir a forma de atividades culturais múltiplas, organizadas por interventores externos, ou de agentes mediadores para combater a violência, como ocorreu em Hauts-de-Seine[35]. Alguns municípios, conselhos gerais ou regiões também criaram fundos consideráveis para o equipamento multimídia dos diferentes tipos de estabelecimento escolar. A crescente diversidade dos objetivos atribuídos à escola de ensino fundamental 1 em relação a línguas estrangeiras, tecnologias e, mais recentemente, literatura contemporânea expõe um pouco mais as desigualdades de meios. Os equipamentos nas escolas são muito variáveis: segundo pesquisa realizada em 2002 pelo SNUipp em metade dos departamentos franceses, 72% das escolas possuem um computador, mas apenas 8% possuem mais de dez[36]. Em certas regiões, os livros didáticos dos alunos de ensino médio são financiados pelas regiões e, em outras, eles não contam com financiamento algum. A abertura das escolas para o ambiente externo favorece a ativação de múltiplos canais pelos quais podem passar os mais diversos tipos de financiamento[37]. Os recursos socialmente desiguais

---

[34] Marie-Laure Phélippeau, "École riche, école pauvre, derrière les réalités le choix des maires", *Le Monde*, Paris, 22 nov. 2001.

[35] Yves Dutercq, *Politiques éducatives et évaluation*, cit., p. 136 e seg.

[36] Ver Nicole Geneix, "Enquête d'argent", *Fenêtres sur Cour*, n. 227, 31 ago. 2002.

[37] Ver, a esse respeito, Yves Careil, *De l'école publique à l'école libérale, sociologie d'un changement* (Rennes, Presses Universitaires de Rennes, 1998), em particular p. 167 e

das famílias não podem ser subestimados no aporte financeiro das escolas, graças às cooperativas, aos bingos, às viagens escolares, à compra de fotos, à doação de livros, documentos e até material de informática. Diversas atividades ou produtos artesanais da escola, mobilização de cooperativas, associações de amigos, associações de pais, diferentes formas de patrocínio de festas e competições podem contribuir para o caixa das escolas. A já citada pesquisa da Sofres indica que 20% dos recursos pedagógicos das escolas são provenientes desses diversos expedientes.

Embora o fenômeno não seja novo, os efeitos dessa "localização" cada vez mais consolidada do sistema escolar são preocupantes. A crescente dependência das escolas em relação a recursos privados ou locais criou, em termos de condições materiais, uma polarização cada vez maior entre as escolas pobres para as crianças pobres e as escolas ricas para as crianças ricas. Do mesmo modo, o custo arcado pelas famílias, que no início do ano letivo pode ser bastante elevado, varia muito. Segundo uma pesquisa da Confederação Sindical das Famílias (custo escolar em agosto de 2000), o custo no início do ano letivo para um aluno de BEP* do setor terciário era de 3 mil francos e, para um de BEP industrial, mais de 4 mil francos[38]. Essas desigualdades podem ser relacionadas à participação crescente de pais extremamente mobilizados e cada vez mais profissionais na vida da escola, que transformam sua presença nos conselhos escolares ou nos conselhos administrativos em meio de pressionar os professores, intervindo no funcionamento da escola de várias maneiras e por ocasião de diversas atividades, nem sempre em busca da melhoria coletiva da escolarização de todos ou do apoio aos alunos mais fracos, mas por cálculo estratégico para defender o interesse de seus filhos (colocando-os nas melhores turmas, escolhendo os professores supostamente mais competentes, mobilizando-se

---

seg. O autor mostra que, em algumas escolas, "o dinheiro brota do chão" e o excedente é aplicado em sociedades de investimento em capital variável (Sicav), enquanto outras escolas sofrem cruelmente com a falta de recursos.

* Os BEP (Brevet d'Études Professionnelles) são diplomas de nível médio técnico, obtidos após dois anos de estudo – um ano antes da conclusão do ensino médio profissionalizante. Os cursos formam profissionais em cinquenta especialidades de diferentes setores, como eletricistas, mecânicos, topógrafos, padeiros, cuidadores, tapeceiros etc. (N. T.)

[38] Ver Bernard Toulemonde, *La Gratuité de l'enseignement, passé, présent, avenir*, cit., p. 17.

contra as aulas de sábado de manhã etc.). Para Yves Careil, não há dúvida de que a escola pública "está sendo leiloada"[39]. Essa desregulamentação da origem das dotações orçamentárias é um dos vetores que, graças à adaptação às dimensões locais, ou melhor, sociais do público, permite a diferenciação da "oferta escolar" conforme o meio social. A igualdade de tratamento dos alunos no território francês não só não se tornou uma realidade como deixou de ser um ideal regulador após a descentralização. Da igualdade abstrata à desigualdade assumida, o progresso não é óbvio.

Controle local e mudança de valores

Essa territorialização desigualitária tem um papel significativo na transformação do sistema de valores dentro do sistema educacional[40]. Se a intervenção dos poderes locais não é recente, nota-se uma ruptura quando se considera não só a amplitude da descentralização do financiamento, como acabamos de fazer, mas também a implantação de políticas educacionais de cunho verdadeiramente territorial.

Logicamente as coletividades locais são levadas a não mais se contentar em ser apenas um investidor de fundos, sem controle dos conteúdos e dos resultados, envolvendo-se, então, nas novas ações que se situam no centro da atividade pedagógica. Hubert Chardonnet, presidente da rede francesa de cidades educadoras, disse a esse respeito: "Nós não queremos mais ser considerados caixas registradoras, mas parceiros. Isso significa participar da definição dos projetos, determinar os objetivos, o método e os meios, especificar as competências e as responsabilidades de cada um, dentro do respeito aos programas definidos nacionalmente"[41]. A partir das leis de descentralização, as coletividades investiram num campo novo para lhes dar legitimidade, na medida em que a escolaridade das crianças é a principal preocupação de muitos eleitores. Como não se cansam de frisar os porta-vozes das coletividades territoriais, os próprios limites e lacunas das

---

[39] Yves Careil, "L'École publique à l'encan", *Le Monde Diplomatique*, Paris, nov. 1998.

[40] Ver Agnès van Zanten, "L'Action éducative à l'échelon municipal: rapport aux valeurs, orientations et modes d'intervention", em François Cardi e André Chambon, *Métamorphoses de la formation* (Paris, L'Harmattan, 1997).

[41] Citado em Dominique Glasman, "Réflexions sur les 'contrats' en éducation", *Ville--École-Intégration*, n. 117, jun. 1999, p. 89.

políticas nacionais exigem essas intervenções locais, mesmo que transgridam a lei, como o Conselho Geral de Hauts-de-Seine, que está na vanguarda da questão[42]. Segundo seu Plano para o Êxito Escolar (PRE), esse conselho quer implantar "oficinas inovadoras" para oferecer apoio escolar, pretende resolver os problemas de vandalismo e violência na escola e planeja "instalar em todas as escolas de ensino fundamental 2 um sistema de vigilância por câmeras".

Essa evolução está longe de apresentar os efeitos positivos em geral alegados, em particular quanto à eficiência e à igualdade. Os pais mais mobilizados e mais disponíveis começam a "colonizar a escola", enquanto os professores são impelidos a se converter em "empreendedores associativos ou políticos locais". A multiplicação do número de intervenções externas, que talvez satisfaça o desejo de "abertura" e "desenvolvimento pleno" dos pais de certas camadas favorecidas e atenda à preocupação eleitoreira dos municípios, pode diminuir o tempo das aprendizagens fundamentais e prejudicar os alunos mais fracos[43].

Sobre os "projetos de ação educativa" desenvolvidos localmente, Agnès van Zanten destaca que "os municípios tendem a usar o projeto para ampliar sua margem de intervenção, para 'conduzir' a evolução das práticas docentes e dar visibilidade a seus investimentos"[44]. As empresas locais também são solicitadas a intervir mais, seja na formação profissional, nas parcerias "culturais" ou mesmo nas atividades de formação dos docentes, sob a forma de convites para colóquios e seminários em que eles entram em contato com executivos e empresários – encontros nos quais são difundidos novos valores, competências e termos "modernos"[45]. Às vezes as ações locais são associadas a discursos antiburocráticos primários, que atacam "a hierarquia que dificulta", "as regulamentações que paralisam" etc., e valorizam as virtudes da flexibilidade e da proximidade. Além do mais, as atividades oferecidas nas "oficinas" municipais às vezes são apresentadas como mais interessantes para os alunos que as aulas da escola, bem no momento em que os "contratos educacionais locais" que dão legitimidade ao papel educacional das coletividades locais põem as atividades socioculturais destas últimas no mesmo patamar das

---

[42] Ver as pesquisas conduzidas por Yves Dutercq, *Politiques éducatives et évaluation*, cit.

[43] Ver o relatório de Jean Ferrier, *Améliorer l'efficacité de l'école primaire*, cit.

[44] Agnès van Zanten, "L'Action éducative à l'échelon municipal: rapport aux valeurs, orientations et modes d'intervention", cit., p. 179.

[45] Ibidem, p. 180-1.

atividades escolares, ou mesmo competindo com elas[46]. As coletividades locais gostam de se apresentar como modernizadoras, e os reformadores do sistema escolar contam com esse tipo de intervenção na escola para facilitar as mudanças pedagógicas e organizacionais. O Conselho Geral de Hauts-de-Seine se define como um "laboratório de inovação educacional" que aplica políticas que atendem a uma demanda e funcionam como uma alavanca para fazer o sistema mudar[47]. Ressaltando as carências da União, deslegitimando sua função e suas pretensões, essas políticas territoriais conduzem a "soluções" questionáveis, como as que consistem em recorrer aos "irmãos mais velhos"* para resolver os problemas de violência nas escolas.

Em resumo, as políticas locais para a educação acabam acelerando as transformações desreguladoras e gerenciais da escola, que com isso perde autonomia. Elas dão poder de controle sobre métodos e conteúdos e fortalecem as avaliações quantitativas da atividade educacional. Por isso, obrigam os professores a seguir a lógica eleitoral da máxima visibilidade ("criar o acontecimento") e do retorno político dos resultados escolares. Submetem-nos ao jogo complexo dos interesses locais, tanto sociais quanto econômicos, que muitas vezes condicionam auxílios e subvenções a demonstrações de lealdade política. Além disso, essa descentralização, especialmente em nível regional, transforma cada vez mais a escola em fornecedora de "competências" para as empresas locais. A legitimidade das políticas locais em relação à prosperidade e ao emprego, que de certo modo determinam a aprovação eleitoral, faz com que os políticos eleitos rapidamente se tomem por patrões, outorgando-se o direito de impor-se a qualquer funcionário que ouse resistir à vontade da coletividade local. Como destaca Yves Dutercq a propósito da nova forma escolar testada pelo Conselho Regional de Hauts-de-Seine, o resultado é a constituição "de um pequeno Estado-nação" que pode tomar o lugar do poder central graças aos consideráveis recursos financeiros de que dispõe[48].

---

[46] Yves Dutercq, *Politiques éducatives et évaluation*, cit., p. 126-7.

[47] Ibidem, p. 145.

* A política do "irmão mais velho" surgiu extraoficialmente no fim dos anos 1980, numa tentativa de enfrentar a onda de violência nos bairros mais pobres, em especial os de população imigrante. Jovens de 16 a 26 anos eram recrutados pelas prefeituras, sobretudo por meio do programa *emplois-jeunes*, para servir de conselheiros ou mediadores entre os mais jovens da comunidade em que viviam. (N. T.)

[48] Ibidem, p. 153.

A descentralização é uma forma de alterar o próprio sentido do trabalho, o estatuto e a ética do pessoal que o executa. Em outras palavras, não é apenas uma forma inteligente de conseguir novas fontes de financiamento ou definir meios que permitam concretizar melhor os propósitos da escola pública (como queria a esquerda descentralizadora); ela também tende, diante do recuo do Estado, a mudar esses propósitos, convertendo a escola em uma agência local de prestação de "serviços" definidos pelas coletividades territoriais e, em particular, de produção de competências para as empresas.

O governo de Jean-Pierre Raffarin tenciona acelerar o processo de descentralização da educação, seguindo as recomendações do Relatório da Comissão para o Futuro da Descentralização (outubro de 2000), presidida por Pierre Mauroy[49]. A "organização descentralizada" da República terá sérias consequências para o sistema educacional. Sem prejulgar os projetos experimentais plurianuais previstos pelo governo, podemos esperar que os políticos regionais manifestem o desejo de ampliar suas atribuições em relação à educação. Logo após o anúncio da intenção de acelerar a descentralização, autoridades da região de Rhône-Alpes, através da presidente do conselho regional, Anne-Marie Comparini, manifestaram a esperança de que houvesse uma transferência global do "bloco da educação" para a região, dizendo-se prontos para exercer "uma competência plena e exclusiva" em todos os níveis, da educação infantil ao ensino superior, passando pela formação continuada[50]. O aprofundamento da descentralização em benefício das regiões pode acabar tornando as formações ainda mais dependentes de recursos do setor privado e acentuar ainda mais a lógica de adequação às características do mercado local de emprego, sob pressão dos meios econômicos e por razões eleitoreiras evidentes.

É pouco provável que essa transferência de competências do "bloco da educação" seja objeto de um grande debate político como merece, haja vista o consenso quanto a isso que existe até o momento entre a esquerda ex-governamental e a direita. Contudo, isso não deveria ser impedimento

---

[49] Esse relatório era a favor de um poder regional forte, que se beneficiasse de uma ampla transferência de competências, especialmente em relação à universidade, à pesquisa e à formação profissional. Em particular, a região é que deveria decidir e financiar a construção de universidades, assim como ter plenos recursos para financiar a formação profissional.

[50] Jean-Baptiste de Montvalon, "Rhône-Alpes veut expérimenter un transfert de compétences sur l'ensemble du 'bloc éducatif'", *Le Monde*, Paris, 5 out. 2002.

para nos questionarmos sobre o sentido e as consequências da localização da ação educacional. Não resta dúvida de que hoje é impossível refletir sobre isso sem levar em conta a dimensão territorial das políticas educacionais. Mas essa preocupação com o âmbito local serve para acentuar as desigualdades ou reduzi-las? Ou será que, sob o pretexto da "governança", o que se quer é aumentar ainda mais a mistura de poderes obscuros em que ninguém – nem municípios, nem Estado, nem famílias, nem empresas – é claramente responsável pela educação? Ou talvez se queira implantar uma democracia local mais efetiva? A valorização do local por si mesmo é fonte de confusão. Muitas lutas e reivindicações a favor de uma educação pública de melhor qualidade se manifestam em nível local, como vimos nos últimos anos tanto nas greves de 1998 em Seine-Saint-Denis como em 1999 e 2000 nos departamentos do Gard e do Hérault. Também constamos que o espaço local se tornou um espaço privilegiado de desregulamentação, no qual se expressam as lógicas de privatização da educação e atuam diretamente relações de força políticas e econômicas.

Sob esse aspecto, o exemplo do ensino profissionalizante merece reflexão[51]. Os empregadores preferem em geral o caráter local, ou então regional, desse tipo de ensino, na medida em que o controle próximo sobre a formação é muito mais eficaz que o controle a distância exercido pelos setores profissionais e pelas diversas comissões paritárias que definem as certificações nacionais. Existe um grande risco de que a regionalização do "bloco da educação" acentue os fenômenos de regionalização não só da oferta, mas também dos diplomas, fragmentando ainda mais as formas de certificação e fazendo com que percam ainda mais seu caráter universal.

A desigualdade geográfica e, indiretamente, social de auxílios e despesas com a escola vem aumentando consideravelmente na França, e teme-se que essa tendência se acentue com o aprofundamento da descentralização. A questão que se coloca, então, é saber se o Estado central ainda tem como missão garantir a igualdade em todo o território, tanto de impostos recolhidos quanto de auxílios prestados às famílias e recursos alocados nos estabelecimentos escolares. Notemos que as autoridades políticas não assumem a escolha e as consequências dessa desregulamentação – principalmente quando essas consequências contrariam os desejos da população – e não

---

[51] Ver Gilles Moreau (org.), *Les Patrons, l'État et la formation des jeunes* (Paris, La Dispute, 2002).

têm pressa para resolver essa desigualdade territorial, da qual as camadas populares são as principais vítimas. O que vemos são apenas invocações mágicas às regiões e ao espaço europeu para a formação e a educação, como se fossem a solução para todas as dificuldades...

Por se dar ênfase demais à "autonomia da escola" em relação aos escalões superiores da administração pública, deixou-se de lado a "autonomia da escola" em relação às influências locais e familiares e, dessa forma, abriu-se caminho para múltiplas formas de desigualdade, como se a luta pelo direito universal à educação fosse algo ultrapassado. A vontade política de defender a igualdade não significa que todos os estabelecimentos escolares da França devem ser iguais. Significa, em vez disso, que as autoridades e os agentes da instituição escolar, dentro da missão de defender o interesse geral que receberam, devem ter liberdade real para realizar essa busca de igualdade, e não para se afastar dela. O que se percebe é que a autonomia da escola, a maior liberdade de organização e o objetivo político da igualização poderiam se conciliar e abrir um novo caminho. Condições iguais de educação, ou ao menos o mais iguais possível, pressupõem uma redistribuição mais significativa dos recursos e de soluções organizacionais e pedagógicas diferentes, mas cuja diferença esteja *sempre* subordinada à missão de universalização dos saberes. A diversidade, do mesmo modo que a uniformidade, não gera igualdade. A própria igualdade é que determina, em certos momentos e em certos terrenos, diferenças práticas e materiais.

11
A NOVA "GESTÃO EDUCACIONAL"

A função atribuída à escola na formação de competências e os objetivos de eficiência que se esperam dela encontram no sistema educacional sua continuação lógica, sob os auspícios da "revolução gerencial"[1]. O objetivo desta última é *gerir a escola como uma empresa*. Essa evolução é apresentada aí também como uma resposta às aspirações da base por mais liberdade e até por mais democracia. Todavia, a roupagem da nova gestão não engana. Os argumentos baseados nos defeitos do centralismo evidentemente são relevantes, assim como o desejo dos "atores" por mais autonomia. Contudo, a pretexto de descentralizar e desburocratizar, vêm ocorrendo transferências de poder que não correspondem às lógicas oficiais nem surtem os efeitos pretendidos. Não é a democracia que vence, não é a iniciativa da base que é incentivada – ambas concepções fundamentalmente estranhas ao vocabulário da burocracia francesa –; trata-se, isso sim, de mudanças que fortalecem o domínio dos controles e das injunções sobre os professores e, consequentemente, sobre os alunos. Na realidade, imitar a empresa teve como prolongamento lógico a vontade de colocar "chefes de verdade" na direção das unidades descentralizadas, encarregados de aplicar de maneira eficiente as políticas de modernização determinadas de cima e capazes de mobilizar energias, introduzir inovações e controlar os professores. Os defensores mais genuínos do neoliberalismo escolar insistem muito na importância

---

[1] Michel Crozier, "Le Système scolaire face à la révolution managériale", *Éducation et Management*, n. 7, jun. 1991. Ver também Claude Durand-Prinborgne, *L'Éducation nationale* (Paris, Nathan Université, 1992), p. 30. Luc Boltanski, "America, America... Le plan Marshall et l'importation du management", *Actes de la Recherche en Sciences Sociales*, n. 38, maio 1981, p. 19-41.

de um verdadeiro *líder* à frente das escolas, contrapartida organizacional fundamental para a constituição de um mercado escolar[2]. A lógica é muito clara: se a escola é uma empresa que produz um serviço, se depende de uma eficiência mensurável, se seu custo deve ser controlado ou reduzido, a "organização educadora" deve ter à frente um organizador que seja capaz de dirigir uma "equipe" e se responsabilize pela produção de "valor agregado" pela "empresa". Apesar das declarações estrondosas sobre a "modernização", essa "reorganização gerencial da Educação Nacional"[3] não é original, como deixa claro a evolução de outros sistemas escolares. Vimos quão precocemente a escola estadunidense seguiu esse caminho, desde a época do taylorismo triunfante. Os administradores do ensino se tornaram os novos "capitães da educação", cuja identidade se construiu a partir do modelo dos capitães de indústria. Admiradores dos empresários, de seus métodos e de seus êxitos comerciais e financeiros, eles compartilhavam as mesmas concepções sobre a sociedade e o indivíduo e, com frequência, apresentavam as mesmas características sociais e mentais. A universidade estadunidense, enorme e fragmentada, também caiu nas mãos dos administradores[4].

O momento é de fortalecimento dos escalões intermediários na França. Graças a sua nova identidade profissional, os administradores se converterão em gestores capazes de encarnar a escola neoliberal, gestores que "fazem prevalecer em todos os domínios a utilidade e a eficiência como valores preeminentes"[5]. Na realidade, porém, todo o corpo dirigente deve se unir em torno dessa estratégia modernizadora sob as ordens do alto escalão (gabinetes ministeriais, diretores de ensino e dirigentes). Isso pressupõe uma linha de comando mais eficiente, a consolidação de uma "cultura comum" do corpo dirigente, graças a uma formação similar e a referências idênticas, e, por último, um maior poder concedido ao responsável local para impor as "inovações" à base. O novo espírito dos dirigentes prevalece em detrimento

---

2 Ver John E. Chubb e Terry M. Moe, *Politics, Markets, and America's Schools*, cit., p. 56 e seg.

3 Ver Lise Demailly, "L'Évolution actuelle des méthodes de mobilisation et d'encadrement des enseignants", *Savoir*, 5, jan.-mar. 1993.

4 Nos anos 1960, Clark Kerr já constatava que "a era dos *managers* chegou para a universidade como para o resto da sociedade". Ver Clark Kerr, *Métamorphose de l'université*, cit., p. 35.

5 Ver Yves Grellier, "L'Encadrement: force ou faiblesse de l'école française", *Administration et Éducation*, n. 77, 1998, p. 25.

da relativa autonomia profissional tradicionalmente concedida aos docentes, hoje vista como excessivamente dispendiosa.

A transformação não se limita à França. Nos anos 1980, financiados pela OCDE, os trabalhos do Projeto Internacional de Aperfeiçoamento da Escola (Isip) definiram o referencial dessa reorganização focada nos diretores escolares como vetores de inovação[6]. Embora essa transformação seja mais clara nas escolas de ensino médio e fundamental 2, ela também se anuncia no ensino fundamental 1 e nas universidades. Evidentemente há ainda uma grande distância entre essa nova mitologia e os homens e as realidades da prática. Muitos diretores de escola continuam descrentes do novo rumo imposto pela alta administração, sobretudo caso seu novo papel seja assumir mais "responsabilidades" transferidas pela cúpula.

Democracia ou burocracia?

A farsa que caracteriza a situação francesa nos faz perguntar se a reforma gerencial da escola cumpre o objetivo oficial a ela atribuído vinte anos atrás pela esquerda no poder: diminuir o inchaço administrativo e delegar poder à base. A descentralização dos controles e das responsabilidades, a maior autonomia do estabelecimento escolar em relação ao centro, a transferência de mais poder para a periferia foram apresentadas como progressos democráticos implantados para aproximar o cidadão dos locais de tomada de decisão. Temos de considerar, por baixo das palavras pomposas, os verdadeiros objetivos de poder, as crenças e estruturas políticas, as estratégias dos "atores" e, em particular, da alta administração.

A descentralização e a desconcentração não trouxeram mais democracia, palavra que na maioria das vezes continua sendo desconhecida "na prática". Elas tenderam, ao contrário, a fazê-la desaparecer nas obscuras e complicadas engrenagens da "governança", na qual os níveis de poder costumam se misturar[7]. Se por um lado, como acabamos de ver, a recente evolução conduziu a uma desconstrução da ação pública concreta, à sua fragmentação

---

6 Ver Clive Hopes (org.), *Le Chef d'établissement et l'amélioration du fonctionnement de l'école: études de cas dans dix pays de l'OCDE* (Paris, Economica, 1988), e N. Eskil Stegö *et al.*, *Le Rôle des chefs d'établissement dans l'amélioration du fonctionnement de l'école* (Paris, Economica, 1988).

7 Ver François Castaing, "Décentralisation: un maillon d'une nouvelle régulation?", cit.

e a desigualdades crescentes por todo o país, por outro lado ela parece ser a legítima conclusão de um projeto burocrático. A desconcentração permite ao Estado manter o poder estratégico de decisão, contando com seus níveis intermediários ou com agências externas para pôr em prática suas diretrizes e instruções, cuja realização não está mais em suas mãos[8]. O controle de cima continua sendo a regra, e o mercado e a concorrência são aceitos apenas na medida em que não se opõem ao poder da administração superior.

O objetivo político é, na verdade, transformar a escola numa máquina eficiente a serviço da competitividade econômica. Não importa mais, primordialmente, a vigilância moral e política dos professores. Se a vigilância sobre as minúcias aumentou, se foi criado um poder mais próximo, foi com o intuito de melhorar o "desempenho" dos professores e fazê-los servir aos novos objetivos econômicos e sociais da escola. O critério de avaliação, afirmam, não é mais o seguir as normas intelectuais, morais ou simplesmente administrativas, como era na escola antiga, e sim a "produtividade" pedagógica, submetida a uma avaliação supostamente objetiva do "valor agregado" pela escola. Em outras palavras, a administração escolar, interessada em racionalizar mais profundamente o ensino, toma de empréstimo retóricas e soluções da gestão privada, alegando que desse modo a escola se adaptará melhor à "demanda social". Apesar de afirmar que apenas atende ao desejo de mais liberdade dos "atores", está estendendo seu direito de supervisão e prescrição ao terreno pedagógico e pretende desenvolver "métodos de mobilização" do pessoal visando eficiência[9]. Dado que essa eficiência social e econômica deriva em grande parte da pedagogia, a administração tem de se reorganizar para mudar e controlar mais de perto as práticas profissionais, se possível dentro da própria sala de aula. No ensino fundamental 2 e no médio, principalmente, os escalões intermediários tiveram de assumir mais "responsabilidades" para assim, supostamente, recuperar o controle sobre professores considerados autônomos demais, isolados demais e ultrapassados demais. Ao mesmo tempo, *centralizando* o corpo de diretores e *concentrando* a seleção, a formação e a gestão da diretoria, a alta administração quer ter a sua disposição um quadro de "funcionários de ação direta com

---

[8] Michel Soussan, "L'Émergence d'une politique de l'encadrement", *Administration et Éducation*, n. 45, p. 16-7.

[9] Sintomaticamente, representantes dos administradores de nível intermediário se queixam de não conseguir entrar na "caixa-preta" das salas de aula.

autoridade", que sejam os fiéis executantes das ordens centrais. Aparentemente, o principal para a administração central é ter intermediários mais eficientes e, sobretudo, mais "leais" no controle da base docente, a fim de realizar as mudanças do modelo educacional decididas de cima. A nova organização possibilita uma dependência mais estrita e mais direta entre a direção central, as diretorias de ensino e os estabelecimentos escolares. Em vez de "moderna", essa reforma, que torna mais robusto o escalão intermediário da administração, integrando-o melhor a uma cadeia de comando única e racionalizada, tem tudo para reforçar a obediência e o conformismo esperados dos funcionários operacionais, em vez de estimulá-los a confiar na iniciativa de "seu pessoal" docente.

A filosofia da gestão educacional

A reorganização do poder lança mão oficialmente de "formas brandas" de gestão, qualificadas às vezes de gestão cooperativa, participativa ou até mesmo educativa[10]. Seguindo o espírito dessa nova gestão que se disseminou no setor privado a partir dos anos 1980, busca dar liberdade à iniciativa pessoal a fim de direcionar para a produtividade e o bom desempenho toda energia física, intelectual e emocional de que é capaz o indivíduo "liberado", instaurando ao mesmo tempo, para coibir qualquer excesso atípico de individualidades sem controle, um novo modo de sujeição, baseado na aceitação de uma cultura de empresa, no "contrato" e na definição de objetivos avaliados *ex post*. A valorização do individual se soma à preeminência da unidade periférica e local[11]. O objetivo é colocar o desejo de autonomia a serviço da organização e, assim, resolver a crise de recrutamento de pessoal e os problemas ocasionados pela "motivação"[12].

Essa "filosofia" foi largamente aplicada pelas novas correntes da "gestão pública". Como mudar a maneira de dirigir, se não é mais uma questão de

---

[10] Ver Francis Bégyn, Yves Dutercq e Jean-Louis Derouet, *L'Évolution des métiers de l'encadrement de l'éducation, des savoirs académiques aux compétences stratégiques* (Paris, MEN, Université d'Été, 28-31 out. 2000), p. 23.

[11] Ver sobre esse ponto Luc Boltanski e Ève Chiapello, *Le Nouvel Esprit du capitalisme*, cit.

[12] Ver o número especial da revista *Nouveaux Regards*: *La Logique managériale en question*, n. 18, 2002, e em particular o artigo de Daniel Rallet, "Management éducatif et management d'entreprise".

aplicar as ordens de cima, mas deixar os atores de base encontrar soluções *ad hoc*? E como adaptar as fórmulas do setor privado à educação, se esta última não pode ser totalmente aproximada a uma produção mercantil? Muitas das reflexões contidas na literatura destinada à constituição do novo pessoal executivo tentaram discernir a essência do novo diretor necessário à escola autônoma: gestor, mas também algo "mais", visto que é preciso satisfazer às especificidades do ensino. Foi um trabalho de acomodação, portanto, que levou a essa ambiciosa "filosofia da gestão educacional" (*sic*).

Na literatura dedicada à "gestão educacional", a regra é a retórica grandiloquente, como se o enfadonho vocabulário da gestão precisasse de uma pitada de sublime. Gestão é liberdade reconquistada, ética recuperada, justiça feita, democracia consumada, em resumo, o fim do mundo antigo[13]. Os gestores na vanguarda da modernidade, quase dois séculos depois de Saint-Simon ter fundado a religião industrial, proclamam nos próprios termos do sumo profeta que a gestão vai pôr fim ao "princípio da autoridade" e introduzir a escola na era da *troca generalizada*:

> A filosofia da gestão repousa sobre o contrato, a negociação, o acordo, o projeto. Está sempre em perfeita coerência com os objetivos educacionais e a necessidade de organização do dia a dia eminentemente complexo das "comunidades" escolares. A noção de autoridade pode recuperar seu sentido e sua legitimidade por meio desse desvio. É ele também que dá superioridade metodológica à gestão: ela é coerente, mais acolhedora e mais eficaz. [...] *A gestão é a perspectiva bem-acabada da educação.*[14]

Seguindo esse mesmo espírito, Guy Delaire observa que "o diretor pratica uma forma de gestão que é indissociável da atividade pedagógica, na medida em que o objetivo é revelar o indivíduo a ele mesmo, por meio da descoberta e do aprimoramento de suas potencialidades"[15].

A chave da "desburocratização" que os administradores são compelidos a realizar reside no uso correto das ferramentas da "gestão participativa",

---

[13] Esse discurso enaltece o prazer no trabalho, tema eminentemente político e muito distante das constatações realistas a que chegam os sociólogos e os psicólogos do trabalho.

[14] Christian Vitali, "La Vie scolaire et le management", *Conseiller d'Éducation*, n. 102, out. 1990. Grifos nossos.

[15] Guy Delaire, *Le Chef d'établissement* (Paris, Berger-Levrault, 1993), p. 259. Ver também, do mesmo autor, "Diriger est-ce commander?", *Éducation et Management*, n. 3, jan. 1990.

cuja essência é o *projeto*[16]. Cada estabelecimento escolar, em função de suas características locais, de suas necessidades e do meio social de seus alunos, tem de elaborar um documento que defina uma política específica, a qual, uma vez avalizada pelas diretorias de ensino, vão servir como um "norte" para o estabelecimento. Introduzida experimentalmente, a "gestão por projeto" se tornou obrigatória pela lei de 1989. O projeto, justificado inicialmente por preocupações democráticas da administração de Savary no ministério, fundamentou-se depois numa massa de referências cada vez mais heteróclitas, até se tornar, no fim dos anos 1980, a panaceia que faria a mudança tão necessária do sistema educacional[17]. Tema central da nova concepção, principal ferramenta do novo poder, o projeto supostamente combateria o centralismo dos parâmetros curriculares e dos métodos pedagógicos, demonizado como a fonte de todos os males. As virtudes são muitas: adaptação local, soluções originais descobertas pelas equipes pedagógicas e, sobretudo, estabelecimento de um consenso ao qual os "parceiros" da escola devem aderir. Além disso, existe a vantagem de unir a gestão administrativa geral da escola ao que acontece dentro da "caixa-preta" da sala de aula.

E, de qualquer maneira, na "gestão participativa" nada se decreta. Os diretores são "líderes". Eles suscitam e dinamizam a confiança, mobilizam as emoções ("o projeto deve ser escrito com palavras que façam bater mais forte o coração dos envolvidos")[18]. O eufemismo é rei nesse universo. O poder se tornou "pilotagem", o comando é "mobilização", a autoridade é "suporte": "dirigir não é mais comandar, mas motivar; não é mais supervisionar, mas ajudar; não é mais impor, mas convencer; não é mais se perder na complexidade das situações, mas delegar"[19]. Dirigir é "exercer liderança", é "gerir", "motivar" e, sobretudo, "educar". Esse novo estilo de dominação baseado no

---

[16] Luc Boltanski e Ève Chiapello consideram que o *projeto* é o cerne do "novo espírito do capitalismo". Para o Ministério da Educação Nacional, *projeto* é uma noção "elástica" que permite a articulação de níveis diversos, sem nenhum respeito pela autonomia de cada um: projeto da escola, projeto pessoal do professor, projeto do aluno, mas também projeto do Estado central, da região, do departamento, da comuna...

[17] Para um estudo a respeito dos projetos e diretrizes empresariais, ver Jean-Pierre Le Goff, *Le Mythe de l'entreprise*, cit., p. 82.

[18] Christian Beullac e Bernard Malcor, "Un Projet pour l'entreprise", *Politique Industrielle,* n. 1, 1985.

[19] Segundo as palavras de Maurice Berrard, é "mais fácil dizer que fazer", *Éducation et Management*, n. 3, jan. 1990, p. 3.

"treinamento", no "*coaching*", proclama o "fim da autoridade": "Vivemos uma época histórica de descondicionamento à autoridade", dizem os reformadores da modernidade. A principal virtude dessa negação do poder foi ter recuperado a contestação libertária dos anos precedentes e a indulgente neutralidade das correntes ex-autogestionárias (SGEN, grupos de renovação pedagógica, sociólogos tourainianos etc.). No entanto, essa neogestão esconde a verdadeira questão política, a única questão perturbadora: como fica a democracia nas escolas, nas disciplinas, nas instituições em geral?

Para melhor justificar a gestão participativa, misturaram-na com democracia. Essas duas formas de poder têm, contudo, pouco em comum. Dominação, subordinação, comando e até autoridade se tornaram palavras tabu: mascara-se o poder exterior para se obter a adesão do salariado a um poder invisível, para se conseguir dele autodisciplina, automotivação, autossanção, e para que ele não esconda nada do que faz[20]. O que esses métodos de poder visam não é desenvolver uma política plena ou parcialmente autônoma pela livre deliberação, mas mobilizar recursos individuais para aumentar a eficiência do trabalho, dando a aparência de uma "consulta", uma "participação" dos subordinados. Conseguindo a "adesão" às reformas[21], visam que se interiorizem os objetivos e as exigências da empresa, e não pôr o conflito na mesa ou desenvolver capacidades de auto-organização coletiva em torno de uma ética compartilhada. O que domina é o ponto de vista da eficiência e da mobilização a favor da empresa, e não o dos conflitos férteis e arbitrados da democracia. Ao contrário, esses conflitos são negados, interpretados em geral como discordâncias superficiais, disfunções ou manipulações de sindicatos "exteriores". Aliás, no modelo gerencial, não existe lugar para as organizações profissionais, portadoras, ao menos potencialmente, de debates contraditórios e divergências reais de interesses. Se considerarmos apenas os serviços públicos, e em especial a educação, desde 1968 não houve nenhum progresso democrático no terreno da consulta, da representação e do poder deliberativos do magistério. E não só não houve progresso como houve retrocesso.

---

[20] Segundo os autores de um manualzinho prático, o projeto visa "a transparência dos atos de cada ator". Ver Marc-Henry Broch e Françoise Cros, "Comment faire un projet d'établissement", *Chroniques Sociales*, maio 1989, p. 154.

[21] Ver as observações de Jean-Pierre Obin, "Le Chef d'établissement et ses responsabilités pédagogiques", em *L'Évolution des métiers de l'encadrement de l'éducation, des savoirs académiques aux compétences stratégiques* (Paris, MEN, Université d'Été, 28-31 out. 2000), p. 39.

Uma gestão retrógrada

O consenso que se estabeleceu nas altas esferas é resumido pelo provérbio: "Os serviços públicos têm de ser geridos como é gerida uma empresa"[22]. Mas qual empresa? Qual modelo de gestão deve ser introduzido nos serviços públicos?

A estratégia gerencial tenta passar de uma definição "artesanal" ou "liberal" das profissões para uma concepção racionalizada das tarefas. Essa definição tradicional dos ofícios e das profissões é considerada ineficiente por natureza. As medidas propostas, no entanto, parecem contraditórias, divididas entre um caminho neotaylorista e outro pós-taylorista. O primeiro se traduz em aumento de controles, prescrição mais específica das tarefas, padronização dos procedimentos, centralização da informação, aumento do tempo dedicado ao trabalho, vigilância estrita e importância crescente de especialistas externos. O segundo se expressa na gestão participativa da qual se tratou anteriormente. Lise Demailly e Olivier Dembinski mostram que essa contradição nos processos de racionalização está presente na maioria dos serviços públicos e falam de maneira muito apropriada de "desenvolvimento contraditório" das organizações[23]. A escola é atravessada por essa tensão entre esses dois modelos. Apesar dos apelos à gestão participativa, o crescimento do taylorismo chama atenção. Por exemplo, importando os referenciais da formação permanente, os detentores do poder pedagógico avançaram cada vez mais na direção da normatização dos tempos e das ações profissionais fundamentais. Os comportamentos que se esperam dos professores foram definidos de maneira mais clara, as tarefas e os objetivos foram formalizados para que houvesse maior previsibilidade dos resultados e um controle mais estrito do trabalho executado. A criação das bases curriculares se caracteriza cada vez mais pela prescrição de tarefas, pela determinação precisa de noções e conceitos – ainda que ameacem esfacelar os conteúdos –, pela definição de tempos de ensino em cada sequência e pela preconização do percurso pedagógico que o professor deve seguir, ou até do plano de aula. A "profissionalização" da formação nos institutos de formação de professores é marcada pela valorização de técnicas pedagógicas *ready made* e NTICs supostamente

---

[22] Ver Viriato-Manuel Santo e Pierre-Éric Verrier, *Le Management public* (Paris, PUF, 1997, col. "Que sais-je?").

[23] Lise Demailly e Olivier Dembinski, "La Réorganisation managériale à l'École et à l'Hôpital", *Éducation et Sociétés*, De Boeck Université, n. 6, 2000-2002.

capazes de reduzir diferenças individuais na prática. Sob muitos aspectos, o poder dos especialistas aumentou e transformou o ensino em uma ciência aplicada. Os professores foram "convidados" a pôr em prática "inovações" calibradas e são avaliados cada vez mais pelo grau de respeito às instruções inovadoras. Com a subordinação, o resultado garantido do movimento é a infantilização.

O contrassenso neotaylorista

Essa evolução não só está na contracorrente do discurso neogerencial sobre a necessária autonomia dos agentes como constitui um verdadeiro contrassenso acerca da natureza do magistério. Os estudos sobre essa profissão, por mais que apresentem lacunas, mostraram todas as semelhanças que existem entre a arte de ensinar e a arte de cuidar: os professores são "profissionais" altamente qualificados, análogos aos médicos. O que é visto como individualismo, conservadorismo, corporativismo – e é estigmatizado como tal em artigos de jornais – se deve em grande parte a necessidades organizacionais e profissionais. Os professores precisam ter o domínio prático da profissão para combinar e incorporar múltiplos fatores e eventos não planejáveis e, assim, alcançar os resultados que a instituição espera deles. A qualidade do ensino depende do domínio dos conhecimentos, mas também de uma capacidade de improvisação, invenção e iniciativa que requer uma profunda autonomia profissional[24].

Aliás, basta darmos crédito a um dos "papas" da reflexão sobre as organizações para compreendermos essa particularidade. Quando lemos as análises de Henry Mintzberg, constatamos, apesar de suas limitações, que o aparelho da Educação Nacional se parece muito com o que esse especialista em organizações chama de "burocracia mecanicista". Mas apenas em parte. É um erro acreditar que se pode encontrar na realidade um modelo teórico em estado puro[25]. Esse aparelho é similar ao modelo da burocracia clássica pelas regras gerais aplicadas ao conteúdo do ensino,

[24] François-Régis Guillaume, "Les Rôles anciens et nouveaux des chefs d'établissements", *Recherche et Formation*, n. 14, out. 1993, p. 21.

[25] "Burocracia" é um termo técnico que, em Henry Mintzberg, designa o modo de coordenação entre os agentes ou o modo de integração entre as unidades que constituem uma organização.

às formas pedagógicas, aos estatutos, aos procedimentos de admissão, à carreira dos professores e demais funcionários. É similar a ele em parte também pela divisão de tarefas entre os níveis hierarquizados e, sobretudo, entre funções especializadas (ensino, direção, administração etc.). Mas difere desse tipo ideal de burocracia quando consideramos a prática concreta do magistério. Pelo igualitarismo que impera entre os que lecionam, pela natureza dupla do trabalho de concepção e prática e pelo pouco controle da hierarquia, que é obrigada a dar autonomia aos professores em razão da natureza complexa do trabalho, trata-se de uma "burocracia profissional", um modelo comum a hospitais e escolas. Em razão da tarefa a ser cumprida, o ensino seleciona profissionais de alto nível e lhes dá "ampla liberdade no controle de seu próprio trabalho"[26]. Embora aja com independência em relação a seus colegas, o professor é próximo daqueles com quem lida. A padronização das atividades profissionais é realizada pelo saber, pela qualificação, pela formação. Isso significa que, nesse tipo de organização, a autoridade se funda não na posição hierárquica, mas no domínio do exercício da profissão, com critérios em geral elaborados não pela direção, mas por associações profissionais em grande parte autogeridas[27]. O "centro operacional" (no vocabulário de Henry Mintzberg, o termo designa o trabalho ou a função que constitui a razão de ser da organização) é o elemento-chave da burocracia profissional. A essência do trabalho requer a participação ativa e organizada dos profissionais, pois educar ou cuidar pressupõe um trabalho de formação, elaboração e definição próprio. Esses domínios conservaram algo específico, que é a relação necessariamente "interpessoal" entre o profissional e os indivíduos com que lida. A importância do centro operacional, do "cerne da profissão", exige uma organização relativamente democrática em que os profissionais controlam seu próprio trabalho e tentam controlar as decisões administrativas que os afetam. A hierarquia, em geral, tem pouca força e depende em maior ou menor grau do centro operacional. O único outro setor dessa organização que se desenvolveu totalmente segundo esse modelo são as funções de apoio logístico ao centro operacional[28]. Nessa organização, típica da prestação de serviços à pessoa, o trabalho é relativamente estável, e as inovações

[26] Henry Mintzberg, *Structure et dynamique des organisations*, cit., p. 310.

[27] Ibidem, p. 312.

[28] Ibidem, p. 314.

tecnológicas podem incorporar-se a ela, mas sem alterar a relação central entre o médico e os pacientes, entre o professor e os alunos.

Podemos ver, portanto, o contrassenso que é enfraquecer o "centro operacional" e fortalecer a parte administrativa da organização educacional, atribuindo a esta última um papel de intervenção direta no cerne da profissão, em nome da aplicação "eficiente" das reformas e da inovação. Fortalecer a hierarquia, dar às funções logísticas domínio e controle sobre as funções profissionais, é uma aberração do ponto de vista da própria gestão. O contrassenso sobre a atividade pedagógica, negada em sua complexidade, só pode conduzir à perda de eficiência. Também podemos ver que o diagnóstico da alta administração sobre as falhas do sistema é globalmente falso, e esse equívoco gera uma estratégia de reforma calamitosa.

É patente no ensino francês que essa lógica profissional não tem reconhecimento institucional. Os "defeitos" inerentes a uma burocracia profissional – corporativismo, rotina, dificuldade de autocorreção – são reforçados pela falta de organização de seus membros. Na verdade, o "cerne da profissão" ainda não encontrou nas disciplinas ou na escola as formas institucionais que lhe deem a importância que ela realmente tem: daí a série de descumprimentos pessoais ou coletivos devidos à insuficiência de socialização profissional, à ausência de coletivos de trabalho, ao fraco envolvimento de muitos professores tanto no cotidiano das disciplinas como nas relações sociais concretas das escolas. Em vez de corroborar essa lógica profissional ou apenas lhe dar o lugar que merece por meio de uma institucionalização democrática, a tendência atual dá força à burocracia de tipo clássico. Nenhum padrão, nenhum controle conseguiu tornar um "profissional" competente. Ao contrário do que se esperaria, há o risco de prejudicar os professores, atrapalhar seu trabalho, enfraquecer o laço entre professor e alunos. Mas, sobretudo, como diz Mintzberg, "a única consequência dos controles tecnocráticos é reduzir a consciência profissional"[29]. Essa análise, marcada por uma preocupação excessiva com a coordenação técnica e organizacional, aborda de maneira muito superficial essa dimensão da ética profissional. A análise deveria, certamente, enfatizar mais a importância dos valores interiorizados, o papel da "consciência coletiva", a função mobilizadora do objetivo social e político para os professores. Mintzberg tende a esquecer o que poderíamos chamar de "padronização pelos valores" – pelos valores do

[29] Ibidem, p. 334.

meio social, um capital simbólico precioso ao qual seria necessário dar uma forma institucional alicerçada sobre bases democráticas.

Na verdade, a estratégia escolhida se baseia no medo de qualquer forma de auto-organização dos profissionais, típico da burocracia francesa, apesar do apelo fácil ao "trabalho de equipe". Quis-se organizar uma coordenação a partir da formação de uma "cultura comum de direção", que unisse solidamente diretores, supervisores de diferentes disciplinas e diferentes serviços. Estágios, ações coordenadas de inspeção escolar e formação comum estabeleceram pouco a pouco a "padronização pelo controle burocrático". Essa estratégia de gestão teve, do ponto de vista dos resultados esperados, o efeito perverso de intensificar a diferença entre "eles" e "nós", entre o mundo dos diretores, dos "patrões" que se tomam por tais, e os "outros". Querer constituir simbolicamente um universo de "patrões" é fabricar um corpo de funcionários que acabam na posição de "proletários", ao menos pela sensação de não serem reconhecidos por aquilo que fazem.

A autonomia dos docentes e os escalões intermediários

Quando consideramos as transformações que atingem as funções de direção nas escolas de ensino fundamental 2 e médio, percebemos que esse movimento que mobiliza a *expertise* sociológica, a imprensa, o mundo dos negócios e o universo político visa fortalecer o poder dos diretores, uma estratégia que nos últimos anos apareceu como a manifestação mais esclarecedora do liberalismo burocrático de proximidade. A revista *L'Expansion* sugeria para a França três ideias tiradas das reformas na educação que Tony Blair fez na Inglaterra: "tratar os pais como consumidores; adotar sanções eficazes contra os maus professores, inclusive demissão; ver os diretores como o principal fator de êxito da escola"[30]. Em outra revista, com a mesma orientação ideológica, Roger Fauroux defendeu que, no plano pedagógico, os diretores tivessem mais poder sobre as notas[31]. Uma comissão senatorial de inquérito, num relatório de 1998 sobre o tema, também concluiu que era preciso aumentar o poder dos diretores em relação à pedagogia, e lamentava que eles não pudessem intervir no processo de alocação dos professores.

---

[30] *L'Expansion*, Paris, 19 mar.-1º abr. 1998.

[31] Roger Fauroux, "Pour réformer le système, il faut y aller au bulldozer", *Capital*, n. 73, out. 1997.

Aliás, a literatura cinzenta das esferas oficiais não esconde o objetivo da estratégia da alta administração francesa, que é uma adaptação nacional das orientações liberais preconizadas por organismos como a OCDE e a Comissão Europeia. São testemunhas alguns textos particularmente edificantes, como o relatório do diretor regional de ensino de Nice, René Blanchet, que confirma o surgimento de uma relação de poder na educação entre diretor e subordinados inteiramente copiada do mundo empresarial, baseada numa divisão hierárquica claramente consolidada. O uso imoderado do jargão que define o gestor como "um *piloto* que deve obter a adesão a um *projeto*" não consegue esconder uma realidade mais simples, por exemplo, quando o diretor regional de ensino de Nice se queixa de que "o piloto, cujo papel eminente é reconhecido por todos, continua um *primus inter pares* [o primeiro entre seus iguais] em certos aspectos"[32]. O "piloto" deve ser um verdadeiro chefe.

Os escalões intermediários são considerados o nível-chave da reforma do Estado. Para os quadros executivos do Ministério da Educação Nacional, o estabelecimento escolar é considerado a instância determinante do sistema escolar e o diretor se tornou o personagem decisivo, a garantia da mudança e da inovação[33]. No entanto, a transferência de responsabilidade para o escalão local e para o nível operacional, isto é, para o estabelecimento escolar, não é novidade: no início do século XIX as escolas provinciais de ensino fundamental 2 desfrutavam de uma independência que a administração central contestará, sem contrariar os interesses locais. A reforma do ensino médio de 1902 já concedia certa margem de manobra aos diretores no que dizia respeito à direção, à organização pedagógica e ao orçamento. Mas foi sobretudo a partir dos anos 1980 que as escolas de ensino médio e fundamental 2 ganharam maior autonomia administrativa, orçamentária e pedagógica, enquanto à administração central cabia o controle da ação educativa por

---

32 René Blanchet *et al.*, *La Revalorisation du rôle des chefs d'établissement de l'enseignement secondaire* (Paris, MEN, 1999), p. 36.

33 Yves Grellier destaca justamente que "a evolução institucional oferece aos diretores um quadro comum que é mais bem definido hoje e que os distingue mais claramente do restante do pessoal. [...] Sobre essa base institucional cresce um sentimento coletivo de pertencimento a um grupo profissional, que se manifesta em parte pela criação de um sindicato majoritário: o SNPDEN [Sindicato Nacional do Pessoal de Direção da Educação Nacional]". Ver Yves Grellier, "Profession: chef d'établissement", *Éducation et Management*, n. 18, abr. 1997.

meio da manutenção do poder hierárquico sobre os funcionários. Michel Crozier, principal inspirador da reforma administrativa na França, assim como da neogestão no setor privado, deu o tom:

> Nosso estilo de administração, no qual o diretor possui poucos poderes reais, no qual o conjunto é centralizado e as regras, extremamente restritivas, criou um equilíbrio entre o corporativismo da docência e a burocracia central. Isso resulta num sistema que comanda obrigatoriamente a pedagogia: não há como fugir dele. Não conseguiremos mudar a pedagogia, as relações professor-aluno, os currículos ou a relação com o entorno enquanto não mudarmos esse sistema de administração. Para isso, temos de dar muito mais peso, muito mais responsabilidades e também mais dificuldades aos administradores da base, aos que têm a responsabilidade do estabelecimento escolar.[34]

Alguns observadores, como Claude Carré, se mostraram de uma lucidez preciosa: "o diretor é o verdadeiro chefe"[35]. Pretendia-se, em conformidade com o muito francês "princípio do chefe", criar "um personagem todo-poderoso, uma espécie de diretor-presidente", e colocar à frente das escolas de ensino médio e fundamental 2 uma espécie de faz-tudo que concentrasse todos os poderes, presidisse todas as comissões, desde o conselho administrativo até o conselho de classe, e fosse ao mesmo tempo o representante do Estado e o órgão executivo de uma política escolar supostamente autônoma. Robert Ballion propôs que o novo dirigente fosse denominado "diretor de empresa educacional". Jacky Simon, ex-diretor da Diretoria do Pessoal de Supervisão e Direção, chegou a dizer que, na nova configuração, os diretores de escola eram "a nova autoridade exclusiva"[36]. Bernard Toulemonde, por sua vez, destaca que o diretor se tornou "a alma ou a pedra angular" do sistema educacional[37]. Por trás dos argumentos da reorganização administrativa, em nome da eficiência e da proximidade, por baixo das intenções oficiais

---

[34] Colóquio da Associação Francesa dos Administradores da Educação Nacional (Afae), fev. 1979, em *Administration et Éducation*, n. 3, p. 16.

[35] Claude Carré, *Les Conseillers principaux d'éducation: enquete d'image*, Inspection Générale de l'Éducation Nationale, out. 1992. Jacky Simon resume da seguinte maneira o objetivo pretendido: "dar ao diretor a responsabilidade concreta da escola, sob todos os aspectos"; ver a conferência "Administration et Éducation", *Actes du XIV Colloque*, n. 55, 3, 1992.

[36] Ver Jacky Simon, "Les Nouveaux Responsables", *Éducation et Management*, mar. 1993.

[37] Bernard Toulemonde, "Responsable parce que pédagogue", *Administration et Éducation*, n. 76, 1997, p. 7.

de desburocratização, o que se iniciou foi, ao contrário, uma verdadeira centralização burocrática. A dualidade entre a ordem pedagógica e a ordem administrativa, que em certa medida era a garantia da autonomia do ofício do docente, está cada vez mais em questão. Desde Napoleão, a tradição centralista francesa estabeleceu uma separação – em geral apenas formal – entre a função pedagógica e as funções de administração, direção e polícia. Para a tradição iluminista, a intervenção direta na esfera intelectual e pedagógica era comparável ao despotismo religioso. Entretanto, essa autonomia relativa do temporal em relação ao espiritual foi contrabalançada pelo despotismo burocrático e pedagógico da universidade. O monopólio do qual ela gozava teve o efeito de centralizar ao máximo a função de controle ideológico do ensino, em detrimento da Igreja, dos poderes locais, dos pais e do meio social. Não se pode negar que, a partir dos decretos napoleônicos do início do século XIX, o professor possuía, ao menos teoricamente, uma liberdade bastante grande em relação aos poderes religiosos e nobiliários, pelo simples fato de fazer parte da universidade. Membro de um corpo especial do Estado, recebia advertências e injunções sobre a ordem pedagógica somente do supervisor geral. Como a universidade à qual pertencia jurídica e espiritualmente, gozava de privilégios que o protegiam da influência política direta. A escola republicana manterá essa tradição simbólica em nome da prerrogativa do universal.

A dicotomia entre o administrativo e o pedagógico estava na base da antiga organização, que pode ser descrita como uma estrutura "matricial". O setor propriamente administrativo partia dos diretores da administração central e descia na direção dos diretores regionais, supervisores e, por último, diretores de escola. O setor pedagógico partia da Supervisão Geral e terminava nos professores. O primeiro cuidava oficialmente da direção, mas desde Napoleão tinha também uma função de polícia do pensamento e dos costumes. Essa separação não se firmou de imediato na prática e foi mantida ao custo de lutas constantes[38]. A diferenciação dos controles se estabeleceu progressivamente, e a autonomia pedagógica dos professores, resultante das relações de força, foi sempre muito relativa. A resistência se apoiava numa ética da vocação do corpo docente que constituía, como em todos os grupos profissionais com "forte consciência coletiva", o alicerce de sua autonomia e os princípios da conformidade com a tradição. A massificação do ensino ocorrida após a Segunda Guerra Mundial, a ampliação das regras

[38] Ver Yves Grellier, *Profession, chef d'établissement*, cit.

burocráticas na enorme máquina administrativa e a admissão de um número significativo de professores foram grandes tendências que limitaram muito o poder de controle e vigilância dos diretores de escola, reduzindo-os cada vez mais a uma função estritamente gerencial.

Hoje, essa separação entre duas linhas paralelas de controle (pedagógica e administrativa) é questionada em benefício de uma estrutura centralizada de tipo piramidal. Em consequência da desconcentração e da descentralização, as instâncias de controle pedagógico se subordinam em geral à ordem administrativa. A supervisão geral e os supervisores pedagógicos regionais perderam pouco a pouco o poder, o prestígio e a independência: tornam-se cada vez mais dependentes dos diretores regionais de ensino e são obrigados a aplicar, sem muita margem de manobra, uma política definida no âmbito do Estado central. Por outro lado, os diretores, embora dependessem das mesmas autoridades e tivessem de aplicar as mesmas políticas, exigiam cada vez mais poder, em especial sobre o projeto pedagógico[39]. Os relatórios mais recentes sobre a avaliação dos docentes (Relatório Monteil) e a revalorização da situação dos diretores (Relatório Blanchet) propõem um aumento do controle sobre os professores, que parecem ter de se incorporar progressivamente a uma única linha de comando e se parecem cada vez mais com simples subordinados. O objetivo dessa recentralização é "racionalizar a gestão dos recursos humanos", à semelhança das práticas empresariais, para "suscitar a inovação e o espírito de equipe", segundo os termos oficiais. Os diretores de escola, pelo novo estatuto definido no fim de 2001, devem receber uma "carta de missão" do diretor regional de ensino, que concretizará a política de "obrigação de resultados" a partir dos quais eles serão avaliados por seu superior hierárquico. Assim, eles terão de fazer seus subordinados "adotarem" as disposições locais que os levarão a alcançar esses resultados. A autonomia das escolas se limita, nesse caso, à aplicação dos imperativos superiores. Longe de abolir o centralismo, a desconcentração parece ser uma versão mais sofisticada dele, uma versão que permite um controle mais estrito e mais eficaz dos níveis inferiores e, ao mesmo tempo, comprime a cadeia de comando.

Ainda sobre esse ponto, os ministros de direita e esquerda seguem a mesma política. Tanto Luc Ferry como Xavier Darcos puseram na ordem do

---

[39] Bernard Toulemonde observa que "a dimensão pedagógica das funções dos administradores tende a se dilatar e preponderar sobre as outras". Ver Bernard Toulemonde, "Responsable parce que pédagogue", cit., p. 9-10.

dia "uma nova cultura para o corpo diretor, que não repousará mais sobre as divisões tradicionais, como as que separavam direção administrativa e direção pedagógica"[40]. A partir do momento que o espaço profissional dos docentes é determinado não mais por aula e disciplina lecionada, mas por escola e coletividade local, eles correm o sério risco de perder a relativa autonomia profissional que possuem, baseada nos valores da missão e numa profissão definida pelo triângulo saber, professor e aluno.

Uma nova identidade

As vantagens profissionais, simbólicas e materiais, negociadas e obtidas pelo sindicato majoritário dos diretores de escola (SNPDEN), confirmam que a alta administração pretende estipular um preço para obter a lealdade dos agentes executivos intermediários à chamada política de "modernização"[41]. A mudança das relações entre pessoal de direção e professores se manifestou por alterações de estatutos e pela organização dos diretores em um corpo separado[42]. O novo estatuto do pessoal de direção de 1988 cria dois corpos distintos, cada qual com uma comissão paritária nacional e critérios específicos de admissão, formação e carreira. A criação desse novo estatuto, a orientação mais estritamente "gestionária" da formação e a preconização do modelo da empresa privada completaram uma evolução que foi iniciada nos anos 1960 e leva a uma "mudança de identidade profissional" dos diretores de escola[43]. As escolhas políticas da Lei de Diretrizes de 1989,

---

[40] "Remettre l'école sur le chemin du progrès", coletiva de imprensa de Luc Ferry, ministro da Juventude, Educação Nacional e Pesquisa, e Xavier Darcos, ministro-delegado para o ensino básico, em 2 de setembro de 2002.

[41] O protocolo de 16 de novembro de 2000 imprimiu uma importante revalorização salarial dos diretores a partir do início do ano letivo de 2001 e, sobretudo, o reconhecimento de um maior poder. Luc Bronner, "Une cagnotte de 160 millions de francs pour les chefs d'établissement", *Le Monde de l'Éducation*, dez. 2000.

[42] Michèle Alten retraçou a evolução da função e do regimento administrativo em "Le Chef d'établissement: deux siècles d'histoire", *Recherche et Formation*, INRP, n. 14, out. 1993. Ver também a tese de René Sazerat, *Les Proviseurs et leurs lycées, 1944-1980* (tese de doutorado em sociologia, Universidade de Lille I, Lille, 1986).

[43] Ver Agnès Pélage, *Devenir proviseur: de la transformation du modèle professionnel aux logiques d'accès à la fonction de direction* (tese de doutorado em sociologia, Universidade de Versailles-Saint-Quentin-en-Yvelines, Versalhes, 1996).

que definiram as novas responsabilidades dos diretores, assim como as que, mais recentemente, ampliaram a esfera de poder deles, traduzem uma vontade de consolidar essa nova identidade profissional e, ao mesmo tempo, de mostrar o "peso do modelo centralizador e autoritário herdado de dois séculos de história"[44].

Essa identidade profissional demorou para se firmar. Os historiadores do sistema escolar francês revelam que a vontade de exercer uma autoridade preeminente já era visível no século XIX. E ela era ativa nos anos 1960, como mostra um número premonitório da revista *Les Cahiers Pédagogiques*, no qual os diretores exigiam ser os "únicos capitães a bordo", segundo a expressão que se tornou clássica desde então[45]. Em períodos mais recentes, sob o pretexto da primazia da gestão no quadro que propiciou autonomia aos estabelecimentos escolares, os diretores conseguiram fortalecer certo espírito coletivo, distinto do espírito coletivo dos docentes, baseado em valores de eficiência que parecem prevalecer sobre os valores de cultura, característicos de um humanismo ao qual não se dava muita importância. A partir dos anos 1980, o discurso gerencial se espalhou por intermédio de organizações e revistas especializadas, propondo uma verdadeira "concepção do mundo", copiada da empresa privada.

Essa valorização da gestão teve um papel importante na consolidação da nova profissão também por razões sociológicas[46]. A antiga legitimidade acadêmica, baseada na titulação e, em particular, no concurso de *agrégation*, não era mais capaz de atender às condições de recrutamento dos diretores nos anos 1960, época em que se inaugurava "um CES* por dia". Além do mais, a sistematização do ensino secundário aproximou os níveis e os setores técnico, profissionalizante e geral, que antes eram separados. Vindos de horizontes diferentes, lecionando disciplinas diferentes e nomeados para

---

44 Ver Michèle Alten, "Le Chef d'établissement: deux siècles d'histoire", cit.

45 Agnès Pélage, *Devenir proviseur*, cit., p. 57. Ver também a edição de tema "L'Administration des établissements" [A administração das escolas] de *Les Cahiers Pédagogiques*, n. 42, maio 1963.

46 É desnecessário dizer que essa ideologia não é uniformemente compartilhada pelos diretores, e que parte deles a rejeita. No entanto, ela serve de denominador comum a uma profissão em construção que tende a esconder uma grande disparidade de situações, carreiras e salários.

* Sigla para Colégio de Ensino Secundário, percurso escolar existente nos anos 1960 e 1970 que reunia parte do ensino fundamental 1 e parte do ensino médio. (N. E.)

gerir escolas de nível e importância variáveis, os diretores se uniram em torno dessa "consciência comum", principalmente porque tinham pouco apoio simbólico em títulos acadêmicos ou funções profissionais anteriores.

A redefinição da escola como uma empresa a serviço dos usuários, na qual o principal valor é a eficiência social e econômica, valoriza o gestor em detrimento do professor[47]. Essa valorização parece estar associada algumas vezes a certa condescendência, quando não a uma franca hostilidade, em relação àqueles professores que ainda encarnam o "homem antigo" do serviço público e da cultura escolar O que a formação dos futuros gestores parece prezar especialmente é que se leve o mais longe possível a separação e o afastamento do corpo professoral e, sobretudo, dos valores profissionais e intelectuais deste último. Esse trabalho de divórcio é necessário em particular no caso daqueles que, tendo sido docentes, ainda têm certa ligação com seu grupo de origem. Eles têm de se "profissionalizar", adotar uma "identidade forte", isto é, contrária em muitos aspectos à dos docentes. Aliás, a constituição – que está longe de acontecer – de um corpo unificado, homogêneo, pode ocasionar conflitos graves, caso os professores consigam manter sua identidade coletiva. Além dessa ideologia, o aumento das parcerias e a importância das negociações com as empresas locais e as diferentes coletividades são fatores que levam o diretor a se distanciar da lógica da atividade de ensino, da transmissão de conhecimentos, e a se considerar um "verdadeiro chefe".

Como escreve François-Régis Guillaume:

> Os diretores têm adotado maciçamente a linguagem da modernidade (comunidade educativa, equipe de direção, abertura, projetos etc.), o que os coloca em sintonia com a sociedade e pressupõe um incremento de seu papel. Comparativamente, os professores, em sua grande maioria e por intermédio de seus representantes, parecem atrasados. São suspeitos de resistir a uma mudança necessária. A solução óbvia parece ser o incremento do poder dos diretores e da influência dos parceiros locais.[48]

À parte as descrições técnicas da organização desses corpos separados, o que importa é a *transformação* dos novos diretores, que devem entender, em

[47] Ver a tese de Yves Grellier, *Les Chefs d'établissements scolaires à la recherche d'une professionnalité* (tese de doutorado em ciências da educação, Universidade Paris-VIII, Paris, jan. 1997).

[48] François-Régis Guillaume, "Les Rôles anciens et nouveaux des chefs d'établissements", *Recherche et Formation*, n. 14, out. 1993, p. 10.

primeiro lugar, que *não são mais* professores. Desde o início dos anos 1970, a guinada a favor da empresa é explícita nos estágios de formação dos administradores escolares. A circular de 10 de dezembro de 1973 que trata dessa formação especifica que, por meio do contato com o mundo econômico, deve-se "convencer e obter dos estagiários que eles passem por uma transformação profunda [...]. Ensinar é uma coisa, dirigir uma escola é outra, tarefa comparável à gestão empresarial"[49]. Nos últimos trinta anos, todas as orientações desses cursos de formação seguiram a mesma linha.

A formação do novo pessoal de direção admitido após 1988 abre ainda mais espaço para estágios em empresas. O objetivo é não só mudar o estilo de direção, importando certas noções estratégicas (participação, gestão, objetivos, competências, projetos, balanço da situação, avaliação etc.), mas também aprender a ler através das lentes da empresa privada os problemas que se apresentam no sistema educacional[50]. Agnès Pélage destaca a importância simbólica do "ato fundador" que foi o estágio de formação em "gestão estratégica e estruturas participativas" realizado em Lille, em 1988, e que desde então se tornou uma referência. Segundo ela, esse estágio articulou um novo tipo de formação e uma nova definição gerencial da função. O estágio e as visitas a empresas adotados em Lille tiveram como objetivo e resultado apresentar as ferramentas de gestão como se fossem absolutamente inofensivas no plano ideológico. Segundo relatou Jacques Decobert, que na época era o principal responsável pela Missão Acadêmica de Formação do Pessoal da Educação Nacional (Mafpen) em Lille, "uma das descobertas mais impactantes dos estagiários durante o curso de formação é que a metodologia é neutra ideologicamente, que é apenas uma ferramenta, mas que não dá para trapacear com o rigor de sua aplicação. Ela não escraviza, ela liberta"[51]. Michel Crozier, que também participou do estágio em Lille, resumiu assim o objetivo da formação: "Os novos princípios da gestão pós-industrial são transferíveis para o sistema escolar"[52]. Esse tipo de formação permite a introdução de métodos de definição e resolução de problemas diretamente extraídos dos imperativos de eficácia e produtividade das empresas em situação concorrencial. A presumida "neutralidade" se articula

[49] Agnès Pélage, *Devenir proviseur*, cit., p. 67.

[50] Ibidem, p. 148 e seg.

[51] Citado em ibidem, p. 154.

[52] Michel Crozier, "Le Système scolaire face à la révolution managériale", cit.

em diferentes registros, como flexibilidade, "qualidade total", inovação permanente, comunicação. Sem dispor de recursos teóricos de análise – em particular nos planos econômico e sociológico – nem de perspectiva crítica, os estagiários são introduzidos num universo que os fascina, que os domina simbolicamente e faz as especificidades da educação parecerem falhas em relação ao modelo idealizado que lhes foi apresentado durante a formação. O efeito desse tipo de estágio é essencialmente construir uma analogia sistemática entre empresa e escola, retraduzir a lógica educacional em termos de lógica mercantil (o aluno é comparado a um cliente e o professor a um "colaborador"), e, no fim das contas, transformar a empresa na norma ideal à qual a escola deve se render.

O diretor pedagogo

Se, por um lado, o diretor reivindica uma função radicalmente separada da dos professores, e se essa função de gestor tem primazia sobre os antigos valores culturais e políticos, por outro ele é um "generalista" que deve vigiar o "campo pedagógico e educacional", uma noção certamente vaga, mas que permite aumentar o espaço de intervenção e o campo de visão do diretor, em nome de uma avaliação global dos resultados da organização gerida por ele. Convertido à "pedagogia inovadora", ele deve usar sua influência para converter os professores às "boas práticas". Esse novo papel foi definido em etapas. Com a massificação progressiva do ensino fundamental 2 e médio, as prerrogativas do diretor em relação à orientação aumentaram continuamente, a ponto de ele se tornar o principal responsável pela "gestão de fluxos", pela seleção dos alunos e pela orientação deles para os diferentes percursos escolares. Com a Reforma Haby, de 1975, o diretor recebeu maior liberdade para distribuir os alunos em turmas e grupos. Também recebeu mais horas suplementares para repartir entre os professores e ganhou a possibilidade de organizar atividades facultativas e contribuir para a dinâmica escolar. A Lei de Diretrizes de 1989, ao colocar "o aluno no centro do sistema educacional", deu ainda mais legitimidade ao diretor para coordenar os projetos da escola e as atividades pedagógicas. Além disso, ao abrir um espaço importante à lógica extremamente individualizante do "projeto pessoal do aluno", ou mesmo do "contrato individual", essa lei conduz o diretor a desempenhar o papel de representante da "comunidade educacional". A ampliação de seu campo de competência lhe dá a possibilidade de se apresentar não mais como a autoridade suprema do estabelecimento escolar em relação ao aluno, mas como um mediador que eventualmente defende o aluno contra avaliações dos docentes que sejam consideradas autoritárias demais ou "indiferentes às diferenças". Os diretores podem tomar decisões soberanas de orientação do aluno após conversar com os pais, sem passar pelos conselhos de classe. As regulamentações de 1990 lhe dão a última palavra quanto à orientação de carreira dos alunos, inclusive contra decisões do conselho de classe, para melhor realizar os objetivos acadêmicos e nacionais de "democratização" e "adequação à demanda social".

Diferente dos professores e ao mesmo tempo considerado o "grande mobilizador das energias", o diretor se define como um "gestor pedagogo", ou mesmo como o "principal pedagogo da escola", uma expressão que afirma ao mesmo tempo o poder hierárquico, a pretensão à intervenção ativa no campo pedagógico e a contribuição para a definição das novas identidades professorais[53]. A Carta Condorcet (1992), que estabeleceu os grandes eixos da formação das funções de direção, transformou esse papel pedagógico e educacional no aspecto principal da função. Essa reivindicação não é nada coerente, aliás, com a abertura do cargo de diretor a pessoas que não pertencem ao mundo da educação nem possuem experiência pedagógica efetiva[54]. Segundo uma pesquisa realizada em 1992 pela Diretoria de Avaliação e Prospectiva (DEP), mais de 80% dos diretores de escola consideram seu dever mudar os métodos de trabalho e a pedagogia dos professores[55]. Essa nova definição aumenta a confusão entre "gestão" e educação e tende a reinterpretar a educação de acordo com critérios gerenciais. Por essa nova representação, o diretor está à frente de uma "empresa de formação", é responsável em todos os níveis pela "produção de serviço educacional", e suas competências administrativas, gerenciais e pedagógicas o colocam na

[53] Ver em especial Académie Orléans/Tours, *Le Livre bleu des personnels de direction* (Paris/Orléans, MEN/CNDP, 1994) e Étienne Lefebvre, Daniel Mallet e Pierre Vandevoorde, *Le Nouveau chef d'établissement* (Paris, Berger-Levrault, 1995).

[54] Essa abertura do cargo de diretor de escola às pessoas que ocupam cargos executivos no serviço público foi implantada "experimentalmente" pelo acordo firmado entre o Ministério da Educação Nacional e o SNPDEN em 16 de novembro de 2000. Para os signatários, essa é apenas uma etapa na direção de uma circulação interadministrativa generalizada de executivos da categoria A dentro do serviço público francês.

[55] François-Régis Guillaume e Bruno Maresca, "Les Chefs d'établissement et l'autonomie", *Éducation et Formation*, n. 35, 1993.

posição de especialista em pedagogia[56]. Essa mudança terminológica permite que ele se veja como um criador e mediador de "projetos", como os diretores das empresas privadas. Nos anos 1980 e 1990, essa representação foi facilitada pela comparação, apresentada em muitos estágios, colóquios, comissões e revistas, entre o mundo dos administradores e o dos especialistas das ciências da educação e da sociologia do ensino que participaram da invenção desse novo modelo.

O distanciamento real e simbólico em relação ao magistério, como também aos saberes disciplinares que este representa, faz espontaneamente com que os diretores redefinam a missão da escola como uma aprendizagem de competências transversais, de generalidades metodológicas ou comportamentais ("aprender a aprender"), e contraponham de maneira às vezes bastante polêmica as habilidades e as competências de natureza social ou "transdisciplinar" às disciplinas e aos saberes acadêmicos. Os diretores compartilham com muitos especialistas uma definição particularmente formal da pedagogia, dissociada tanto dos conteúdos do saber como, aliás, das muitas dimensões próprias da dinâmica em sala de aula. Daí a ênfase naquilo que se manifesta externamente, se mede, se avalia (numerosos controles, progressos em forma de números, se possível ilustrados em gráficos e coletados de bases digitais etc.). A promoção de atividades visíveis fora da sala de aula, a organização de jornadas dedicadas a temas específicos (racismo, saúde, emprego etc.), a adoção de regras disciplinares comuns etc., são oportunidades para valorizar a redefinição da função de administrador como "líder pedagógico".

Resta saber que sentido esse poder pedagógico vai tomar. A inovação é apresentada como a linha diretriz que orientará a ação para aumentar a eficiência[57]. Os diretores seriam mais capazes de fazer essa mudança pedagógica que os professores, considerados arcaicos demais em sua fidelidade à cultura e aos saberes.

---

[56] Robert Ballion, *Le Lycée, une cité à construire*, cit., p. 228.

[57] Alguns autores, como Robert Ballion, insistiram em ver o "efeito-escola" como um "efeito-diretor" e por isso legitimaram o aumento de poder dos administradores em nome da eficiência, mesmo no âmbito pedagógico. Ver Robert Ballion, *Le Lycée, une cité à construire*, cit. Por excluir os alunos e os professores, essa pesquisa encontra na conclusão aquilo que apresentou na tese, uma vez que apenas o "estilo de direção do diretor" foi tomado como variável pertinente.

Sem dúvida o uso intensivo do léxico da inovação está relacionado ao papel que coube aos diretores na implantação da "gestão de fluxos" que caracterizou a massificação escolar. Nas escolas ditas sensíveis, eles foram compelidos a reorientar as práticas pedagógicas, consideradas chatas e seletivas, para atividades menos "disciplinares", e a incentivar os professores a ser mais "flexíveis", a "se adaptarem ao novo público da escola", segundo os termos consagrados. Não é raro encontrar nos que interiorizaram melhor o papel de "pedagogo democrático" certa prevenção anti-intelectualista ou às vezes certa postura populista contra os professores, considerados "inflexíveis em suas exigências disciplinares" e "psicorrígidos"[58].

Este é sem dúvida um dos paradoxos da situação francesa: se em seu discurso sobre a "revolução gerencial" da escola a alta administração declara em alto e bom som sua aversão à velha cultura burocrática francesa, a tendência real é o inverso: a promoção dos ideais da empresa e do mercado, a aparente conversão à democracia se misturam à ressuscitação das práticas burocráticas em nome da "modernização"[59]. Concretamente, o que se quer saber é se o Ministério da Educação Nacional é capaz de encontrar e formar em seu interior "líderes carismáticos e visionários" que correspondam aos ideais da neogestão. Como exigir competência universal, administrativa e pedagógica dos membros do escalão intermediário? Como eles conseguiriam assumir todas essas responsabilidades ao mesmo tempo? A amplitude da tarefa definida dessa forma certamente tem tudo a ver com a crise atual de contratação de diretores[60]. A natureza imaginária dessa figura idealizada é incontestável: o diretor que sabe fazer tudo, que vê tudo, que é o principal pedagogo, a autoridade local, o mediador, o coordenador de projeto, o grande comunicador, está fora do alcance dos administradores "reais", por

---

[58] Ver, por exemplo, o discurso de alguns diretores de escolas de ensino fundamental 2 citados por Agnès van Zanten, *L'École de la périphérie*, cit., p. 202.

[59] Como observa Agnès Pélage, "a política escolar de Jean-Pierre Chevènement pretende restabelecer o funcionamento hierárquico e autoritário a fim de que o Estado tenha domínio sobre a ação educativa e ao mesmo tempo se desvincule da imagem do funcionário irresponsável protegido pela lei"; ver Agnès Pélage, *Devenir proviseur*, cit., p. 78.

[60] Ver Yves Grellier, *Profession, chef d'établissement*, cit., p. 32. Pierre Dasté, ex-presidente do júri dos concursos para admissão em cargos de direção, destacou que a situação atual "comporta riscos para o futuro da educação". Pierre Dasté, "Recrute-t-on des patrons par concours?", *Administration et Éducation*, n. 4, 1997, p. 87.

mais talentosos que sejam. Por outro lado, a constituição de um corpo especializado de administradores, dissociado das disciplinas culturais, e com um risco cada vez maior de se tornar uma casta hostil, alimenta conflitos, ressentimentos e frustrações[61]. O mundo dos administradores tem dissidentes e resistentes que nunca capitularam diante da ideologia gerencial. Os depoimentos que o pesquisador recolheu mostram que um número significativo de diretores de escola e supervisores são os "novos marranos" da modernização. Se diante de seus superiores, nos estágios de formação e nos locais de socialização profissional eles têm de esconder seu respeito aos valores tradicionais do ensino, em seu íntimo eles se mantêm fiéis a seus compromissos culturais, sindicais ou políticos fundamentais. Inversamente, certos administradores, quando se abrem com o pesquisador, revelam uma incompreensão preocupante a respeito do magistério e, em alguns casos, são profundamente hostis aos professores, acusando-os de individualismo, de irresponsabilidade, de desprezar a eficiência, de serem indiferentes aos pais e aos alunos, de ignorar a realidade econômica e, principalmente, de resistir à mudança.

A ideologia gerencial não ajuda esses diretores a compreender qual é a missão fundamental da escola. Ao contrário, ela gera neles um desconhecimento da razão de ser da administração, que é estar *a serviço* dos que realizam a função principal da escola[62]. Os próprios diretores sentem que caíram numa armadilha quando se recusam a assumir mais responsabilidades, tanto civil como penalmente, e reclamam do peso sufocante da tarefa[63]. Muitos começam a perceber melhor a que os expõe sua nova "estatura" nesse contexto de descentralização (pressões locais, excesso de tarefas, risco de processos). Muitos não querem levar adiante a lógica de confronto cultural e controle burocrático na qual a poderosa organização sindical que os representa e a administração central os meteram em troca da revalorização de seu estatuto. Alguns, em nome de sua história passada, mantém a fibra progressista e aderem aos movimentos que contestam o liberalismo econômico. Assim, apesar das melhorias materiais e simbólicas obtidas pelos diretores, sua "lealdade" e sua "adesão" – *condição política* de base da revolução gerencial – são frágeis.

---

[61] Ver Yves Grellier, *Profession, chef d'établissement*, cit., p. 78 e seg.

[62] Idem, "Profession: chef d'établissement", cit., p. 50.

[63] Ver, sobre as queixas dos escalões locais, René Blanchet *et al.*, *La Revalorisation du rôle des chefs d'établissement de l'enseignement secondaire* (Paris, MEN, 1999).

A estratégia adotada cria um problema de fundo para a alta administração: como a instituição escolar pode manter um mínimo de legitimidade se os valores que ela exibe não são mais os da cultura, mas os do mercado e da empresa? A distância ainda muito pequena que os discursos recentes das autoridades políticas de direita e esquerda demonstram em relação a essa política, assim como os sinais ainda muito tímidos de autocrítica da alta administração, a maneira como se fala agora do "saber no centro da escola", da '"autoridade do mestre", do "professor como intelectual", tudo isso indica, se não uma derrota, ao menos uma pausa na retórica gerencial dos anos 1980 e 1990.

12
AS CONTRADIÇÕES DA ESCOLA NEOLIBERAL

A reconstituição da trama do novo modelo de escola pode dar uma falsa impressão de coerência. Isso significaria misturar coisas diferentes. O consenso político em torno dos grandes princípios do liberalismo econômico, a onipresença da interpretação utilitarista da educação nos organismos internacionais e até mesmo a convergência das transformações organizacionais, pedagógicas e profissionais que ocorreram na França – elementos constatados ao longo deste livro – não significam que a nova ordem educacional liberal esteja plenamente implantada ou seja perfeitamente viável. Nesse aspecto, a escola neoliberal é um processo que, à medida que progride, destila contradições de diferentes ordens. Para entendermos sua lógica, temos de estabelecer a relação que existe entre elas.

Há dois grandes tipos de contradições: um propriamente econômico, poderíamos dizer, e outro que diz respeito à cultura e aos valores que embasam a instituição escolar.

Querer transformar a escola numa organização eficiente, a serviço da economia, pressupõe admitir a necessidade e a importância dos investimentos em educação para que não sejam confundidos com despesas improdutivas. Se, ao mesmo tempo, por uma aplicação dogmática do liberalismo, todas as despesas do Estado forem consideradas improdutivas e a primeira das prioridades for diminuir a ação pública e dar preferência à despesa e ao consumo privados, a lógica do "capital humano" que justificava tanto o crescimento quanto a dependência dos sistemas educacionais não terão mais sentido. Quem vai pagar pela "economia do saber", senão os contribuintes? As soluções são diversas, e todas trazem novas contradições.

Há uma contradição primordial num nível mais profundo. A lógica do valor econômico que predomina no modelo liberal da escola é uma lógica autodestruidora. Obviamente, o tom catastrofista de certos discursos e sentenças que declaram que a escola morreu, que o ensino atual só visa à incultura, expressa um sentimento sombrio, compreensível, mas não nos ajuda a chegar a uma constatação real da situação. É um equívoco dizer que o discurso dominante venceu e que a escola está a serviço da economia capitalista. Basta considerar o estado das relações de força e analisar as lutas internas para constatar, por exemplo, que algumas reformas na gestão, algumas "revoluções" tecnológicas, pedagógicas ou gerenciais ainda não deram resultado[1]. O descentramento em favor da competitividade e do mercado não foram aceitos com facilidade, e muitos ainda têm como referências éticas e políticas a escola centrada na cultura, na transmissão de um patrimônio e nos propósitos emancipadores do conhecimento. Essa resistência, que reúne em torno dos professores uma série de outras categorias da população, é até hoje um dos maiores obstáculos à imposição generalizada do neoliberalismo na França, e não apenas na esfera educacional. Não basta mudar as palavras e dar ordens para que a realidade se molde aos dogmas. Toda a retórica fatalista sobre a "mudança inevitável", em nome das transformações da sociedade ou da globalização, não é suficiente para mudar a mentalidade de todos e derrubar os obstáculos. A questão dos valores é central aqui. A escola atual – e isso inclui todos os que fazem parte dela – é atravessada por contradições culturais que repercutem em todo os níveis e geram múltiplas tensões na instituição.

O império impossível

Que fique claro de imediato: as contradições que surgem da implantação da escola neoliberal revelam um impasse geral. A lógica do capitalismo global, baseada na acumulação do capital, tende a tomar todas as esferas da existência. Até certo ponto, essa globalização transforma a sociedade numa "sociedade de mercado", baseada na maximização universal do interesse pessoal. O capitalismo global é, antes de mais nada, uma lógica não racional de captura de todas as relações sociais e culturais, uma lógica arraigada na preocupação econômica com a rentabilidade, mas que se constrói em pensamento dogmático, o qual, por sua vez, inspira uma política geral que

[1] Mesmo nos Estados Unidos o modelo mercadológico de escola mostrou que tem limites sociais e financeiros, como revelam as dificuldades enfrentadas por algumas empresas do setor.

gostaria de subjugar o mundo como um todo, os diferentes domínios da existência e os múltiplos territórios do planeta. Se esse império da lógica do interesse com que sonha o ultraliberalismo tem efeitos reais sobre o comportamento das pessoas, se ele orienta políticas muito concretas e não é mera ficção, ele ainda não se concretizou completamente. Isso é possível? O capitalismo, por mais imperioso e imperial que seja, é um sistema de produção e troca – instável no plano econômico – que não é capaz de dominar inteiramente o mundo cultural e social, que não consegue nem sequer "gerir" segundo seus próprios imperativos sem que isso suscite tensão, resistência e muitos conflitos. Para provar essa incapacidade, basta considerarmos o crescimento da burocracia nos últimos dois séculos, o aumento do número de instituições de socialização de compensação, a proliferação das normas jurídicas, técnicas e deontológicas, e, enfim, a expansão de todas as formas de educação, controle e "regulação" que acompanham a expansão do capitalismo, corrigem suas dinâmicas espontâneas e contrabalançam "artificialmente" a destruição das formas mais antigas de normatividade social. O grande segredo do "social" consiste em formar indivíduos cuja relação com o mundo, cuja sensibilidade e cuja moral (ou ausência de moral) são adaptadas ao que o sistema espera deles. O determinismo sociológico diria, nesse caso, que o que é "externo", o que está nas estruturas objetivas do mundo social, também é "interno", ou seja, está nas estruturas mentais e intelectuais, graças aos aparelhos de socialização e assimilação das normas e dos valores. Essa concepção tem fundamento, mas não completamente. No fundo, é o negativo das pretensões imperiais de que falávamos acima. Há ao menos um bom motivo para essa "incompletude" do capitalismo, com o perdão da expressão: as estruturas de socialização não são unificadas a ponto de formar um conjunto homogêneo, no qual as mesmas normas, os mesmos valores, os mesmos ideais e as mesmas razões de viver se impõem uniformemente a todos ao mesmo tempo. A pluralidade das instituições, das esferas ou dos campos produz indivíduos diferentes uns dos outros, que se opõem uns aos outros em muitos pontos, e cada um é produzido como um ser compósito, intimamente dividido, que se opõe a si mesmo.

Em sentido oposto, não podemos esquecer que, nas sociedades em que vivemos, a esfera econômica é *dominante*: ela impõe às outras esferas grande parte do ritmo e da forma de mudança, dá sua própria substância às políticas, dita suas exigências às instituições e instila em todos os indivíduos sua lógica íntima de acumulação – seu "espírito", como dizia Max Weber – em algum grau. Em resumo, o capitalismo é global em potência, mas na realidade é apenas dominante.

Essa proposição tem consequências para a análise das mudanças na escola. A transformação da instituição escolar em um aparelho de socialização submetido ao espírito do capitalismo moderno, cujo objetivo é formar as jovens gerações segundo as formas de ser, pensar e fazer exigidas pela sociedade de mercado, é uma tarefa no mínimo difícil. Mesmo do ponto de vista dos "decisores", a coisa é mais complexa do que parece indicar sua fria racionalidade. Se é para ser "eficiente", e se deve *realmente* preparar os jovens para a eficiência produtiva, a escola os prepararia melhor se não fizesse isso de forma direta. Essa é a conclusão paradoxal a que chegou o sociólogo estadunidense William H. Whyte Jr. a partir do destino que teve a escola em seu país: "Para mim, o que a educação deve propiciar ao futuro membro da organização é o arcabouço intelectual das disciplinas fundamentais". E acrescenta: esse indivíduo "não precisa de um sistema de educação 'concebido para o homem moderno'. As pressões a que será submetido pela organização lhe ensinarão rapidamente quais são os critérios de valor do homem moderno"[2]. O que significa que a escola é a única capaz de inserir a grande massa jovem na cultura escrita e acadêmica. Mas a lógica imperiosa do capitalismo, sua ideologia totalizante, parece não deixar que ele desista de comandar a instituição escolar e, portanto, de produzir efeitos particularmente negativos sobre o sistema de ensino e a sociedade. No fundo, essa é a tragédia da escola norte-americana, que se repete e se espalha em todas as escolas do mundo com o auxílio nefasto das organizações internacionais. Um dos maiores paradoxos que já encontramos, e que raramente recebe atenção dos discursos oficiais, é que não são a autonomia, a concorrência e as técnicas de gestão que determinam o "êxito", mas os valores da cultura e a exigência de transmissão do saber. Disso decorre uma grande dificuldade: os meios, as representações, as reformas que caracterizam a escola neoliberal levam a resultados muito diferentes dos que se visam e esperam. A escola na França parece condenada à alternância: ora o modernismo mais fielmente copiado das empresas e a enérgica invasão das "pedagogias inovadoras", ora a recuperação dos valores, da autoridade dos mestres e até da ordem moral. Está mais que na hora de voltarmos às questões fundamentais: para que é feita a escola e o que ela pode fazer que as outras instituições não podem?

---

[2] William H. Whyte Jr, *L'Homme de l'organisation* (Paris, Plon, 1959), p. 107.

Política de austeridade, retrocesso na educação e capital humano

Do "congelamento do emprego público" de Claude Allègre à redução do número de bedéis, à eliminação dos subsídios aos *emplois-jeunes* e à estagnação do número de professores de Luc Ferry, de 1997 a 2002 a continuidade das políticas de esquerda e direita na questão dos gastos com a educação é impressionante, apesar da interrupção momentânea conduzida por Jack Lang por motivos eleitorais. Essa continuidade assinala o primeiro nível de contradição entre as políticas macroeconômicas monetaristas e restritivas no plano orçamentário – muito apreciadas na Europa – e a estratégia de crescimento baseada na acumulação de capital humano. Os governos europeus ainda não conseguiram conciliar as grandiosas declarações de Lisboa (2000) e Barcelona (2002) sobre a "economia do saber" e a "sociedade da informação", por um lado, e a obsessão com a inflação, a diminuição dos impostos e o equilíbrio orçamentário, por outro. A efetiva incapacidade de assumir as consequências políticas da lógica do investimento humano, que pressupõe que as despesas com educação sejam consideradas não uma despesa financiada pela tributação sobre a renda de ontem para cobrir o funcionamento de hoje, mas um investimento feito hoje que gerará renda amanhã, esclarece muita coisa sobre a inconsequência dos dirigentes europeus em relação a sua própria doutrina educacional. Eles parecem esquecer que "o maior investimento que uma nação pode fazer é na educação de seus cidadãos", como disse recentemente Donald J. Johnston, secretário-geral da OCDE. Mas esse é um ponto de tensão mais geral, que aparece até mesmo nos centros de elaboração do pensamento liberal mundial, como o FMI e o Banco Mundial.

A redução da ação do Estado na educação, fruto da diminuição da receita fiscal, se for confirmada, significará cortar os recursos destinados à educação pública, com as consequências que podemos imaginar em termos de aumento da segregação e crescimento da escola privada. Todas as "soluções" que envolvem participação financeira das famílias ou dos estudantes têm efeitos negativos. Todos os exemplos à nossa disposição mostram que pretender transferir os encargos dos contribuintes para as famílias implica prejuízo para as camadas populares, que não podem arcar com as despesas suplementares de uma "educação de qualidade" num ambiente propício aos estudos.

Essa política liberal de cortar custos e recorrer ao "qualitativo" indicaria uma redução de ambições culturais para os jovens das camadas populares, ou mesmo o fim da "escola única", como afirmam alguns autores? Cada vez mais a questão é saber se estamos regredindo para uma situação anterior ou se estamos lidando com uma mutação mais complexa. A tese da retrogradação, defendida por Nico Hirtt, afirma que, depois de trinta anos de aumento contínuo dos níveis de educação e de crescimento do número de alunos, chegamos a um teto em meados dos anos 1990 que não só é intransponível como deverá baixar, com a redução imperativa de custos. Essa estabilização e essa retrogradação consecutiva estão em consonância com certa tendência de desqualificação observável no mercado de emprego. Nico Hirtt afirma que "no futuro a bipartição antagônica do mercado de trabalho não exigirá mais uma elevação geral dos níveis de formação"[3]. De sua parte, Samuel Johsua fala de "fim do compromisso histórico" entre as necessidades do patronato e as aspirações das camadas populares em relação à escolarização, um compromisso que o Plano Langevin-Wallon encampou durante cinquenta anos[4]. Essas afirmações têm fundamentos sérios. Uma série de medidas e discursos indicam, sem dúvida alguma, que o objetivo da promoção escolar está sendo abandonado. Além da diminuição das taxas de escolarização e de conclusão do ensino médio (para o ministro Xavier Darcos, é "irreal" que "80% de uma faixa etária obtenha o *baccalauréat*"), a alternância entre escola e empresa desde os últimos anos do ensino fundamental 2, o desenvolvimento acelerado da aprendizagem e a orientação precoce para o ensino profissionalizante são fortemente incentivados desde os mais altos níveis[5]. A política de emprego arremata a estratégia com a rápida inserção dos menos qualificados no mercado por meio de medidas de alívio fiscal ou fim dos subsídios aos *emplois-jeunes*. Por trás do apelo ritual à valorização do ensino profissionalizante, aparentemente há uma tentativa de reduzir o tempo de estudo de jovens da maior parte da classe trabalhadora, o que permitiria reduzir as despesas com educação e "sair na baixa" da anomia que aflige certo número de escolas. Nesse sentido, a reforma escolar proposta por Silvio Berlusconi se adiantou: os alunos das camadas populares são orientados para

---

[3] Nico Hirtt, *L'École prostituée, l'offensive des entreprises sur l'enseignement* (Bruxelas, Labor/Espace de Libertés, 2001), p. 68.

[4] Samuel Johsua, *L'École entre crise et refondation* (Paris, La Dispute, 1999), p. 39.

[5] Jean-Pierre Raffarin e Luc Ferry defendem a instauração de "carreiras de formação para ofícios" para pessoas de 14 a 22 anos, a partir do modelo implantado por Berlusconi. Ver entrevista com Jean-Pierre Raffarin, *Le Monde*, Paris, 1º-2 dez. 2002.

as carreiras profissionalizantes a partir dos 14 anos. O retorno dos grandes temas que já foram úteis um dia, a "diversidade das formas de inteligência" e a diferença de "aptidão para o abstrato", já seria suficiente para indicar que a intenção é empurrar o maior número possível de jovens para os "estudos concretos" e os cursos de curta duração, reintroduzindo o quanto antes o princípio da divisão social. Essa política pretensamente toma como ponto de partida as dificuldades de educação dos jovens da classe trabalhadora em crise, mas só para concluir que eles devem ser orientados de maneira mais firme e dirigida para os percursos menos prestigiosos, ou mesmo diretamente para o mercado de emprego, segundo uma lógica invertida: se não é possível qualificar esses jovens para inseri-los no emprego, é mais conveniente inseri-los no mercado para qualificá-los[6]. No nível superior, o crescimento da educação profissionalizante, o alinhamento progressivo à norma anglo-saxã de diplomas, mais articulados com o mercado de trabalho e mais baratos (com graduação, mestrado e doutorado obtidos em três, cinco e oito anos), indicam uma vontade de reduzir o fracasso escolar e ao mesmo tempo disciplinar os jovens estudantes, orientando-os para cursos mais "profissionalizantes". Há um grande risco de que a regionalização da educação acentue essa tendência.

Isso quer dizer que essa política é racional e condiz perfeitamente com a tendência de desqualificação maciça dos empregos? É o mesmo que se perguntar se o patronato e as organizações internacionais, como a OCDE e a Comissão Europeia, que continuam convocando os países a elevar o nível de formação, não conseguem enxergar as transformações futuras do mercado de trabalho. O retrocesso no esforço educacional pode afetar as "crianças manifestamente rebeldes à aquisição de conhecimentos abstratos" a que se referia o Relatório Fauroux, as quais muitos prefeririam ver no chão de fábrica à sala de aula[7]. A política seguida não é menos contraditória. A contradição reside no fato de que essa política preconizada há anos, embora esteja de acordo com a constituição do mercado de trabalho dual e o crescimento das desigualdades, contraria a pretensão de elevar o nível cultural da mão de obra para acompanhar as previsões de transformação do emprego

---

[6] Ver F. Delle e J. Bouvine, "Insérer pour former", *Éducation-Économie*, n. 20, out. 1993.

[7] Roger Fauroux, *Pour l'école* (Paris, Calmann-Lévy, 1996), p. 23. Citado em Samuel Johsua, *L'École entre crise et refondation*, cit., p. 39.

para níveis mais altos de qualificação. Ora, é exatamente essa pretensão que continua predominante no discurso dos dirigentes políticos e das autoridades econômicas. A estratégia europeia decidida em Lisboa (2000) exige, por exemplo, um aumento substancial do investimento anual por habitante em educação. Ao mesmo tempo, análises prospectivas da evolução dos empregos não preveem uma queda maciça do nível de qualificação[8]. Não há dúvida de que estamos longe das maravilhosas promessas de eliminação geral dos postos de trabalho não qualificado. Segundo o Instituto Nacional de Estatísticas e Estudos Econômicos da França (Insee), os empregos não qualificados representam mais de um quinto total de empregos e, embora tenham diminuído na indústria, ainda são numerosos no setor de serviços. Entretanto, ninguém sabe bem qual o sentido da qualificação para um grande número de profissões. Há toda uma série de profissões consideradas não qualificadas no setor de serviços que exigem qualificações (por exemplo, no trato com finanças ou na resolução de problemas administrativos) e, no entanto, não são reconhecidas por denominações, condições ou rendas condizentes. É o caso, em geral, do trabalho em caixas ou balcões de informação, que é executado por jovens com diplomas de nível relativamente elevado. O mesmo acontece em inúmeros outros serviços a particulares e empresas (de auxiliar de creche a técnico de manutenção de equipamentos).

Ainda que a evolução do sistema educacional se pareça muito com um *retrocesso*, ela deve ser interpretada também e principalmente como uma *mutação*. A via neoliberal não visa à diminuição generalizada dos conhecimentos e à desqualificação maciça da força de trabalho. Visa à eficiência tanto nos meios como nos fins da escola, na medida em que a escola é sempre um recurso para a competitividade. A ideia dominante é combater as diversas formas de analfabetismo ou os diferentes tipos de evasão escolar, mas consiste sobretudo em transmitir uma *determinada* cultura, mais útil e em sintonia com as necessidades das empresas, a indivíduos que se tenta pré-adaptar aos postos de trabalho que vão ocupar. O malthusianismo é natural para os empregadores e algumas das autoridades políticas mais retrógradas ao estilo berlusconiano, mas não é o eixo central ou, em todo caso, não é o único. Os

---

8 Ver sobre esse ponto as análises prospectivas do Haut Comité Éducation-Économie--Emploi, *La Transition professionnelle des jeunes sortant de l'enseignement secondaire*, Rapport d'Activité 2001-2002 (Paris, La Documentation Française, 2002), p. 87 e seg.

empregadores, em geral, não têm interesse em diminuir o nível de qualificação da mão de obra. Ao contrário, é mais interessante para eles contratar jovens diplomados, mas sub-remunerados em relação aos postos para os quais são formados, mesmo com a promessa de que vão "subir" ao longo da vida... O objetivo de elevar o nível geral do "capital humano" não foi abandonado, mas depende de uma mudança do "paradigma" educacional: é nesse sentido que a escola neoliberal constitui um modelo singular. Ela não é apenas uma escola pública enfraquecida e empobrecida: ela é isso também, mas é principalmente *diferente*, pensada como diferente. Nada ilustra melhor essa intenção que a vontade de repensar a educação como um processo "ao longo da vida", que depende de uma dilatação e de uma flexibilização da relação pedagógica, a qual, por sua vez, está diretamente relacionada com as necessidades das empresas em matéria de tecnologia e organização. A ideia de que todos os ativos devem adquirir um "kit cultural" em sua formação inicial é primordial. Essa é a base da empregabilidade que será incessantemente reciclada por dispositivos de enriquecimento do capital humano. Desse modo, muitos alunos do ensino médio e superior – os que apresentam maior dificuldade – poderão ser "convidados" a sair da formação inicial assim que se avaliar que eles sabem o suficiente para ocupar os empregos aos quais estão destinados e adquirir experiência profissional com a promessa de que um dia poderão completar sua formação escolar ou validar seus conhecimentos profissionais por intermédio de uma instância pública ou privada de certificação. A lógica do capital humano é evidentemente tudo, menos igualitária. A formação, quando determinada por uma expectativa de renda, vai para os que têm os mais "elevados potenciais" de evolução, os que já possuem as bases culturais mais sólidas ou os que têm uma formação indispensável para a implantação de novos equipamentos ou procedimentos. O caráter extremamente desigual da formação para adultos, que beneficia majoritariamente os executivos, os mais qualificados em geral, homens não muito velhos e de nacionalidade francesa, mostra claramente as consequências da lógica do capital humano nos percursos escolares e no destino social dos indivíduos[9]. Levar a sério essa transformação possibilita situar em seu contexto a tentativa de controle de gastos que pretendia diminuir a despesa do Estado e transferi-la para os beneficiários diretos do investimento educacional. A partir das tendências

[9] Ver Paul Santelmann, *La Formation professionnelle, un nouveau droit de l'homme?* (Paris, Gallimard, 2001, col. "Folio/Actuel"), p. 110.

dominantes, podemos imaginar que haverá transferência de uma parte maior das despesas do Estado com formação inicial para a formação ao longo da vida, sem dúvida financiada pelas regiões, que apelarão para as empresas, os assalariados e as famílias. A escola neoliberal comandada pela eficiência pode garantir uma base mínima de "competências" que dará a cada indivíduo uma empregabilidade igualmente mínima, mas não garante que dará à maioria a possibilidade de adquirir uma cultura mais ampla. Apenas os que têm recursos para exercer uma demanda pagante ou manifestam um "elevado potencial" poderão prosseguir nos estudos. A escola neoliberal, embora voluntariamente não vise a uma diminuição geral do nível cultural, constitui uma orientação que leva ao fortalecimento da dualização escolar – em especial graças à escolha das famílias – e representa um obstáculo aos progressos culturais no futuro.

Os novos valores da escola

De modo geral, na escola neoliberal, considera-se que todas as contradições econômicas e sociais podem ser suplantadas se os postos de comando forem ocupados não pelo quantitativo, mas pelo qualitativo, não pela despesa, mas pela eficácia. No entanto, a imposição dessa lógica traz à tona novas contradições éticas e políticas, porque altera valores fundamentais da escola. O sistema escolar é obrigado a passar do *reino dos valores culturais* à *lógica do valor econômico*.

A principal contradição da escola neoliberal é que ela ataca os valores que estão no centro do magistério e dão sentido às aprendizagens. Para começar, o "cada um por si" – ou a versão apavorada do "salve-se quem puder" – não poupa nem mesmo os professores. O sistema de valores saiu muito enfraquecido das transformações sociológicas e institucionais e não conseguiu se recuperar no gélido clima ideológico das últimas décadas[10].

Um dos aspectos mais importantes e menos visíveis das evoluções que vêm ocorrendo são as pequenas mudanças de comportamentos e valores induzidas pela introdução das lógicas concorrenciais. A política educacional liberal, que antes de tudo é uma política de *não intervenção*, gera conflitos entre os valores coletivos e o interesse privado, tanto nas famílias como

[10] Ver, sobre esse aspecto, Bertrand Geay, *Profession instituteur: mémoire politique et action syndicale* (Paris, Le Seuil, 1999). A rejeição do princípio da escola única por parte da maioria dos docentes entra nesse contexto.

nos educadores, com consequências muito sérias[11]. A concorrência entre as escolas leva a uma de luta de todos contra todos no mundo escolar que divide em ganhadores e perdedores, *de facto*, os pais, os alunos e os professores. Sejam quais forem suas convicções, todos são obrigados a participar e fazer valer seu interesse pessoal acima do interesse geral. Essa, aliás, é a força do liberalismo: ele só funciona com o sentido do interesse que cada entidade ou ser social competindo uns com os outros aceita pôr em jogo. Por diversas razões, alguns educadores entram na lógica da concorrência e aceitam participar de bom grado ou não de um "jogo" que permite aos melhores estabelecimentos escolares atrair os melhores alunos (e, com frequência, os que têm as melhores "qualidades sociais"), enquanto os estabelecimentos escolares menos cotados no mercado enfrentam enormes dificuldades para manter os "bons alunos". Vemos pais progressistas e favoráveis à igualdade na escola recorrer a estratagemas para colocar os filhos nos melhores estabelecimentos escolares. A obsessão pela imagem da escola, a preocupação com as taxas de êxito medidas estatisticamente em testes e provas, a busca da satisfação dos pais em termos de frequência, ambiente, atividades e horários tendem a transformar a própria maneira como a escola é concebida: "precisamos criar um evento para a nossa imagem", ouve-se em certos estabelecimentos. Escolas de ensino infantil, fundamental e médio e universidades criam folhetos sofisticados, zelam pela boa acolhida e adotam uma linguagem "comercial" que valoriza o visível e o chamativo. Em alguns segmentos do mercado de ensino (em particular no "pós-*bac*"), as escolas públicas são obrigadas a "vender seus produtos" e "se vender", como se vê pelos salões do estudante e pelas feiras de educação, que sob muitos aspectos se parecem cada vez mais com grandes feiras comerciais, cujos espaços caros e pagos, assim como o luxo dos estandes, revelam as relações de força e prestígio das instituições e empresas de educação.

Se na França ainda existe uma forte resistência a lógicas muito claramente comerciais, a nova regra concorrencial obriga as escolas a entrar no jogo para não serem lesadas por aquelas que praticam essa competição de forma mais sistemática e mais cínica. Essa tendência tem consequências sobre o ensino. O "culto do bom desempenho" se impõe em prejuízo de outras concepções da educação: livrar-se dos alunos menos inteligentes, dos

---

[11] Stephen Ball e Agnès van Zanten, "Logiques de marché et éthiques contextualisées dans les systèmes français et britannique", cit.

que exigem mais investimento pedagógico, é sempre uma tentação. Tipos diferentes de pedagogia são necessários caso se queira exibir os melhores resultados em provas e concursos para atrair os melhores alunos ou, em vez disso, ensinar uma cultura mais vasta, mais fundamental ou mais variada, porém não imediatamente rentável nas provas. A educação acaba deixando de ser considerada um bem comum por quem mais teria a ganhar com a defesa do antigo ideal de conhecimento para todos. Os alunos não são os últimos a ser prejudicados pela inclusão dessa lógica de concorrência, inicialmente no âmbito dos valores: o mercantilismo tira o crédito do discurso sobre os valores altruístas da cultura, sobre as virtudes e a dignidade humana, sobre a igualdade de todos em relação à herança cultural ou às chances de inserção profissional. Como assinalam Agnès van Zanten e Stephen Ball, "os valores do mercado constituem um *curriculum vitae* dissimulado, ao qual os alunos são expostos". Aliás, estes costumam ser vistos "como objetos, e não como pessoas, a quem se atribuem avaliações diferenciais"[12].

As contradições da gestão pública à francesa

Um dos fatos que chamam a atenção dos sociólogos nas pesquisas inglesas sobre o assunto é o desenvolvimento de um *código dual*: uma linguagem oficial da gestão e do *marketing* utilizada para a comunicação externa e um discurso educacional e cultural de uso exclusivamente interno, como se os valores humanistas da formação intelectual não tivessem mais validade no mundo social. Essa *guerra dos discursos*, disputada entre professores em sua maioria ligados à linguagem dos saberes e das atividades, de um lado, e muitos administradores e especialistas adeptos da modernidade e fascinados pelo modelo do setor privado, de outro, contribui para a debilidade da ética cultural dos professores. Na Inglaterra, os responsáveis pelas escolas locais tiveram de aprender a falar o "*new public management*", na medida em que se recusar a falar a nova língua provaria sua não adesão ao novo esquema de pensamento e os marginalizaria num campo marcado por uma luta intensa por espaço e às vezes pelo prestígio da escola[13]. Uma espécie de

---

[12] Ibidem, p. 68-9. Ver, sobre a mesma questão, Sharon Gewirtz, Stephen J. Ball e Richard Bowe, *Markets, Choice and Equity in Education*, cit., p. 176 e seg.

[13] Sharon Gewirtz, Stephen J. Ball e Richard Bowe, *Markets, Choice and Equity in Education*, cit., p. 98-9.

"bilinguismo" se propagou entre eles, visto que tiveram de manter o antigo discurso humanista baseado nos valores da cultura para falar com professores e alguns pais[14]. A situação é semelhante na França. A linguagem da gestão conferiu uma identidade aos dirigentes que os distinguiu um pouco mais dos professores, mas estes continuaram ligados à "velha linguagem" da cultura, dos saberes e das disciplinas. E, apesar das tentativas de mudar a mentalidade dos mais jovens nos institutos de formação de professores, até hoje a rejeição à língua dos especialistas e gestores tem ganhado a batalha contra os fenômenos de conversão. A necessidade funcional de encontrar um campo de comunicação, uma *lingua franca* entre os funcionários, tem resultado na derrota do monolinguismo gerencial. Talvez essa seja uma das razões do retorno na França do velho código republicano, que se mistura de forma bastante curiosa com a nova língua.

A lógica gerencial teve e ainda tem, contudo, efeitos nocivos quando tende a negar a importância do "cerne da profissão", isto é, o acesso à cultura escrita e acadêmica, privilegiando técnicas de avaliação, inovações, projetos e parcerias cujos interesses pedagógicos reais nunca são pensados. Essa lógica conduz a incoerências profissionais e conflitos culturais. A principal contradição enfrentada pela "revolução gerencial" resulta do fato de que ela introduz uma linha hierárquica de tipo taylorista numa atividade profissional que não pode ser exercida sem autonomia, numa profissão que exige uma ética profundamente interiorizada, incompatível com prescrições e controles estreitos. A ação pedagógica pressupõe uma certeza "entranhada no corpo" sobre o valor e a importância social da profissão. Abalar essa certeza *banalizando* o magistério, querendo transformar o professor num técnico ou executivo, equivale paradoxalmente a diminuir a eficiência do sistema educacional (se entendemos isso como transmissão de conhecimentos). Pior, atacar identidades profissionais arraigadas na ética do conhecimento e do serviço público, como faz a nova gestão, fragiliza ou até destrói as pessoas, expondo-as muito mais ao chamado "sofrimento no trabalho". A perda de significado do ensino só pode desorientar os educadores[15]. As reformas neoliberais, que partem do princípio de que apenas a maximização do

---

[14] Alguns se recusaram e resistiram, às vezes com prejuízos a sua carreira profissional.

[15] J. Ozga, "Deskilling a Profession: Professionalism, Deprofessionalism and the New Managerialism", em Hugh Busher e Rene Saran (orgs.), *Managing Teachers as Professionals in Schools* (Londres, Kogan Page, 1995). Ver também Terri Seddon, "La

interesse pessoal move os indivíduos "racionais", não são o melhor caminho para mobilizar coletivamente os professores.

O "sentido da missão" não tem muito significado na "empresa educacional", que se baseia no "sentido do interesse" e na imitação da empresa. A nova ideologia gerencial desestabiliza os referenciais profissionais, começando em geral pela troca das palavras que traduzem a experiência do trabalho[16]. Ela não só mina o "discurso poderoso" da escola centrada nos valores culturais como considera que os professores, mais que no antigo sistema administrativo centralizado, são agentes marginais e subalternos, sem nenhum poder efetivo no estabelecimento. Um alto funcionário da administração pública, André Hussenet, assinalava muito apropriadamente que a descentralização e a autonomia artificial dos estabelecimentos escolares serviram de pretexto para impedir uma autonomia real de organização e decisão dos professores, cada vez mais "invisíveis" nessa nova configuração. André Hussenet afirmou também:

> Pessoalmente, estou estarrecido que não se dê responsabilidade real aos professores. Fico surpreso que, no conselho administrativo de uma escola, a palavra de um professor não tenha necessariamente mais importância que a palavra de um pai, isto é, a palavra de "um profissional do ensino" não é reconhecida. [...] Acredito que não se deu ao professor o lugar que lhe cabe, que não se reconheceu, no sistema, a responsabilidade que, no entanto, é apenas dele.[17]

A questão não é técnica ou organizacional, mas fundamentalmente política. Apostar na "inteligência coletiva" dos funcionários de uma escola não exige apenas procedimentos documentais, negociação e acordo, como supõem os "manuais" de desenvolvimento de projetos, mas a aceitação de um *conhecimento* produzido pelos professores, de uma avaliação resultante de uma deliberação coletiva que seja capaz de abarcar todos os parâmetros da ação – portanto, que seja mais rica e mais pertinente que uma avaliação de especialistas. Isso exige uma mudança profunda nas *relações de poder* que existem dentro da instituição. O obstáculo é talvez aquele velho medo da

---

Reconfiguration néo-libérale de l'éducation et de ses professionnels: continuité ou changement", *Éducation et Sociétés*, n. 6, 2000-2002.

16 Ver o dossiê "Valeur du travail", *Nouveaux Regards*, n. 9, 2000.

17 Entrevista com André Hussenet a François-Régis Guillaume, publicada em *Recherche et Formation*, n. 14, out. 1993, p. 120.

administração francesa que surgiu ainda na monarquia: é necessário um chefe para impedir a eterna ameaça de anarquia[18]!

As contradições pedagógicas

Uma das dimensões mais notáveis do novo modelo liberal é a recuperação dos grandes temas da nova pedagogia, que durante muito tempo foi bandeira da esquerda, ou melhor, da extrema esquerda. O saber e a atividade não deveriam mais constituir o centro da nova escola, segundo a "pedagogia inovadora" desejada pelos grandes organismos que definem e defendem a nova ordem educacional mundial. Esses saberes, considerados antidemocráticos e dispensáveis, são vistos sobretudo como essencialmente inúteis e chatos. Não se trata mais de possibilitar o acesso dos alunos aos saberes, mas de partir do que lhes interessa em função do meio em que vivem, de suas condições de vida, de seus desejos e destinos profissionais. Daí a predominância dos "projetos", das "atividades" e dos "temas transversais" articulados ao ambiente próximo da escola, e o saber construído por "integração dos conhecimentos provenientes do meio em que estão inseridos". O professor é o guia discreto à disposição dos educandos, o orientador e o treinador, o "facilitador da construção" do saber, da reinvenção da ciência e da língua, ou mesmo "do tempo e do espaço", segundo a utopia da criança que reconstrói espontaneamente todos os saberes do mundo. À noção de "necessidade" do aluno corresponde o conceito corolário de um "serviço" que se presta a cada aluno e responde a uma necessidade específica. Esse esquema, adequado ao contexto econômico liberal, transforma a escolaridade numa espécie de *self-service* em que o aluno apresenta uma "demanda" pessoal e o professor responde com uma "oferta personalizada". Essa concepção do acesso ao saber é encontrada na maioria dos textos e relatórios oficiais. Tem como principais características a primazia da demanda sobre a oferta de educação, o valor prático dos conhecimentos, a crítica à educação livresca (que "transforma o aluno no receptáculo das ideias dos outros, em vez de torná-lo um investigador ativo de fatos e ideias"[19],

---

[18] Ver, sobre esse ponto, os trabalhos de Pierre Legendre, *Histoire de l'administration: de 1750 à nos jours* (Paris, PUF, 1968) e, em especial, *Jouir du pouvoir: traité de la bureaucratie patriote* (Paris, Minuit, 1976).

[19] Herbert Spencer, *De l'éducation intellectuelle, morale et physique*, cit., p. 38. Ver Christian Laval, "L'École saisie par l'utilitarisme", *Cités*, n. 10, 2002.

como já dizia Spencer), a adaptação às funções profissionais, a definição de um ideal humano focado no trabalho e no interesse pessoal. A democratização não é entendida como a necessidade de inserção das crianças do povo nas formas simbólicas, no universo dos saberes socialmente construídos e das grandes obras-primas da humanidade. Democratização significa a necessidade de dotá-las de competências operacionais que correspondam a seu desenvolvimento cognitivo, a suas necessidades particulares, interesses e projetos profissionais, e lhes deem a possibilidade de integrar-se no mercado de emprego e suprir suas "necessidades vitais". Na realidade, a pedagogia funcional das necessidades, dos interesses e dos meios conjuga o imaginário individualista da espontaneidade criativa com o utilitarismo que vê a cultura apenas como um conjunto de respostas e ferramentas para as questões práticas e o diferencialismo social que fetichiza os gostos e as necessidades, e, assim, muito frequentemente, legitima a segregação *de facto* dos jovens.

Contudo, essa pedagogia em conformidade com a ideologia liberal não atende à expectativa de eficiência no sistema escolar. A escola norte-americana vive esse impasse há anos. Ela tende a funcionar como um "*shopping center*" no qual a educação secundária é "mais uma experiência de consumo numa sociedade de abundância"[20]. Em vez de se incumbir dos alunos com critérios acadêmicos exigentes, a escola média estadunidense parte de uma lógica da demanda segundo a qual cada aluno deve encontrar o tema, a disciplina, o curso que lhe convém. A diversidade é promovida a dogma no próprio percurso escolar. Em certas escolas secundárias, o número de cursos disponíveis pode chegar a várias centenas, e os alunos e as famílias têm enorme dificuldade para escolher entre eles. Na escola-supermercado, o aluno tende a construir seu próprio programa. Na realidade, os que detêm as capacidades sociais e culturais necessárias para desenvolver uma estratégia que os predisponha a estudos de longa duração destacam-se daqueles que fazem escolhas mais fáceis ou oportunas, por não ter condições de prever adequadamente as consequências dessas escolhas[21]. Os menos preparados se deixam levar pelo "modo de exibição" dos cursos ou pela teatralização da pedagogia. A implantação dessa escola orientada para a satisfação do

[20] Ver Arthur Powell, Eleanor Farra e David K. Cohen, *The Shopping Mall High School, Winners and Losers in the Educational Marketplace* (Boston, Houghton Mifflin Company, 1985), p. 8.

[21] Ibidem, p. 42.

consumidor foi alvo de duras críticas nos meios acadêmicos. Muitos intelectuais denunciaram a falsa democratização que priva a escola de sua essência cultural, de seus objetivos formadores. Esquecendo-se de sua finalidade democrática principal, que era formar intelectualmente todas as crianças por meio das disciplinas escolares, a escola estadunidense *escolarizou* as crianças, mas não as instruiu. Daí os apelos recorrentes à volta dos saberes fundamentais, ao recentramento da escola em valores culturais.

Agora podemos ver melhor que a escola "modernizada" oscila permanentemente entre dois referentes que, embora façam parte da mesma constelação de sentidos, estão situados em polos opostos. De um lado, a escola deveria se assemelhar a uma empresa: o imaginário nesse caso é o da *produção*, do trabalho, do rendimento. É preciso preparar o trabalhador eficiente. De outro lado, porém, ela deveria ser um "centro comercial": o imaginário aqui é o do *consumo*, com seus valores de escolha e satisfação hedonista. A introdução da publicidade, do *marketing* e do patrocínio na escola se ajusta perfeitamente à socialização do jovem consumidor. Ora, não é simples conciliar essas duas faces da representação econômica da sociedade.

Em ambos os casos, o que está em questão é a função cultural da escola. Isso se deve ao próprio fundamento da ideologia utilitarista, que rejeita toda forma de cultura que não seja regida pela utilidade, pelo retorno, pela eficiência, pela aplicação mensurável. Ora, a relação instrumental com o saber é precisamente o que impede a aquisição dos conhecimentos, e isso sob dois ângulos perfeitamente complementares. Segundo os pesquisadores que se interessam pelo sentido das atividades escolares para os alunos, muitas vezes estes últimos não conseguem se envolver nas atividades escolares que exigem uma atitude autônoma de pensamento porque eles imaginam o saber como um conjunto de ferramentas, regras ou competências que lhes permitam responder a uma questão ou resolver um problema isolado[22]. Quanto aos professores, eles desenvolvem muito frequentemente uma atitude fatalista que os leva, sob o pretexto de se adaptarem a um público desfavorecido, a propor atividades pobres em termos de conteúdo intelectual e pouco ambiciosas em termos de progressão pedagógica. O efeito mais certo dessa interpretação é impedir o distanciamento e a objetivação dos saberes como tais, tanto da parte dos alunos como dos professores, e prejudicar seriamente a concepção do sentido

---

[22] Ver em especial Bernard Charlot, Élisabeth Bautier e Jean-Yves Rochex, *École et savoir dans les banlieues... et ailleurs* (Paris, Armand Colin, 1996).

da aprendizagem e do papel da escola. Consequentemente, devemos concluir que a pedagogia mais "natural", isto é, a mais conforme ao imaginário liberal, não é a mais eficiente em termos de aquisição de conhecimentos racionais. Ela exprime e normatiza uma relação social com o saber: concentrando o significado da escola no acesso ao emprego e a um "belo futuro", e não no acesso ao universo intelectual, os jovens das camadas populares se sentem menos dispostos a reconhecer nas atividades escolares seu significado próprio. A ideologia da profissionalização encontra aqui suas consequências mais negativas: ao abraçar as leituras espontâneas dos jovens das classes populares sobre a função da escola, os responsáveis pela política educacional, assim como muitos professores, reforçam cada vez mais a ligação entre a escola e o emprego para "motivar" os alunos, especialmente os que têm "dificuldades" com o saber, recorrendo ao interesse pessoal para que eles se envolvam na "construção das competências" e na "descoberta das profissões". Por conseguinte, impossibilitam que eles compreendam que o saber constitui um universo simbólico relativamente separado das práticas sociais e produtivas, e que essa separação é condição fundamental para a inteligibilidade e a transformação do mundo real. Em outras palavras, é impossível reintroduzir "a autoridade do saber" por ele mesmo e reinjetar precocemente a referência profissional, sob o pretexto de oferecer um "horizonte de sentido" aos alunos, sem causar uma contradição, a não ser que se queira separar ainda mais radicalmente o destino escolar do destino social. A democratização da escola não significa um descrédito utilitarista das finalidades e dos conteúdos do ensino, ela é o inverso de uma pedagogia das competências que, como vimos, tem relações estreitas com a ideologia de adequação às necessidades das empresas. Esse aviltamento das ambições só pode conduzir o pêndulo de volta a uma concepção socialmente ultraelitista e intelectualmente conservadora.

A escola neoliberal nega profundamente a função cultural da escola. É nesse sentido que Gilles Deleuze afirmou que, em consequência das reformas, a escola estava em liquidação. A imposição dos valores da utilidade e da eficiência *destrói* não só o modelo escolar antigo, mas também a função antropológica e histórica da escola. Jean-Pierre Terrail demonstrou isso numa obra fundamental, lembrando que a escola é feita para fazer a criança entrar numa "relação metacognitiva com a linguagem e os saberes", condicionada por sua inclusão na escrita[23]. Portanto, a escola contradiz a si mesma quando

---

[23] Jean-Pierre Terrail, *De l'inégalité scolaire* (Paris, La Dispute, 2002).

obedece a modos e ordens que, em vez de guiar e apoiar essa ação específica, a desviam de seu eixo principal.

Mal-estar na instituição escolar

Se a nova ideologia escolar perde de vista o objetivo cultural da escola, ela perde de vista também a função da instituição escolar como forma social que permite a inserção no pensamento reflexivo, assim como o papel antropológico da instituição em geral. O que a tradição sociológica nos ensina? A instituição, como construção sempre em processo, é a base de toda existência, de toda identidade, de toda ação. Não é primeiramente ação, não é apenas "programa", é a condição da vida e da ação e o seu fruto. Para instaurar-se e impor-se aos indivíduos, transmite valores e representações. Uma instituição não proporciona apenas bens, não produz apenas serviços, mas comporta valores que em dado momento da história tornam presente e manifesta certa ideia do Bem. O que não quer dizer que haja somente um sistema de valores. A escola, por exemplo, é atravessada há muito tempo por oposições em relação a seus valores de referência. Católicos, republicanos laicos, socialistas, comunistas, revolucionários da *escola emancipada* não têm exatamente os mesmos valores, mas todos têm em comum o fato de referir suas ações a valores que consideram fundadores da instituição. "As trocas entre seres humanos dentro das instituições implicam a definição de bens coletivos que prevalecem sobre os desejos individuais: a transmissão intergeracional, atos de força pública, o local do sagrado, o espaço simbólico da morte, ritos iniciáticos, valores."[24] Não há ação educativa apenas com "competências", "técnicas", "métodos", se estes não tiverem como referencial uma dimensão fundadora da instituição que dê simbolicamente sustentação à troca, que seja o horizonte comum dos educadores e dos educandos. Sem essa mediação oferecida e sustentada pelo discurso da instituição, cairíamos no adestramento puro e simples, na brutal relação de força.

Ora, de uma *instituição*, a escola está se transformando numa *organização*[25]. Prova disso é o discurso sobre a "modernização das políticas

---

[24] Lise Demailly e Olivier Dembinski, "La Réorganisation managériale à l'école et à l'hôpital", cit.

[25] Para uma análise do "declínio do programa institucional", ver François Dubet, *Le Déclin de l'institution* (Paris, Le Seuil, 2002). A oposição entre *instituição* e *organização*

públicas", apresentada como a única alternativa à privatização dos serviços públicos, mas que não leva em consideração a especificidade da escola, o fato de que ela não pode ser comparada nem a uma empresa privada nem a um serviço público, como o que é fornecido pela EDF ou pelos Correios. Assim, quando Philippe Joutard e Claude Thélot sublinham que é tão natural para um cliente avaliar a qualidade da estadia e das refeições de um hotel como para o usuário avaliar a qualidade de um serviço público como a escola, eles estão mostrando na verdade a incapacidade de certa ideologia oficial de compreender o que é uma *instituição*[26]. Aliás, o imperativo de produtividade se impôs a partir do momento em que a escola começou a ser concebida como uma organização que fornece serviços úteis e mensuráveis em termos de "valor agregado", "competências" e, em última instância, preço no mercado de trabalho. Uma instituição que funda a identidade, forma o intelecto e é a condição da emancipação, ou seja, uma instituição "instituinte" e "instituidora", não pode ser sujeitada a essa lógica da produtividade, não por ignorância dos "hussardos negros"* ou por inconsequência de velhos acadêmicos idealistas, mas simplesmente porque ninguém jamais pensaria em tentar medir como "valor agregado" o que, *por princípio*, diz respeito essencialmente à conformidade com um modelo ou à referência a um valor fundador.

A nova escola não avalia mais segundo um modelo de *excelência* ou um ideal de libertação. Ela avalia de acordo com um código de *desempenho*. Já não julga mais o mérito ou a insuficiência ontológica de uma pessoa cujo nível de conhecimentos e os trabalhos que realizou lhe dão direito ou não a um título concedido por uma instituição. Ela avalia atividades, capacidade de atingir metas e competências mobilizadas para realizar um projeto, de acordo com a lógica da produção. A *organização* moderna é econômica e técnica: as normas de ação não estão gravadas no bronze sagrado, mas são

---

é desenvolvida e discutida em Lise Demailly, "Enjeux de l'évaluation et régulation des systèmes scolaires", cit.

26 Philippe Joutard e Claude Thélot, *Réussir l'école*, cit., p. 127-8.

* O autor se refere aos professores primários da escola pública francesa. O apelido foi inventado por Charles Péguy, em 1913, no ensaio *L'Argent* [O dinheiro], em que compara os estagiários da Escola Normal que davam aula na escola que ele frequentava ao regimento de elite da cavalaria francesa: "Nossos jovens mestres eram imponentes como os hussardos negros. Esbeltos, severos, elegantes com seu uniforme acinturado, sérios e um pouco trêmulos diante de sua precoce e repentina onipotência". (N. T.)

definidas por sua "operacionalidade", por aquilo que permitem fazer. A organização não espera mais uma conformidade dos atos com os valores, mas produz serviços que têm utilidade e eficácia para a sociedade que se beneficia deles. Os efeitos mensuráveis, a eficiência demonstrada por ela, a satisfação que ela propicia à demanda é que são suscetíveis de *avaliação*. A primeira pergunta que se faz hoje não é se a regra foi obedecida, se os valores foram mantidos e respeitados, mas se o objetivo foi alcançado.

Essa grande mutação da escola não é fruto da racionalidade dos especialistas ou resultado da exigência democrática de transparência. Sua principal razão de ser são os imperativos de produtividade impostos cada vez mais insistentemente a uma *organização* produtora de capital humano. Desse ponto de vista, os valores em concorrência que fundamentavam o sentido social da cultura e da escola não têm mais razão de ser. Do ponto de vista da instância suprema que é o mercado, apenas o *valor* dos produtos da organização escolar tem sentido hoje.

Que fique bem entendido. A escola se define cada vez mais como uma *organização*, mas continua de fato a ser uma *instituição*, ainda que uma instituição que não se reconhece mais como tal, que perdeu sua substância, que foi abandonada pelos valores de antigamente. Nesse mundo desencantado, nessa escola desertada, os cálculos frios da econometria tendem a tomar o lugar da guerra dos ideais. Mas a que preço? A escola perdeu seus referenciais, as referências que condicionam a justiça e a legitimidade de seus julgamentos. Que poder a escola tem sobre a "eficiência econômica" de um diploma? Nas condições históricas atuais, a escola está dividida entre um retorno nostálgico a um sentido que foi arruinado pela "modernização" e uma fuga adiante que a transformará cada vez mais em uma grande máquina de formar competências para a economia e "produzir" diplomados cujo valor social depende da oferta e da demanda. É de admirar que não só os alunos, mas também os professores tenham sofrido uma "perda de referências"? Como não haver um mal-estar dentro da escola?

A transformação neoliberal da escola pública já começou, mas não terminou nem é inevitável. Existem resistências e forças elásticas. As autoridades políticas e administrativas, por mais que estejam imbuídas de certezas "modernas", não são alheias aos efeitos desestruturadores, desmotivadores e desmobilizadores da refutação dos valores da escola. Essa orientação autodestruidora tem consequências tão graves que nos últimos anos essas autoridades começaram a repetir o refrão da "república", da "cidadania", do "civismo" etc. A escola francesa não está antes de tudo a serviço das empresas: de uma hora para a outra ela voltou a ser laica, republicana e humanista. Os gestores vestiram o barrete da liberdade. E até no patronímico do ministro, o simbolismo deve projetar uma escola que precisa recuperar o senso da autoridade, do trabalho, dos saberes, da boa educação etc. Tudo isso deve ser entendido naturalmente como expressão das contradições e resistências de que falamos. Mais precisamente, essa roupagem republicana é fruto da relação de forças que obrigou os "modernistas" a voltar atrás e fazer concessões. Também se pode ver isso como certa flexibilidade tática diante das resistências. Formas mais amigáveis começaram a revestir políticas que permaneceram duras na persecução de seus objetivos. A OCDE, depois do "capital humano", descobriu o "capital social". O Banco Mundial disponibilizou como nunca antes empréstimos "generosos" a serviço dos mais pobres. A Comissão Europeia descobriu o "homem integral" e jura pelo que há de mais sagrado que visa em primeiro lugar à plena realização do ser humano. Os dirigentes da OMC garantem que a educação pública não precisa temer o Acordo Geral sobre o Comércio de Serviços (AGCS) e que os "antiglobalização" se assustam com qualquer coisa. Na França, afagos verbais dirigidos aos professores e apelos solenes à "autoridade do saber" se misturam à evocação da "nova governança da escola" na amigável mistura do "humanismo moderno"[27].

Mas essas retratações escondem o essencial: a globalização econômica desestabiliza o antigo sistema político e normativo no qual a escola ocupava um lugar central, especialmente na França. O valor emancipador da cultura e a formação do cidadão ativo eram a perspectiva e a meta da instituição escolar. O que valem essas referências, se a grande narrativa da cidadania está desmoronando na sociedade de mercado? Os conflitos que estão em jogo na escola são apenas uma parcela de uma crise mais geral da política e da cidadania no capitalismo global. As oscilações desregradas dos discursos oficiais são apenas a parte visível de um abalo sísmico de proporções muito maiores. A contradição da escola neoliberal se deve, sobretudo, ao fato de

---

[27] Em setembro de 2002, Luc Ferry afirmou que "é em primeiro lugar recuperando a autoridade do saber escolar que conseguiremos fortalecer a autoridade da escola e dos professores, por isso não existe obrigação mais premente para o Ministério da Educação Nacional que focar em suas missões fundamentais: a transmissão dos saberes, dos valores, em resumo, da cultura".

que nenhuma sociedade é capaz de funcionar se o vínculo social se resume às "águas geladas do cálculo egoísta"*. A perda de sentido da escola e do saber é apenas um dos aspectos da crise política, cultural e moral das sociedades capitalistas, nas quais a lógica predominante traz em si a destruição do vínculo social em geral e do vínculo educacional em particular.

* Karl Marx e Friedrich Engels, *Manifesto Comunista* (trad. Álvaro Pina, São Paulo, Boitempo, 1998), p. 42. (N. E.)

CONCLUSÃO

Em muitos países e regiões do mundo, da África à Rússia, passando pela Nova Zelândia e agora a Itália, o processo de transformação neoliberal do ensino está mais adiantado que na França. A nova ordem educacional, contudo, tende a se impor também em território francês, ainda que por vias nacionais originais. Se devemos ter em mente que a escola pública já está inteiramente sujeita à demanda das empresas e dos consumidores, temos de assinalar que, sob muitos aspectos, essa escola tende a se dissolver na lógica mercantil e tecnocrática, não somente por pressão externa dos consumidores ou pela releitura das missões da escola pela OCDE e pela Comissão Europeia, mas também pela construção de novas "evidências" mentais largamente compartilhadas pelas classes superiores e pelas elites políticas. Afinal, embora talvez nunca antes as expectativas em relação à escola tenham sido tão grandes em todas as camadas da sociedade, as missões da escola, seus conteúdos e a natureza das relações pedagógicas também nunca passaram por mudanças tão profundas, suscetíveis de transformar a instituição escolar em uma prestadora de serviços que atende a "necessidades" ou "interesses" de indivíduos atomizados que buscam maximizar suas vantagens pessoais. São essas "evidências" que tentamos expor aqui para avaliá-las e submetê-las a uma análise de conjunto.

A observação dessa evolução mostra que a França enveredou pelo caminho de um liberalismo mimético, inteiramente oposto a uma política enérgica a favor da igualdade. Isso não significa certamente que o antigo reinado da burocracia foi uma era dourada, e sim que, se a uniformidade dita republicana, a famosa "indiferença às diferenças" criticada por Pierre Bourdieu, estava longe de assegurar uma igualdade de chances, com certeza não basta oferecer diversificação, adequação à demanda e muito menos descentralização para consegui-la. A esquerda, apesar das boas intenções iniciais, ao não defender o princípio de igualdade e não entender a função da escola, facilitou o desenvolvimento das desigualdades geográficas e sociais e pôs em perigo a autonomia cultural e política dos locais de produção e transmissão dos conhecimentos. A direita, mais coerente com ela mesma, avança cada vez mais na desregulação da escola.

Os sintomas da crise, as contradições das reformas inspiradas pelos fabricantes do pensamento liberal em nível mundial apenas se agravaram. A crise da escola, fruto de múltiplos fatores conjugados e, ao mesmo tempo, expressão da decomposição social provocada pelo *capitalismo global*, requer um movimento de refundação da instituição[1]. As desigualdades e os fenômenos anômicos trouxeram à tona a falta de recursos materiais e humanos para enfrentá-los, mas também as múltiplas fraturas de uma sociedade "sofrendo de liberalismo". As políticas de empobrecimento do Estado e a discussão em torno dos serviços públicos enfraqueceram os sistemas educacionais no momento em que estavam escolarizando os jovens das camadas populares. É cada vez mais evidente a contradição entre o discurso triunfalista sobre a "sociedade do conhecimento" e a insuficiência, ou em alguns casos a queda, dos gastos com educação no PIB dos países da OCDE e em muitos países do Sul. Mais globalmente, a crise da escola mostra uma contradição cada vez mais clara entre o acesso à cultura, que se acredita necessária para os jovens de origem camponesa e operária, e as restrições materiais, sociais, simbólicas e culturais que impedem o acesso desses mesmos jovens à cultura ou os desvia desse objetivo. A "gestão desregulada dos fluxos" numa massificação de baixo custo, em vez de mascarar essa contradição com a distribuição maciça de "cheques" escolares aos jovens das classes populares, agravou os sintomas da crise na educação.

No entanto, essa crise econômico-social é mais profunda e não será resolvida apenas por recursos proporcionais às necessidades. A crise na educação é uma crise de legitimidade da cultura, quando esta última tende a se dobrar a imperativos de utilidade social e rentabilidade econômica. Desse ponto de vista, essa crise não pode ser compreendida através das explicações sumárias que imputam todos os males ao "pensamento de Maio de 68". Hannah Arendt parecia mais inspirada, no fim dos anos 1950, quando relacionou

---

[1] Ver Samuel Johsua, *L'École entre crise et refondation* (Paris, La Dispute, 1999).

o fenômeno às dinâmicas de sociedades individualistas e produtivistas, nas quais a transmissão de conhecimentos, normas e valores não tem mais nada de evidente. Os Estados Unidos ofereceram antecipadamente o espetáculo de uma escola dominada pelo "espírito do capitalismo". Todas as tendências de fundo da civilização utilitarista e todos os seus efeitos são exacerbados pelas orientações neoliberais. A onda de mudanças nos sistemas educacionais deve ser compreendida, portanto, pelo prisma da longa duração e como produto de uma acentuação da transformação capitalista das sociedades. Em todo caso, essa onda agrava a crise do vínculo humano da qual a civilização utilitarista é prenhe. Portanto, são os preceitos e as práticas do neoliberalismo que devemos combater, e são os fundamentos dessa forma de sociedade que devemos começar a questionar para definir e propor as políticas, as instituições, as normas e os saberes capazes de contrabalançar essas tendências de longa duração.

Entendemos que a força de impulsão material do capitalismo, assim como as mudanças de mentalidade, levam à homogenização, à indução de uma escola que parece viver num mundo só dela, num tempo que não é o da inovação tecnológica, das mídias e da incerteza das cotações na bolsa. "Aproximar a escola e a economia", "atualizar a escola"[2], ou melhor, colocá-la na linha, é o desejo histórico dos modernizadores. Alterar as prioridades e as finalidades da educação pública, utilizar sistematicamente o argumento do emprego para impor mais facilmente os imperativos da competição, manipular o tema da democratização para mudar os cursos de acordo com uma concepção instrumental do saber, converter a "direção" aos novos valores gerenciais com o pretexto de que as mudanças são "inevitáveis", usar jovens sujeitados à socialização mercantil *contra* a escola ("chata", "desconectada do mundo real" etc.) para introduzir reformas foram algumas das alavancas empregadas nas últimas duas décadas. Poderíamos acrescentar ainda os efeitos deletérios do alinhamento da esquerda à orientação neoliberal na questão da escola e em muitas outras. E não podemos nos esquecer da pressão simbólica e política em nível mundial das grandes organizações liberais, como a OCDE, o Banco Mundial, a OMC e a Comissão Europeia, que não apenas unificam as regras do comércio e da produção, mas enquadram as políticas

[2] Daniel Bloch, relatório do Alto Comitê para a Educação e Economia, *Pour une stratégie convergente du système éducatif et des entreprises* (Paris, La Documentation Française, 1988), p. 10.

educacionais e a mentalidade dos decisores, em nome da "globalização" ou da "construção europeia". Podemos compreender o desalento dos que, no desconcerto causado por essa onda, acreditam que "a escola foi assassinada". Na realidade, apesar de poderosa, a pressão neoliberal ainda não triunfou na escola pública, que está mais para um campo de batalha do que para o campo de ruínas como é descrita algumas vezes. E, em vista dos novos projetos que visam à regionalização da educação e ao abandono precoce dos alunos menos bons, podemos imaginar que haverá outros conflitos importantes no futuro.

Qual a alternativa ao neoliberalismo na escola? O leitor deve ter compreendido que este livro não tem a pretensão de propor um programa para a educação – aliás, este último só pode ser obra coletiva de todos os cidadãos, pesquisadores, sindicalistas etc. e precisa ter uma dimensão mundial[3]. Essa nova política democrática aplicada à escola não pode ser somente uma política de *compensação* das crescentes desigualdades das sociedades de mercado. Não que não se possa fazer alguma coisa agora na escola, mas o que deve ser feito nela é inseparável de uma política global de igualização das condições. As próprias contradições que atravessam o sistema educacional exigem a reafirmação dos princípios dessa *outra política*. A liberdade de pensamento e pesquisa e o rigor dos saberes devem ser protegidos da ascendência da gestão. A igualdade deve voltar a ser o princípio diretor; a educação deve ser reconhecida como um direito para todos. Precisamos de dinheiro e de recursos humanos onde as necessidades são mais prementes, o que pressupõe romper com a política liberal da esquerda ("congelamento do emprego público") e da direita ("recuo do emprego público", exceto na polícia) nos últimos anos. O dinheiro, elemento fundamental, não será suficiente. Parece ser da mais extrema urgência que a educação seja reconcebida nas representações sociais e nos programas políticos como um *bem público*, um *bem comum*[4]. Para impedir que a educação seja cada vez mais uma mercadoria, os interesses privados e a ideologia gerencial que

---

[3] Em outubro de 2001 houve em Porto Alegre o I Fórum Mundial da Educação, que fez um apelo em favor de "outra mundialização" dos sistemas educacionais, baseada na solidariedade e na igualdade. Ver *Nouveaux Regards*, n. 16.

[4] Ver Riccardo Petrella, *Le Bien commun: éloge de la solidarité* (Bruxelas, Labor, 1997), e Larry Cuban e Dorothy Shipps, *Reconstructing the Common Good* (Palo Alto, Stanford University Press, 2001).

colonizaram a escola têm de recuar. Discursos vagos ou regulamentações burocráticas não serão suficientes. Precisamos de uma política que vise a uma maior igualdade de *condições concretas de ensino* para todos os alunos. Não apenas igualdade de condições, mas igualdade de *objetivos intelectuais fundamentais*. Sob muitos aspectos, trata-se de um princípio ambicioso, se refletirmos sobre suas implicações práticas, que não se resumem apenas ao miserabilista "dar mais aos que têm menos". Mas já temos um ponto de partida. Muitos autores já apresentaram propostas de refundação do bem comum educativo: redefinição do *corpus* de saberes que compõem a "cultura comum"; mudança das práticas pedagógicas no sentido de uma maior atividade intelectual dos alunos e de um acesso mais universal ao domínio da cultura escrita; reconhecimento do papel dos professores pelas novas instâncias democráticas; reafirmação e apoio às finalidades culturais, éticas e políticas da escola pelos representantes do povo; compartilhamento mundial dos bens comuns do conhecimento.

A educação é um "fato social total", para usarmos a expressão de Marcel Mauss, mas a transmissão dos conhecimentos é seu eixo. A educação ocupa o centro da lógica da dádiva e da contradádiva entre gerações. Saberes, sim, mas também normas e valores. Essa lógica é o fundamento da instituição e lhe dá embasamento antropológico. O maior perigo, com a desigualdade, é a mutilação da vida por uma concepção redutora da cultura e da educação, concebida como uma formação com objetivos profissionais. É como passar de uma escola dependente de um nacionalismo cultural estreito para uma escola corroída pelo egoísmo utilitarista. Essa concepção dominante da educação faz parte da visão de uma humanidade formada por combatentes da guerra econômica mundial. Por isso é que deve ser combatida.

MINISTROS DA EDUCAÇÃO NACIONAL (QUINTA REPÚBLICA FRANCESA, 1959-2004)*

Presidente	Primeiro-ministro	Ministro da Educação Nacional (e secretários adjuntos)
Jacques Chirac (UMP)	Jean-Pierre Raffarin (UMP)	2004 François Fillon (François d'Aubert – pesquisa)
		2002 Luc Ferry (François Loos – ensino superior e pesquisa) (Xavier Darcos – ensino básico) (Claudie Haigneré – pesquisa e novas tecnologias)
	Lionel Jospin (PS)*	2000 Jack Lang (Jean-Luc Mélenchon – ensino profissionalizante)
		1997 Claude Allègre (Ségolène Royal – ensino básico)
	Alain Juppé (RPR)	1995 François Bayrou (François d'Aubert – pesquisa) (Françoise Hostalier – ensino básico) (Elisabeth Dufourq – pesquisa) (Jean Gueheneuc de Boishue – pesquisa)

* UNR, UDR, RPR, UMP, sucessivamente: direita gaullista; FNRI-PR, depois UDF: direita não gaullista; PS: centro-esquerda. O asterisco ao lado do nome de um primeiro-ministro indica governo de coabitação, ou seja, em que um partido de oposição ao presidente obteve maioria parlamentar e, com isso, formou um gabinete ministerial. (N. E.)

Presidente	Primeiro-ministro	Ministro da Educação Nacional (e secretários adjuntos)
François Mitterand (PS)	Edouard Balladur (RPR)*	1993 François Bayrou (François Fillon – ensino superior e pesquisa)
	Pierre Béregovoy (PS)	1992 Jack Lang (Jean Glavany – ensino técnico)
	Édith Cresson (PS)	1991 Lionel Jospin (Roger Bambuck – esportes) (Hubert Curien – pesquisa) (Jacques Guyard – ensino técnico)
François Mitterand (PS)	Michel Rocard (PS)	1988 Lionel Jospin (Robert Chapuis – ensino técnico) (Roger Bambuck – esportes) (Hubert Curien – pesquisa) 1987 (Jacques Valade – ensino superior)
	Jacques Chirac (RPR)*	1986 René Monory (Alain Devaquet – ensino superior) (Michèle Alliot-Marie – ensino básico) (Nicole Catala – formação profissional)
	Laurent Fabius (PS)	1984 Jean-Pierre Chevènement (Roger-Gérard Schwartzenberg – universidades) (Roland Carraz – ensino técnico e tecnológico)
	Pierre Mauroy (PS)	1981 Alain Savary (Marcel Debarge – formação profissional) 1983 (Roger-Gérard Schwartzenberg – universidades)
Valéry Giscard d'Estaing (FNRI-PR, depois UDF)	Raymond Barre (UDF)	1978 Christian Beullac (Jacques Pelletier – secretário) (Jean-Pierre Soisson – juventude, esportes e lazer) (Alice Saunier-Seité – universidades)

Presidente	**Primeiro-ministro**	**Ministro da Educação Nacional (e secretários adjuntos)**
Valéry Giscard d'Estaing (FNRI-PR, depois UDF)	Raymond Barre (UDF)	1974 René Haby (Annie Lesur – educação pré-escolar) (Jean-Pierre Soisson – universidades)
	Jacques Chirac (RPR)	1976 (Alice Saunier-Seité – universidades)
Georges Pompidou (UDR)	Pierre Messmer (UDR)	1972 Joseph Fontanet 1973 (Jacques Limouzy – secretário-adjunto) (Suzanne Ploux – secretária-adjunta) 1974 (Pierre Mazeaud – juventude e esportes)
	Jacques Chaban-Delmas (UDR)	1969 Olivier Guichard (Pierre Billecocq – secretário-adjunto)
Charles de Gaulle (UNR, depois UDR)	Maurice Couve de Murville (UDR)	1968 Edgar Faure (Jacques Trorial – secretário-adjunto)
	Georges Pompidou (UNR)	1968 François-Xavier Ortoli (Marie-Madeleine Dienesch – secretária--adjunta)
		1967 Alain Peyrefitte
		1966 (Michel Habib-Deloncle – secretário--adjunto) 1963 (Maurice Herzog – juventude e esportes)
		1962 Pierre Sudreau Louis Joxe (interino) Christian Fouchet
	Michel Debré (UNR)	1961 Lucien Paye
		1960 Louis Joxe Pierre Guillaumat (interino)
Charles de Gaulle (UNR, depois UDR)		1959 André Boulloche Michel Debré (interino)

REFERÊNCIAS BIBLIOGRÁFICAS

ACADÉMIE D'ORLÉANS ET TOURS. *Le Livre bleu des personnels de direction*. Paris/Orléans, MEN/CNDP, 1994.

ADP. *Bilan environnement 1990*.

AGULHON, Catherine. Les Relations formation-emploi: une quête sans fin? In: CARDI, François; CHAMBON, André (orgs.). *Métamorphoses de la formation*. Paris, L'Harmattan, 1997.

ALBERGANTI, Michel. *À l'école des robots, l'informatique, l'école et vos enfants*. Paris, Calmann-Lévy, 2000.

______. Les "Profs en silicium" au banc d'essai. *Le Monde*, 29 set. 1999.

ALBERTINI, Jean-Marie. *Économie et Éducation*, n. 19, jun. 1993, p. 31-2.

ALLÈGRE, Claude. Interview. *L'Expansion*, n. 608, 4-7 nov. 1999.

ALTEN, Michèle. Le Chef d'établissement: deux siècles d'histoire. *Recherche et Formation*, INRP, n. 14, out. 1993.

ALTERNATIVES ÉCONOMIQUES, n. 187, dez. 2000.

ANDRIEU, Jean. Les Perspectives d'évolution des rapports de l'école et du monde économique face à la nouvelle révolution industrielle. *Journal Officiel de la République Française*, Conseil Économique et Social, 14 out. 1987.

APPLE, Michael W. Rhetorical Reforms: Markets, Standards and Inequality. *Current Issues in Comparative Education*, v. 1, n. 2, 30 abr. 1999.

ARCHIER, George; SÉRIEYX, Hervé. *L'Entreprise du troisième type*. Paris, Seuil, 1984 [ed. bras.: *Empresa do terceiro tipo*, trad. Eduardo Brandão, São Paulo, Nobel, 1989].

ARENDT, Hannah. *La Crise de la culture*. Paris, Gallimard, 1989, col. "Folio" [ed. bras.: *Entre o passado e o futuro*, trad. Mauro W. Barbosa, 8. ed., São Paulo, Perspectiva, 2016].

ASSOCIATION D'ÉTUDE pour l'Expansion de la Recherche Scientifique, *Pour une école nouvelle, formation des maîtres et recherche en éducation*, Actes du Colloque National, Amiens, 1968, Dunod, Paris, 1969.

ATTAC SAINT-NAZAIRE. L'Education n'est pas une marchandise, 2002.

ATTALI, Jacques. *Pour un modèle européen d'enseignement supérieur*. Paris, MEN, 1998.

BALL, Stephen J. Education Markets, Choice and Social Class: The Market as a Class Strategy in the UK and the USA. *British Journal of Sociology of Education*, v. 14, n. 1, 1993.

______; VAN ZANTEN, Agnès. Logiques de marché et éthiques contextualisées dans les systèmes français et britannique. *Éducation et sociétés, Revue Internationale de Sociologie de l'Éducation*, n. 1, 1998.

BALLION, Robert. *Le Lycée, une cité à construire*. Paris, Hachette Éducation, 1993.

______. Les Chefs d'établissement efficaces. *Éducation et Management*, out. 1993

BANNING TUTORS. *Asiaweek*, v. 23, n. 17, p. 20.

BASTIAT, Frédéric. Baccalauréat et socialisme. In: ______. *Oeuvres complètes:* sophismes économiques, petits pamphlets. Paris, Guillaumin, 1863. v. I, t. IV.

BAUNAY, Yves; CLAVEL, Annie (orgs.). *Toute la vie pour apprendre, un slogan ou un véritable droit pour toutes et pour tous?* Paris, Nouveaux Regards/Syllepse, 2002.

BEAUD, Stéphane. *80% au bac... et après?* Les enfants de la démocratisation scolaire. Paris, La Découverte, 2002.

BECKER, Gary. *Human Capital:* A Theoretical and Empirical Analysis, with Special Reference to Education. Nova York, Columbia University Press, 1964.

BÉGYN, Francis; DUTERCQ, Yves; DEROUET, Jean-Louis. *L'Évolution des métiers de l'encadrement de l'éducation, des savoirs académiques aux compétences stratégiques*. Paris, MEN, Université d'Été, 28-31 out. 2000.

BETBEDER, Marie-Claude. Une solide formation de l'esprit critique. *Écoles et Entreprises, Autrement*, n. 118, jan. 1991, p. 172.

BEULLAC, Christian; MALCOR, Bernard. Un projet pour l'entreprise. *Politique Industrielle*, n. 1, 1985.

BLANC, Pierre. Services privés, service public. *Éducation et Management*, n. 5, jul. 1990.

BLANCHARD, Sandrine. L'Enseignement multimédia à distance s'impose au marché mondial de l'éducation de Vancouver. Les nouvelles techniques vont bouleverser la vie universitaire. *Le Monde*, 30 maio 2000.

BLANCHET, René et al. *La Revalorisation du rôle des chefs d'établissement de l'enseignement secondaire*. Paris, MEN, 1999.

BLOCH, Daniel. *Pour une stratégie convergente du système éducatif et des entreprises*. Paris, La Documentation Française, 1988.

BLOCH, Marc. *L'Etrange défaite*. Paris, Gallimard, 1990 [ed. bras.: *A estranha derrota*, trad. Eliana Aguiar, Rio de Janeiro, Zahar, 2011].

BLONDEL, Danièle. Former des enseignants. In: CENTRE POUR LA RECHERCHE ET L'INNOVATION DANS L'ENSEIGNEMENT (Ceri), *Écoles et entreprises:* un nouveau partenariat. Paris, OCDE, 1992.

BOILLOT, Hervé. La "Démocratisation": simulacre et démocratie. In: PLANTIER, Joëlle (org.). *Comment enseigner?* Les dilemmes de la culture et de la pédagogie. Paris, L'Harmattan, 1999.

BOLTANSKI, Luc. America, America... Le plan Marshall et l'importation du management. *Actes de la Recherche en Sciences Sociales*, n. 38, maio 1981.

______; CHIAPELLO, Ève. *Le Nouvel Esprit du capitalisme*. Paris, Gallimard, 1999 [ed. bras.: *O novo espírito do capitalismo*, trad. Ivone Benedetti, São Paulo, Martins Fontes, 2009].

BOUCHARD, Pascal. Guy Bourgeois: la logique des propositions du RPR pour l'éducation est la séparation des fonctions de maître d'ouvrage et de maître d'oeuvre. AEF, 8 jan. 2002.

BOURDONCLE, Raymond. Profession et professionnalisation. In: ______. *Recherche et professionnalisation*. Rapport à la Direction de la Recherche et des Études Doctorales (DRED), Ministère de l'Éducation Nationale, jun. 1992.

BRAY, Mark. *The Shadow Education System:* Private Tutoring and its Implications for Planners. Paris, Unesco, International Institute for Educational Planning, 1999.

BRESSOUX, Pascal. L'Émergence des systèmes de contrôle en éducation: le cas de la Grande-Bretagne. In: APFEE, *École efficace:* de l'école primaire à l'université. Paris, Armand Colin, 1995.

BROCH, Marc-Henry; CROS, Françoise. Comment faire un projet d'établissement. *Chroniques Sociales*, maio 1989.

BRONNER, Luc. Une Cagnotte de 160 millions de francs pour les chefs d'établissement. *Le Monde de l'Éducation*, dez. 2000.

BRUCY, Guy. *Histoire des diplômes de l'enseignement technique et professionnel (1880-1965)*. Paris, Belin, 1998.

______; ROPÉ, Françoise. *Suffit-il de scolariser?* Paris, L'Atelier, 2000.

BULLETIN OFFICIEL DE L'ÉDUCATION NATIONALE, n. 14, 5 abr. 2001.

CALLAHAN, Raymond. *Education and the Cult of Efficiency*. Chicago/Londres, The University of Chicago Press, 1964.

CAREER SPACE (Future Skills for Tomorrow's World). *Guide pour le développement de programmes de formation, nouveaux cursus de formation aux TIC pour le XXIe siècle:* concevoir les formations de demain. Luxemburgo, Office des Publications Officielles des Communautés Européennes, 2001.

CAREIL, Yves. *De l'école publique à l'école libérale, sociologie d'un changement*. Rennes, Presses Universitaires de Rennes, 1998.

______. *École libérale, école inégale*. Paris, Nouveaux Regards/Syllepse, 2002.

______. L'École publique à l'encan. *Le Monde Diplomatique*, nov. 1998.

______. Le Néo-libéralisme dans l'école: un processus déjà bien engagé. *Nouveaux Regards*, n. 6, jun. 1999.

CARNOY, Martin. Lessons of Chile's Reform Voucher Movement. *Education Week*. Disponível em: <http://rethinkingschools.aidcvt.com/special_reports/voucher_report/v_sosintl.shtml>.

______. *Mondialisation et réforme de l'éducation:* ce que les planificateurs doivent savoir. Paris, Unesco, 1999 [ed. bras.: *Mundialização e reforma na educação:* o que os planejadores devem saber, trad. Guilherme João de Freitas Teixeira. 2. ed., Brasília, Unesco, 2003].

CARTA DO LEITOR. *Éducation et Management*, n. 19, p. 32).

CASSIER, Maurice; GAUDILLIÈRE, Jean-Paul. Droit et appropriation dans le domaine des biotechnologies, quelques remarques sur l'évolution récente des pratiques. *Réseaux*, n. 88-9, 1998.

CASTAING, François. Décentralisation: un maillon d'une nouvelle régulation? *Nouveaux Regards*, n. 18, 2002.

CASTEL, Robert. *Les Métamorphoses de la question sociale:* une chronique du salariat. Paris, Fayard, 1995 [ed. bras.: *As metamorfoses da questão social:* uma crônica do salário, trad. Iraci D. Poleti, 12. ed., Petrópolis, Vozes, 2015].

CASTELLS, Manuel. *La Société en réseaux*. Paris, Fayard, 1998. t. I [ed. bras.: *A sociedade em rede*, trad. Roneide Venancio Majer e Klauss Brandini Gerhardt, 6. ed., São Paulo, Paz e Terra, 2012].

______; CARNOY, Martin. *Une Flexibilité durable*. Paris, OCDE, 1997.

CENTRE POUR LA RECHERCHE et l'Innovation dans l'Enseignement (Ceri). *Écoles et entreprises:* un nouveau partenariat. Paris, OCDE, 1992.

______. *L'École:* une affaire de choix. Paris, OCDE, 1994.

CERAI. *Education Management Organisation* (1999-2000). Disponível em: <http://www.uwm.edu/Dept/CERAI/>.

CERAI. Relatório sobre as Education Management Organisation (1999-2000). Disponível em: <http://www.uwm.edu/Dept/CERAI/>.

CHAMAK, Brigitte. Conséquences des brevets sur les séquences génomiques: le cas des brevets sur les tests de prédisposition au cancer du sein. *Nouveaux Regards*, n. 15, 2001.

CHARLE, Christophe. Université et recherche dans le carcan technocratique. *Le Monde Diplomatique*, set. 1999.

CHARLOT, Bernard. *L'École en mutation*. Paris, Payot, 1987.

______. *L'École et le territoire, nouveaux espaces, nouveaux enjeux*. Paris, Armand Colin, 1994.

______. La Territorialisation des politiques éducatives: une politique nationale. In: ______. *L'École et le territoire, nouveaux espaces, nouveaux enjeux*. Paris, Armand Colin, 1994.

______. Le Rapport au savoir. In: BOURDON, Jean; THÉLOT, Claude (orgs.). *Éducation et formation*. Paris, CNRS, 1999.

______; BAUTIER, Élisabeth; ROCHEX, Jean-Yves. *École et savoir dans les banlieues... et ailleurs*. Paris, Armand Colin, 1996.

______; BEILLEROT, Jacky (orgs.). *La Construction des politiques d'éducation et de formation*. Paris, PUF, 1995.

______; FIGEAT, Madeleine. *L'École aux enchères*. Paris, Payot, 1979.

CHATEL, Élisabeth. *Comment évaluer l'éducation? Pour une théorie de l'action éducative*. Lausanne, Delachaux et Niestlé, 2001.

CHAUSSERON, Christelle. Le Choix de l'établissement au début des études secondaires. Note d'Information, Ministère de l'Éducation Nationale, 01.42, 2001.

CHOMSKY, Noam. Assaulting Solidarity, Privatizing Education, maio 2000. Disponível em: <http://users.swing.be/aped/documents/d0095Chomsky.html>.

CHUBB, John E.; MOE, Terry M. *Politics, Markets, and America's Schools*. Washington D.C., The Brookings Institution, 1990.

CITRON, Suzanne. *L'École bloquée*. Paris, Bordas, 1971.

CLERC, Denis. La Théorie du capital humain. *Alternatives Économiques,* mar. 1993

CLUZEL, Bertrand. De l'éducation marchande. *Gérer et Comprendre*, n. 30, mar. 1993.

COLARDYN, Danielle. *La Gestion des compétences*. Paris, PUF, 1996.

COLÓQUIO DA ASSOCIAÇÃO FRANCESA DOS ADMINISTRADORES da Educação Nacional (Afae) (fev. 1979). *Administration et Éducation*, n. 3.

______. Comissão n. 4, Relatório de Henri Legrand (25-27 fev. 1983). *Administration et Éducation*, n. 19, 3, 1983.

COMMISSION DES COMMUNAUTÉS EUROPÉENNES. *Croissance, compétitivité, emploi, les défis et les pistes pour entrer dans le XXIe siècle*. Luxemburgo, Office des Publications Officielles des Communautés Européennes, Bulletin des Communautés Européennes, suplemento 6/93, 1993.

______. *Livre blanc: enseigner et apprendre, vers la société cognitive*. Luxemburgo, Office des Publications Officielles des Communautés Européennes, 1995.

______. *Rapport Reiffers:* accomplir l'Europe par l'éducation et la formation. Luxemburgo, Office des Publications Officielles des Communautés Européennes, 1997.

______. Réaliser un espace européen d'éducation et de formation tout au long de la vie. 21 nov. 2001.

COMPAGNON, Béatrice; THÉVENIN, Anne. *L'École française et la société française*. Paris, Complexe, 1995.

COUSIN, Olivier. L'"Effet-établissement", construction d'une problématique. *Revue Française de Sociologie*, n. 34, 1993.

CREMIN, Lawrence A. *The Transformation of the School, Progressivism in American School.* Nova York, Vintage Books, 1964.

CRESSON, Édith. Le Développement de l'alternance et de l'apprentissage dans le programme Matignon. *Éducation-Économie*, n. 13, dez. 1991.

CROS, Françoise. *L'Innovation scolaire*. Paris, INRP, 2001.

CROZIER, Michel. *La Société bloquée*. Paris, Seuil, 1970, reed. "Points/Seuil", 1995 [ed. bras.: *A sociedade bloqueada*, trad. Maria Lúcia Álvares Maciel, Brasília, UnB, 1983].

______. Le système scolaire face à la révolution managériale. *Éducation et Management*, n. 7, jun. 1991.

______; TILLIETTE, Bruno. *Quand la France s'ouvrira*. Paris, Fayard, 2000.

CUBAN, Larry; SHIPPS, Dorothy. *Reconstructing the Common Good*. Palo Alto, Stanford University Press, 2001.

CYCLE DU MILLÉNAIRE, L'Éducation, un nouveau marché? *Nouveaux Regards*, set. 1999, n. 7.

D'ESTAING, Olivier Giscard. *Éducation et civilisation:* pour une révolution libérale de l'enseignement. Paris, Fayard, 1971.

______. *La Décentralisation des pouvoirs dans l'entreprise*. Paris, Organisation, 1966.

DALLE, François; BOUNINE, Jean. *L'Éducation en entreprise*. Paris, Odile Jacob, 1993.

DASTÉ, Pierre. Recrute-t-on des patrons par concours? *Administration et Éducation*, n. 4, 1997, p. 87.

DAVIDENKOFF, Emmanuel. L'Université française entre en classe européenne: le ministère crée un système favorable aux échanges. *Libération*, 24 abr. 2001.

DAVIES, Scott; GUPPY, Neil. Globalization and Educational Reforms in Anglo-american Democracies. *Comparative Education Review*, v. 41, n. 4, 1997.

DELAIRE, Guy. Diriger est-ce commander? *Éducation et Management*, n. 3, jan. 1990.

______. *Le Chef d'établissement*. Paris, Berger-Levrault, 1993.

DELAMOTTE, Éric. *Une Introduction à la pensée économique en éducation*. Paris, PUF, 1998.

DELEUZE, Gilles. Entretien avec Toni Negri, *Futur Antérieur*, n. 1, 1990. Reproduzido in: ______. *Pourparlers*. Paris, Minuit, 1990 [ed. bras.: *Conversações (1972-1990)*, trad. Peter Pál Pelbart, 3. ed., São Paulo, Editora 34, 2013].

DELLE, F.; BOUVINE, J. Insérer pour former. *Éducation-Économie*, n. 20, out. 1993.

DELORS, Jacques. *L'Éducation, un trésor est caché dedans*. Paris, Odile Jacob, 1996 [ed. bras.: *Educação: um tesouro a descobrir*, trad. José Carlos Eufrázio, 7. ed. rev., São Paulo/ Brasília, Cortez/ Unesco, 2012].

DEMAILLY, Lise. Enjeux de l'évaluation et régulation des systèmes scolaires. In: ______. *Évaluer les politiques éducatives*. Paris, De Boeck Université, 2001.

______. L'Évolution actuelle des méthodes de mobilisation et d'encadrement des enseignants. *Savoir*, 5, jan.-mar. 1993.

DEMAILLY, Lise; DEMBINSKI, Olivier. La Réorganisation managériale à l'École et à l'Hôpital. *Éducation et Sociétés*, n. 6, 2000-2002.

DENISON, Edward F. *Why Growth Rates Differ? Postwar Experience in Nine Western Countries*. Washington D. C., Brookings Institution, 1967.

DÉPARTEMENT D'ÉDUCATION DE DISNEYLAND PARIS. Programmes éducatifs et ludiques au service de votre pédagogie, out. 2000-jul. 2001.

DEROUET, Jean-Louis. La Constitution d'un espace d'intéressement entre recherche, administration et politique en France dans les trente dernières années. In: DUTERCQ, Yves (org.). *Comment peut-on administrer l'école?* Paris, PUF, 2002.

DES ÉCHANGES POUR ÊTRE PLUS COMPÉTITIFS. *XXIe siècle*, n. 7, mar.-abr. 2000.

DUBET, François. *Le Déclin de l'institution*. Paris, Le Seuil, 2002.

DURAND-PRINBORGNE, Claude. *L'Éducation nationale*. Paris, Nathan Université, 1992.

DURKHEIM, Émile. *Éducation et sociologie*. Paris, PUF, 1985 [ed. bras.: *Educação e sociologia*, trad. Stephania Matousek, Petrópolis, Vozes, 2011].

DURU-BELLAT, Marie; VAN ZANTEN, Agnès. *La Sociologie de l'école*. Paris, Armand Colin, 2000.

DUTERCQ, Yves. *Politiques éducatives et évaluation*. Paris, PUF, 2000.

DUVAL, Guillaume. *L'Entreprise efficace à l'heure de Swatch et McDonald's:* la seconde vie du taylorisme. Paris, Syros, 1998.

EDUCATION WEEK, 21 mar. 2001.

EDUCATION WEEK, 8 abr. 1998.

ÉDUCATION: un marché de 2.000 milliards de dollars. *Courrier de l'Unesco*, nov. 2000.

ÉDUCATION-ÉCONOMIE, n. 10, mar. 1991, p. 15 e ss.

ERT. *Investing in Knowledge:* The Integration of Technology in European Education. Bruxelas, ERT, 1997.

EUROPEAN ROUND TABLE. *Education for Europeans:* Towards the Learning Society. Bruxelas, ERT, 1994.

FABIUS, Laurent. *Le Coeur du futur*. Paris, Calmann-Lévy, 1985.

FAUROUX, Roger. *Pour l'école*. Paris, Calmann-Lévy, 1996.

FERRIER, Jean. *Améliorer l'efficacité de l'école primaire*. Paris, MEN, 1998.

FISKE, Edward B.; LADD, Hellen F. Nouvelle-Zélande: les exclus de l'école libérale. *Courrier de l'Unesco*, nov. 2000.

FLICHY, Patrice. *L'Imaginaire d'internet*. Paris, La Découverte, 2001.

FONTVIEILLE, Louis. Croissance et transformation du système éducatif et de formation en France aux XIXe et XXe siècles. In: PAUL, Jean-Jacques. *Administrer, gérer, évaluer les systèmes éducatifs*. Paris, ESF, 1999.

FORAY, Dominique. *L'Economie de la connaissance*. Paris, La Découverte, 2000, col. "Repères".

FORTIER, Jean-Claude. *Les Conditions de réussite scolaire en Seine-Saint-Denis*. Paris, MEN, 1997.

FREITAG, Michel. *Le Naufrage de l'université*. Paris, La Découverte/Mauss, 1995.

FRIEDMAN, David. The Weak Case for Public Schooling. Discurso proferido em 7 de julho de 1993 para a Sociedade Mont Pèlerin. Disponível em: <http://www.daviddfriedman.com/Libertarian/Public%20Schools/Public_Schools1.html>.

FRIEDMAN, Milton. The Role of Government in Education. In: SOLOW, Robert A. (org.). *Economics and the Public Interest*. Piscataway, Rutgers University Press, 1955. Disponível em: <http://www.schoolchoices.org/200/fried1.htm>.

GARCIA, Sandrine. La Marchandisation du système éducatif et ses ressorts idéologiques. Texto disponível no site da Aped.

GARRIGOU, Alain. *Les Elites contre la République*. Paris, La Découverte, 2002.

GEAY, Bertrand. *Profession instituteur:* mémoire politique et action syndicale. Paris, Le Seuil, 1999.

GENEIX, Nicole. Enquête d'argent. *Fenêtres sur Cour*, n. 227, 31 ago. 2002.

GEORGE, Susan. À l'OMC, trois ans pour achever. *Le Monde Diplomatique*, jul. 1999.

GEWIRTZ, Sharon; BALL, Stephen J.; BOWE, Richard. *Markets, Choice and Equity in Education*. Buckingham, Open University Press, 1995.

GLASMAN, Dominique. Réflexions sur les "contrats" en éducation. *Ville-École-Intégration*, n. 117, jun. 1999, p. 89.

GOVERNMENT WHITE PAPER. *Choice and Diversity*. Department for Education, 1992.

GRELLIER, Yves. L'Encadrement: force ou faiblesse de l'école française. *Administration et Éducation*, n. 77, 1998.

______. *Les Chefs d'établissements scolaires à la recherche d'une professionnalité*. Tese. Universidade Paris-VIII, jan. 1997.

______. *Profession, chef d'établissement*. Paris, ESF, 1998.

______. Profession: chef d'établissement. *Éducation et Management*, n. 18, abr. 1997.

GRÉMION, Catherine; FRAISSE, Robert. *Le Service public en recherche:* quelle modernisation? Paris, La Documentation Française, 1996.

GUELLEC, Dominique. *L'Economie de l'innovation*. Paris, La Découverte, 1999, col. "Repères".

______; RALLE, Pierre. *Les Nouvelles Théories de la croissance*. Paris, La Découverte, 1995, col. "Repères".

GUIBERT, Nathalie. EduFrance tente de vendre l'école à la française. *Le Monde*, 26 maio 2000.

______. L'Université française séduit enfin les étudiants étrangers. *Le Monde*, set. 2002.

______. Les Universités françaises et américaines contre la libéralisation de l'enseignement supérieur. *Le Monde*, 6 out. 2001

GUILLAUME, François-Régis. Les Rôles anciens et nouveaux des chefs d'établissements. *Recherche et Formation*, n. 14, out. 1993.

______; MARESCA, B. Les Chefs d'établissement et l'autonomie. *Éducation et Formation*, n. 35, 1993.

GUINET, Jean; PILAT, Dirk. Faut-il promouvoir l'innovation? *L'Observateur de l'OCDE*, out. 1999.

GUTHRIE, James W. L'Évolution des politiques économiques et son incidence sur l'évaluation des systèmes éducatifs. In: ______. *Évaluer et réformer les systèmes éducatifs*. Paris, OCDE, 1996.

HARVEY, David. University, Inc. *The Atlantic Monthly*, out. 1998.

HAUT COMITÉ ÉDUCATION ÉCONOMIE. *Éducation-économie: quel système éducatif pour la société de l'an 2000?* Paris, La Documentation Française, 1988.

HAUT COMITÉ ÉDUCATION-ÉCONOMIE-EMPLOI. *La Transition professionnelle des jeunes sortant de l'enseignment secondaire*. Rapport d'Activité 2001-2002. Paris, La Documentation Française, 2002.

HIRTT, Nico *L'École prostituée, l'offensive des entreprises sur l'enseignement*. Bruxelas, Labor/ Espace de Libertés, 2001.

______. *L'École sacrifiée*. Bruxelas, EPO, 1996.

______; DE SÉLYS, Gérard. *Les Nouveaux Maîtres de l'école*. Bruxelas, EPO-VO, 2000.

______; DE SÉLYS, Gérard. *Tableau noir:* résister à la privatisation de l'enseignement. Bruxelas, EPO, 1998.

HOPES, Clive (org.). *Le Chef d'établissement et l'amélioration du fonctionnement de l'école: études de cas dans dix pays de l'OCDE*. Paris, Economica, 1988.

HUSSENET, André; GUILLAUME, François-Régis. Interview. *Recherche et Formation*, n. 14, out. 1993, p. 120.

INTERNATIONALE DE L'ÉDUCATION. *Questions en Débat*, n. 2, maio 1999.

JACQUEMIN, Christophe. Profession: entrepreneur-chercheur. *XXIe siècle – Le Magazine du Ministère de l'Éducation Nationale, de la Recherche et de la Technologie*, n. 4, abr. 1999.

JANIN, Christian. *Le Monde*, 8 dez. 1999.

JAROUSSE, Jean-Pierre; LEROY-AUDOUIN, Christine. Les Nouveaux Outils d'évaluation: quel intérêt pour l'analyse des "effets-classe"? In: BOURDON, Jean; THÉLOT, Claude (orgs.). *Éducation et formation*. Paris, CNRS, 1999.

JOHSUA, Samuel. *L'École entre crise et refondation*. Paris, La Dispute, 1999.

JOSPIN, Lionel. *L'Invention du possible*. Paris, Flammarion, 1991.

JOUTARD, Philippe; THÉLOT, Claude. *Réussir l'école*. Paris, Le Seuil, 1999.

KERR, Clark. *Métamorphose de l'université*. Paris, Éditions Ouvrières, 1967. Ed. amer.: *The Uses of the University*. Cambridge, Harvard University Press, 1963 [ed. bras.: *Os usos da universidade*, Brasília, Editora UnB, 2005].

KLEIN, Naomi. *No Logo, la tyrannie des marques*. Arles, Actes Sud, 2001 [ed. bras.: *Sem logo, a tirania das marcas em um planeta vendido*, trad. Ryta Vinagre, 7. ed., Rio de Janeiro, Record, 2009].

L'ADMINISTRATION DES ÉTABLISSEMENTS. *Les Cahiers Pédagogiques*, n. 42, maio 1963.

L'ÉDUCATION ET LA FORMATION À DISTANCE, Sec (90) 479, mar. 1990.

L'ÉDUCATION, NOUVEAU MARCHÉ MONDIAL. *Alternatives Économiques*, n. 187, dez. 2000.

L'EXPANSION, 19 mar.-1° abr. 1998.

LADERRIÈRE, Pierre. Gestion et production: abus de langage ou nouvelle réalité? *Nouveaux Regards*, n. 9, 2000.

______. *L'Enseignement:* une réforme impossible? Analyse comparée. Paris, L'Harmattan, 1999.

______. Les Objectifs et les méthodes de l'OCDE. *Nouveaux Regards*, n. 14, 2001.

LANGELLIER, Jean-Pierre. Le Racisme et la ségrégation s'étendent dans plusieurs villes britanniques. *Le Monde*, 12 dez. 2001.

LANGOUËT, Gabriel; LÉGER, Alain. *École publique ou école privée?* Trajectoires et réussites scolaires. Paris, Fabert, 1994.

______; ______. *Le Choix des familles, école publique ou école privée?* Paris, Fabert, 1997.

LAVAL, Christian. L'École saisie par l'utilitarisme. *Cités*, n. 10, 2002.

______; Weber, Louis (orgs.). *Le Nouvel Ordre éducatif mondial, OMC, Banque Mondiale, OCDE, Commission européenne*. Paris, Nouveaux Regards/Syllepse, 2002.

LAZUECH, Gilles. *L'Exception française:* le modèle des grandes écoles à l'épreuve de la mondialisation. Rennes, Presses Universitaires de Rennes, 1999.

LE GOFF, Jean-Pierre. *La Barbarie douce, la modernisation aveugle des entreprises et de l'école*. Paris, La Découverte, 1999.

Le GOFF, Jean-Pierre. *Le Mythe de l'entreprise*. Paris, La Découverte, 1992.

______. Les Impasses de la modernisation. *Nouveaux Regards*, n. 6, p. 21.

LE MONDE DE L'ÉDUCATION, n. 200, 1993.

LE MONDE, 17 dez. 1999.

______, 26 maio 2000.

______, 3 dez. 1999.

LE NOUVEL OBSERVATEUR, n. 1848, 6-12 abr. 2000.

LE THANH, Khoi. *L'Industrie de l'enseignement*. Paris, Minuit, 1973 [ed. port.: *Indústria do ensino*, Porto, Civilização, 1970].

LECLERCQ, Jean-Michel. Projets sans frontières. *Éducation et Management*, n. 17, set. 1996.

LEFEBVRE, Étienne; MALLET, Daniel; VANDEVOORDE, Pierre. *Le Nouveau Chef d'établissement*. Paris, Berger-Levrault, 1995.

LEFEBVRE, Henri. *La Révolution urbaine*. Paris, Gallimard, 1970 [ed. bras.: *A revolução urbana*, trad. Sérgio Martins, 3. reimp., Belo Horizonte, Editora da UFMG, 2008].

LEGENDRE, Pierre. *Histoire de l'administration:* de 1750 à nos jours. Paris, PUF, 1968.

______. *Jouir du pouvoir*: traité de la bureaucratie patriote. Paris, Minuit, 1976.

LEGRAND, Louis. *Pour un collège démocratique*. Paris, La Documentation Française, 1983.

LEGRAND, Marie-Pierre. Apprendre en s'amusant à Disneyland Paris. Département d'Éducation de Disneyland Paris, out. 2001-2002.

LELIÈVRE, Claude. *L'École "à la française" en danger*. Paris, Nathan, 1996.

LES CONSEILLERS PRINCIPAUX D'ÉDUCATION. Enquête d'Image, Inspection Générale de l'Éducation Nationale (out. 1992).

LES ÉCHOS, 3 fev. 1998.

LESOURNE, Jacques. *Le Modèle français*. Paris, Odile Jacob, 1998.

LIBÉRATION, 28 maio 2000.

LONGO, Teresa Mariano. *Philosophies et politiques néo-libérales de l'éducation dans le Chili de Pinochet 1973-1983:* l'école du marché contre l'école de l'égalité. Paris, L'Harmattan, 2001.

LOUVEAU, Alain. À quand le professeur manager? *Éducation et Management*, n. 10, nov. 1992.

MADELIN, Alain. *Pour libérer l'école, l'enseignement à la carte*. Paris, Robert Laffont, 1984.

MALLET, Daniel. La Nouvelle réalité administrative et pédagogique de l'EPLE. *Administration et Éducation*, v. 55, n. 3, 1992.

MANDEL, Ernest. *Le Troisième âge du capitalisme*. Paris, 10/18, 1976. v. 2.

MANNING, Steven. Élèves à vendre. *Courrier International*, 27 set. 1999. Artigo tirado de: Students for sale. *The Nation*, 27 set. 1999.

MASON, Robin. Les Universités happées par la Net-économie. *Courrier de l'Unesco*, nov. 2000.

MAUPAS, Didier; CLUB DE L'HORLOGE. *L'École en accusation*. Paris, Albin Michel, 1983.

MÉMORANDUM SUR L'ÉDUCATION et la formation tout au long de la vie. Bruxelas, out. 2000.

MEURET, Denis; BROCCOLICHI, Sylvain; DURU-BELLAT, Marie. Autonomie et choix des établissements scolaires: finalités, modalités, effets. *Cahiers de l'IREDU*, fev. 2001.

MICHEL, Alain. Vers une stratégie du renouveau. *Éducation et Management*, n. 5, jul. 1990.

MINTZBERG, Henry. *Structure et dynamique des organisations*. Paris, Éditions d'Organisation, 1982.

MOLNAR, Alex. Calculating the Benefits and Costs of For-Profit Public Education. *Education Policy Analysis Archives*, v. 9, n. 15, 24 abr. 2001.

______. Entretien. *Stay Free!*, jan. 1997.

______. The Commercial Transformation of American Public Education. 1999 Phil Smith Lecture, Ohio Valley Philosophy of Education Conference, Bergamo, Ohio, 15 out. 1999.

MONTAGUTELLI, Malie. *Histoire de l'enseignement aux États-Unis*. Paris, Belin, 2000.

MONTVALON, Jean-Baptiste de. Rhône-Alpes veut expérimenter un transfert de compétences sur l'ensemble du "bloc éducatif". *Le Monde*, 5 out. 2002.

MOREAU, Gilles (org.). *Les Patrons, l'État et la formation des jeunes*. Paris, La Dispute, 2002.

MOTCHANE, Jean-Loup. Génoplante ou la privatisation des laboratoires publics. *Le Monde Diplomatique*, set. 1999.

NICOLE-DRANCOURT, Chantal; ROULLEAU-BERGER, Laurence. *Les Jeunes et le travail, 1950-2000*. Paris, PUF, 2001.

NIETZSCHE, Friedrich. Sur l'avenir de nos établissements d'enseignement. In: ______. *Oeuvres philosophiques complètes: écrits posthumes 1870-1873*. Paris, Gallimard, 1975 [ed. bras.: Sobre o futuro de nossos estabelecimentos de ensino, em *Escritos sobre educação*, trad. Noéli Correia de Melo Sobrinho, Rio de Janeiro/ São Paulo, Editora da PUC-Rio/ Loyola, 2003].

NIQUE, Christian. *L'Impossible gouvernement des esprits*. Paris, Nathan, 1991.

NOBLE, David F. *Digital Diploma Mills*, Part I: The Automation of Higher Education, out. 1997. Disponível em: <http://www.communication.ucsd.edu/dl/ddm1.html>.

______. *Digital Diploma Mills*, Part II: The Coming Battle Over Online Instruction, Confidential Agreements Between Universities and Private Companies Pose Serious Challenge to Faculty Intellectual Property Rights. Disponível em: <http://www.communication.ucsd.edu/dl/ddm2.html>.

NOUVEAUX REGARDS, n. 16.

OBERTI, Marco. Ségrégation dans l'école et dans la ville. *Mouvements*, n. 5, set.-out. 1999.

OBIN, Jean-Pierre. *La Crise de l'organisation scolaire*. Paris, Hachette Éducation, 1993.

______. *La Face cachée de la formation professionnelle*. Paris, Hachette, 1995.

______. Le Chef d'établissement et ses responsabilités pédagogiques. In: ______. *L'Évolution des métiers de l'encadrement de l'éducation, des savoirs académiques aux compétences stratégiques*. Paris, MEN, Université d'Été, 28-31 out. 2000.

OCDE. *Analyse des politiques d'éducation*. Paris, OCDE, 1997.

______. *Analyse des politiques éducatives*. Paris, OCDE, 1998.

______. *Analyse des politiques d'éducation*. Paris, OCDE, 2001.

______. *Apprendre à tout âge*. Paris, OCDE, 1996.

______. *Du bien-être des nations, le rôle du capital humain et social*. Paris, OCDE, 2001.

______. *Regards sur l'éducation*. Paris, OCDE, 2000.

______. *Stimuler l'esprit d'entreprise*. Paris, OCDE, 1998.

______. Système éducatif: quelle efficacité? *Problèmes Économiques*, n. 2295, 14 out. 1992.

______/Ceri. *Regards sur l'éducation*. Paris, OCDE, 1998.

ORGANIZAÇÃO INTERNACIONAL DO TRABALHO (OIT). *La Formation permanente au XXIe siècle:* l'évolution des rôles du personnel enseignant. Genebra, Bureau International du Travail, 2000.

OZGA, J. Deskilling a Profession: Professionalism, Deprofessionalism and the New Managerialism. In: BUSHER. Hugh; SARAN, Rene (orgs.). *Managing Teachers as Professionals in Schools*. Londres, Kogan Page, 1995.

PAIR, Claude et al. *Rénovation du service public de l'Éducation nationale:* responsabilité et démocratie. Paris, MEN, 1998.

PARTENARIATS ET CONFLITS DANS LA TROISIÈME VOIE: le cas des zones d'action éducative. *Revue Française de Pédagogie*, n. 133, 2000.

PATRINOS, Harry. The Global Market for Education. AUCC International Conference, Montreal, out. 2000. Disponível em: <www.worldbank.org/edinvest>.

PAUGAM, Serge. *Le Salarié de la précarité*. Paris, PUF, 2000.

PÉGUY, Charles. *De la situation faite au parti intellectuel dans le monde moderne devant les accidents de la gloire temporelle* (1907). In: ______. *Oeuvres en prose complètes II*. Paris, Gallimard, "Bibliothèque de la Pléiade", 1988.

PÉLAGE, Agnès. *Devenir proviseur:* de la transformation du modèle professionnel aux logiques d'accès à la fonction de direction. Tese de doutorado em sociologia. Universidade de Versailles-Saint-Quentin-en-Yvelines, 1996.

PELPEL, Patrice; TROGER, Vincent. *Histoire de l'enseignement technique*. Paris, Hachette, 1993.

PÉRIGOT, François. *Éducation et Économie*, dez. 1990.

PETRELLA, Riccardo. L'Éducation victime de cinq pièges. *Le Monde Diplomatique*, out. 2000.

______. *Le Bien commun:* éloge de la solidarité. Bruxelas, Labor, 1997.

PHÉLIPPEAU, Marie-Laure. École riche, école pauvre, derrière les réalités le choix des maires. *Le Monde*, 22 nov. 2001.

PLENEL, Edwy. *La République inachevée, l'État et l'école en France*. Paris, Payot, 1997.

POLANYI, Karl. *La Grande transformation*. Paris, Gallimard, 1988 [ed. bras.: *A grande transformação*, trad. Fanny Wrobel, 2. ed., Rio de Janeiro, Elsevier, 2012].

POLITIQUES D'ÉDUCATION PRIORITAIRE: l'expérience britannique. *Revue Française de Pédagogie*, n. 133, out.-nov.-dez. 2000.

POUR RÉFORMER LE SYSTÈME, il faut y aller au bulldozer. *Capital*, n. 73, out. 1997.

POWELL, Arthur; FARRA, Eleanor; COHEN, David K. *The Shopping Mall High School, Winners and Losers in the Educational Marketplace*. Boston, Houghton Mifflin Company, 1985.

PRESS, Eyal; WASHBURN, Jennifer. The Kept University. *The Atlantic Monthly*, mar. 2000.

PROGRAMME INTERNATIONAL POUR LE SUIVI des Acquis des Élèves (Pisa). *Knowledge and Skills for Life*, dez. 2001.

QUAND MCDONALD'S RECRUTE ses futurs managers au collège. *Le Monde*, 23 maio 2000.

RAFFARIN, Jean-Pierre. Interview. *Le Monde*, 1-2 dez. 2002.

RALLET, Daniel. L'Éducation, un nouveau marché? *Nouveaux Regards*, n. 7, set. 1999.

______. Management éducatif et management d'entreprise. *Nouveaux Regards: La logique managériale en question*, n. 18, 2002.

RAVITCH, Diane. *The Troubled Crusade, American Education, 1945-1980*. Nova York, Basic Books, Inc. Publishers, 1983.

RENAUD-COULON, Annick. *Universités d'entreprise:* vers une mondialisation de l'intelligence. Paris, Village Mondial, 2002.

RENAUT, Alain. *Les Révolutions de l'université:* essai sur la modernisation de la culture. Paris, Calmann-Lévy, 1995.

REVERCHON, Antoine. Le Marché mondial de l'enseignement supérieur reste un fantasme. *Le Monde*, 7 set. 1999.

______. Les Patrons veulent entrer dans les classes. *Le Monde Interactif*, 6 mar. 2000.

RIFKIN, Jeremy. *La Fin du travail*. Paris, La Découverte, 1997 [ed. bras.: *O fim dos empregos*, trad. Ruth Gabriela Bahr, 22. ed., São Paulo, M. Books, 2004].

RIVIÈRE, Philippe. Les Sirènes du multimédia à l'école. *Le Monde Diplomatique*, abr. 1998.

ROMIAN, Hélène (org.). *Pour une culture commune*. Paris, Hachette, 2000.

SAISI, Louis. L'État, le "local" et l'école: repères historiques. In: CHARLOT, Bernard (org.). *L'École et le territoire, nouveaux espaces, nouveaux enjeux*. Paris, Armand Colin, 1994.

SANDHOLTZ, Judith Haymore; RINGSTAFF, Cathy; OWYER, David C. *La Classe branchée*. Paris, CNDP, 1998.

SANTELMANN, Paul. *La Formation professionnelle, un nouveau droit de l'homme?* Paris, Gallimard, 2001, col. "Folio/Actuel".

SANTO, Viriato-Manuel; VERRIER, Pierre-Éric. *Le Management public*. Paris, PUF, 1997, col. "Que sais-je?".

SAURET, Christian. Les Organisations qualifiantes, processus de développement des compétences professionnelles. *Entreprise et Personnel*, abr. 1989.

SAUVAGE, Annick; SAUVAGE-DÉPREZ, Odile. *Maternelles sous contrôle, les dangers d'une évaluation précoce*. Paris, Syros, 1998.

SAVARY, Alain. *En toute liberté*. Paris, Hachette, 1985.

SAZERAT, René. *Les Proviseurs et leurs lycées, 1944-1980*, Universidade de Lille I, 1986.

SECRÉTARIAT D'ÉTAT AU PLAN. *Éduquer pour demain*. Paris, La Découverte, 1991.

SEDDON, Terri. La Reconfiguration néo-libérale de l'éducation et de ses professionnels: continuité ou changement. *Éducation et Sociétés*, n. 6, 2000-2002.

SERVAN-SCHREIBER, Jean-Jacques. *Le Défi américain*. Paris, Denoël, 1967 [ed. bras.: *O desafio americano*, trad. Álvaro Cabral, 3. ed., Rio de Janeiro, Expressão e Cultural, 1968].

SIMBRON, Yannick. École-entreprise: nous sommes prêts à discuter. *Le Monde*, 6 jun. 1991.

SIMON, Jacky. Les Nouveaux responsables. *Éducation et Management*, mar. 1993.

SMITH, Adam. *Recherches sur la nature et les causes de la richesse des nations*. Paris, Garnier Flammarion, 1991, livro V, v. II [ed. bras.: *A riqueza das nações*, trad. Luiz João Baraúna, São Paulo, Nova Cultural, 1996].

SOSALE, Shobhana. *Trends in Private Sector Development in Bank Education Projects*, Word Bank. Disponível em: <https://elibrary.worldbank.org/doi/abs/10.1596/1813-9450-2452>.

SOUBRÉ, Luc. *Décentralisation et démocratisation des institutions scolaires*. Paris, MEN, 1982.

SOUSSAN, Michel. L'Émergence d'une politique de l'encadrement. *Administration et Éducation*, n. 45.

SPENCER, Herbert. *De l'éducation intellectuelle, morale et physique* (1861). Marabout, Marabout Université, 1974.

STEFFENS, Heidi; COOKSON JR., Peter W. Limitations of the Market Model. *Education Week on the Web*, 7 ago. 2002. Disponível em: <http://www.edweek.org/ew/newstory.cfm?slug=43steffens.h21>.

STEGÖ, N. Eskil et al. *Le Rôle des chefs d'établissement dans l'amélioration du fonctionnement de l'école*. Paris, Economica, 1988.

STROOBANTS, Marcelle. Autour des mots "gestion" et "compétence". *Recherche et Formation*, n. 30, 1999, p. 61-4.

TANGUY, Lucie et al. *L'Introuvable Relation formation-emploi*. Paris, La Documentation Française, 1986.

______. Rationalisation pédagogique et légitimité politique. In: ROPÉ, Françoise; TANGUY, Lucie (orgs.). *Savoirs et compétences:* de l'usage de ces notions dans l'école et l'entreprise. Paris, L'Harmattan, 1994.

TERRAIL, Jean-Pierre (org.). *La Scolarisation de la France:* critique de l'état des lieux. Paris, La Dispute, 1997.

______. *De l'inégalité scolaire*. Paris, La Dispute, 2002.

TOSEL, André. Vers l'école désémancipatrice. *La Pensée*, n. 318, abr.-jun. 1999.

TOULEMONDE, Bernard. *La Gratuité de l'enseignement, passé, présent, avenir*. Paris, MEN, 2002.

______. Responsable parce que pédagogue. *Administration et Éducation*, n. 76, 1997.

TRANCART, Danièle. L'Évolution des disparités entre collèges publics. *Revue Française de Pédagogie*, n. 124, 1998.

UNIVERSITÉS 2000. *Quelle université pour demain?* Paris, La Documentation Française, 1991.

V COLÓQUIO DE ASSOCIAÇÃO FRANCESA DOS ADMINISTRADORES da Educação Nacional (Afae) (27-29 jan. 1984). *Administration et Éducation*, n. 23, ago. 1984.

VAKALOULIS, Michel. *Le Capitalisme postmoderne: éléments pour une critique sociologique*. Paris, PUF, 2001.

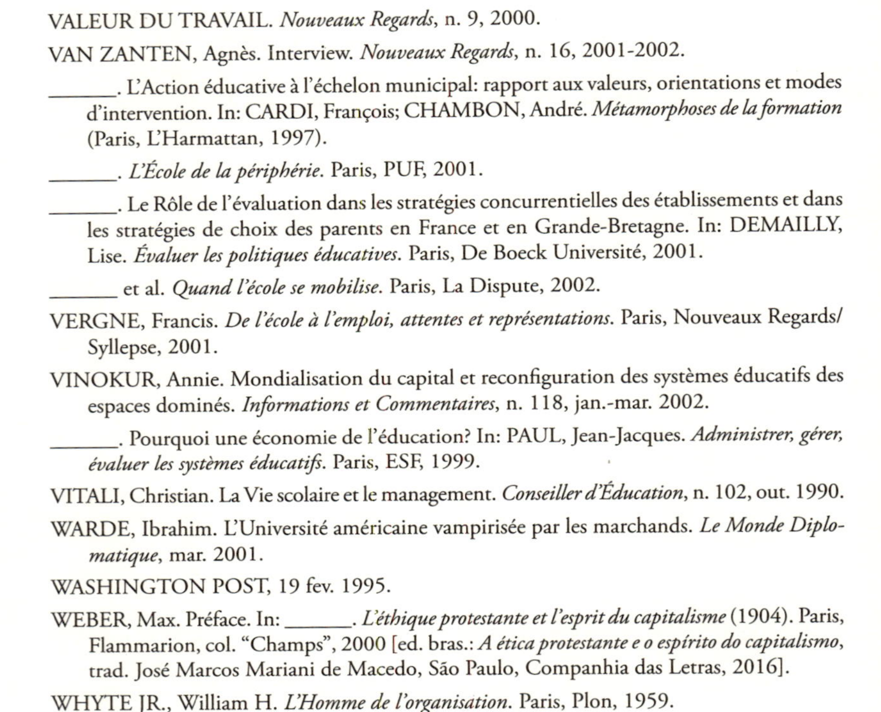

VALEUR DU TRAVAIL. *Nouveaux Regards*, n. 9, 2000.

VAN ZANTEN, Agnès. Interview. *Nouveaux Regards*, n. 16, 2001-2002.

______. L'Action éducative à l'échelon municipal: rapport aux valeurs, orientations et modes d'intervention. In: CARDI, François; CHAMBON, André. *Métamorphoses de la formation* (Paris, L'Harmattan, 1997).

______. *L'École de la périphérie*. Paris, PUF, 2001.

______. Le Rôle de l'évaluation dans les stratégies concurrentielles des établissements et dans les stratégies de choix des parents en France et en Grande-Bretagne. In: DEMAILLY, Lise. *Évaluer les politiques éducatives*. Paris, De Boeck Université, 2001.

______ et al. *Quand l'école se mobilise*. Paris, La Dispute, 2002.

VERGNE, Francis. *De l'école à l'emploi, attentes et représentations*. Paris, Nouveaux Regards/ Syllepse, 2001.

VINOKUR, Annie. Mondialisation du capital et reconfiguration des systèmes éducatifs des espaces dominés. *Informations et Commentaires*, n. 118, jan.-mar. 2002.

______. Pourquoi une économie de l'éducation? In: PAUL, Jean-Jacques. *Administrer, gérer, évaluer les systèmes éducatifs*. Paris, ESF, 1999.

VITALI, Christian. La Vie scolaire et le management. *Conseiller d'Éducation*, n. 102, out. 1990.

WARDE, Ibrahim. L'Université américaine vampirisée par les marchands. *Le Monde Diplomatique*, mar. 2001.

WASHINGTON POST, 19 fev. 1995.

WEBER, Max. Préface. In: ______. *L'éthique protestante et l'esprit du capitalisme* (1904). Paris, Flammarion, col. "Champs", 2000 [ed. bras.: *A ética protestante e o espírito do capitalismo*, trad. José Marcos Mariani de Macedo, São Paulo, Companhia das Letras, 2016].

WHYTE JR., William H. *L'Homme de l'organisation*. Paris, Plon, 1959.

coordenação Paulo Arantes

OUTROS TÍTULOS DA COLEÇÃO

Até o último homem
Felipe Brito e
Pedro Rocha de Oliveira (orgs.)

Bem-vindo ao deserto do Real!
Slavoj Žižek

Brasil delivery
Leda Paulani

Cidades sitiadas
Stephen Graham

Cinismo e falência da crítica
Vladimir Safatle

Comum
Pierre Dardot e Christian Laval

As contradições do lulismo
André Singer e
Isabel Loureiro (orgs.)

Ditadura: o que resta da transição
Milton Pinheiro (org.)

A era da indeterminação
Francisco de Oliveira e
Cibele Rizek (orgs.)

Estado de exceção
Giorgio Agamben

Evidências do real
Susan Willis

Extinção
Paulo Arantes

Fluxos em cadeia
Rafael Godoi

Guerra e cinema
Paul Virilio

Hegemonia às avessas
Chico de Oliveira, Ruy Braga e
Cibele Rizek (orgs.)

A hipótese comunista
Alain Badiou

Mal-estar, sofrimento e sintoma
Christian Ingo Lenz Dunker

A nova razão do mundo
Pierre Dardot e Christian Laval

O novo tempo do mundo
Paulo Arantes

Opus Dei
Giorgio Agamben

Poder e desaparecimento
Pilar Calveiro

O poder global
José Luís Fiori

O que resta da ditadura
Edson Teles e
Vladimir Safatle (orgs.)

O que resta de Auschwitz
Giorgio Agamben

O reino e a glória
Giorgio Agamben

Rituais de sofrimento
Silvia Viana

Saídas de emergência
Robert Cabanes, Isabel Georges,
Cibele Rizek e **Vera S. Telles** (orgs.)

São Paulo
Alain Badiou

Tecnopolíticas da vigilância
Fernando Bruno, Bruno Cardoso,
Marta Kanashiro, Luciana Guilhon e
Lucas Melgaço (orgs.)

O uso dos corpos
Giorgio Agamben

Videologias
Maria Rita Kehl e **Eugênio Bucci**

Abraham Weintraub, Ministro da Educação do governo Bolsonaro, em apresentação do projeto "Future-se" em Brasília. Foto: Marcelo Camargo/Agência Brasil.

Publicado em setembro de 2019, dois meses após o lançamento do programa "Future-se", que incentiva o "empreendedorismo" das universidades públicas e ameaça a autonomia dos maiores centros de pesquisa do país, este livro foi composto em Adobe Garamond Pro, corpo 10,5/13,5, e reimpresso em papel Avena 80 g/m² pela gráfica Rettec, para a Boitempo, em junho de 2025, com tiragem de mil exemplares.